U0565078

# 《国家公园法》 立法重大制度研究

主 编 汪 劲

副主编 舒 旻 闫 颜

中国政法大学出版社

2024·北京

声　明　　1. 版权所有，侵权必究。

2. 如有缺页、倒装问题，由出版社负责退换。

**图书在版编目（CIP）数据**

《国家公园法》立法重大制度研究 / 汪劲主编. ––北京：中国政法大学出版社, 2024.11. -- ISBN 978-7-5764-1608-4

Ⅰ. D922.682.4

中国国家版本馆 CIP 数据核字第 2024K6U577 号

----------------------------------------------------------------------------

| | |
|---|---|
| 书　名 | 《国家公园法》立法重大制度研究<br>GUOJIA GONGYUANFA LIFA ZHONGDA ZHIDU YANJIU |
| 出版者 | 中国政法大学出版社 |
| 地　址 | 北京市海淀区西土城路 25 号 |
| 邮　箱 | bianjishi07public@163.com |
| 网　址 | http://www.cuplpress.com (网络实名：中国政法大学出版社) |
| 电　话 | 010-58908466(第七编辑部) 010-58908334(邮购部) |
| 承　印 | 固安华明印业有限公司 |
| 开　本 | 720mm×960mm　1/16 |
| 印　张 | 25.5 |
| 字　数 | 405 千字 |
| 版　次 | 2024 年 11 月第 1 版 |
| 印　次 | 2024 年 11 月第 1 次印刷 |
| 定　价 | 120.00 元 |

# 作者分工

（按章节排序）

第一章：汪劲，法学博士，北京大学法学院教授。

吴凯杰，法学博士，北京大学法学院助理教授。

第二章：巩固，工学博士，北京大学法学院研究员，博士生导师，负责撰写本章第一、二节。

吕爽，法学博士，海南大学法学院讲师，负责撰写本章第三节。

冯令泽南，北京大学法学博士，负责撰写本章第四节。

第三章：汪劲，法学博士，北京大学法学院教授，负责撰写本章第一节。

严厚福，法学博士，北京师范大学法学院副教授，负责撰写本章第二、三节。

第四章：闫颜，国家林业和草原局西南调查规划院高级工程师，负责撰写本章第一节。

赵悦，法学博士，四川大学法学院环境资源法副教授、四川大学能源与环境法研究所主任，负责撰写本章第二、四节。

舒旻，法学博士，昆明理工大学法学院副教授，负责撰写本章第三节。

第五章：王社坤，法学博士，西北大学法学院教授、西北大学环境资源治理研究中心主任。

焦琰，法学博士，西北大学公共管理学院博士后，西北大学环境资源治理研究中心研究员，负责撰写本章第一节。

舒旻，法学博士，昆明理工大学法学院副教授，负责撰写本章第二节。

鲁冰清，法学博士，甘肃政法大学教授、甘肃政法大学《智库专报》编辑委员会委员，负责撰写本章第三节。

**第六章：** 宋亚容，北京大学法学院环境与资源保护法学专业博士研究生，剑桥大学联合培养博士研究生，负责撰写本章第一节。

舒旻，法学博士，昆明理工大学法学院副教授，负责撰写本章第二节。

**第七章：** 王克稳，法学博士，苏州大学特聘教授、博士研究生导师，江苏省高校哲学社会科学重点研究基地——苏州大学公法研究中心主任，负责撰写本章第一节。

童光法，法学博士，北京农学院文法与城乡发展学院教授，负责撰写本章第二节。

**第八章：** 樊威，法学博士，大连海事大学法学院副教授。

# 序

一

2013年11月中共十八届三中全会首次将"建立国家公园体制"作为加快生态文明制度建设中划定生态保护红线的内容之一。此前，环境法学界对国家公园的认识主要来源于美国19世纪建立的世界上第一个国家公园——黄石国家公园，以及和对IUCN在1994年世界自然保护大会上提出的包含国家公园在内的自然保护地分类体系。在提出建立国家公园体制以前，中国早就有自然保护区、风景名胜区和其他供人们观光游览、避暑度假和休养疗养的公园、园林、自然和文化古迹等自然文化遗产保护区域存在，特别是改革开放以来还从各类自然保护地域分化出大量森林公园、野生动物园、地质公园、湿地公园等自然公园。

20世纪90年代以来，国内生态学者开始建议使用"自然保护地"的概念概括各种不同的自然保护区域。进入21世纪，全国人大代表多次提出制定《自然保护地法》的议案。全国人大环资委还启动了《自然保护地法》草案起草工作，拟将自然保护区、风景名胜区和森林公园、地质公园等不同类型自然保护区域统一纳入综合性法律的调整范围。然而，在不同类型自然保护区域多头管理的体制下存在保护目标不一致、认识不一致等分歧，具体立法工作中争议较多，用于统一规范各类自然保护地建设和管理的法律最终未能出台。尽管生态学者在"国家公园"和"自然保护地"领域开展了大量研究，云南等省也尝试开展了国家公园的实践探索，但一般认为建立国家公园和新的自然保护地体系仍需要时间。

根据《中央全面深化改革领导小组2015年工作要点》和2015年《政府

工作报告》的部署，2015 年 5 月，国务院批转了国家发展改革委《关于 2015 年深化经济体制改革重点工作意见》，提出将在 9 个省份开展国家公园体制试点，并将此项工作作为生态文明体制改革总体方案的主要内容。为此，国家发展改革委还会同 13 个部门联合印发了《建立国家公园体制试点方案》，要求试点区域国家级自然保护区、国家级风景名胜区、世界文化自然遗产、国家森林公园、国家地质公园等禁止开发区域存在的交叉重叠、多头管理的碎片化问题得到基本解决，探索形成统一、规范、有效的管理体制和资金保障机制，自然资源资产产权归属更加明确，统筹保护和利用取得重要成效，形成可复制、可推广的保护管理模式。试点时间为 3 年，2017 年底结束。

由此，中国国家公园体制建设和自然保护地体系改革正式启动。

2015 年 9 月，中共中央、国务院印发《生态文明体制改革总体方案》（中发〔2015〕25 号），对建立国家公园体制提出了具体要求，强调"加强对重要生态系统的保护和利用，改革各部门分头设置自然保护区、风景名胜区、文化自然遗产、森林公园、地质公园等的体制"，"保护自然生态系统和自然文化遗产原真性、完整性"。

2017 年 7 月，习近平总书记在主持审议《建立国家公园体制总体方案》时强调，坚持生态保护第一、国家代表性、全民公益性的国家公园理念。为此，2018 年全国人大常委会办公厅将制定《国家公园法》纳入十三届全国人大常委会立法规划。

按照中共中央办公厅、国务院办公厅《建立国家公园体制总体方案》制定国家公园法的要求，国家林业和草原局（国家公园管理局）2018 年委托武汉大学、昆明理工大学和北京林业大学承担研究起草《国家公园法》草案（初稿）项目；2019 年初委托北京大学将 3 份初稿三合一形成《国家公园法》草案（初稿）。

2019 年 7 月，国家林业和草原局邀请全国人大环资委、司法部立法局等国务院有关部门官员和专家学者在北京大学举行了《国家公园法》草案（初稿）专家咨询会。在听取立法工作组的汇报后，与会专家学者一致认为《国家公园法》草案（初稿）对国家公园的定位、管理体制、国家公园内全民所有自然资源资产管理、国家公园监管机制、基本农田退出等重大事项作出了规定，内容基本成熟。

值得一提的是，此前于 2019 年 6 月中共中央办公厅、国务院办公厅印发的《关于建立以国家公园为主体的自然保护地体系的指导意见》，明确了我国要逐步形成"以国家公园为主体、自然保护区为基础、各类自然公园为补充的自然保护地分类系统"，要加快推进自然保护地相关法律法规和制度建设，突出以国家公园保护为主要内容，推动制定出台自然保护地法等完善法律法规体系的要求。制定自然保护地法的工作也被提上了议事日程。对此，学理界和国家林业和草原局提出了"二法（自然保护地法、国家公园法）+两条例（自然保护区条例、风景名胜区条例）+N 办法"的自然保护地法律法规体系立法框架模式，得到了业界的广泛认同。

2019 年下半年，国家林业和草原局委托清华大学承担研究起草《自然保护地法草案》（专家建议稿）项目。之后国家林业和草原局将该专家建议稿和国家林业和草原局自行起草的《自然保护地法》草案（初稿）合并形成《自然保护地法》草案（第二稿），并发送各省级林业和草原主管部门及国务院相关部门征求意见。

关于自然保护地法和国家公园法的关系，主流观点认为，自然保护地法是自然保护地体系的基本法，应当主要建立一套普遍适合于各类自然保护地的重大基础性制度，如自然保护地的公益性质定位、管理职责分工、规划及建设投资保障、功能分区及管控规则、特许经营制度、生态效益补偿制度、占用补偿制度、损害赔偿制度、执法监管制度、违法情形设定及罚则、管理评估考核等，不涉及各类自然保护地的设立、调整、规划、审批和其他具体管理事项。而国家公园法则需要突出体现中央事权原则，侧重于国家公园的定义、设立标准、建立程序、管理体制、投入机制、保护与利用、科研及宣传教育等内容。然而，国家林业和草原局上级部门自然资源部对这个模式存有异议，他们的主要意见是搁置国家公园法甚至降格制定国家公园条例，将立法的重点放在尽快制定综合性的自然保护地法之上。

2021 年 10 月，习近平总书记在《生物多样性公约》第十五次缔约方大会领导人峰会的主旨讲话中宣布：中国正式设立三江源、大熊猫、东北虎豹、海南热带雨林、武夷山等第一批国家公园；2022 年 4 月，习近平总书记赴海南热带雨林国家公园考察。在此背景下，2022 年 7 月，北京大学再次承担了国家林业和草原局国家公园（自然保护地）发展中心委托的《国家公园立法专题研究》项目，重点是对国家公园自然资产管理、特许经营、公众服务、社区发展、执法监督以及域外立法经验等内容再作专题研究论证。

2022年8月，国家林业和草原局重新公布了《国家公园法（草案）》（征求意见稿）及其说明，并征求社会各界意见。在进一步修改和论证的基础上2023年底再次征求部分主管部门和单位的意见后提交国务院审议。当然，后面还会有若干次由全国人大常委会法工委组织的修改和审议，最后再提交全国人大常委会审议通过。

## 二

自2015年开展国家公园体制试点以来的十年间，从中央到地方在国家公园和自然保护地建设领域均经历了一系列重大政策调整、机构改革和自然保护地法规体系不断修改的阶段，国家公园与自然保护地的关系定位不断明确，自然保护地的分类体系、管理体制、资金机制、空间布局、管理模式、管控重点等也在不断形成和确立。因此，国家公园法草案在起草过程中也经历了多次若干重大制度是否"入法"的反复斟酌和多次论证。

本书的作者大多数都直接参与或者和我一道参与了2018年下半年至2024年上半年由国家林业和草原局国家公园管理办公室组织开展的国家公园法起草研究和论证工作，正好亲身经历了国家公园试点、建设和自然保护地体制改革关键时期的主要过程。他们对各个阶段起草国家公园法草案的立法背景和政策导向、国家公园和自然保护地体制机制构建以及国家公园法草案的主要框架和条文内容以及各阶段草案建议稿的修改情况都非常熟悉，对不同阶段各方对国家公园立法重大制度构建所持的不同意见、围绕制度构建存在的争议焦点和重大问题等也都非常清楚并参与其中反复论证。

本书的第一章是"国家公园法的立法定位"，由吴凯杰助理教授和我共同撰稿。吴教授从博士后期间开始一直随我参与了国家公园法草案建议稿的起草研究工作，在国家公园法的立法体系定位、立法目标与原则、设立与分区管控制度等专题方面发表了大量研究论文，并在国家公园法草案起草过程中提出了大量立法建议。本章主要针对国家公园法立法的总体思路、立法意义及其应当解决的主要问题、国家公园法与自然保护地法的关系、国家公园法应当如何建立确认改革实践成果的主要制度等重要立法问题展开了讨论。

本书的第二章是"国家公园自然资源资产产权制度",由巩固教授带领两位随我一起参与国家公园法草案建议稿的起草研究工作的博士生撰稿。巩教授长期从事自然资源国家所有权问题研究,在国家公园法草案中曾就"国家公园法律地位与管理目标""全民所有自然资源所有权行使与所有者职责履行""国家公园管理机构自然资源资产管理授权""自然资源资产管护社会监督"等与国家公园内自然资源国家所有权行使密切相关的问题提出了条文立法建议。另外两位博士生冯令泽南、吕爽则分别对国家公园立法中"集体土地使用权制度"和"全民所有自然资源资产产权委托代理制度"两项重要制度作了专题论证。本章将国家公园国家所有的法律本质定位于特殊自然资源国家所有权,提出了立法应当倡导"国有公用、共建共享"的制度保障。在分析国家公园国家所有的域外经验与发展趋势的基础上,阐明了国家公园自然资源资产委托代理机制的功能、性质和制度设计,同时,还对国家公园范围内集体土地使用权的立法价值、协调利用及其限制路径展开了论述。

本书的第三章是"国家公园监管体制与治理体系",由严厚福副教授和我共同撰稿。严厚福副教授的研究专长主要在公众参与和环境法律责任制度方面,在国家公园法草案专家建议稿的起草研究工作中负责"规划"和"社会参与"两章的起草研究工作。本章结合国家公园法草案建议稿对有关公众参与、生态环境综合执法权限设置以及法律责任的相关规定进行了专题论证,主张国家公园的"全民公益性",要求《国家公园法》的相关条款应充分贯彻落实公众参与的要求,国家公园范围内的自然资源和生态环境综合执法权限应由一个机构统一行使。

本书的第四章是"国家公园规划和空间用途管制制度",由闫颜高级工程师、赵悦副教授和舒旻副教授共同撰稿。闫工曾在国家林业和草原局国家公园管理办公室具体负责国家公园法草案的起草及相关政策法规的制定工作,她曾参与国家公园和自然保护地等重要政策文件的起草工作,并深入参与了我国国家公园体制试点、评估验收等工作,负责组织开展了国家公园管理体制机制、央地事权划分与支出责任、监管机制、综合执法、自然资源资产管理、地役权、特许经营等立法研究。赵悦副教授擅长于国际环境法和资源能源法研究,在国家公园法草案专家建议稿的起草研究工作中主要承担了外国国家公园法比较借鉴研究和国家公园自然资源使用权准征收、矿业权退出与补偿机制等项目的研究。舒旻副教授教授主要专长于自然保护法研究，曾主持前期《国家公园法（草案）》（专家建议稿）和全面参与各章节的制度论证和研究工作。本章主要对国家公园立法中涉及的规划和空间用途管制制度进行了论证，并分别对国家公园中自然资源使用权准征收、保护地役权的适用以及国家公园内矿业权的退出与补偿机制等立法问题展开了论述。

本书的第五章是"国家公园公众服务与社区发展制度"，由王社坤教授、鲁冰清教授、舒旻副教授和焦琰博士共同撰稿。王教授2018年以来一直参加国家公园法草案专家建议稿的起草研究工作，他和焦博士一同负责国家公园全民公益性理念的内涵论证；鲁冰清教授和舒旻副教授则分别针对国家公园社区发展制度和公众服务制度开展论证研究。本章结合国家公园法草案专家建议稿的规定分析了国家公园全民公益性理念及其立法探索，对国家公园公众服务制度的内涵、构成和立法方案做了深入分析。

本书的第六章是"国家公园资金保障与生态保护补偿机制"，由舒旻副教授和随我一起参与国家公园法草案专家建议稿和生态保护补偿条例起草研究工作的博士生宋亚容共同撰稿。本章主要探讨了国家公园资金来源及其保障机制、国家公园生态保护补偿制度的构建，对国家公园法草案专家建议稿中的资金机制、生态保护补偿条款等规定做了深入论证。

本书的第七章是"国家公园服务项目特许经营制度"，由王克稳教授和童光法教授共同撰稿。王教授长期从事行政许可中特许权的物权属性与制度构建、国有自然资源使用权配置等研究，在国家公园法草案专家建议稿的起草研究工作中主要负责构建国家公园服务项目特许经营制度的论证研究；童教授长期从事环境法和民法研究，主要负责试点国家公园的特许经营实践经验的总结并提出立法建议。本章系统论证了国家公园特许经营中的主要立法问题，包括服务项目及其范围，特许经营的授权主体与实施主体，特许经营权的授予方式、经营模式、最长期限和国家公园标识的许可使用等条文如何规定等问题，对我国国家公园特许经营制度的试点实践经验作了系统介绍和分析。

本书的第八章是"中国海洋海岛国家公园立法重点问题"，由樊威副教授撰稿。樊威副教授曾赴法国留学攻读博士学位研究气候变化法律问题，她在国家公园法草案的起草研究工作中主要负责海洋海岛国家公园相关立法研究。海洋海岛国家公园的设立运营虽然被纳入我国国家公园体制建设，但立法中更多考虑的还是陆地型国家公园，因此有必要对海洋海岛公园进行专门法律制度的构建。为此，本章针对海洋海岛国家公园存在的现实法律问题，分别就海洋海岛国家公园管理制度、争端解决机制以及监管执法制度提出了立法建议。

如果我们把 2019 年 7 月在北京大学举行第一次论证会小范围公开讨论国家公园法草案专家建议稿作为起点（第一稿）的话，截至 2024 年 9 月国家公园法草案首次提请全国人大常委会审议并公开征求公众意见时止，国家公园法草案各阶段文稿就有十余稿。本书各章的主要内容是对撰稿人在参与国家公园法草案各阶段的起草研究中同步开展的制度论证、制度分析和立法建议等文字成果的总结和归纳，是对参与国家公园法草案起草研究工作中法学专家团队开展立法研究工作取得成果的记载和保留。我想，本书记载、归纳和保留的这些在国家公园法草案起草过程中经过多次论证研究的成果，不仅对下一步全国人大常委会审议通过并颁布实施国家公园法具有制度解析和对比的作用，而且还对未来更远的时间开展对国家公园法执法检查和实施效果评价等工作也会提供一个特定立法时期的立法建议及其理论分析的文本对照。

是为序。

汪　劲
2024 年 10 月 31 日于
北大燕秀园寓所

# 目　录

序 ………………………………………………………………… 001

第一章　国家公园法的立法定位 ………………………………… 001
　第一节　国家公园法的立法背景与意义 ………………………… 004
　第二节　国家公园法的体系定位与主要内容 …………………… 015
　第三节　国家公园法先行立法的需要与分工 …………………… 023

第二章　国家公园自然资源资产产权制度 ……………………… 039
　第一节　国家公园国家所有的法律本质与制度保障 ………… 042
　第二节　国家公园国家所有的域外经验与发展趋势 ………… 051
　第三节　国家公园自然资源资产委托代理机制 ……………… 063
　第四节　国家公园集体土地使用权 …………………………… 082

第三章　国家公园监管体制与治理体系 ……………………… 105
　第一节　中国国家公园的统一管理权体制 …………………… 108
　第二节　国家公园资源环境综合执法权限配置 ……………… 126
　第三节　国家公园范围和分区调整中的公众参与 …………… 144

第四章　国家公园规划和空间用途管制制度 ………………… 155
　第一节　国家公园规划制度 …………………………………… 157

第二节 国家公园体制建设中的自然资源使用权准征收问题 ………… 180

第三节 自然保护地役权制度在国家公园体制下的适用分析 ………… 195

第四节 国家公园矿业权退出与补偿机制——以大熊猫国家公园

（四川片区）为例 …………………………………………… 227

第五章 国家公园公众服务与社区发展制度 ……………………… 245

第一节 国家公园全民公益性理念 ………………………………… 247

第二节 国家公园公众服务制度 …………………………………… 265

第三节 国家公园社区发展制度 …………………………………… 273

第六章 国家公园资金保障与生态保护补偿机制 ……………… 291

第一节 国家公园资金保障机制 …………………………………… 293

第二节 国家公园生态保护补偿制度 ……………………………… 316

第七章 国家公园服务项目特许经营制度 ……………………… 335

第一节 国家公园服务项目特许经营的主要立法问题 …………… 337

第二节 我国国家公园服务项目特许经营制度的地方实践 ……… 354

第八章 中国海洋海岛国家公园立法重点问题 ……………… 373

# 表目录

表 2-1 部分国家公园（试点期间）土地成分情况 ……………………… 065

表 2-2 各种集体土地使用权的限制方式及特征 ………………………… 102

表 3-1 十大国家公园体制试点（试点区）方案和批复的管理体制与权力
配置 ……………………………………………………………………… 114

表 3-2 中国国家公园与其他类型自然保护地的异同 ………………… 121

表 3-3 自然保护地资源环境综合执法队伍需求情况分析 …………… 136

表 4-1 国家公园规划编制与审批主体 ………………………………… 169

表 4-2 国家公园各级各类规划审批重点 ……………………………… 175

表 4-3 自然资源使用权类型化分析 …………………………………… 185

表 4-4 国家公园及其他相关体制试点区土地等自然资源/不动产
物权外观 ……………………………………………………………… 196

表 4-5 征收、森林生态效益补偿与自然保护地役权制度比较
（以林地为例）………………………………………………………… 225

表 4-6 大熊猫国家公园占地面积及矿业权数量 …………………… 228

表 4-7 矿业权的一般性规范保障 …………………………………… 229

表 4-8 大熊猫国家公园（四川片区）矿业权行政诉讼案件 ……… 234

表 4-9 矿业权退出的类型化分析 …………………………………… 241

表 5-1 关于国家公园的综合性地方立法现状（按颁布时间排序）…… 254

表 6-1 中国国家公园体制的重要法律政策文件 …………………… 294

表 6-2　自然生态保护及自然保护区预算支出决算　……………………… 298

表 6-3　中央对地方重点生态功能区转移支付支出预算　……………… 300

表 6-4　节能环保和农林水支出决算　……………………… 301

表 6-5　首批国家公园的机构设置和管理模式　……………………… 305

表 7-1　部分国家公园及体制试点区有关特许经营内涵的规定　………… 356

表 7-2　部分国家公园及体制试点区有关特许经营范围的规定　………… 358

表 7-3　部分国家公园及体制试点区有关特许经营期限的规定　………… 360

表 7-4　部分国家公园及体制试点区有关特许经营合同机制的规定　…… 361

表 7-5　部分国家公园及体制试点区有关原住居民保护机制的规定　…… 365

表 7-6　部分国家公园及体制试点区有关特许经营监督保障机制的规定 … 367

# 第一章
# 国家公园法的立法定位

本章撰稿人：

汪劲，法学博士，北京大学法学院教授。

吴凯杰，法学博士，北京大学法学院助理教授。

中共中央办公厅、国务院办公厅在 2017 年 9 月印发的《建立国家公园体制总体方案》中提出要"在明确国家公园与其他类型自然保护地关系的基础上，研究制定有关国家公园的法律法规"。为此，十三届全国人大常委会于2018 年将制定《国家公园法》列入立法规划第二类项目，十四届全国人大常委会进一步于 2023 年将其列入立法规划第一类项目，《国家公园法（草案）》（征求意见稿）目前已起草完成。2019 年 6 月，中共中办公厅、国务院办公厅在其印发的《关于建立以国家公园为主体的自然保护地体系的指导意见》中再次提出"修改完善自然保护区条例，突出以国家公园保护为主要内容，推动制定出台自然保护地法，研究提出各类自然公园的相关管理规定"的建议，于是《自然保护地法》立法呼声再起。

由于国家公园、自然保护区和其他各类自然公园都属于自然保护地的组成部分，为此国务院有关部门和环境法学界对是否有必要同时制定《国家公园法》和《自然保护地法》存在两种不同的主张和选择：一种持分别立法主张，即在继续完成《国家公园法》草案起草工作的同时，启动《自然保护地法》的起草工作，将《自然保护地法》作为自然保护地领域的基本法，将《国家公园法》、即将修改完善的《自然保护区条例》和其他各类自然公园的法规规定作为自然保护地法律体系的组成部分。另一种则持统括立法主张，即鉴于国家公园属于自然保护地体系的组成部分，在国家明确做出制定《自然保护地法》的决定后就应当停止《国家公园法》草案的起草工作，将《国家公园法》草案的内容予以扩充，并将规范自然保护区和其他各类自然公园的内容一并纳入新起草的《自然保护地法》草案之中。

两种观点各有其支撑，但从我国自然保护地实践来看，《国家公园法》和《自然保护地法》之间并非二元对立。相反，为国家公园制定严格意义上的法律，更有利于推动自然保护地体制改革平稳有序发展。有鉴于此，本章将在

---

\* 为行文简便，本书中涉及的相关法律法规名称中均省去"中华人民共和国"字样。

分析我国自然保护地法律实践及其面临问题的基础上，就《国家公园法》立法及其功能定位提出我们的观点，进而分别在静态与动态视角下分析《国家公园法》与其他自然保护地立法的关系。

## 第一节　国家公园法的立法背景与意义

按照《关于建立以国家公园为主体的自然保护地体系的指导意见》（2019年）指引的方向，未来中国自然保护地体系将会形成以国家公园为主体、以自然保护区为基础和以各类自然公园为补充的基本构造。与构筑这一新体系的进程相适应，中国环境法体系中也将呈现一套崭新的、以自然保护地法为基本法、以国家公园法和自然保护区与各类自然公园立法为单行法规的自然保护地法律体系。为了说明这一分析的合理性和必然性，有必要先对中国自然保护地体系的发展、制度演进及其法律实践中的问题作一个简要的归纳和总结。

我国自然保护地建设已有近 70 年的历程，初步形成了由自然保护区、风景名胜区、文物保护单位和其他类型自然公园构成的自然保护地体系。按照党中央国务院的安排，下一步将在整合各类自然保护地的基础上建设以国家公园为主体的自然保护地体系。为破解我国现行保护地治理体系在政府管理体制、自然资源资产产权、保护地基本策略等方面所受到的制约，《国家公园法》立法刻不容缓。由于《国家公园法》立法的可行性与典型性，《国家公园法》立法能够在适应自然保护地健全发展的体制机制及其具体措施上率先创新、突破，以为《自然保护地法》及其他保护地立法提供参照。《自然保护地法》立法应在《国家公园法》先行探索的基础上，以保护地分类体系的稳固发展、协同构建为价值取向，全面确立不同类型保护地的地位、性质和功能等方面的总体制度及其适用上的安排。

### 一、我国自然保护地法律体系构建的沿革考察

自然保护地（Protected Areas，也称保护地）的概念是世界自然保护同盟（IUCN）在考察世界各国各类自然保护地的基础上综合提出的，它是指"通过法律或其他有效手段加以管理的，专门用于保护和维持生物多样性、自然

及其相关文化资源的土地和/或海洋",包含严格的自然保护地、荒野保护地、国家公园、自然历史遗迹或地貌、栖息地/物种管理区、陆地景观/海洋景观、自然资源可持续利用自然保护地等六种管理类别。[1]20 世纪 90 年代以来，鉴于中国自然保护实践的不断拓展，原在国内更为常见的"自然保护区"概念已不能涵盖各类纳入保护政策的空间区域外延，国内很多学者也开始在著述中用"自然保护地"来概括我国各种类型的自然保护区域，并呼吁政府在规范性文件中以自然保护地的概念及其分类管理体系括现有的自然保护区、风景名胜区和各类自然公园。[2]

纵观新中国成立 70 多年来我国自然保护地建设及其法律实践，我国总体上经历了从自然保护区建设，发展到自然和人文遗迹保护与风景名胜区并立，再到各类自然公园兴起和国家公园体制试点与建立自然保护地体系等三个阶段。对不同时期我国自然保护地管理体制及其法律实践存在问题进行分析，将有助于理解为什么我国应当以《国家公园法》形式对国家公园范围内公权力运行的统一和综合执法制度做出具体设计和安排的主张。

20 世纪 50 年代以前，我国与自然保护地相关的概念主要有公园园林、风景区、名胜古迹等。这些地域区域的主要功能是供人们观光游览、避暑度假和休养疗养。20 世纪 50 年代以后，我国开始建立以保存生态系统原生状态、建立实验基地和动植物种类保护为主要目的的自然保护区。[3]1979 年我国《环境保护法（试行）》将自然保护区纳入"环境"范畴的同时，还将名胜古迹、风景游览区和疗养区也一并纳入了"环境"的范畴。[4]从此，以自然

---

〔1〕 Edited by Nigel Dudley and Sue Stolton, *Defining protected areas: an international conference in Almeria*, Spain, May 2007, available online: https://data.iucn.org/dbtw-wpd/edocs/PAPS-016.pdf, 2020-04-28, last visited on 2023-08-02.

〔2〕 解焱："我国自然保护区与 IUCN 自然保护地分类管理体系的比较与借鉴"，载《世界环境》2016 年第 7 期。

〔3〕 中国科学院生物学家秉志等人大代表在 1956 年 6 月举行的全国人大一届三次会议上提出了"请政府在全国各省（区）划定天然林禁伐区保存自然植被以供科学研究的需要"的议案，该议案后经国务院审查交原林业部会同中国科学院等部门研究办理。同年 10 月原林业部拟定了《关于天然森林禁伐区（自然保护区）划定草案》。根据该草案规定，中国科学院在广东省鼎湖山建立了我国第一个自然保护区。

〔4〕 在 1989 年 12 月全国人大常委会通过的《环境保护法》中，鉴于我国已经加入《世界遗产公约》和制定有《风景名胜区管理条例》的实际，将名胜古迹和风景游览区纳入"自然遗迹、人文遗迹、风景名胜区"的范畴。

保护区、文物保护单位、名胜古迹和风景游览区为主要内容的中国自然保护地建设开始进入制度化的轨道。《环境保护法（试行）》规定虽然提高了国务院相关部门和地方人民政府对人为划定自然保护地的价值的认识，但在中央和地方事权与财权不清的背景下和法律不健全的条件下，各级政府及其官员对自然保护区、名胜古迹、风景游览区等自然区域有关的性质、任务、划定标准、管理范围和主管部门的权限等基本事项的理解和保护目标却见仁见智、没有明确一致的认识。20世纪80年代以后，伴随着城市化的进程和自然地域的减少，不同的主管部门和地方政府又以自然资源和生态保护的名义，通过制定部门规章或者地方性法规规章等方式，将本部门和政府职权范围内某个地域和某个区域的自然地带命名为各种风景名胜区和其他类型的自然公园，初步形成了自然保护区、风景名胜区、文物保护和其他类型的自然公园并存、多部门主管的自然保护地体制和与之相适应的管理格局。

首先是自然保护区管理体制。自然保护区是指"对有代表性的自然生态系统、珍稀濒危野生动植物物种的天然集中分布区、有特殊意义的自然遗迹等保护对象所在的陆地、陆地水体或者海域，依法划出一定面积予以特殊保护和管理的区域"。[1]自然保护区在我国自然保护地分类体系中属于最严格的保护区域。由于自然保护区中国家级自然保护区占据多数且为中央政府事权范畴，为此地方政府对各级各类自然保护区建设目的的认识与中央政府设立目的之间并不一致。1981年2月，《国务院关于在国民经济调整时期加强环境保护工作的决定》发布，要求各地区、各部门加强对所属自然保护区的建设和管理，做好自然保护区的区划工作，建立和扩大各种类型的自然保护区。为此，从20世纪80年代开始我国地矿、海洋、林业和农业等部门陆续依照法律或者部门规章的规定在全国各地划定了国家级海洋、地质、重点保护野生动物的主要生息繁衍的地区和水域、陆域野生动物、水生野生动物等不同类型的自然保护区，并基本形成了不同类型自然保护区建设的分部门管理体制。1990年12月，《国务院关于进一步加强环境保护工作的决定》发布，确定由国务院环保部门对全国自然保护工作实行统一监督管理。1994年10月，国务院在《自然保护区条例》中明确规定自然保护区实行综合管理与分部门

〔1〕 1994年10月国务院《自然保护区条例》第2条。

管理相结合的管理体制，即国务院环保部门负责全国自然保护区的综合管理，有关林业、农业、地质矿产、水利、海洋等部门在各自的职责范围内主管有关的自然保护区。

其次是风景名胜区管理体制。依照 2006 年 9 月国务院《风景名胜区条例》下的定义，风景名胜区是指"具有观赏、文化或者科学价值，自然景观、人文景观比较集中，环境优美，可供人们游览或者进行科学、文化活动的区域。"〔1〕从文字上看，这一定义与自然保护区就存在着较多的重合。风景名胜区建设是继自然保护区之后我国又一重要的自然保护地建设类型。1978 年国务院城市工作会议提出加强风景名胜区和文物古迹管理以后，国务院建设主管部门开始主导我国风景名胜区建设工作。1985 年 12 月，全国人大通过了《批准〈保护世界文化和自然遗产公约〉的决定》，之后，我国政府在申报世界遗产工作中将若干已列为国家级重点文物和动、植物自然区域的保护项目和部分自然保护区都列入《世界遗产目录》清单之中。〔2〕以"中国政府"的名义将自然保护区等保护地纳入《世界遗产目录》清单的做法，实际上也带来我国各类自然保护地体系的重合和体制机制的混乱。〔3〕为此，1995 年 3 月，《国务院办公厅关于加强风景名胜区保护管理工作的通知》发布，要求依法保护风景名胜资源，不得改变风景名胜区性质，不准在风景名胜区景区内设立各类开发区、度假区等。2006 年国务院发布《风景名胜区条例》，将风景名胜区管理的重点定位在有效保护和合理利用风景名胜资源之上，实行科学规划、统一管理、严格保护、永续利用的风景名胜区管理原则。条例还确立了风景名胜区实行统一管理和分工负责的管理体制，即国务院建设主管部门负责全国风景名胜区的监督管理工作，国务院其他有关部门按照职责分工负责风景名胜区的有关监督管理工作；风景名胜区所在地县级以上地方人民政府设置风景名胜区管理机构负责风景名胜区的保护、利用和统一管理工作；

〔1〕 参见 2016 年 2 月国务院通过的《风景名胜区条例》第 2 条第 2 款（这一定义源自 2006 年 9 月国务院《风景名胜区条例》）。在 1985 年 6 月国务院《风景名胜区管理暂行条例》第 2 条中将风景名胜区定义为"具有观赏、文化或者科学价值，自然景观、人文景观比较集中，环境优美，可供人们游览或者进行科学、文化活动的区域。"

〔2〕 慕琳："中国第一批世界文化遗产的诞生"，载《中国文化遗产》2004 年第 2 期。

〔3〕 例如，泰山分别是世界文化与自然双遗产地、世界地质公园、国家级风景名胜区、国家地质公园、国家森林公园、省级自然保护区，同一地域挂了 6 块牌子。

省、自治区人民政府建设主管部门和直辖市人民政府风景名胜区主管部门负责本行政区域内风景名胜区的监督管理工作，政府其他有关部门按照规定的职责分工负责风景名胜区的有关监督管理工作。

最后是文物保护管理体制和其他自然公园管理体制。我国政府对文物保护工作的开展由来已久。1961年国务院发布了《文物保护管理暂行条例》，规定将具有纪念意义和史料价值的建筑物、遗址、纪念物和具有历史、艺术、科学价值的古文化遗址、古墓葬、古建筑、石窟寺、石刻等作为文物保护单位予以保护。1982年全国人大常委会通过了《文物保护法》，将文物保护的意义定位于有利于开展科学研究，继承我国优秀的历史文化遗产，进行爱国主义和革命传统教育之上。确立了由国家文化行政主管部门对文物保护实施统一管理的体制。但是，虽然我国的文物古迹各自独具特点，但它们的存在大都与风景名胜区浑然一体。因此，发生在风景名胜区的问题也是文物保护单位存在的问题。例如，文物保护区内存在兴建违法建筑，以及开荒种菜、取土制砖、搭棚养猪等现象，以及在文物保护区范围内修建旅游场所、摆摊设点等诸多问题屡禁不止。

从20世纪90年代开始，各级林业主管部门开始与旅游部门合作，依托位于城市和风景区、名山大川附近的诸多国有林场，兴建以森林自然环境为依托，具有优美的环境和科学教育、游览休息价值的森林公园。[1] 1994年原林业部在《森林公园管理办法》中将森林公园定义为"森林景观优美，自然景观和人文景物集中，具有一定规模，可供人们游览、休息或进行科学、文化、教育活动的场所"。按照这个部门规章，国务院林业主管部门和县级以上地方人民政府林业主管部门管理各类森林公园。2011年国家林业局印发了《国家森林公园管理办法》，明确国家级森林公园的主要功能是"保护森林风景资源和生物多样性、普及生态文化知识、开展森林生态旅游"。1995年原地质矿产部发布了《地质遗迹保护管理规定》，将地质遗迹确定为"在地球演化的漫长地质历史时期，由于各种内外动力地质作用，形成、发展并遗留下来的珍贵、不可再生的地质自然遗产"。1999年12月，原国土资源部在《2000—2010年全国地质遗迹保护规划》中正式确立了建立国家地质公园的

---

〔1〕 李景奇、秦小平："风景名胜区与旅游区辨析"，载《中国园林》1998年第5期。

具体方案，将国家地质公园定位于"具有国家级代表性，在全国乃至国际上具有独特的科学价值、普及教育价值和美学观赏价值"之上。2004 年 2 月 13 日，经联合国教科文组织批准，我国将安徽黄山等八家国家地质公园申报列入联合国教科文组织世界地质公园网络名录。

由国务院和地方主管部门主导在我国各地兴建的森林、地质、湿地等其他类型的自然公园，它们是继自然保护区、文物保护单位、风景名胜区、自然文化遗产以及城市园林和公园之后我国自然保护地的新的补充形式。此外，根据《渔业法》《海洋环境保护法》《海岛保护法》等法律规定，我国还建有水产种质资源保护区、海洋特别保护区、特别保护海岛等特种类型的自然保护地。

### 二、我国自然保护地建设实践存在的共通性问题

自然保护区、风景名胜区和文物保护单位是中国自然保护地体系的三大基本类型。其中，自然保护区（禁伐区）建设侧重于对原生自然环境区域予以划定，为自然科学研究建立基地；[1] 风景名胜区建设是对具有观赏、文化或科学等价值的自然人文景物划定区域，为人们休憩或科研文化提供场地；[2] 而文物保护单位建设则是保护具有历史、艺术、科学价值的文物本体及周围一定范围实施重点保护的区域以为科学研究和传统教育所用。[3] 因此，三大类型的保护地一开始就存在保护理念和利用目的之间的交叉和重叠。

按照建设之初的设想，三大类型的保护地实行统一管理和分工负责的体制，即在全民所有的自然资源资产管理体制上实行林业部门主管自然保护区、城建部门主管风景名胜区和文物部门主管文物保护单位。然而，由于国家实行中央各部门间和中央与地方政府间"条块分割"的政府权力运行模式和财权与事权不一致的体制机制，因而，这三类保护地统一管理职权的行使不仅受到来自其他分工负责有关部门的限制，而且还受到保护地范围内地方各级政府及其职能部门权力的制约。在国家未明确保护地性质、任务、划定标准、

---

〔1〕　原林业部：《关于天然森林禁伐区（自然保护区）划定草案》，1956 年 10 月。

〔2〕　此定义见国务院 1985 年通过的《风景名胜区管理暂行条例》第 2 条。2006 年，国务院通过了新的《风景名胜区条例》，将风景名胜区定义为"具有观赏、文化或者科学价值，自然景观、人文景观比较集中，环境优美，可供人们游览或者进行科学、文化活动的区域。"

〔3〕　国务院：《文物保护管理暂行条例》，1960 年 11 月 17 日，现已废止；全国人大常委会：《中华人民共和国文物保护法》，1982 年 11 月 19 日，已被修改。

统一管理部门的权限范围以及与保护地内政府分工负责部门职权关系等基本事项的条件下，因不同政府及其主管部门对不同类型保护地价值的认识不一致，加上"文革"及其之后企事业单位占用保护地面积较大，不断增加的人口压力和人们法律意识、环境意识普遍淡薄，保护地范围内侵占土地、改变用途和其他严重破坏自然环境和保护景观与文物等现象屡屡发生，致使统一管理和分工负责体制的设立目标难以在实践中圆满实现。

事实上，自然保护区、文物古迹和风景名胜区虽然各具特点，但它们在许多地方几乎是浑然一体的。鉴于自然保护区对区内各种活动有着严格限制，伴随城市化的进程和自然地域的减少，各地区各部门在经济利益驱动下纷纷以修改规划、制定部门规章或者地方性法规规章等方式侵占自然保护区的土地，或者在职权范围内扩充既定自然保护区的功能。实践中还出现了自然保护区被再次划定为公园、园林、风景区、名胜古迹区的重复划定现象（例如肇庆星湖鼎湖山、安徽黄山、山东泰山、辽宁千山等）。即使在风景名胜区和文物保护单位范围内，地方政府部门批准兴建开发区、度假区的现象也不在少数。

面对三类保护地在经济发展中不断出现破坏、混同和分立等现象，20世纪90年代以后，国务院一再就自然保护区和风景名胜区受到开发利用的破坏发函，要求加强对这些自然保护地的保护管理。[1] 1991年全国人大常委会修改《文物保护法》，强化了文物经营管理规定；1994年国务院颁布了《自然保护区条例》，确立了国家对自然保护区实行"综合管理与分部门管理相结合的管理体制"；2006年国务院修改颁布了《风景名胜区条例》，目的也是强化风景区的设立、保护、利用和管理的要求。虽然国家试图通过政府机构改革和法律法规修改来强化保护地的管理，但受自然保护地管理体制弊端的根本影响，在各种不同保护地的保护对象需求、申报面积要求、自然资源资产产权不清晰、地方政府争取资金冲动、部门利益等因素的冲击下，既有体制下对职权的调整和对法律法规的小修小改根本无法改变我国自然保护地管理混乱

---

〔1〕 例如，1990年12月国务院发布《关于进一步加强环境保护工作的决定》（国发〔1990〕65号），要求环境保护部加强对自然保护工作的统一监督管理。1995年3月国务院办公厅印发《关于加强风景名胜区保护管理工作的通知》（国办发〔1995〕23号）。2010年12月国务院办公厅又印发《关于做好自然保护区管理有关工作的通知》（国办发〔2010〕63号），要求科学规划自然保护区发展、强化对自然保护区范围和功能区调整的管理、严格限制涉及自然保护区的开发建设活动、加强涉及自然保护区开发建设项目管理、规范自然保护区内土地和海域管理，以及强化监督检查等。

的现实。

总体上看，在国务院主管部门和地方各级人民政府的共同努力下，新中国成立 70 年来我国各类型自然保护地建设取得了很大的进展。据 2019 年底以前的统计，中国各种类型的自然保护地中国务院批准公布的国家级风景名胜区有 244 处，纳入世界遗产公约的世界遗产 55 项；各种自然保护区 2750个，总面积为 147.17 万平方公里，约占自然保护地总面积的 70.0%。[1]然而，因保护对象需求、申报面积要求、自然资源资产产权不清晰、地方政府争取资金冲动、部门利益等原因，我国在建立自然保护区法律实践中也存在着大量问题。归纳一下这些问题主要表现在如下几个方面：

一是自然保护地范围内行政管理体制和运行机制比较混乱，自然保护区、风景名胜区范围内管理工作与地方政府和各部门有关密切相关，既包括实施统一管理的主管部门，也包括依法行使分工负责职责的环境、林业、海洋、农业、资源等部门，还包括地方人民政府行使社会经济发展职能的公安、工商、物价、税务、城建、交通、路政、质检等部门。二是自然保护地范围内国家所有的自然资源资产产权行使部门或者机关不明确，中央事权与地方事权和财政投资关系、利益分配机制不清晰，县级以上人民政府均有权行使全民所有自然资源资产所有权。此外，许多自然保护区内还存有大量集体所有自然资源资产，如何合理利用或者限制利用涉及不同主管部门和利益群体，难以协调。三是各类自然保护地缺乏科学统筹规划，许多自然保护区的范围内还建有多个目标各异的风景名胜区、森林公园、地质公园、海洋公园（海洋特别保护区）、沙漠（石漠）公园、水产种质资源保护区、野生植物原生境保护点、自然保护小区、野生动物重要栖息地等。不仅如此，中央政府和地方各级政府的认识也很不一致。自然保护地管理目标不明确造成开发建设与保护区或者景区旅游资源的保护相矛盾，许多自然保护地内居民住户较多，难以管理。四是资金投入不到位，自然保护区缺少勘界立标，长期处于范围不明确、边界不清晰的状态。许多自然保护区和风景名胜区基本上靠设立开

---

〔1〕　高吉喜、徐梦佳、邹长新："中国自然保护地 70 年发展历程与成效"，载《中国环境管理》2019 年第 4 期。

发建设和旅游一体化公司解决资金短缺问题。[1]

虽然几十年来我国各类自然保护地体系不断完善发展，但自然保护地存在的上述共通性问题却愈演愈烈、难以改变。究其原因，各类冠以"国家"或者"国家级"的自然保护地管理体制存在着中央事权不顺达和中央财政投入不配套的现象，长此以往逐渐形成了中央政府与地方政府在建立自然保护地的目的和基本理念认识上南辕北辙的局面。一方面，中央政府希望通过不断建立完善自然保护地体系，借以在保护生物多样性、保存自然遗产、改善生态环境质量和维护国家生态安全等方面发挥重要作用，同时中央政府有关编制和财政主管部门又希望投入有限的人员和财政资金，立足于依靠地方政府的人财物多管理、多配合、多投入，以实现共同保护自然保护地的目标。结果，中央事权的很大一部分被赋予地方政府行使，而在中央财政投入方面则有所保留；另一方面，地方政府则认为，各类冠以"国家"或者"国家级"的自然保护地管理事权本属于中央政府，地方政府行使中央事权的财政资金应当由中央政府承担，此外中央政府还应当对自然保护地政府和居民丧失的发展机会和利益等给予相应的补偿。因此地方政府希望将完善自然保护地体系建设作为促进本地区经济发展和贫困地区人民致富的重要机遇。

## 三、国家公园法对完善自然保护地法律体系的作用

针对我国自然保护地领域存在的分类不科学、保护标准不清晰、公益属性不明确、多头交叉管理、部门权责不落实、保护与开发矛盾难以协调等问题，2013 年 11 月，在《中共中央关于全面深化改革若干重大问题的决定》中首次提出要"建立国家公园体制"。2015 年 6 月，国家发展和改革委员会等十三个部门联合印发《建立国家公园体制试点方案》，在三江源、大熊猫、东北虎豹、湖北神农架、浙江钱江源、湖南南山、祁连山、北京长城、[2] 云南普达措、福建武夷山等地区启动国家公园体制试点。其中，青海、湖北、

---

〔1〕 以上问题综述自邱胜荣、唐小平："中国自然保护区历史遗留问题成因及其疏解途径研究"，载《世界林业研究》2020 年第 4 期；张平、李向东："国家级风景名胜区管理体制改革问题探讨"，载《经济体制改革》2003 年第 1 期；另见《人民日报》："让祖国山河更加壮丽"，载《中国园林》1985 年第 3 期；建设部："《中国风景名胜区形势与展望》绿皮书"，载《城乡建设》1994 年第 4 期；以及，严国泰、宋霖："风景名胜区发展 40 年再认识"，载《中国园林》2019 年第 3 期。

〔2〕 2018 年北京长城国家公园被取消，新增了海南热带雨林国家公园。

云南、福建等省份还专门制定了国家公园管理的地方性法规。2017 年 9 月，《建立国家公园体制总体方案》首次提出"构建以国家公园为代表的自然保护地体系"。为此，2018 年 3 月，国务院在机构改革中新成立了自然资源部，并设立国家林业和草原局（挂国家公园管理局的牌子），将国务院原各部委办分别管理的专类公园，包括之前国务院批复的国家级风景名胜区和自然保护区全部划归国家林业和草原局管理。按照 2019 年 4 月中共中央办公厅、国务院办公厅《关于统筹推进自然资源资产产权制度改革的指导意见》要求，我国首次实行国家公园范围内的全民所有自然资源资产所有权由国务院自然资源主管部门行使或委托相关部门、省级政府代理行使等三种方式，但最终将过渡到由国务院自然资源主管部门直接行使的方案。此外，在自然保护地范围内将实行生态环境保护综合执法机制和包括相关部门在内的统一执法机制。

建立国家公园的新体制和运行机制不仅要在执政党和中央政府的改革政策文件中规定，而且还应当尽快通过制定《国家公园法》予以确定化和法定化。通过纳入上述制度设计并协调与其他自然保护地法的关系，《国家公园法》的立法意义将不仅限于国家公园领域。在《国家公园法》已获全国人大环资委、司法部立法部门、国家林草主管部门官员和多数法律专家公开表态支持的情况下，尽快完善和制定《国家公园法》已迫在眉睫。《国家公园法》的制度设计应当具有典型性和代表性，它将对构建中国自然保护地法律体系具有重要的制度探索与创新作用。

一方面，《国家公园法》立法的政策指引和实践探索较多，能够为制度创制提供支持。在国家政策层面上，《建立国家公园体制总体方案》《关于建立以国家公园为主体的自然保护地体系的指导意见》是我国国家公园体制试点的总体设计图，回答了"管什么""在哪管""谁来管"，以及"怎么管"等基本问题，其中在"管什么"方面已形成《国家公园设立标准》，"在哪管"方面已形成《全国国家公园空间布局方案（征求意见稿）》，"谁来管"方面已在国家林业和草原局基础上组建国家公园管理局、提出东北虎豹国家公园管理局组建方案等。[1] 在地方试点层面上，各试点国家公园都已制定相应法

---

〔1〕 唐芳林、闫颜、刘文国："我国国家公园体制建设进展"，载《生物多样性》2019 年第 2 期。

规制度，三江源、武夷山和神农架的国家公园条例已印发实施，其他试点区也都制定了相关管理制度和标准规范，如东北虎豹国家公园已制定国有自然资源资产管护、有偿使用、特许经营、调查监测、资产评估等管理制度。

另一方面，《国家公园法》立法的既有法律规范"包袱"较轻，便于制度创新。经过 60 多年的发展，现行自然保护地法以《自然保护区条例》《风景名胜区条例》等为核心，确立了有关各类自然保护地设立、规划、管理等的基本制度和技术标准规范。由于现行自然保护地治理存在管理体制不顺、区域交叉重叠、资源权属混乱、资金来源不稳、缺乏社区发展机制等问题，我国对自然保护地统一立法的探索由来已久。我国曾于 2004 年、2006 年、2012 年、2013 年启动过数次自然保护地统一立法工作，提出过《自然保护区法》《自然保护地法》《自然保护区域法》《自然遗产法》等多个版本的草案，但都没有进入正式的立法程序。[1]原因主要是各方争议较大，包括对"自然保护地"等概念还难以接受。[2]相较而言，国家公园法的立法目的明确、内容自成一体、规范结构清晰，能够在制度先行探索的基础上带动和协调自然保护地法体系的整体构建。

《国家公园法》立法的制度创新能够为后续自然保护地立法提供参考与参照。作为生态文明建设背景下形成的自然保护地新类型，国家公园是自然保护地体系的"主体"与"代表"，是其他自然保护地类型特性的集中体现。因此，《国家公园法》立法的意义并不限于国家公园本身，而是具有惠及其他自然保护地法的体系性。[3]《国家公园法》立法不仅能够为国家公园的设立和运行提供法律保障，还有助于构建分类科学、保护有力的自然保护地体系，为其他自然保护地立法提供参考与参照。[4]《国家公园法》的参照价值来源于国家公园制度设计的典型性与重要性。由于国家公园的生态价值最高，保护强度最大，利益关系最复杂，因此各类自然保护地立法所面临的重难点问题在《国家公园法》立法中都有集中体现。

---

〔1〕 吕忠梅："自然保护地立法的基本问题"，载中国法学会环境资源法学研究会微信公众号，https://mp.weixin.qq.com/s/lagLSXOnMh5JlYJwXa1pTQ，最后访问时间：2023 年 8 月 2 日。

〔2〕 杜群等：《中国国家公园立法研究》，中国环境出版集团 2018 年版，第 39-46 页。

〔3〕 秦天宝："论我国国家公园立法的几个维度"，载《环境保护》2018 年第 1 期。

〔4〕 王凤春："完善法律法规，依法保障国家公园体制稳步建设"，载《生物多样性》2017 年第 10 期。

国家公园先行立法所探索的制度创新将不局限于国家公园本身，对解决其他自然保护地立法中的重点难点问题也有重要借鉴意义，从而为其他单项自然保护地法和自然保护地基本法的制定提供参照。以下择要试举两例。首先，在权属制度方面，随着自然保护地范围的扩大，保护强度的提升，自然保护地内既存的自然资源使用权必然受到不同程度的限制。相较于其他自然保护地类型，国家公园的保护范围最大，保护强度最高，自然资源使用权利受限的程度最深，目前关于国家公园内权属制度的有益讨论也最多。因此，《国家公园法》在权属制度方面的创新将为其他自然保护地法提供重要的参照功能。其次，在社区发展机制方面，如何平衡生态保护利益和当地居民的生存发展利益，从而提升自然保护地治理的认同感与参与度，需要通过《国家公园法》立法来率先破题。国家公园需要纳入完整的生态系统和生态过程，难以避开人群聚居的区域，因而更加无法回避人地关系问题。为了满足当地居民的生存发展需要，各个试点国家公园正在探索设置生态管护岗位、发展生态产业、优先特许经营、签订保护协议等方式，取得了不错的成效。《国家公园法》若能总结提升这些试点经验，形成有效的社区发展机制，将为其他自然保护地法提供参照。

## 第二节　国家公园法的体系定位与主要内容

在明确制定《国家公园法》对完善自然保护地法律体系的重大意义之后，进一步的问题是确定《国家公园法》与其他自然保护地立法的相互关系，可分为静态与动态两个视角。静态视角主要关注《国家公园法》在自然保护地法律体系中的定位，动态视角则关注《国家公园法》与其他自然保护地立法的立法顺序与规范分工。本节将以中国自然保护地法律体系的整体完善为背景，在分析《国家公园法》在我国自然保护地法律体系中的定位以及与《自然保护地法》的关系的基础上，探讨《国家公园法》立法拟确立的主要制度。

在自然保护地法律体系中，《国家公园法》与《自然保护地法》构成特别法与基本法关系。《国家公园法》应固化和确立国家公园体制改革取得的成果，《自然保护地法》则重在统一国家对各类自然保护地保护和管理的标准和要求。据此体系定位，《国家公园法》立法应当确立由中央政府统一直接管理国家公园的体制与机制，主要包括确立中央政府统一行使国家公园全民所有自然资源资产所有权、确立中央政府统一行使国家公园全民所有自然资源资产所有权、确立国家公园的监督管理体制和管理机制、建立符合国家公园功能定位的保护与利用制度以及构建资金保障和生态保护补偿制度等内容。

## 一、国家公园法与自然保护地法的关系

### （一）《国家公园法》与《自然保护地法》在规范行为类型上的区别

从各类自然保护地设立目的看，《国家公园法》所规范的行为类型与《自然保护地法》存在重大差别。一方面，《国家公园法》是关于调整国家公园设立、保护及其适度利用等活动所产生社会关系的专门法律。国家公园是指以保护具有国家代表性的自然生态系统为主要目的，实现自然资源科学保护和合理利用的特定陆域或海域。相对于其他类型的自然保护地而言，国家公园是我国自然生态系统中最重要、自然景观最独特、自然遗产最精华、生物多样性最富集的部分，保护范围大，生态过程完整，具有全球价值、国家象征，国民认同度高。国家公园的首要功能是保护重要自然生态系统的原真性、完整性，次要功能是它兼具科学研究、教育、游憩等综合效用。为此，国家公园要划分特殊保护区和一般控制区，在特殊保护区要实行严格的保护制度，这一点与自然保护区具有相同性。但是在一般控制区则可以提供公众休憩养生和开展旅游等活动，这一点又与风景名胜区和各类自然公园相类似。由于国家公园建设在我国自然保护地分类体系中处于主导地位，因此《国家公园法》应当专门立法，确立国家公园区别于其他类型自然保护地的严格保护、统一管理、规范建设、适当利用的法律原则，对国家公园的建设确立统一保护理念、统一保护目标、统一管理体制、统一执法主体、统一保护规划、统一财政资金渠道、统一分类标准和建设标准以及统一利用方式等统一的规范和要求。如果再加上国务院机构改革后国家公园体制和机制呈相对单一化的趋势，制定《国家公园法》的各方阻力会相对小一些。

另一方面，《自然保护地法》是关于调整各类自然保护地保护与开发利用关系的综合性法律。《自然保护地法》的功能定位主要依自然保护地设立目的的不同而与《国家公园法》有很大的不同。例如，自然保护区是指保护典型的自然生态系统、珍稀濒危野生动植物种的天然集中分布区、有特殊意义的

自然遗迹的具有较大面积的区域。在自然保护地体系中，自然保护区属于严格意义的保护区，它的设立目的是确保主要保护对象安全，维持和恢复珍稀濒危野生动植物种群数量及赖以生存的栖息环境。因此自然保护区要划分核心区、缓冲区和实验区，大部分区域都严格禁止人类的各种活动。所以自然保护区提供公众休憩养生和旅游的功能非常有限，仅仅经许可才可以在自然保护区的外围保护地带适当开展一些与自然保护区保护目的相一致的环境教育活动。风景名胜区则是指具有观赏、文化或者科学价值，自然景观、人文景观比较集中，环境优美，可供人们游览或者进行科学、文化活动的区域。因风景名胜区内也有大量价值很高的自然与人文景观需要采取特殊保护措施，为此风景名胜区也要区分核心景区和其他景区。与自然保护区相比，风景名胜区的设立目的是保护和合理利用风景名胜资源，其为国民提供休憩养生和开展旅游等活动的功能较强。而各类自然公园一般是指保护重要的自然生态系统、自然遗迹和自然景观，具有生态、观赏、文化和科学价值，可持续利用的区域。各类自然公园一般是利用森林、海洋、湿地、水域、冰川、草原、生物等珍贵自然资源，以及所承载的景观、地质地貌和文化多样性等特征而设立的，所以主要包括森林公园、地质公园、海洋公园、湿地公园等，它们的主要功能就是为全社会提供教育、体验、游憩等公共服务和开展旅游等活动。

　　然而在不同类型的自然保护地保护管理和合理利用的法律规制上，除国务院制定有少量行政法规外，绝大多数都是由国务院各部门制定的规章或者是地方性法规与政府规章组成，有的领域仅仅只有主管部门制定的内部文件。上述规范性文件不仅多数充斥着部门利益和地方利益保护的内容，而且它们相互之间还存在着矛盾和冲突，有的甚至与法律法规规定相抵触。为此，面对目的各不相一的自然保护地（含国家公园），《自然保护地法》应当将其主要功能定位于为各类自然保护地的建设、保护和利用等工作确定基本准则，明确国家在自然保护地方面的政策和目标，明确国家、各级人民政府、企业事业单位、公民和社会组织在保护和利用自然保护地方面的基本权利和义务，明确国家有关环境保护和自然资源法律在自然保护地领域的适用关系，为未来各类自然保护地立法（修订）提供法律依据。

　　（二）《国家公园法》应当先于《自然保护地法》制定通过

　　从立法背景看，《国家公园法》应当先于《自然保护地法》制定并尽快通过。尽管我国各类自然保护区域目前存在着种类和数量繁多、分布不均衡、管理分散、责任不明确、保护形式单一、保护机构不健全、保护经费不足、保护管理水平低下等问题，但是在《环境保护法》（2014 年修订）、《文物保护法》（2017 年修正）、《海洋环境保护法》（2023 年修订）、《海岛保护法》（2009 年制定）等法律规范下，在《自然保护区条例》（2017 年修订）、《风景名胜区条例》（2016 年修订）以及《城市湿地公园管理办法》（2017 年）、《国家级森林公园管理办法》（2011 年）、《国家湿地公园管理办法》（2017 年）、《水利风景区管理办法》（2022 年）等部门规章或者规范性文件的约束下，我国各种类型的自然保护地大多数处于正常运营之中。与各种类型的自然保护地相比，从 2015 年开始，在党中央、国务院的直接指导下我国的国家公园体制试点工作正在有序开展，体制改革不断深化。按照党中央、国务院的安排，到 2020 年要完成国家公园体制试点并设立一批国家公园。

在我国自然保护地法律体系中，国家公园的国家代表性、国家象征性和国民认同性决定了国家公园事务必须由国家主导，这与其他类型的自然保护地可以分别由国家或者地方管理的性质有着很大的不同。例如，党中央、国务院明确要求国家公园建立统一事权，中央政府层面由国家公园主管部门代表国家统一行使自然资源与生态环境的管理权和生态环保综合监督执法权；各个国家公园由国家公园主管部门设立派出机构实行直接管理。按照党中央、国务院将国家公园定义为由国家批准设立并主导管理[1]的要求，目前国家公园建设已经强化了中央的财政事权履行责任，即使国家公园事务确需委托地方行使的，也要报经党中央、国务院批准后由有关职能部门委托地方行使。

为此，2023 年《国家公园法》被列入十四届全国人大常委会立法规划第一类项目。目前《国家公园法》已被提交全国人大常委会审议。按照自然保护地的分类标准，除目前正在整合原有各类自然保护地基础上兴建的国家公园体制试点外，其他既有的各类自然保护地如自然保护区、风景名胜区以及各类自然公园等则因以往的设立目的不同、保护目标不同、利用强度等不同，

---

〔1〕 在中共中央办公厅、国务院办公厅分别于 2017 年 9 月 26 日印发的《建立国家公园体制总体方案》和 2019 年 6 月 26 日印发的《关于建立以国家公园为主体的自然保护地体系的指导意见》中，均将国家公园定位为由国家确立并主导管理和在维护国家生态安全关键区域中处于自然保护地体系首要地位的位置。

不可能确立统一的法律原则和法律制度，只能通过诸如《自然保护区条例》（2017 年修订）、《风景名胜区条例》（2016 年修订）等法规规章针对这些不同类型的自然保护地实施保护管理和合理开发利用做出各自的规定。因此相较于《国家公园法》而言，制定《自然保护地法》的难度较大。相对而言，综合性《自然保护地法》具有对整个自然保护地的政策指导性和总体原则性。而不同目标、总体原则、分类保护目标、不同管理体制等问题只能做出原则区分，具体应当留待自然保护地体系中的单项立法解决，所以立法可以从长计议。

（三）《国家公园法》《自然保护地法》是特别法（单项法）与基本法关系

从法律体系的构建上看，《自然保护地法》与《国家公园法》属于基本法与特别法（单项法）的关系。由于历史原因和体制因素，我国的环境立法过去较为强调单项污染防治法律的制定，较为强调通过立法对作为环境要素的自然资源开发利用的经济价值的保护，而不太注重对自然保护的立法，即使某些自然资源法律条文中写有自然保护的内容，但这些保护利益和价值只是自然资源经济价值的反射利益和价值，保护生态环境和自然价值的目标并非自然资源立法的原初目的。另外，我国还制定有一部适用于海洋环境领域的综合性法律《海洋环境保护法》（2017 年修正），但其主要内容也是以防治陆源、海上建设与作业活动、海洋倾废和船舶排放造成海洋环境污染损害为主，海洋生态保护的条文则相对较少。因此，直到今天我国尚未制定一部以自然环境和生物多样性保护为目的的法律。即使某些称之为环境要素保护的法律如《野生动物保护法》（2022 年修订），也主要是为了保护自然环境要素作为自然资源的经济价值。

目前，我国正在紧锣密鼓地开展《国家公园法》的立法工作，起草中的《国家公园法》未来经全国人大常委会通过后，将会成为我国自然保护地体系中的重要法律文件，构成我国自然保护地法律体系的特别法规范。与自然保护地立法相关的是，我国目前还在海岛区域制定有《海岛保护法》（2009 年制定）、在文物保护领域制定有《文物保护法》（2017 年修正），在自然保护区和风景名胜区领域已制定有《自然保护区条例》（2017 年修订）和《风景名胜区条例》（2016 年修订），在其他类型的自然保护地领域各主管部门还制定有湿地公园管理、森林公园管理、水利风景区管理等部门规章或者规范性法律文件。除此之外，一些地方还针对各类自然保护地的保护管理和开发利用制定了相关的地方性法规或者地方政府规章。但是，上述法律法规和部门规章以及地方性法规和规章大多数制定于 2018 年国务院机构改革之前，多数法规规章和地方性法规的规定仅仅顺应了国务院机构改革前的体制机制和旧有模式。

2015 年深化党和国家机构改革以来，党中央国务院多次强调自然保护地改革措施要突破现行法律、行政法规规定，要修改完善自然保护区条例，突出以国家公园保护为主要内容，研究提出各类自然公园的相关管理规定。所有这些需要在统一的目标、统一的任务、统一的方法和统一的指导思想下与各类自然保护地建设的发展逐渐展开。2018 年以来，国务院机构改革已将以往分散在国务院各部门和地方之间重叠交叉的各类自然保护地管理职责，统一划归国务院林草部门行使。按照 2018 年中办国办印发的《国家林业和草原局职能配置、内设机构和人员编制规定》，国家林业和草原局的主要职责包括"负责监督管理各类自然保护地"和"拟订各类自然保护地规划和相关国家标准"。国家林业和草原局自然保护地司专门承担监督管理国家公园等各类自然保护地，提出新建、调整各类国家级自然保护地的审核建议，组织实施各类自然保护地生态修复工作，承担世界自然遗产项目和世界自然与文化双重遗产项目等相关工作。为此，制定《自然保护地法》并将其作为我国自然保护地领域的基本法，对完善我国自然保护地法律体系、指导单项自然保护地法律法规和地方性法规与部门规章的制定，为单项自然保护地立法提供依据等方面都具有非常重要的现实意义。

## 二、国家公园法建立确认改革实践成果的主要制度

为有效应对目前自然保护地法律实践存在的问题，《国家公园法》立法需在构建自然保护地体系的背景下统筹安排。与此相对应，自然保护地法体系应当由作为保护地基本法的《自然保护地法》以及《国家公园法》、自然保护区和各类自然公园法规规章等共同构成。从《关于建立以国家公园为主体的自然保护地体系的指导意见》（2019 年）对国家公园体制试点的具体执行要求和时间安排要求看，《国家公园法》应当先行制定，重点确立未来五年内国家公园的基本体制。而《自然保护地法》则应当着眼于 2025 年自然保护地体系建设甚至更长久的总体制度安排。据此，《国家公园法》立法需要有针对

性地设计应当规定的主要内容，并处理好与《自然保护地法》等其他自然保护地立法的关系。

《建立国家公园体制总体方案》（2017 年）、《关于建立以国家公园为主体的自然保护地体系的指导意见》（2019 年）以及各个国家公园体制试点方案已原则提出《国家公园法》的框架和基本制度，以破解我国现行保护地治理体系在政府管理体制、自然资源资产产权、保护地基本策略等方面所受到的制约，从中可以初步总结归纳《国家公园法》可能涵盖的主要内容。

（一）确立中央政府统一行使国家公园全民所有自然资源资产所有权

一是中央政府统一行使国家公园全民所有自然资源资产所有权。逐步改变目前分级行使国家公园内全民所有自然资源资产所有权的模式，明确授权国务院国家公园主管部门统一行使全民所有自然资源资产所有者职责。[1]二是自然资源统一确权登记。将国家公园范围内全民所有自然资源资产所有权代表行使主体登记为国务院自然资源主管部门。每个自然保护地作为独立的登记单元，清晰界定区域内各类自然资源资产的产权主体，划清各类自然资源资产所有权、使用权的边界，明确各类自然资源资产的种类、面积和权属性质，逐步落实自然保护地内全民所有自然资源资产代行主体与权利内容，非全民所有自然资源资产实行协议管理。

（二）规范国家公园功能定位、设立标准和条件

国家公园的功能定位主要体现为"保护自然生态和自然文化遗产原真性、完整性"，高水平的保护目标、保护质量和保护价值是国家公园与其他自然保护地类型相区别的重要特征。国家公园保护坚持生态保护第一、国家代表性、全民公益性、更严格保护等理念和原则。为此，国家公园的设立需要满足下列标准和条件：一是国家代表性，保护区域是具有国家代表性的自然生态系统。二是完整性与原真性，保护区域能够维持大面积自然生态系统结构和大尺度生态过程的完整状态与原始自然风貌。三是全民所有自然资源资产的主体地位，全民所有自然资源资产占比达到一定比例，或者能够通过征收、置换集体所有自然资源资产而达到一定比例。

---

〔1〕李爱年、肖和龙："英国国家公园法律制度及其对我国国家公园立法的启示"，载《时代法学》2019 年第 4 期。

（三）明确国家公园的监督管理体制和管理机制

一是明确国务院国家公园主管部门统一监督和管理全国国家公园的自然生态系统保护、自然资源资产管理和国土空间用途管制，国务院国家公园主管部门在各国家公园设立分支机构统一行使国家公园内自然资源和生态环境综合监督管理职权。二是探索公益治理、社区治理、共同治理等保护方式。三是建立国家公园规划制度，明确国家公园的布局和发展规划。四是建立国家公园生态环境监测制度，制定相关技术标准，建设监测网络体系，充分发挥地面生态系统、环境、气象、水文水资源、水土保持、海洋等监测站点和卫星遥感的协同作用。

（四）建立符合国家公园功能定位的保护与利用制度

一是突出生态系统整体保护和系统修复制度，依法实行更严格的保护。二是实行分区管控制度，原则上核心保护区内禁止人为活动，一般控制区内限制人为活动，分类分区制定管理规范。三是建立产权激励制度，吸引社会资本参与生态保护修复。四是创新自然资源利用制度。科学评估自然资源资产价值和资源利用的生态风险，明确国家公园内自然资源利用方式。五是制定经营性项目特许经营制度，鼓励原住居民参与特许经营活动，探索自然资源所有者参与特许经营收益分配机制。

（五）构建资金保障和生态保护补偿制度

一是建立以财政投入为主的多元化资金保障制度。统筹包括中央基建投资在内的各级财政资金，保障国家公园的保护、运行和管理。鼓励金融和社会资本出资设国家公园基金，对自然保护地建设管理项目提供融资支持。二是健全生态保护补偿制度，将国家公园内的林木按规定纳入公益林管理，对集体和个人所有的商品林，地方可依法自主优先赎买；按国家公园规模和管护成效加大财政转移支付力度，加大对生态移民的补偿扶持投入。三是建立完善野生动物肇事损害赔偿制度和伤害保险制度。四是制定以生态资产和生态服务价值为核心的考核评估指标体系和办法。

## 第三节　国家公园法先行立法的需要与分工

在静态视角下明确《国家公园法》的体系定位之后，本节进一步在动态视角下考察该法的立法顺序与规范分工。目前十四届全国人大常委会已于2023年将《国家公园法》列入第一类项目，与《自然保护地法》一并考虑。此前，《自然资源部2019年立法工作计划》将《自然保护地法》列为拟报国务院审查的法律草案第一项，2022年3月，《自然资源部关于加强自然资源法治建设的通知》进一步提出要配合立法机关制定《自然保护地法》。同为自然保护地立法，《国家公园法》与《自然保护地法》的调整目标与调整对象存在重叠，在两者的立法工作同时进行的情形下，如何协调两者的立法顺序与规范分工，这一问题亟须理论解答。学界的主流观点认为应当采用"自然保护地基本法+自然保护地特别法"的系统性立法模式，而《国家公园法》属于自然保护地特别法的一种。[1]在静态视角下，制定具有自然保护地基本法性质的《自然保护地法》固然必要，但从动态视角来看，先行制定《自然保护地法》的必要性与可行性尚存疑问。[2]为满足实践需求、落实改革理念，如何在动态视角下安排国家公园法在自然保护地法体系中的地位，还需进一步讨论。然而，现有研究大都关注静态的自然保护地立法体系构建问题，[3]仅有少数学者考虑立法先后的动态顺序。[4]在此背景下，本节将先讨论国家公园法在自然保护地法体系中的地位，进而分析先行制定国家公园法对后续自然保护地立法的体系功能，最后提出国家公园法与后续自然保护地立法的

---

〔1〕 参见王凤春："完善法律法规，依法保障国家公园体制稳步建设"，载《生物多样性》2017年第10期；吕忠梅："以国家公园为主体的自然保护地体系立法思考"，载《生物多样性》2019年第2期；刘超："以国家公园为主体的自然保护地体系的法律表达"，载《吉首大学学报（社会科学版）》2019年第5期。

〔2〕 参见吴凯杰："环境法体系中的自然保护地立法"，载《法学研究》2020年第3期。

〔3〕 参见秦天宝、刘彤彤："自然保护地立法的体系化：问题识别、逻辑建构和实现路径"，载《法学论坛》2020年第2期；潘晓滨、刘蔚："我国自然保护地法律体系的现状、问题及完善路径研究"，载《南开法律评论》2020年第0期。

〔4〕 吕忠梅认为，考虑到《国家公园法》可能先于《自然保护地法》出台，需要"处理好《国家公园法》与未来可能制定的《自然保护地法》的关系，在《国家公园法》中建立必要的衔接机制、预留可能的立法空间"。吕忠梅："以国家公园为主体的自然保护地体系立法思考"，载《生物多样性》2019年第2期。

规范分工。

国家公园法在自然保护地法体系中具有"标杆法"地位,先行探索的制度创新对解决自然保护地立法中的重难点问题具有重要借鉴价值,也能满足自然保护地体系制度变革的迫切需要。作为"标杆法"的国家公园法具有政策转换、立法标杆等体系功能,能够为后续自然保护地特别法的制定提供直接参照与间接参照,为自然保护地基本法的形成提供参考。与"标杆法"地位一致,国家公园法需要规定自然保护地领域的基础性规范与综合性规范、可供其他自然保护地类型参照的特殊性规范、仅适用于国家公园的特殊性规范这三类规范。此外,我国立法机关已将环境法典编纂研究提上立法日程,"适度法典化"的编纂思路渐获共识,环境法典先行出台不无可能。自然保护地法是环境法体系中的新兴领域,环境法典不宜将其整体纳入,但应把握立法契机确认自然保护地体系改革共识,指引与约束自然保护地单行立法。[1]待国家公园法的制度创新成熟之后,再考虑修改环境法典予以整合吸收。

## 一、国家公园法在自然保护地法体系中的地位

作为生态文明建设背景下形成的自然保护地新类型,国家公园的出现并非简单地增加一种类型,而是以国家公园为"主体"重构自然保护地体系。[2]国家公园法既要通过促进国家公园建设实现自然保护地体系的制度破冰,又要通过制度创新带动其他自然保护地立法,为自然保护地法体系建设提供示范。[3]由于蕴含制度创新价值与制度变革需要,国家公园法具有区别于其他自然保护地特别法的"标杆法"地位。

### (一) 自然保护地体系对"标杆法"的需要

在具有相似调整目标或调整对象的不同法规之间,存在后续立法参考借鉴已有法规的现象,作为参考借鉴对象的法规被称为"标杆法"。作为"标杆

---

[1] 吴凯杰:"生态区域保护法的法典化",载《东方法学》2021年第6期。

[2] 唐芳林、王梦君、孙鸿雁:"自然保护地管理体制的改革路径",载《林业建设》2019年第2期;欧阳志云、徐卫华:"整合我国自然保护区体系,依法建设国家公园",载《生物多样性》2014年第4期。

[3] 刘超:"以国家公园为主体的自然保护地体系的法律表达",载《吉首大学学报(社会科学版)》2019年第5期。

法"的法规，一般是在面对新的调整目标或调整对象时，率先探索采用新调整手段的先行法规，形成典型的法律关系。后续立法若面对相似的调整目标或调整对象，可借鉴先行立法的调整手段，从而降低制度创新的成本。在民法体系的发展过程中，"标杆法"发挥了重要作用。例如，合同法的许多重要规则就是建立在买卖合同法这一"标杆合同法"之上的，债法又建立在合同法这一"标杆债法"之上，进而被抽象为民法总则的法律行为制度，成为贯穿整个民法体系的核心范畴。作为"标杆法"的先行法规与借鉴"标杆法"的后续法规具有相似的调整目标或调整对象，因而相互间的借鉴不局限于个别规范或制度层次，而是遍及法规整体。

在环境立法实践中，"标杆法"现象普遍存在。以污染防治法为例，《大气污染防治法》（2018 年修正）、《水污染防治法》（2017 年修正）、《土壤污染防治法》（2018 年制定）等按照环境要素分类的法规均以防治环境污染为调整目标，以污染排放行为为调整对象，其中某一类法规的制度创新对其余污染防治法具有作为"标杆法"的参考借鉴价值。例如，我国的排污许可制度肇始于水污染防治法领域的制度创新，先是出现在 1988 年国家环保局制定的《水污染物排放许可证管理暂行办法》中，后于 1996 年被纳入修改后的《水污染防治法》。随着水污染物排放许可制度逐渐成熟，排污许可制度的适用范围在 2000 年《大气污染防治法》修改时扩展到了大气污染防治领域，最终在 2014 年《环境保护法》修改时成为环境保护领域的基本制度。[1]由此可见，在排污许可制度的发展过程中，《水污染防治法》作为"标杆法"功不可没。"标杆法"现象不仅存在于污染防治法体系内部，也存在于污染防治法与其他环境法子部门之间。如美国的《清洁空气法》《清洁水法》等联邦污染防治法在管理体制上首创"合作联邦主义"模式，对联邦自然资源法的管理体制产生了重要影响。[2]

在自然保护地法领域，国家公园法的"标杆法"地位源于国家公园法对自然保护地法体系改革的引领价值。国家公园体制建设是我国新一轮自然保

---

〔1〕 1996 年《水污染防治法》未直接规定"国家建立水污染物排放许可制度"，而是采用国家建立"重点水污染物排放核定制度"的表述方式，实质上认可了污染物排放许可制度。

〔2〕 Fischman R L., Cooperative federalism and natural resources law, *New York University Environmental Law Journal*, Vol. 2005, No. 1.

护地体系改革的开端，并且一直是改革的重点任务。2013 年 11 月，党的十八届三中全会作出《中共中央关于全面深化改革若干重大问题的决定》，首次提出"建立国家公园体制"，此后颁布的一系列中央政策文件不断地发展和落实这一重大政策决定。[1]2017 年 9 月，中办国办印发的《建立国家公园体制总体方案》首次提出"构建以国家公园为代表的自然保护地体系"。2019 年 6 月，《关于建立以国家公园为主体的自然保护地体系的指导意见》进一步明确了国家公园在自然保护地体系中的"主体"地位。不论国家公园是自然保护地体系的"代表"还是"主体"，中央政策文件的有关表述均表明"建立国家公园体制"的改革任务不局限于国家公园本身，而需要关照整个自然保护地体系。[2]因此，国家公园立法需要重点回应影响自然保护地工作成效的主要矛盾和典型问题，通过法律制度创新为后续自然保护地立法提供可资借鉴的"标杆法"。

作为"标杆法"的立法，不仅能够引领制度创新，而且应具备充分的现实必要性与可行性。"标杆法"的这两项特征在我国的长江流域保护立法实践中已有充分体现。2020 年立法机关已在流域立法上先行制定《长江保护法》，在为长江保护问题提供法治方案的同时，为其他流域立法提供"标杆"。立法机关之所以不先制定流域基本法或其他流域保护特别法，一方面，因为《长江保护法》需要解决的流域环境保护问题全面且典型，其制度创新不局限于长江流域本身，而是具有"流域立法"的"中观层次"特征。[3]另一方面，长江保护立法的迫切需要与实践基础能够为流域保护的立法探索提供充分的现实必要性与可行性。[4]与《长江保护法》相似，国家公园立法同样既具备制度创新价值又满足制度变革需要。

（二）国家公园法具备"标杆法"的制度创新价值

为了实现自然保护地法体系对优先保护生态整体性的价值追求，各类自

---

〔1〕 2015 年 9 月，中共中央办公厅、国务院办公厅印发的《生态文明体制改革总体方案》将"建立国家公园体制"作为重点内容之一。2015 年初，国家发展和改革委员会等 13 个部门联合印发的《建立国家公园体制试点方案》，以及 2017 年 9 月中共中央办公厅、国务院办公厅印发的《建立国家公园体制总体方案》则提出了"建立国家公园体制"的具体方案。

〔2〕 董正爱、胡泽弘："自然保护地体系中'以国家公园为主体'的规范内涵与立法进路——兼论自然保护地体系构造问题"，载《南京工业大学学报（社会科学版）》2020 年第 3 期。

〔3〕 吕忠梅："关于制定《长江保护法》的法理思考"，载《东方法学》2020 年第 2 期。

〔4〕 吕忠梅、陈虹："关于长江立法的思考"，载《环境保护》2016 年第 18 期。

然保护地法都需要有针对性地进行制度改革与创新。由于国家公园的生态价值最高，保护强度最大，利益关系最复杂，因此各类自然保护地法所面临的重难点问题在国家公园法中都有集中体现。在此意义上，国家公园法所探索的制度创新将不局限于国家公园本身，而是对自然保护地体系的整体改革具有重要的引领作用，从而为其他自然保护地法提供"标杆"。

首先，国家公园法引领自然保护地法体系从"环境要素中心"向"生态价值中心"转变。过去以自然保护区为主体的自然保护地体系按照环境要素分类，未能按照生态价值高低确定不同自然保护地类型以及相应的保护级别。对此，《关于建立以国家公园为主体的自然保护地体系的指导意见》（2019年）明确要求向"生态价值中心"的分类标准转变，"按照保护区域的自然属性、生态价值和管理目标进行梳理调整和归类，逐步形成以国家公园为主体、自然保护区为基础、各类自然公园为补充的自然保护地分类系统"。自然保护地所在区域的生态价值不限于特定环境要素，而是体现为生物多样性的丰富程度与重要程度。作为生物多样性就地保护的主要方式，自然保护地主要保护生态系统层次上的生物多样性。在《关于建立以国家公园为主体的自然保护地体系的指导意见》（2019年）确立的新分类标准下，国家公园的"主体"地位意味着为最珍贵的生物多样性提供最严格的保护："以保护具有国家代表性的自然生态系统为主要目的"，"是生物多样性最富集的部分"，要"确保国家公园在保护最珍贵、最重要生物多样性集中分布区中的主导地位"。若国家公园法能够在自然保护地体系的"主体"层面上建立自然保护地类型、生态价值高低与生物多样性保护目标之间的关联，对自然保护地法体系向"生态价值中心"转型具有重要的典范意义。

其次，国家公园法引领自然保护地法体系从保护与利用的"失衡"走向"平衡"。如何处理人地矛盾、平衡生态保护利益和当地居民的生存发展利益是自然保护地体系改革的另一核心问题。既有的各类自然保护地法规未能恰当地在保护和合理利用之间取得平衡。风景名胜区、森林公园、地质公园等过于强调观赏、游览等利用价值，自然保护区则"存在过度保护、割裂适度利用的缺陷"，[1]反而影响了保护目标的实现。相较于其他自然保护地类型，

─────────

〔1〕　杜群等：《中国国家公园立法研究》，中国环境出版集团2018年版，第62页。

国家公园因纳入完整生态系统和生态过程而难以避开人群聚居的区域，且具有最高的保护级别与最严的管理目标，因此更加无法回避人地关系问题。按照《建立国家公园体制总体方案》（2017年）和《关于建立以国家公园为主体的自然保护地体系的指导意见》（2019年），虽然国家公园法的首要目标是严格地保护生态环境，但若科研、文化、观赏、游览等利用行为不与严格保护目标相抵触，则可以被允许。[1]若国家公园法能够在"最严格保护"的国家公园领域妥当地平衡保护与利用之间的关系，其制度创新无疑对其他自然保护地法具有重要的参考价值。

（三）国家公园法满足"标杆法"的制度变革需要

国家公园法的"标杆法"地位也来自制度变革的现实需要。从2015年开始国家公园体制试点工作以来，我国已设立10个试点国家公园，并于2021年10月正式设立三江源、大熊猫、东北虎豹、海南热带雨林、武夷山等第一批国家公园。在全面依法治国的背景下，国家公园立法是实现"依法治园"的先决条件。为此，《建立国家公园体制总体方案》（2017年）要求"在明确国家公园与其他类型自然保护地关系的基础上，研究制定有关国家公园的法律法规"。《关于建立以国家公园为主体的自然保护地体系的指导意见》（2019年）则要求"加快推进自然保护地相关法律法规和制度建设"，同时"突出以国家公园保护为主要内容"。概言之，国家公园立法具有推进制度变革的现实必要性与可行性。

在制度变革的必要性方面，国家公园体制试点经验亟待立法确认或纠偏。国家公园体制建设涉及对多元利益关系的重新安排，部分试点国家公园受到地方利益诉求的干扰，提出的制度创新方案在不同程度上偏离了改革的初衷，亟须通过立法来统筹协调各种利益关系，确定不同利益诉求的优先位序。目前，部分试点省份已颁布《三江源国家公园条例》（2020修正）、《神农架国家公园保护条例》（2019年修正）、《武夷山国家公园条例（试行）》（2017年制定）、《四川省大熊猫国家公园管理办法》（2022年）、《海南热带雨林国家公园条例（试行）》（2020年）等地方立法，但这些国家公园地方立法大同小异，无意义的重复规定造成了立法资源的浪费，差异之处则未能体现国

---

[1] 潘佳："国家公园法是否应当确认游憩功能"，载《政治与法律》2020年第1期。

家公园的地方特色，反而给法律适用造成不必要的障碍。以法律原则条款为例，国家公园地方立法一方面重复规定"科学规划""分区管理""社会参与"等原则，另一方面在同一原则上采用不同表述方式，如"严格保护""保护优先""保护第一"等。国家公园立法应当在国家层面上统一规定法律原则、管理体制、设立条件、管理目标等基本规定，地方立法则依据地方情形作出相应的细化或补充规定。[1]

在制度变革的可行性方面，国家公园法的规范任务集中于国家公园领域，在制度创新上更易达成共识。国家公园法的调整对象是影响国家公园生态环境的环境利用行为，集中处理国家公园领域的个性问题。国家公园体制试点地区的地方立法虽然存在无意义的重复规定、缺乏正当理由的不一致规定等问题，但已形成许多凝聚共识的制度创新方案，可供国家公园立法参考借鉴。相较而言，自然保护地基本法需要在充分认识各类自然保护地共性与个性的基础上，重点对自然保护地的共性问题作出规定。但各类自然保护地在设立目标、管理体制、保护强度等方面各具特性，需要自然保护地特别法采取多样化的调整目标、调整对象与调整手段，因此，如何通过制定自然保护地基本法提供共性规定尚待实践探索。相对更高的立法可行性，国家公园法更能满足自然保护地体系变革的迫切需求。

## 二、国家公园法对后续自然保护地立法的体系功能

作为自然保护地法体系的"标杆法"，国家公园法的立法意义不限于国家公园本身，而是具有惠及后续自然保护地立法的体系功能。国家公园立法不仅致力于为国家公园的保护和管理提供法律保障，还要为自然保护地法体系的未来发展提供制度创新方案。通过为后续自然保护地立法提供参照或参考，国家公园法能够将制度创新方案应用于整个自然保护地法体系的构建。

### （一）国家公园法作为"标杆法"的体系功能

国家公园法的体系功能主要包括政策转换与立法标杆两方面。一方面，国家公园法能够将国家公园政策的抽象要求转换为具有具体权利义务内容的

---

〔1〕　秦天宝、刘彤彤："国家公园立法中'一园一法'模式之迷思与化解"，载《中国地质大学学报（社会科学版）》2019年第6期。

法律规范。与政策的宏观性与原则性不同,国家公园立法需要考虑与既有法律规范的分工与协调,在法律体系的整体背景下完成从政策要求到法律规范的转换。由于国家公园法所调整的环境利用行为同样也是污染防治法、自然资源法等其他环境法的调整对象,国家公园法的政策转换功能对实现环境法体系的融贯性至关重要。另一方面,通过将国家政策转换为法律规范,国家公园法可以发挥立法标杆功能,为后续自然保护地立法提供参照与参考。可作为立法标杆的国家公园法规范主要是涉及自然保护地体系的共性问题、对自然保护地体系改革具有制度创新价值的法律规范。在国家公园法制定之后,自然保护区、自然公园等其他自然保护地的立法应当遵循国家公园法中的共性规定,对共性规定的偏离需要提供基于自然保护地特殊性的足够充分且正当的理由。

在比较法上,由国家公园法等重要自然保护地特别法充当体系"标杆"是自然保护地法治发达国家的普遍做法,[1]美国是其中的典型代表。美国是"国家公园"概念的发源地,对各类自然保护地的探索较早,但长期以来呈现碎片化发展趋势,在设立条件等方面缺乏统一的法律规范。为统一规范已有保护地类型并为后续保护地立法提供"标杆",1916年美国国会制定了《美国国家公园管理局组织法》,将先前设立的国家公园、国家纪念地等各类保护地统一整合到了国家公园体系之中,并适用统一的设立条件、设立程序、管理体制、管理标准等。此后,为了满足增加城市周边休闲区域等新需求,美国国家公园管理局对《美国国家公园管理局组织法》的"国家公园"概念作了扩大解释,纳入国家休闲区、国家海岸、国家湖岸、国家步道等新类型。[2]在"一园一法"的立法模式下,这些新保护地类型的专门立法在继续沿用该法一般规定的基础上,依据新的价值追求作出了特别规定,如在设立条件方面放松了"国家代表性"标准。20世纪60年代以来,随着生态保护重要性的日益凸显,美国国会于1964年制定了《美国荒野法》,将47个国家公园的4400万英亩土地纳入荒野的范围内,在《美国国家公园管理局组织

---

〔1〕 例如,美国1916年的《国家公园管理局组织法》、加拿大2000年的《国家公园法》、新西兰1952年的《国家公园法》、南非1926年的《国家公园法》。

〔2〕 Keiter R B., The national park system: visions for tomorrow, *Natural Resources Journal*, Vol. 2010, No. 1.

法》的基础上进一步增强了保护力度。[1]虽然新的保护地类型持续增加，但《美国国家公园管理局组织法》的"标杆法"地位始终没有动摇，其制度规范可类推适用于新自然保护地类型，或为新自然保护地类型的专门立法提供蓝本。

国家公园法的立法标杆功能可分为对自然保护地特别法的参照功能与对自然保护地基本法的参考功能。参照功能指的是国家公园法能够为其他自然保护地特别法中类似问题的解决提供可资参照的制度创新方案。参考功能则是指国家公园法可通过抽象提炼、归纳整合形成具备自然保护地基本法层次的制度规范。

（二）国家公园法对自然保护地特别法的参照功能

国家公园法对其他自然保护地特别法的参照功能来源于国家公园立法重难点问题的典型性。由于国家公园的生态价值最高、保护强度最大、利益关系最复杂，因此各类自然保护地立法所面临的重难点问题在国家公园立法中都有体现。在此意义上，国家公园法的制度创新对解决其他自然保护地立法中的重难点问题有重要的直接参照功能与间接参照功能。

国家公园法的直接参照功能来源于为实现自然保护地法的共同价值追求而作出的制度创新。此类制度创新立足于各类自然保护地的共性问题，而非特定自然保护地的特性问题，因而可供后续自然保护地立法直接参照。例如，如何合理配置与限制自然保护地内的自然资源权利，实现自然保护地的保护目标，是自然保护地体系改革的共性问题。自然保护地立法需要在民法典与自然资源法建立的自然资源权属制度基础上，依据保护目标作出特别规定。由于《建立国家公园体制总体方案》（2017 年）要求国家公园中全民所有的自然资源资产占主体地位，而部分国家公园区域内的大部分土地等自然资源为集体所有，因此权属矛盾尤为突出。[2]以钱江源、武夷山和南山 3 个国家公园体制试点区为例，集体土地占试点区面积的比例分别高达 79.6%、71.3%和 58.5%。[3]此外，还有部分国有土地被集体承包经营，如三江源国

---

〔1〕　Hellmann D J., The national park service at 100, *Akron Law Review*, Vol. 2016, No. 1.

〔2〕　秦天宝："论国家公园国有土地占主体地位的实现路径——以地役权为核心的考察"，载《现代法学》2019 年第 3 期。

〔3〕　王毅、黄宝荣："中国国家公园体制改革：回顾与前瞻"，载《生物多样性》2019 年第 2 期。

家公园体制试点区的草地全部被承包到牧户。若国家公园法能够妥善处理非全民所有的自然资源权利，其他自然保护地法可以直接参照这种方案。

国家公园法不仅可以提供直接参照，也可以提供间接参照。具备间接参照功能的制度创新兼具自然保护地法的共性与国家公园法的特性，其他自然保护地特别法在参照时需要识别体现自然保护地法共性的部分，剔除立足于国家公园法特性的部分，进而依据自身特性加以完善。例如，如何划分管理权责是目前自然保护地立法中的重难点问题。现行自然保护地管理体制涉及多级政府、多个职能部门，如我国《自然保护区条例》（2017 年修订）赋予中央事权 9 项（涉及国务院和 7 个部门）、省级事权 6 项、市县级事权 4 项、自然保护区管理机构事权 9 项，相互间的分工不合理、不明确且缺乏协调，难以充分调动各地各部门的积极性，实现自然保护地的整体性保护目标。国家公园具有面积大、跨行政区域的特征，涉及的政府层级和部门类型较其他类型的自然保护地更多。国家公园立法若能提炼试点经验，构建行之有效的管理体制，将为其他自然保护地立法的管理体制构建提供重要参照。但由于国家公园的管理体制需要体现"中央主导"的特性，其他自然保护地特别法在参照时需要识别并调整管理权责划分安排中体现"中央主导"特性的部分。

（三）国家公园法对自然保护地基本法的参考功能

国家公园法对自然保护地基本法的参考功能取决于自然保护地基本法的规范类型。自然保护地基本法的制定应当致力于增进自然保护法体系的融贯性，包括逻辑一致性、价值统一性、规范协调性等，因而需要包含基础性规范与综合性规范。基础性规范指的是适用于各类自然保护地的规则与原则。基础性规范具有较高的抽象层次，能够替代各自然保护地特别法中的同质性规范，从而避免自然保护地特别法之间的逻辑与价值冲突。综合性规范则是指综合协调各类自然保护地管理的法律规范。各自然保护地特别法难以单独完成统筹协调各类自然保护地管理、共同致力于优先保护生态整体性的规范任务，需要由更高层次的自然保护地基本法予以规定。

国家公园法对基础性规范的参考功能是作为"提取公因式"的主要素材。在从自然保护地特别法"提取公因式"的过程中，需要以某一具有"标杆法"

地位的特别法作为参考，以此建立自然保护地基本法层面的大部分制度。[1]以总行为控制制度为例，为了实现整体性保护目标，总行为控制制度要求按照自然保护地的保护级别来设定总行为控制目标，对影响保护地生态系统的污染排放、资源开发等各类行为实施总体控制，并依据总体控制目标确定和调节相应的行为规范手段和强度。[2]虽然总行为控制制度是适用于所有保护地类型的基础性规范，但国家公园法可以先行规定适用于国家公园保护的总行为控制制度，对影响国家公园的各类行为实施总体控制。在国家公园总行为控制制度的基础上，自然保护地基本法可以此为参考，剔除国家公园法的严格保护目标等特性要素，提取适用于所有自然保护地类型的"公因式"。

相较于基础性规范，国家公园法对综合性规范的参考功能较为有限。国家公园法受限于调整对象，无法对各类自然保护地法律规范实施全面协调，只能以国家公园为基点对其他自然保护地类型起到有限的协调作用。例如，为了落实生态环境保护的相对优先地位，需要建立分类分区定保护级别制度，按照"生态价值中心"而非"环境要素中心"理念确定自然保护地的类型和相应的保护级别。《关于建立以国家公园为主体的自然保护地体系的指导意见》（2019 年）已按照生态价值高低区分三类保护地，分别将国家公园、自然保护区、自然公园的生态价值描述为"典型""重要"和"具有国家代表性"。分类分区定保护级别制度是自然保护地法的综合性规范，需要在自然保护地基本法的层面上规定。虽然该制度不宜由自然保护地特别法单独规定，但国家公园法可以在设立条件、禁限措施等具体制度中确立国家公园生态价值与保护级别之间的关联，从而为自然保护地基本法的制定提供参考。

### 三、国家公园法与后续自然保护地立法的规范分工

为充分发挥对后续自然保护地立法的参照参考功能，国家公园立法需要处理好与其他自然保护地特别法及自然保护地基本法的规范分工，明确自身的规范配置。按照国家公园法规范所体现的共性与特性，可以将其分为三类：

---

[1] 从"标杆法"中"提取公因式"形成总则规范是民法典编纂的常用手段。参见朱芸阳："民法典抽象技术的逻辑与路径"，载《南京大学学报（哲学·人文科学·社会科学）》2016 年第 1 期。

[2] 参见吕忠梅："以国家公园为主体的自然保护地体系立法思考"，载《生物多样性》，2019 年第 2 期。

一是自然保护地领域的基础性规范与综合性规范，二是可供其他自然保护地类型参照的特殊性规范，三是仅适用于国家公园的特殊性规范。

（一）自然保护地领域的基础性规范与综合性规范

考虑到《自然保护地法》立法难度较大、涉及面更广泛、各种利益交织更为复杂以及立法时间可能会更加长久等因素，需要借助在已经启动立法工作的《国家公园法》中先行固化建立自然保护地体制的已有价值判断和机制选择，为自然保护地整体实践提供一定的指导，同时为后续自然保护地立法保留规范形成的空间。[1]例如，分类分区定保护级别制度是自然保护地法的基础性规范，要求依据特定区域的生态价值和管理目标确定自然保护地的类型和相应的保护级别。《国家公园法》需要明确特定区域生态价值与保护级别的对应关系，但应围绕国家公园的严格保护定位展开，不过多涉及其他自然保护地类型的具体保护级别，为后续其他自然保护地立法留下空间。

对于自然保护地领域的基础性规范与综合性规范，国家公园立法需要借助立法契机，及时在自然保护地共性问题的处理上固化改革共识，为实践提供指导，同时为后续自然保护地立法保留规范形成的空间。但是，基础性规范与综合性规范并非国家公园法固有的内容，只是在自然保护地基本法缺位的情况下，由国家公园法作为"标杆法"暂时承担规范任务，因而在规范内容上应有所限制。

对于基础性规范，国家公园法可以先行在国家公园领域进行制度创新。待国家公园法形成成熟的制度设计方案，并获得其他自然保护地特别法的普遍参照之后，再通过"提取公因式"纳入自然保护地基本法之中。以前述的总行为控制制度为例，国家公园法可以先在国家公园领域建立总行为控制制度，对影响国家公园的各类环境利用行为实施总体控制。国家公园法可以要求企业采用对生态环境整体负担最小的方式来履行资源保护、污染防治等环境保护义务，同时允许为增进生态环境的整体性保护而免除企业的部分环境保护义务；[2]赋予行政机关关闭或开启、强化或弱化特定行为规范的权力，

---

[1] 吕忠梅："以国家公园为主体的自然保护地体系立法思考"，载《生物多样性》2019年第2期。

[2] 刘如慧："德国环境法典2009草案初探——以整合的开发行为许可制度为中心"，载《台北大学法学论丛》2010年第76卷，第1-42页。

由行政机关在个案中决定如何定制企业的环境保护义务，从而实现国家公园生态环境的整体性保护。国家公园法规定的总行为控制制度等基础性规范可以为后续自然保护地特别法的制定提供直接的参照，并且为自然保护地基本法的制定提供"提取公因式"的基础。

对于综合性规范，为国家公园法的调整对象所限，国家公园法只能处理国家公园与其他自然保护地类型的关联问题，不能脱离国家公园直接协调其他自然保护地类型的相互关系。以前述的分区定保护级别制度为例，国家公园法应当建立生态价值与保护级别之间的关联，在设立条件上明确"国家代表性""原真性""完整性"等生态价值标准，在管理目标与保护级别上明确"最严格保护"的规范内涵。在此基础上，国家公园法可以明确国家公园在设立上相较于其他自然保护地类型的优先地位，规定"将符合条件的区域优先整合设立国家公园"，并且"国家公园建立后，在相同区域一律不再保留或设立其他自然保护地类型"，等等。至于《关于建立以国家公园为主体的自然保护地体系的指导意见》（2019 年）所要求的"其他各类自然保护地按照同级别保护强度优先、不同级别低级别服从高级别的原则进行整合"，宜由自然保护地基本法予以规定。

（二）可供其他类型自然保护地参照的特殊性规范

国家公园法的第二类规范是可供其他类型自然保护地参照的特殊性规范。与前述第一类规范不同，此类规范处理的问题虽然在其他自然保护地领域也普遍存在，但制度创新需要立足于国家公园领域的特殊性，难以在一般层面有效地解决问题。对此，《国家公园法》立法需要考虑与其他自然保护地单行法规之间的制度协调与衔接。国家公园法作为"标杆法"，在应对此类问题时固然需要寻求适用于国家公园领域的有效解决之道，但也需要关照制度创新对其他类型自然保护地的参照功能。例如，各类自然保护地法都需要建立权属制度，从而应对权属分散现状与整体保护需要之间的矛盾。由于国家公园中的国有土地应占主体地位，而部分试点国家公园区域内的大部分土地所有权为集体所有，因此建立有效的权属制度对《国家公园法》尤其重要。目前，国家公园体制试点已尝试征收、设定地役权、租赁、置换、赎买、合作等各类产权流转方式，积累了丰富的经验。《国家公园法》立法作出制度选择之后，可以采用准用性规范明确规定其他自然保护地可以参照适用。这一点，

《国家公园法》还可以为其他类型自然保护地立法起到先行立法的作用。

国家公园法能够提供内容丰富且可供直接参照的制度创新方案，供其他自然保护地特别法在面对类似问题时选用。以前述的自然资源权属制度为例，相较于其他自然保护地，国家公园内自然资源权利的类型最多、最复杂，受限的范围最广、程度最深，有益的制度探索也最多。[1]如钱江源国家公园近80%的面积属于集体所有的林地，目前正在探索保护地役权改革，在不改变林地权属的前提下，由政府与居民签订协议设定地役权，政府提供补偿金，居民则限制对林地的使用。[2]但这一改革也面临强制签订协议、补偿金不足等质疑，需要通过立法予以规范。国家公园法需要明确征收、保护地役权、协议保护等不同权利限制方式的适用情形，进而对不同权利限制方式的运行制定相应的程序性规则和实体性规则。国家公园法在总结提炼已有国家公园体制试点经验的基础上确定制度方案，对其余保护地类型具有重要的参照功能。

除了可供直接参照的特殊性规范，国家公园法也可提供具有间接参照功能的特殊性规范。此类规范虽然也能为其他自然保护地特别法提供制度创新方案，但仅限于制度方案中立足于自然保护地共性的部分。以管理体制为例，从当下国家公园体制试点与正式设立的情况来看，在纵向的央地关系上，已经逐渐形成三类主要模式：以东北虎豹国家公园为代表的中央直管模式；以大熊猫和祁连山国家公园为代表的中央和省级政府共同管理模式；以三江源和海南热带雨林国家公园为代表的中央委托省级政府管理的模式。由于这三类模式都立足于国家公园的"中央主导"特征，其他自然保护地特别法在参照时需要注意是否具备这一前提。在横向的执法权分配方面，各国家公园体制试点正在探索由国家公园管理机构自行组建综合执法队伍，或由当地综合执法局组建国家公园综合执法队伍等不同模式。[3]虽然"在自然保护地范围内实行生态环境保护综合执法"是《关于建立以国家公园为主体的自然保护地体系的指导意见》（2019年）对各类自然保护地的共同要求，但国家公园

---

〔1〕 秦天宝："论国家公园国有土地占主体地位的实现路径——以地役权为核心的考察"，载《现代法学》2019年第3期。

〔2〕 王宇飞等："基于保护地役权的自然保护地适应性管理方法探讨：以钱江源国家公园体制试点区为例"，载《生物多样性》2019年第1期。

〔3〕 前者如三江源国家公园，后者如海南热带雨林国家公园。

领域更注重由"一个部门"来"统一管理",其他自然保护地特别法在参照时应注意区分共性与个性内容。

（三）仅适用于国家公园的特殊性规范

在前述两类规范之外,国家公园法还需独立规定仅适用于国家公园的特殊性规范。与其他自然保护地类型相比,国家公园在管理体制、保护对象、保护目标等方面都具有特殊性,需要《国家公园法》确立仅适用于国家公园范围内的特有规范。此类特殊性规范立足于国家公园法在调整对象、调整目标等方面的特殊性,所处理的问题仅在国家公园领域存在,只能由《国家公园法》规定,对其他自然保护地类型不具有参照功能,无须与自然保护地基本法和其他自然保护地特别法协调与衔接。

首先,在设立条件方面,"国家代表性"标准即为仅适用于国家公园的特殊性规范。国家公园法需要根据"国家代表性"来设置相应的准入门槛,从而与自然保护区、自然公园等其他保护地相区分。对此,美国国家公园的设立条件值得借鉴。美国《国家公园管理局组织法》1976年修正案正式确立了"国家代表性"标准,其规范内涵经历了从强调观赏价值到重视生态价值的转变。[1]美国国家公园管理局在其管理政策中将"国家代表性"标准解释为包含四个要件:第一,某种资源类型的卓越代表;第二,具备能够体现或彰显国家自然遗产的突出价值或特性;第三,为公众娱乐和科学研究提供无与伦比的机会;第四,保持高度的完整性,能够作为某类资源未遭损害的典型代表。[2]可见,由于其他自然保护地类型不具备"国家代表性",国家公园法的设立条件对其他自然保护地立法不具有参照功能。

其次,在设立国家公园的基础上,需要依据国家公园的"最严格保护"或"更严格保护"级别规定相应的禁限措施。《关于建立以国家公园为主体的自然保护地体系的指导意见》（2019年）等政策文件对各类保护地的保护级别作了明确阐述:国家公园的管理目标应当确定为对重要自然生态系统的原真性、完整性的"最严格保护"或"更严格保护";自然保护区的管理目标

---

〔1〕　Keiter R B., The national park system: visions for tomorrow, *Natural Resources Journal*, Vol. 2010, No. 1.

〔2〕　National Park Service, Management Policies 1. 3. 1 (2006).

是保护其特殊科学研究价值；森林公园、地质公园、湿地公园、海洋公园等自然公园的管理目标则是保护其所在区域的自然特征和自然原貌。为落实严格保护级别，可以将国家公园内部区分为核心保护区和一般控制区，原则上核心保护区内禁止人类活动，一般控制区内仅允许科研、文化、教育等特定类型的人类活动，并且据此原则制定具体的禁限措施。由于国家公园的保护级别高于自然保护区和自然公园，立足于更高保护级别的国家公园法的特殊性规范对其他自然保护地立法不具有参照功能。

# 第二章
# 国家公园自然资源资产产权制度

本章撰稿人：

巩固，工学博士，北京大学法学院研究员，博士生导师，负责撰写本章第一、二节。

吕爽，法学博士，海南大学法学院讲师，负责撰写本章第三节。

冯令泽南，北京大学法学博士，负责撰写本章第四节。

完善国家公园自然资源资产产权制度，是建立国家公园体制和以国家公园为主体的自然保护地体系一系列改革措施的核心问题、根本问题，关系到改革的基本走向以及自然保护地体系未来的保护、发展和管理。党的十八大以来，党中央、国务院发布了一系列重要文件，提及国家公园自然资源资产产权相关问题。例如，2016 年 12 月，《国务院关于全民所有自然资源资产有偿使用制度改革的指导意见》提出健全完善包括国家公园、自然保护区，以及自然公园等自然保护地全民所有自然资源资产有偿使用制度。[1]2019 年 4 月，中共中央办公厅、国务院办公厅《关于统筹推进自然资源资产产权制度改革的指导意见》提出，"对生态功能重要的公益性自然资源资产，加快构建以国家公园为主体的自然保护地体系。国家公园范围内的全民所有自然资源资产所有权由国务院自然资源主管部门行使或委托相关部门、省级政府代理行使。条件成熟时，逐步过渡到国家公园内全民所有自然资源资产所有权由国务院自然资源主管部门直接行使"。[2]2022 年 3 月，中共中央办公厅、国务院办公厅《全民所有自然资源资产所有权委托代理机制试点方案》进一步明确落实统一行使全民所有自然资源资产所有者职责，探索建立全民所有自然资源资产所有权委托代理机制。[3]

本章将从四个方面探讨国家公园自然资源资产产权制度构建和完善中的重大问题：首先，是对国家公园国家所有的法理解析；其次，是有关国家公园国家所有的域外经验引介；再次，尝试分析国家公园自然资源资产委托代理机制的构建；最后，讨论国家公园内的集体土地使用权问题。

---

〔1〕 国务院：《国务院关于全民所有自然资源资产有偿使用制度改革的指导意见》（国发〔2016〕82 号），2016 年 12 月 29 日。

〔2〕 中共中央办公厅、国务院办公厅：《关于统筹推进自然资源资产产权制度改革的指导意见》，2019 年 4 月 14 日。

〔3〕 中共中央办公厅、国务院办公厅：《全民所有自然资源资产所有权委托代理机制试点方案》，2022 年 3 月 17 日。

## 第一节　国家公园国家所有的法律本质与制度保障 *

国家公园的重要价值毋庸置疑，但如此珍贵的自然财富，到底归谁所有，如何有效行使，法律上却不无疑问。就日常理解来看，顾名思义，国家公园是"国家的"公园，当然应归"国家所有"。然而，在法律上，国家公园却并非独立、具体、明确的财产类型，现行法也没有对其归属作出明确规定，"国家所有"更是一个内涵丰富、外延宽广、解读多重的复杂概念。故在法律层面如何正确认识国家公园的"国家所有"，并通过系统制度确保其"所有权"实现，是国家公园立法所须明确的重大前提性问题，急需探究和厘清。

### 一、国家公园国家所有的法律本质：特殊自然资源国家所有权

《建立国家公园体制总体方案》（2017 年）指出，"国家公园是指由国家批准设立并主导管理，边界清晰，以保护具有国家代表性的大面积自然生态系统为主要目的，实现自然资源科学保护和合理利用的特定陆地或海洋区域"。《关于建立以国家公园为主体的自然保护地体系的指导意见》（2019 年）进一步明确，国家公园是"我国自然生态系统中最重要、自然景观最独特、自然遗产最精华、生物多样性最富集的部分"。国家林业和草原局印发的《国家公园管理暂行办法》（2022 年）认为："本办法所称国家公园，是指由国家批准设立并主导管理，以保护具有国家代表性的自然生态系统为主要目的，实现自然资源科学保护和合理利用的特定陆域或者海域。"尽管表述略有差异，但都清楚表明国家公园在存在和构成上的自然属性，故就物理属性而言，"国家公园是一类具有重要生态功能价值和国家代表性的自然资源"，[2]属于"自然资源"之一种。而根据我国《宪法》第 9 条之规定："矿藏、水流、森林、山岭、草原、荒地、滩涂等自然资源，都属于国家所有，即全民所有"，可以认为，国家公园属于该条未予明确列举的等自然资源"，故在法律上"属

---

　　* 本节内容以"国家公园国家所有的法律本质与制度保障"为题发表于《旅游规划与设计》第 38 期，本章收录时略有删改。
　　〔2〕苏杨、张玉钧、石金莲主编：《中国国家公园体制建设报告（2019～2020）》，社会科学文献出版社 2019 年版，第 96 页。

于国家所有，即全民所有"。由此，尽管现行法尚未对国家公园的产权归属作出明确规定，但其国家所有的法律地位是客观存在的，具有宪法依据。国家对国家公园的保护和管理，实际上就是国家作为"所有权人"对其所拥有的这一宝贵自然财富的保护和管理，是一种广义的自然资源管理。

但要注意的是，自然资源外延极其宽广、类型极为复杂，不同自然资源之间并非泾渭分明、互不相干，而是存在大量交叉重叠，相关法律权益和管理制度亦然。国家公园作为一种在特定时空下由诸多单项资源依生态规律排列组合所形成的生态系统或者说区域、空间，是一种特殊的整体性、集合性资源，与作为其构成部分、也即在公园区域范围内存在的诸多单项资源在物理意义上高度重合，存在包含关系。由于后者在传统法中早已获得充分调整，建立起复杂、细密的权属和管理制度，国家对国家公园的保护和管理只能在已有制度基础上进行、在与之分工、协调的前提下实施。

## 二、国家公园国家所有的认知基础：相关概念辨析

### （一）国家公园与单项资源

国家公园与单项资源都是国家公园法律制度所要保护和管理的对象，但着眼点不一，制度举措不同。一般而言，二者是整体与一般的关系。对于单项资源，现行法中主要对土地、矿产、水、森林、草原、野生动物、海域和海岛进行单独立法，作出专门规定。故国家公园的自然资源管理主要是对这八大类资源的管理，通过对这些资源的管理和保护实现对国家公园整体的保护和利用。但传统单项资源管理往往只着眼特定种类资源本身，较少考虑与之相依存的其他生态要素及系统整体。故如何破除和弥补传统资源法弊端，使单项资源的保护和利用服从于国家公园生态系统整体，实现国家公园价值、效益的最大化，是国家公园管理的根本目标和核心任务。

### （二）国有与非国有、所有权与管理权、所有权与财产权

作为一种"国家所有、全民共享、世代传承"的自然财富，整体意义上的国家公园属于国家，但作为其组成部分的单项资源的归属，则更为复杂。我国宪法确立的自然资源社会主义公有制包括全民所有和集体所有两种形式，作为国家公园重要载体的土地、森林和草原都有为集体所有的可能。而依据

《森林法》（2019 年修订）等法律法规，个人也可以拥有林木的所有权。故而，国家对国家公园的拥有并不意味着当然拥有公园内各类具体资源的所有权，后者到底归属于谁，情形各异，需具体分析。两类权利的关系，更需妥善处理。

所有权体现权利人对客体的占有、支配、收益和处分权能，管理权体现管理者对被管理者的命令和要求，二者不是同一层次的概念，其关系因所有权类型而异。从权利客体角度划分，所有权有私产所有权和公产所有权之分。前者确认和保障个体对其私产的独占利益，权利人可基于自我利益自由处置财产，损益自担；可排除和对抗与之地位平等的其他个人，但其意志和行为不具有直接强制性，只能嗣后诉请司法救济。作为一种发生在平等主体之间的权利，私产所有权与发生在不平等主体之间、具有优位和强制性的管理权具有本质差异，在内容、目的、行使方式等方面互不相干。

但对公产所有权而言，情况又另当别论。公产所有权确认和保障的是公众（不特定多数人或者说"全民"）对公共财产的共同利益，由于成员众多，不可能人人行使，只能交由能够代表公众的公共机构（通常是国家机关）具体行使。权利人虽然也可对财产进行占有、支配、收益和处分，拥有与私人所有权类似的权能；但其目的不是自我利益而是公共利益，其损益实际上是由公众分享和承担的，故应遵循公众意愿，向其负责并受其监督。为保证这一行使机制切实有效，权利人对财产的决定和处分必须对没有代表资格的普通成员具有强制性和约束力，故在成员内部具有管理权属性。

依宪法公有制条款衍生出的自然资源国家所有权，作为国家基于全民利益支配和处分公共资源的"所有权"，应基于全民利益、遵循国家意志、经由行政主体、依据法律法规行使、以国家强制为后盾，其本质上是一种公共权力，主要通过立法、行政和司法等公权力手段来行使。在行政管理层面，"立法确定的有关资源利用的国家意志，主要通过国务院领导的各级政府及相关部门来落实，主要体现为对资源利用各环节相关活动的依法管理，包括以许可、划拨等形式进行'分配'，对资源利用进行监管以及收缴资源税费及再分配"。[1]就此而言，自然资源国家所有权与自然资源管理权是相伴而生、互相

---

[1] 巩固："自然资源国家所有权公权说再论"，载《法学研究》2015 年第 2 期。

依存的——前者是后者的基础和本权，后者是前者的行使方式和具体体现。因此，在资源管理领域，自然资源国家所有权的行使，就是指能够代表国家行动的相关部门依法对相关国有资源实施的各种具有支配、收益、分配、处分内容的管理，国家对这些资源进行分配和管护，作出资源应由谁用、怎么用、利益如何收取、损失如何补偿以及如何最终惠益全民等体现所有者意志的财产性决定。

另外，还需要注意的是，所有权不等于财产权。现代社会，财产利用方式多样，相关权利类型也丰富多样。无论是《民法典》明确承认为用益物权的土地承包经营权、建设用地使用权、宅基地使用权、居住区、地役权、海域使用权、探矿权、采矿权、取水权、养殖捕捞权，还是为其他法所认可的猎捕、驯养、采集、水面使用、林下空间利用等，以及未有明确立法但事实上客观存在的通行、通航、眺望、游憩、垂钓、基于生存的采集猎捕等习惯性、历史性权利等，都体现了特定主体对相关土地或资源的正当利益，值得尊重和保护。

（三）保护与发展、管控与利用、特许与经营

国家公园强调对自然生态系统的原真性、完整性保护，对开发利用的严格管控为首要任务。但作为一种"公园"，充分惠益国民、公众才是其根本目的。故如何对公园整体及园内资源进行充分利用以充分发挥其价值，也是国家公园所有权的应有之义，主要通过区域划分、产业及行为管控、特许经营、社区发展等制度来实现。现实中的国家公园类型多样，在保护与发展、管控与利用、特许与经营之间存在微妙的辩证关系，具体如何只能依各公园自身定位与核心目标，结合地方实际和实践需要来具体判断，需要结合科学与民意的综合决策。

**三、国家公园国家所有的制度保障：国有公用、共建共享**

从国家所有权行使角度看，国家公园管理就是按照国家如何管好、用好国家公园这一"国家所有，即全民所有"的特殊资源作出的制度安排。为此，需要通过对相关公权力和私权利的创设和规范，划分国家、集体、个人等不同主体对公园整体及作为构成部分的单项资源的利益归属和行为边界，明确各自的权利、义务和责任，平衡保护与发展、公益与私益，以实现对公园的

充分保护和永续利用。从公园保护需要出发，依据中央有关改革政策文件要求，国家公园国家所有的全面实现至少需要以下六大制度体系的保障。

**(一) 确保全民所有占主体地位的产权制度**

作为国家的公园，由国家确立并主导管理，方能实现"国家所有、全民共享、世代传承"，为此，须坚持国有资源的主体地位。正因如此，《建立国家公园体制总体方案》（2017 年）要求"确保全民所有的自然资源资产占主体地位，管理上具有可行性"。这意味着，对于那些具有国家代表性和生态完整性但全民所有资源占比不高的生态区域，需要通过征收、征用、赎买、置换等方式使全民所有资源居主体地位，确保国家掌握主动权。

不过，需要注意的是，国家公园的"国家所有"，是就"国家公园"这一整体资源、生态空间而言的。这意味着，一方面，国家公园的"国家所有"并不要求公园范围内的单项资源也必须全部为国家所有，而只要求全民所有占据主体地位、使国家能够居于主导地位，便于管理即可。另一方面，国家公园这一特殊财产的国有地位，需要特别制度举措的单独确认，而无法通过作为构成要素的单项资源的国家所有自动获得。

**(二) 以公园为独立单元的自然资源资产统一确权登记**

登记确权是产权制度的基础，也是对公园资源进行精细化管理的前提。在《中共中央关于全面深化改革若干重大问题的决定》（2013 年）提出对"自然生态空间进行统一确权登记"的基础上，《建立国家公园体制总体方案》（2017 年）明确国家公园可作为独立登记单元，对区域内的所有自然生态空间统一进行确权登记，"划清全民所有和集体所有之间的边界，划清不同集体所有者的边界，实现归属清晰、权责明确"。《关于建立以国家公园为主体的自然保护地体系的指导意见》（2019 年）进一步细化补充为："清晰界定区域内各类自然资源资产的产权主体，划清各类自然资源资产所有权、使用权的边界，明确各类自然资源资产的种类、面积和权属性质，逐步落实自然保护地内全民所有自然资源资产代行主体与权利内容，非全民所有自然资源资产实行协议管理。"据此，一方面，公园本身具有独立地位，确权登记须反映公园整体构成状况，反映其系统性、完整性，为确认管理目标、评价管理绩效提供科学基础。另一方面，作为公园整体又区别于作为构成要素的具体资源，前者的独立存在和国家所有并不排斥后者的独立存在和权属多样，公园的确权登记还要反映和明晰后者的具体状况，从而为明晰具体权责、进行科学管理提供制度抓手。在实践中，具体资源的权属还要通过不动产登记确认和载明，故须协调两种登记的关系。

（三）统一行使全民所有自然资源资产所有权的管理体制

自然资源国家所有权的"行使"不等于对国有自然资源的"使用"。作为一种公共财产权力，资源国家所有权的行使主要体现为能够代表国家的管理部门对国有资源的分配、管控、收益、处分和救济，而不是如同民事主体那样直接支配、亲自利用特定资源。故这里的"所有权行使"实际指的是对公园内自然资源的管理职责之履行。

国家所有权的统一行使是我国自然资源资产产权制度改革的根本方向，也是国家公园体制的建设基础和追求目标。作为"国家所有、全民共享"的特殊公产，由同一主体根据公园生态保护和价值发挥的需要对自然资源进行统一管理，获取收益并公平分配，进行保护并填补损害，以实现保值增值、惠益共享，对公园承担主体责任，是国家公园全民所有的应有之义，是公共产权"落实"的基本要求。为此，对于园内集体所有资源，主要通过协议、管控等方式约束其利用，但对于园内的全民所有自然资源，则须打破以往由各级政府、不同部门分别行使代表国家所有权的不合理现状，实现"全民所有自然资源资产所有者职责"的"统一行使"。这里的"统一"有横向和纵向双重意味，分别指向部门关系和央地关系。

在横向的部门关系方面，统一行使的含义为"综合管理"，即以地域或者生态空间为单位，对该区域范围内所有具体资源的保护和利用进行统筹谋划、综合管理，这是现代自然资源管理的大势所趋，是体制改革的根本方向。《生态文明体制改革总体方案》（2015 年）规定："建立国家公园体制。加强对重要生态系统的保护和永续利用，改革各部门分头设置自然保护区、风景名胜区、文化自然遗产、地质公园、森林公园等的体制，对上述保护地进行功能重组。"《建立国家公园体制总体方案》（2017 年）规定："建立统一管理机构。整合相关自然保护地管理职能，结合生态环境保护管理体制、自然资源资产管理体制、自然资源监管体制改革，由一个部门统一行使国家公园自然保护地管理职责。"《关于建立以国家公园为主体的自然保护地体系的指导意见》(2019 年) 提出 "按照山水林田湖草是一个生命共同体的理念，改革以部门设置、以资源分类、以行政区划分设的旧体制，整合优化现有各类自然保护地，构建新型分类体系，实施自然保护地统一设置。" 都是此要求的体现。

在纵向的央地关系方面，统一行使的含义在于 "中央直管"，这主要是从中央与地方合理分权、责权利（财政事权和支出责任）统一的角度考虑，也是落实国家产权的体现。这里要注意，我国宪法、法律中的 "国家所有"，不同于一般国家的 "政府法人所有"，而是抽象意义上的 "全民所有" —— "国家所有，即全民所有"；其并不直接等于中央政府所有，而是包括中央和地方各级政府在内的整体性的 "国家" 所有，故又被称为 "统一、唯一国家所有权"。[1] 故在理论上，各级政府，作为 "国家" 之构成部分，都有代表国家作为所有权人对自然资源进行支配和管理的权力，此点本身并无问题。在我国宪法把几乎所有重要资源都规定为全民所有的大背景下，要求它们都只能由中央政府支配和管理，实际上也是不可能的。因此，依自然资源的重要程度、影响范围及管理效率等因素在不同层级政府间做纵向划分的 "分级行使" 是自然资源国家所有权实现的基本原则和现实道路，对此，无论《生态文明体制改革总体方案》(2015 年)、《建立国家公园体制总体方案》(2017 年)，或是《关于建立以国家公园为主体的自然保护地体系的指导意见》(2019 年) 都有充分体现。

但要注意的是，上述论断主要是就我国全民所有自然资源整体而言的。具体到特定领域、类型、范围的资源而言，其国家所有权是由中央政府集中统一行使，还是由地方分级行使，乃至仅由地方代为行使，都有可能，需要依据自然资源的类型、价值重要性和现实可能性来具体判断。《生态文明体制改革总体方案》(2015 年) 指出，"对全民所有的自然资源资产，按照不同资源种类和在生态、经济、国防等方面的重要程度，研究实行中央和地方政府分级代理行使所有权职责的体制，实现效率和公平相统一"。依此原则，对于国家公园这种具有国家代表性、直接体现全民利益的重要资源，由中央政府直接行使才与其地位相称，也才能保障其摆脱地方利益，服务全民整体。

---

[1] 孙宪忠："'统一唯一国家所有权' 理论的悖谬及改革切入点分析"，载《法律科学》2013 年第 3 期。

故对国家公园来说，其在央地关系层面的"统一行使"强调的是中央政府的直接管理。这是其作为"国家公园"的应有之义，也是体制改革的目标所在。

当然，考虑到当前多数公园在事实上为地方政府实际控制，以及中央进行直管所需的人财物等方面条件尚不完全具备的现实，《建立国家公园体制总体方案》（2017年）也提出"分级行使所有权"的思路，要求"统筹考虑生态系统功能重要程度、生态系统效应外溢性、是否跨省级行政区和管理效率等因素"，实现"部分国家公园的全民所有自然资源资产所有权由中央政府直接行使，其他的委托省级政府代理行使"。但这里的"分级行使"只是权宜之计。"条件成熟时，逐步过渡到国家公园内全民所有自然资源资产所有权由中央政府直接行使"才是最终目标。而无论实践中到底由中央政府直接行使还是省级政府代理行使，国家所有权的具体行使主体，也即公园的"直接管理者"和"总负责人"只能有一个，要么是代表中央的管理机构，要么是接受委托的省级政府，而不应出现不同机构分别代表国家"共同"管理的情形。

（四）严格保护、科学利用、公众参与、共同治理的综合管理制度

国家公园既须严格保护，又要合理利用。无论保护还是利用，都应是着眼于公园生态系统整体的统一、综合管理。《建立国家公园体制总体方案》（2017年）要求"健全严格保护管理制度。加强自然生态系统原真性、完整性保护，做好自然资源本底情况调查和生态系统监测，统筹制定各类资源的保护管理目标，着力维持生态服务功能，提高生态产品供给能力"。但其同时也提出"实施差别化保护管理方式"，以及"按照自然资源特征和管理目标，合理划定功能分区，实行差别化保护管理。"《关于建立以国家公园为主体的自然保护地体系的指导意见》（2019年）更提出"生态为民，科学利用"的原则，要求"践行绿水青山就是金山银山理念，探索自然保护和资源利用新模式，发展以生态产业化和产业生态化为主体的生态经济体系，不断满足人民群众对优美生态环境、优良生态产品、优质生态服务的需要"。为实现此点，其提出在两区制分区策略基础上的差异化的活动管控——"实行自然保护地差别化管控"，并在此基础上"国家公园和自然保护区实行分区管控，原则上核心保护区内禁止人为活动，一般控制区内限制人为活动。"另外，国家

公园的全民属性和公益取向也决定了相关事务不应封闭决策，而应强调公众参与、共同治理。对此，《建立国家公园体制总体方案》（2017 年）规定"鼓励公众参与，调动全民积极性，激发自然保护意识，增强民族自豪感"。《关于建立以国家公园为主体的自然保护地体系的指导意见》（2019 年）提出要"建立健全政府、企业、社会组织和公众参与自然保护的长效机制"。

（五）公平、合理、长效、灵活的惠益分享与成本补偿机制

国家公园追求大尺度、整体性的惠益共享。保持自然生态系统的原真性和完整性，给子孙后代留下珍贵的自然遗产，提升生态系统服务功能，开展自然环境教育，为公众提供亲近自然、体验自然、了解自然的游憩机会，是国家公园全民所有"的应有之义，也是其"全民公益性理念"的重要体现。[1]与此同时，对那些为实现国民福利、公共福祉而付出特别代价的社会成员，无论是财产被征收、征用者，还是因产业退出、开发管控受到利益损害者，以及因野生动物等自然原因遭受损害者，给予合理补偿，既关乎制度公平，又关乎生态保护的长效机制和持续动力，需要认真对待。《建立国家公园体制总体方案》（2017 年）要求"健全生态保护补偿制度"，同时"加强生态保护补偿效益评估，完善生态保护成效与资金分配挂钩的激励约束机制"，并"鼓励设立生态管护公益岗位，吸收当地居民参与国家公园保护管理和自然环境教育等"，都体现了此方面要求。

（六）权责明确、责权相应的管理投入和责任保障机制

权责明确、责权相应是产权制度的基本要求，"谁受益谁投入、谁管理谁负责"是国家公园责权利划分的基本原则，其主要依据是自然资源全民所有权的行使方式。"有了基于产权归属的事权统一和相应的资金保障，各利益相关者的责、权、利才能真正相当，在这个基础上的监管也才可能真正有效。"[2]

在国家和社会之间，《建立国家公园体制总体方案》（2017 年）谋划了国家为主、社会补充的多元化投入机制，即一方面，"建立财政投入为主的多元

---

〔1〕 参见王社坤、焦琰："国家公园全民公益性理念的立法实现"，载《东南大学学报（社会科学版）》2021 年第 4 期。

〔2〕 苏杨、张玉钧、石金莲主编：《中国国家公园体制建设报告（2019~2020）》，社会科学文献出版社 2019 年版，第 146 页。

化资金保障机制"，使国家切实承担起责任；另一方面，"在确保国家公园生态保护和公益属性的前提下，探索多渠道多元化的投融资模式"，真正实现共建共享，发挥公众的热情和力量。

在央地之间，《建立国家公园体制总体方案》（2017 年）要求"立足国家公园的公益属性，确定中央与地方事权划分"，依据全民所有自然资源资产所有权行使方式的不同划分投入方式和比例——"中央政府直接行使全民所有自然资源资产所有权的国家公园支出由中央政府出资保障。委托省级政府代理行使全民所有自然资源资产所有权的国家公园支出由中央和省级政府根据事权划分分别出资保障"。虽然从理论上说，国家公园主要提供"受益范围覆盖全国的基本公共服务"，实现"全国性战略性自然资源使用和保护"，按《关于推进中央与地方财政事权和支出责任划分改革的指导意见》（2019 年）主要为中央事权，应主要由中央财政保证。但国家公园事项繁多，其中还包含有部分应由地方支出的地方性事务；而且大多数公园内的全民所有自然资源资产的所有权仍由地方政府代理行使，其可据此获得相应收益，当然也应用于公园支出。

与投入机制相对应，公园收益也应依全民所有权行使方式的差异而分别归于中央或地方，"实行收支两条线管理，各项收入上缴财政，各项支出由财政统筹安排，并负责统一接受企业、非政府组织、个人等社会捐赠资金，进行有效管理"。公园管理经营、生态保护及自然资源资产的保值增值责任，包括针对领导干部的自然资源资产离任审计和生态环境损害责任终身追究等，也应与之一致。公园生态环境遭受损害时的索赔之权与组织修复义务，以及公园内全民所有资源（如野生动物）致害引发的赔偿责任，也应按此划分。

## 第二节　国家公园国家所有的域外经验与发展趋势

以 1872 年美国黄石国家公园的创建为起点，在世界范围内，现代意义上的国家公园已走过一个半世纪的历程，并经历了从北美殖民地传播到大洋洲、南美等"新世界"，再扩及非洲、亚洲等"旧大陆"殖民地，最后返回欧洲的发展历程。不同时空、国情下的国家公园及相应制度安排，无论理念、目标还是具体内容，都有很大差异，但也存在诸多共通经验和普遍做法，反映出各国把国家公园作为全民共有财产由国家主导进行系统保护与科学管理的基本规律和发展趋势，值得我国参考和借鉴。

## 一、国家控制、全民公有的丰富类型与多元保障

"全球大多数正式保护地是国有或者国控土地和水域，由政府直接控制决策和管理。"[1] 公有土地是国家公园的现实载体和物质基础。作为一种主要服务于全民利益的公共财产，多数国家公园都是以公共土地和资源为主体建立起来的，[2] 这主要是由于财产公有带来的管理便利——公园管理者与资源所有者一体，国家可通过行使所有权来充分贯彻其公园管理意图，包括对公园的土地和资源实施大尺度的生态系统管理和可持续经营，在防治破坏、保持原状这一基本目标之外进行改善和提升。正因为此，美国国家公园管理局的核心政策之一是获得公园内全部土地的完整产权，其出发点在于"一旦国家公园管理局拥有完整的土地产权，就能充分支配所有的决策"。[3] 许多国家（如美国、巴西、俄罗斯等）都明确规定把土地国有作为设立国家公园的必要条件。在 IUCN 等权威机构对国家公园的界定和要求中，国家所有或控制也是重要内容。就此而言，国家公园中的"国家"，其首要含义即为"国家所有"。与其他洲相比，欧洲的国家公园设立既晚又少，一些勉强设立的也往往被认为不够典型，与国有土地匮乏不无关系。

另外，多数国家公园创建于长期大面积保持原始状态的土地之上，往往远离人烟、地处荒僻，属于公地或无主地的可能性更大。尤其在北美和大洋洲等"新大陆"殖民地国家，其国土主要通过殖民拓荒、战争和交易得来，首先被归于国家或国王名下，再无偿或低价转让给个人所有，只有在当时经

---

〔1〕 [美] 巴巴拉·劳瑨：《保护地立法指南》，王曦、卢锟、唐瑭译，法律出版社 2016 年版，第 21 页。

〔2〕 这里的公共土地指非私人所有的土地，主要是国有土地，在有些国家还包括不为任何具体主体所有而供不特定成员共同使用的"共用地"或"公地"。在国有土地方面，多数国家区别中央政府（或联邦政府）所有与地方政府（州、省、市、县等）所有，国家公园多数建立在联邦土地上，属于联邦政府所有，但也不尽然。在公共土地主要为州、省等地方政府所有的国家，国家公园也可由地方政府创建和管理，其典型如澳大利亚、德国、日本等。

〔3〕 参见天恒可持续发展研究所、保尔森基金会、环球国家公园协会编著：《国家公园体制的国际经验及借鉴》，科学出版社 2019 年版，第 42 页。

济技术条件下被认为不具备开发价值的"无用荒地"才有被指定、圈占，创建国家公园的可能。

然而，由于现实的复杂性，国家公园的应然范围与土地权属的公有边界往往不尽一致，要求国家公园内的所有土地均为国家所有几乎是不可能的，尤其在公园创立阶段。故几乎所有国家都面临着如何有效纳入已经或应当划入公园的私人土地或资源的问题，发展出多种有用的制度工具和应对策略，其中至少以下三方面经验可资借鉴。

（一）立法确认国家公园的全民公产地位

国家公园比一般国有财产具有更加广泛、持久的公益性。在立法中确立其为全民利益而设、作为全民共同财产的特殊法律地位，宣布应予以完整保护、供公众合理利用的国家政策，不仅有助于明确国家公园的建设方向和管理目标，避免可能出现的方向偏失；而且也为确立国家的主导管理地位，正当化相关征收及管制措施，减少抵制阻力和补偿力度增强合法性基础。譬如，《美国国家公园管理局组织法》将国家公园称为联邦政府专为国民公共福利需要而保留（免受开垦）的土地。《新西兰国家公园法》把国家公园称为新西兰全民公共财产。在俄罗斯，保护地属于国家遗产，《联邦特保自然区法》规定特保自然区属于全民财产。《加拿大国家公园法》规定，加拿大国家公园要有益于为加拿大人民提供教育娱乐机会，并为了子孙后代能永远享受到国家公园的益处，而对其进行保护。《西班牙国家公园建设法案》制定后特意对第3条进行修改，宣布国家公园边界范围内的所有土地都可考虑提供给公众使用，以使国家征地更简便易行。[1]

（二）通过征收、征用、购买、捐赠等方式把私有土地转为国有

国家公园具有全民公益性，从理论上讲，公园建设的需要可视为足以启动征收/征用的"公共利益的需要"，[2]故国家可利用已有的征收制度来获取私有土地。但由于征收具有强烈的强制色彩，几乎总是会引起抵触和反弹，

---

〔1〕　［澳］沃里克·弗罗斯特、［新西兰］C. 迈克尔·霍尔编：《旅游与国家公园——发展、历史与演进的国际视野》，王连勇等译，商务印书馆2014年版，第168页。

〔2〕　我国《宪法》第13条第3款，国家为了公共利益的需要，可以依照法律规定对公民的私有财产实行征收或者征用并给予补偿。

故实际运用并不多见。"该手段在政治上是不受欢迎的，很少使用，特别很少用于保育。"[1]在实践中，各国更倾向于尊重合意、补偿充分的购买。譬如，在巴西，法律规定国家公园内的土地必须公有，政府可收购区域内的私有土地，但需按市场价格预付土地收购款。[2]在俄罗斯，提名划建国家公园时须提交原土地所有者同意将其土地纳入的同意书。在南非，政府应优先与土地所有者协议购买，协议失败时方可征用，但须按市场价格补偿。[3]

（三）取得长期稳定的土地及资源利用权利或对他人开发利用施加管控

所有权转移影响重大、成本高昂，难以普遍实施。对公园来说，除具有特别意义的核心区域外，大量土地只需基于环境保护或公园价值最大化的需要承担相应义务即可，在不影响公园整体目标的情况下，其所有权仍可保留在私人手中，为其适度支配和利用。在此方面，各国法律实践中发展出众多灵活手段和工具，大致可分为私法面向的物权协议和公法面向的规划管制两类，以及这两类手段以不同程度和形式的组合。常见的私法性手段有租赁、保护地役权、保育协议、管护协议、保育土地信托。常见的公法性手段是通过规划、区划、指定、命令等方式，限制或剥夺权利人对土地的部分利用，降低土地的开发利用强度，使之符合公园保护的需要。

近几十年来，随着社会制度的进步、保护范围的扩展和国家公园理念的更新，各种在不改变土地权属的前提下实现公园管理需求的方法举措和制度创新受到广泛欢迎和实践，由此形成的"自愿保护地"和"共管区域"成为国家公园发展的新方向。2003年举办的第五次IUCN世界公园大会即以保护地的"新治理方法"为主要议题，并充分融入最终达成的《德班协定》和《德班行动计划》。会议通过了一项旨在促进自愿保育行动的"新方向"日程。[4]

---

〔1〕［美］巴巴拉·劳瑞：《保护地立法指南》，王曦、卢锟、唐瑭译，法律出版社2016年版，第160页。

〔2〕天恒可持续发展研究所、保尔森基金会、环球国家公园协会编著：《国家公园体制的国际经验及借鉴》，科学出版社2019年版，第151页。

〔3〕天恒可持续发展研究所、保尔森基金会、环球国家公园协会编著：《国家公园体制的国际经验及借鉴》，科学出版社2019年版，第92页。

〔4〕［美］巴巴拉·劳瑞：《保护地立法指南》，王曦、卢锟、唐瑭译，法律出版社2016年版，第90页。

## 二、不动产登记与资源调查互补的信息体系

国外国家公园在土地及自然资源确权方面一般仍以传统的土地登记为主要手段，辅以针对某些种类资源的清查、调查等数据。在美国，土地登记主要记载权利事项，记录基本齐全，国家公园可据此掌握园内土地、水或其他资源的各种权属信息，包括其他部门、私人或公司持有的土地或水域的产权或利益。在森林资源方面，美国自 1953 年开始进行过多次森林资源清查，经历了从以森林面积和木材蓄积为主的单项监测到多资源监测、再到森林资源与健康监测三个阶段，已建立起系统、完整的监测体系，能够提供全面、准确的森林资源信息。在新西兰，保护部管理的土地资产登记在国家而非保护部资产表中。保护部用全国性的资产管理数据库"资产管理信息系统"来管理资产和访客信息。[1]在巴西，2012 年通过的《巴西森林法》创建了一套全国性的"农村环境地籍"电子系统，依法登记所有农村地籍，汇总农村地区土地资产相关环境信息，建立数据库，以控制和监测森林采伐情况，服务环境和经济规划。土地所有者和居民必须借助植物和其他可识别物来界定土地边界，记录其地块上现存的原生植被和相应区划（如永久保育区、限制使用区、法定保护区）的位置。《巴西保护地体系法》创建了由环境部与保护地主管机构共同负责维护的"国家保护地名录"，收录各类保护地的主要信息，包括濒危物种、土地权属、水资源、气候、土壤、社会文化和人类学等方面，有助于及时、充分地了解保护地各方面信息，便于找出和确定问题，是保护地监测的重要工具。定期注册的保护地可获得环境补偿资源的激励。该数据平台向公众开放，也是人们跟踪了解政府保护行动的开展情况及效果的良好窗口和有效途径。[2]

## 三、以管理机构为主导的国家所有权行使与资源利用监管体制

自然资源国家所有权的"行使"主要体现为资源管理部门对公共资源的

---

〔1〕　天恒可持续发展研究所、保尔森基金会、环球国家公园协会编著：《国家公园体制的国际经验及借鉴》，科学出版社 2019 年版，第 67 页。

〔2〕　天恒可持续发展研究所、保尔森基金会、环球国家公园协会编著：《国家公园体制的国际经验及借鉴》，科学出版社 2019 年版，第 136 页。

"支配性管理"，其本质上属于管理权性质的公权力，但在内容上又具有支配、收益和处分性。国家公园内国有资源的所有权如何行使，实际上意味着不同国家机关（主要是公园管理机构与传统资源管理部门）在公园资源管理事务中的分权。"依据 IUCN 的说明，所有权和管理权通常应该归属管辖权所在国最有效能的权威机构"，[1]对国家公园来说，公园管理机构通常是最佳人选，但具体又可因资源类型而异，主要包括以下三种情况。

第一，国家公园本身的所有权由公园管理机构统一行使。这里的"公园本身"是指由各类具体资源、要素构成的国家公园空间整体及其衍生的财产性权益，如景观、生态系统服务、名称、品牌以及经营服务资格等。代表国家对这些"全民公产""国家财富"进行保护和利用，包括许可他人使用、授权特许经营等，属于公园管理机构的核心业务，各国皆然，哪怕在英国这样以私有土地为主体建园的国家。

第二，公园范围内与公园存续及其价值目标密切相关的国有资源由公园管理机构统一管理。像土地、森林、草原、野生动物等资源是公园存在的现实载体和公园生态系统的主要构成部分，其保护、利用和处置对公园的健康存续和价值实现至关重要，也应由管理机构统一进行。为此，在创建公园时需要将这些之前通常由其他部门行使的资源管理权移交给公园管理机构。如在美国，国家公园范围内的联邦土地属于联邦政府所有，由内政部管理，具体由国家公园管理局实施，其中许多土地是国会或总统颁布法令从林业局、土地管理局等机构手中划转过来的。与之相对应的是，对于公园范围内的非国有土地与资源的开发利用管理，也应由公园管理机构主导。在巴西，国家公园一旦正式建立，公园内的资源管理事项，包括动植物利用与保护、渔猎、河流与水资源使用、矿产与林业资源利用等，即都归公园管理机构管辖，哪怕其之前曾分属州、市管辖。在德国，国家公园管理机构对辖区范围内的自然保护和资源利用拥有完全的决策权。

第三，与公园核心目标不直接相关的国有资源的所有权，既可由公园管理机构行使，也可由其他部门保留。对于那些在公园存续期间很少得到开发，对公园的核心目标实现和价值发挥不具有直接意义的国有资源，公园管理机

---

[1] ［澳］沃里克·弗罗斯特、［新西兰］C. 迈克尔·霍尔编：《旅游与国家公园——发展、历史与演进的国际视野》，王连勇等译，商务印书馆 2014 年版，第 325 页。

构通常只需掌握为实施保护而必需的限制性权力，不一定行使其所有权，其典型如矿产资源。由于多数国家公园禁止采矿，公园范围内的矿产资源通常应处于封存状态，故管理机构只需掌握对相关勘探、开发的否决或异议权即可，可以不涉及其所有权及支配性管理。譬如，澳大利亚在创建以提供游憩服务为主要目的的塔山国家公园时，王室即保留了"对公园内所有金、银和煤矿的所有权，以及勘探和开采的权利，并且可以自由地占用公园内的任何区域以便在必要时修建公路、铁路、水渠、水库、排水沟、下水道"。[1]在南非，环境保护部长可撤销拟建保护地内国有土地的使用权或私人所有权，但需与负责公共事务的内阁成员协商；可以征收方式收回或撤销发放的矿产开采区，但需征得负责矿产资源事务的内阁成员同意。[2]

### 四、科学制定、公众参与的规划与决策机制

国家公园的"公"字有"公有、公管、公益、公享"之意。[3]国家公园从诞生之日起就肩负着自然保护与公众利用的双重使命，这是其与通常追求单一保护目标的其他保护地的重要区别，也是其在所有保护地类型中最受瞩目，在"在公众和政策想象力方面占据绝对优势"（Mose and Wixlbaumer，2007）[4]的原因所在。保护区世界委员会前主席哈罗德·艾兹维克（Harold Eidsvik）1996年访问南非时明确指出，在他看来，将第Ⅱ类保护区和其余类型区分开来使其成为一个真正的"国家公园"的主要标准，就是访客利用。[5]

保护与利用，这一看似不无悖论的双重目标体现了国家公园的独特价值，也构成对公园管理的双重指引和约束，其实现关键在于对利用的科学界定与区划。国家公园提供的"享用"和服务，应主要是安全、健康、观赏、运动、

---

〔1〕［澳］沃里克·弗罗斯特、［新西兰］C. 迈克尔·霍尔编：《旅游与国家公园——发展、历史与演进的国际视野》，王连勇等译，商务印书馆2014年版，第65页。

〔2〕天恒可持续发展研究所、保尔森基金会、环球国家公园协会编著：《国家公园体制的国际经验及借鉴》，科学出版社2019年版，第37-38页。

〔3〕杨锐："防止中国国家公园变形变味变质"，载《环境保护》2015年第14期。

〔4〕［澳］沃里克·弗罗斯特、［新西兰］C. 迈克尔·霍尔编：《旅游与国家公园——发展、历史与演进的国际视野》，王连勇等译，商务印书馆2014年版，第324页。

〔5〕［澳］沃里克·弗罗斯特、［新西兰］C. 迈克尔·霍尔编：《旅游与国家公园——发展、历史与演进的国际视野》，王连勇等译，商务印书馆2014年版，第266页。

教育、启迪等方面的，以自然体验为主，具有环境友好、绿色健康、非消耗性等特点，以对公园资源、生态、价值的完整保存为必要。为此，在活动的形式、范围、时间、力度等方面均需科学确定，以全面、详细的规划为依据。同时，由于公园管理对周边居民及利益相关者的重大影响，自然生态相关信息、价值的复杂和相对性，以及公园管理官方力量的有限性，公园重大决策的公众参与必不可少。"通过政治过程与当地人民分享权力以及让地方层面的行动者和团体能够界定什么需要被保育可以使自然保育更加持久。"[1]故规划又必须在广泛且有效的公众参与过程中作出，注重决策的民主性。

加拿大在20世纪70年代即制订了综合性的分区计划方案，对每个公园的不同区域配置土地利用的优先权，试图通过在园区内预留小块土地供休憩旅游之用，同时把其余大面积土地划做保护用地，以平衡保护和访客享用的双重使命。[2]与此同时，公开听证作为促进公众参与国家公园的规划和管理的有效形式也开始出现，被用作控制园区内开发行为的主要机制。[3]在西班牙，每个公园通过利用和管理计划进行分区管制，设有只许科学家进入的"保留区"、允许进行环境教育的"限制型利用区"和可作为旅游资源供访客使用的适度利用区和特别利用区，从而使得各种不同的利用方式都能和公园兼容。[4]在巴西，保护地创建必须进行公众咨询，以公开会议形式进行，所有资料均可在网上查阅。《巴西保护地体系法》要求所有保护地都须成立某种形式的委员会，成员由来自环境、科研、教育、文化、旅游、建筑、考古、原住民、农业改革等不同机构的代表组成，具体可因保护需要和地方利益而异；决策时必须考虑民间组织代表的建议，包括科研、环保、周边居民、原住民社区、土地所有者、私营部门及公司员工，以及流域委员会代表等。

〔1〕[美]巴巴拉·劳珺：《保护地立法指南》，王曦、卢锟、唐瑭译，法律出版社2016年版，第90页。
〔2〕[澳]沃里克·弗罗斯特、[新西兰]C.迈克尔·霍尔编：《旅游与国家公园——发展、历史与演进的国际视野》，王连勇等译，商务印书馆2014年版，第125页。
〔3〕[澳]沃里克·弗罗斯特、[新西兰]C.迈克尔·霍尔编：《旅游与国家公园——发展、历史与演进的国际视野》，王连勇等译，商务印书馆2014年版，第125页。
〔4〕[澳]沃里克·弗罗斯特、[新西兰]C.迈克尔·霍尔编：《旅游与国家公园——发展、历史与演进的国际视野》，王连勇等译，商务印书馆2014年版，第172页。

### 五、灵活多样的惠益分享与成本补偿机制

#### （一）以优质游憩与环境教育为主导的全民惠益机制

国家公园对全民的惠益主要体现在两个方面，一是通过保护良好环境、维持健康生态为全体国民提供生态安全、生态系统服务和精神文化储备。二是为实地到访、亲往考察的国民个体提供休闲娱乐及自然、文化体验。前者具有一定抽象性，主要通过各种保护措施维持和改善公园的自然状况来实现；后者更为具体和专业，需要通过提供高质量、低价格甚至免费、无偿的游憩服务和环境教育来实现。二者分别与公园的保护和利用大致对应，在根本上具有一致性；当发生冲突时，应前者优先；但在生态环境容许的范围内，应充分保障后者。契合公园定位的游憩是实现公园价值的重要方式，是"全民共享"的重要体现和主要手段，具有全民公益属性，应作为基本公共服务定位和管理，在内容、效果、价格等方面加以指引和规范，在保证生态安全的前提下保障公众"享用"的正当权益，而不能为市场法则所支配，片面追求经济效益最大化。这是国家公园既区别于一般保护地，又区别于普通商业旅游景点的独特之处；也决定了公园管理机构既不是一般意义上的资源管理部门，又不是一般经营者，而是通过公园经营和资源管理提供普遍公共服务的特殊地位。这意味着，除一般意义上的生态保护外，游憩相关服务，包括区划规划、访客管理、环境教育、自然体验、公众解说等，也应被纳入管理机构的基本职能范围，作为法定职责，进行绩效考核。

在美国，"为民所用，增长其见识，愉悦其身心"被奉为国家公园管理的三大原则之一。《美国国家公园管理局组织法》开篇即规定公园管理局的使命在于"保护公园中的风景、自然与历史遗产以及野生动植物，并以此种手段和方式为人们提供愉悦并保证其完好无损，以确保子孙后代也能够享乐其中"。为此，管理者针对不同群体推出针对性服务和活动，吸引更加多元化的访客，希望所有美国人都把自己看作国家公园的利益相关者。小学生免费入园、借助国家公园环境资源的体验式教学，都成为国家公园的常规项目。在新西兰，国家公园是新西兰全民的公共财产，国民可自由到访国家公园的理念已深入人心。《新西兰国家公园法》规定，在遵守法律及相关环保规定的前提下，"公众享有自由进入和使用的权利"，全方位地感受自然景观带来的种

种益处。在巴西，宪法规定所有公民有在健康的生态环境中生活的权利，并把保护地作为实现权利的必要条件。在南非，允许公民观看野生动物甚至被认为是政府的责任。《南非 1926 年国家公园第 56 号法案》第 1 条规定，"为了联盟居民们的利益、好处和享用，要繁殖、保护和保留那里的野生动物、野生植被以及具有地理、历史或其他科学价值的对象"。据此，国家公园应有别于先前的狩猎保护区，要热情欢迎访客。1976 年的法律修正案规定 "公园区域要尽量满足访客的利益与享用，但同时也应尽力保持它的自然状态"。[1]

### (二) 对特殊群体权益的特别保障

在公园划建与经营的成本补偿方面，除通过严格的征收程序、多样化的管制手段、充分的自由协商以尽量尊重当事人意愿，以充分的货币补偿弥补经济损失，通过易地安置等灵活方式解决 "失地" 者生计外，[2] 为周边居民和特殊族群在公园利用和管理方面保留必要的 "特权"，减少被剥夺感，维系与公园的利益及精神纽带，也很重要。在此方面，值得一提的是，自 20 世纪 80 年代以来，随着主流环保思想从人与自然分离的孤立自然观向人地一体的文化自然观转变，以及诸多为划建国家公园、自然保护区而迫使大批土著居民背井离乡、流离失所的悲惨事件的警醒，国家公园内的原住民权益日益受到国际社会的关注和保护。IUCN 在 2000 年制定工作指南，鼓励原住民社区参与共管国家公园。2002 年可持续发展世界峰会、2003 年第五届世界公园大会，都把保障原住民权利作为重要议题，[3] 2007 年联合国批准的《原住民权利宣言》更推进了原住民参与公园建设的过程。[4] 当前很多国家，现在都倾

---

〔1〕［澳］沃里克·弗罗斯特、［新西兰］C. 迈克尔·霍尔编：《旅游与国家公园——发展、历史与演进的国际视野》，王连勇等译，商务印书馆 2014 年版，第 268 页。

〔2〕《巴西保护地体系法》规定，对被征收土地且必须搬迁的居民，政府需赔偿或补偿，进行易地安置，并须出台具体规定和措施，确保其在搬离之前生产生活与保护地的管理目标相符。天恒可持续发展研究所、保尔森基金会、环球国家公园协会编著：《国家公园体制的国际经验及借鉴》，科学出版社 2019 年版，第 151 页。

〔3〕［澳］沃里克·弗罗斯特、［新西兰］C. 迈克尔·霍尔编：《旅游与国家公园——发展、历史与演进的国际视野》，王连勇等译，商务印书馆 2014 年版，第 282 页。

〔4〕［澳］沃里克·弗罗斯特、［新西兰］C. 迈克尔·霍尔编：《旅游与国家公园——发展、历史与演进的国际视野》，王连勇等译，商务印书馆 2014 年版，第 283 页。

向于在法理上承认原住民的土地占有权和资源使用权。[1]

在美国，除一般的公众参与之外，立法还要求公园管理局定期联系因公园划建而受影响的公众，请他们参与规划编制；定期与公园周边社区、所在州和感兴趣的社会组织进行互动。在阿拉斯加建立的国家公园为保障狩猎者和渔民生存而设置了一种专门土地权利，允许他们在公园内从事以维持生计为目的的狩猎和捕鱼，只要不危及本土物种健康。而无论在哪个州的国家公园，印第安部落和夏威夷土著都有权基于其特定宗教和习俗对公园进行一定利用，包括进入公园内的传统习俗仪式地，采集作为食品、用于仪式或制作工艺品的植物原料等。譬如，1975 年《美国大峡谷扩展法案》在大峡谷公园划出 18.5 万英亩土地作为印第安人居留地，另有 9.5 万英亩土地单独划出供其以传统方式利用。[2]位于蒙大拿州的冰山国家公园允许原本栖居于此的黑脚印第安部族免费进入，经许可后采集，并可在公园内举行庆祝仪式。位于南达科他州的巴德兰国家公园则为曾居留此地的奥格拉拉苏族人提供类似权益。[3]

### （三）对私益利用的严格控制和有偿使用

对于仅由少数人获益的私益性开发和商业性利用，则须通过特许经营严格管控，通过有偿使用收取合理费用，并通过弥补公共支出、提升公益服务等方式还之于民，最终仍惠益于国民整体，同时也保证成本与收益的平衡。

在此方面，最基本的是公园经营的门票收入和相关收费项目。尽管保障公民以游憩形式享受国家公园是公园存在的应有之义，但收取合理费用以弥补管理成本、修复受损资源并作为发展资金，也是必要甚至必需的。故除少数经济实力超强的发达国家之外，多数国家的国家公园出售门票，并作为经费的主要来源。以美国为例，2016 年美国国家公园管理局的门票收入 2.3 亿美元，交通服务收入 2400 万美元，美国国家公园管理局可自主支配，无须国会

---

〔1〕［澳］沃里克·弗罗斯特、［新西兰］C. 迈克尔·霍尔编：《旅游与国家公园——发展、历史与演进的国际视野》，王连勇等译，商务印书馆 2014 年版，第 283 页。

〔2〕［澳］沃里克·弗罗斯特、［新西兰］C. 迈克尔·霍尔编：《旅游与国家公园——发展、历史与演进的国际视野》，王连勇等译，商务印书馆 2014 年版，第 287 页。

〔3〕［澳］沃里克·弗罗斯特、［新西兰］C. 迈克尔·霍尔编：《旅游与国家公园——发展、历史与演进的国际视野》，王连勇等译，商务印书馆 2014 年版，第 287 页。

拨付或批准。[1]但要注意的是，游憩服务是国家公园的基本职能，具有社会公共服务性质，故门票定价应以弥补公共支出、维持管理费用、填补资源耗损以及必要情况下的调控访客流量为依据科学计算，不存在营利空间，应尽量低廉。在财力允许的情况下，可以免费，而通过其他渠道弥补支出。有条件的地方甚至可以拆掉围墙，去除有形边界。另外，对于科学研究、环境教育、自然体验等公益性明显，对公园的价值功能发挥具有积极意义的活动，各国一般也均作为公共服务或准公共服务对待，在进入条件和费用支付方面给予相应优惠。

基本游憩等公共利用以外的其他利用，因不具有明显公益性，仅满足个别人的特定偏好，故必须有偿且严格控制。在俄罗斯，国家公园内定居发展类的开发活动和项目，均须与联邦自然资源和环境部进行协商。[2]《新西兰国家公园法》规定，除不以营利为目的的游憩活动外，在国家公园内开展任何活动，都必须获得特许授权，其背后的逻辑是，公园资源属于新西兰全民，故以之获取私益必须付费。[3]而对于纯粹的商业性活动，更应严格限制，一般不允许在国家公园内开展，作为公共服务部门的国家公园管理机构不应直接涉足。如确有必要开展，也应以特许、投资等形式另设商业性主体。南非国家公园管理局1999年外包国家公园内所有访客管理项目，并成立商业发展司，设计、采购和管理商业合同。

## 六、权责明确、责权相应的投入和索赔机制

国家公园是"国家的"公园，其惠益全民，服务于国家利益整体，具有国家代表性，被视为民族象征。在多数国家，国家公园由"国家"——中央政府（或联邦政府）——批准设立，为其所有，由其管理和收益，故投入和管护之责也在于其。但在公共土地主要为地方政府掌握的国家，国家公园虽也由联邦政府批准设立，但公园实体（土地和资源）为地方政府所有，由其

---

〔1〕 天恒可持续发展研究所、保尔森基金会、环球国家公园协会编著：《国家公园体制的国际经验及借鉴》，科学出版社2019年版，第30页。

〔2〕 天恒可持续发展研究所、保尔森基金会、环球国家公园协会编著：《国家公园体制的国际经验及借鉴》，科学出版社2019年版，第213页。

〔3〕 天恒可持续发展研究所、保尔森基金会、环球国家公园协会编著：《国家公园体制的国际经验及借鉴》，科学出版社2019年版，第69页。

管理与收益，投入和管护也以其为主。两相对照，可以发现，"谁拥有，谁投入；谁管理，谁负责"的规律。

在美国，国家公园均为联邦政府创建，公园土地及资源主要由联邦政府所有，故相关经费投入也由联邦负责。[1]在新西兰，保护地和自然保护工作经费主要来自议会批准的财政拨款，议会审阅保护部提交的工作计划书、经费使用情况和完成的工作，监督财政拨款的使用。2015年度，保护部年收入3.584亿新西兰元，其中3.15亿新西兰元来自财政收入，其余0.436亿新西兰元来自其他收入，包括旅游收入、租赁收入、零售收入、捐款、资源使用费、许可证费用，以及回收的管理费。[2]在巴西，国家公园等保护地的运营经费主要来自国会预算，以规划部和财政部的批准为准，主要用于支付员工工资，其次是支持机构运营。[3]在德国，国家公园资金主要靠财政拨款，按预算使用，支付员工工资、公园设施的修建和维护、科研、访客教育及其他服务。由于德国的国家公园实际上为各州所有和管理，故主要由各州财政保障，联邦政府不提供任何财政支持。[4]

## 第三节　国家公园自然资源资产委托代理机制

全民所有自然资源资产委托代理是我国全民所有自然资源资产产权制度的核心制度和行使关键。《建立国家公园体制总体方案》（2017年）要求，国家公园内全民所有自然资源资产的所有权由中央政府和省级政府分级行使。其中，部分国家公园的自然资源资产所有权由中央政府直接行使，其他的委托省级政府代理行使。条件成熟时，逐步过渡到国家公园内自然资源资产所有权由中央政府直接行使。2022年3月，中共中央办公厅、国务院办公厅印

---

〔1〕 天恒可持续发展研究所、保尔森基金会、环球国家公园协会编著：《国家公园体制的国际经验及借鉴》，科学出版社2019年版，第40页。

〔2〕 天恒可持续发展研究所、保尔森基金会、环球国家公园协会编著：《国家公园体制的国际经验及借鉴》，科学出版社2019年版，第64页。

〔3〕 天恒可持续发展研究所、保尔森基金会、环球国家公园协会编著：《国家公园体制的国际经验及借鉴》，科学出版社2019年版，第167-168页。

〔4〕 天恒可持续发展研究所、保尔森基金会、环球国家公园协会编著：《国家公园体制的国际经验及借鉴》，科学出版社2019年版，第192页。

发《全民所有自然资源资产所有权委托代理机制试点方案》，其中明确针对全民所有的土地、矿产、海洋、森林、草原、湿地、水、国家公园等八类自然资源资产（含自然生态空间）开展所有权委托代理试点，其中明确所有权行使模式，由国务院代表国家行使自然资源所有权，授权自然资源部统一履行自然资源资产所有者职责，部分职责由自然资源部直接履行，部分职责由自然资源部委托省级、市地级政府代理履行，法律另有规定的依照其规定。

建立国家公园自然资源委托代理机制，是为切实落实国家所有者权益，维护生物多样性和生态安全，促进人与自然和谐共生，推进生态文明建设提供有力支撑的重要途径。[1]针对国家公园内自然资源资产所有权由中央政府行使的情形，大致遵循"国务院—林草局—国家公园管理机构"的模式，主要是由自然资源部履行自然资源资产所有者职责，具体则是根据授权交由国家林业和草原局来行使具体的所有权职能，法律关系相对较为清楚。针对国家公园内全民所有自然资源资产所有权由中央政府委托省级地方政府行使的情形，主要遵循"国务院—省级人民政府—国家公园管理机构"的模式，此种模式下涉及的法律问题较多，尤其是在省级政府受到委托代管时其具有的财政事权划分、收益分配、监督管理和法律责任等方面属于现行法律中的模糊地带，值得深入研究。其关键之处，在于区分政府对自然资源资产拥有的所有权权能和自然资源管理部门拥有的行政管理职能，厘清自然资源部与省级地方政府委托代理的法律关系。

## 一、建立国家公园自然资源资产委托代理机制的现实需要

从国家公园建设的总体规划以及实践中可以反映出，在国家公园内的土地权属和利用上，虽然各地之间存在着一定差异，但总体上国家公园内的自然资源资产仍是以国家所有为主体，甚至在试点建设中的三江源国家公园区划内全部都是国有土地（表2-1）。以上实践也表明了在国家公园内建设自然资源资产委托代理机制是具有现实意义的，一方面是需要盘活高占比的自然资源资产，另一方面则是需要实现国家公园自然资源资产管理机制创新。

---

[1] 王光耀等："新时期推动自然资源资产产权制度改革的理论与实践探索——'新时期自然资源资产产权制度改革与实践'专题论坛会议综述"，载《自然资源情报》2023年第5期。

表 2-1 部分国家公园（试点期间）土地成分情况[1]

| 国家公园 | 所在省份 | 国有土地面积（平方公里） | 非国有土地面积（平方公里） | 国有土地占比（%） |
|---|---|---|---|---|
| 三江源国家公园 | 青海省 | 123100（均为国有） | | 100 |
| 大熊猫国家公园 | 四川省、甘肃省、陕西省 | 19378 | 7756 | 71.41 |
| 东北虎豹国家公园 | 吉林省、黑龙江省 | 13644 | 1282 | 91.41 |
| 海南热带雨林国家公园 | 海南省 | 3772.41 | 496.13 | 88.38 |
| 武夷山国家公园（福建片区） | 福建省 | 339.37 | 661.92 | 33.89 |

　　梳理既有的学术研究成果可以发现，针对国家公园内自然资源资产所有权委托行使机制研究尚未形成具有针对性的研究成果，当前的研究成果主要散见于以下几个方面：对国家公园立法问题的研究[2]、对自然资源资产权利属性的研究[3]和对国家所有自然资源资产所有权委托代理机制的研究上[4]，直接针对国家公园内自然资源委托代理机制构建的研究成果仍较为鲜见。根据前文所提及的政策文件要求，国家公园作为极其重要的自然保护地类型，十分有必要进一步结合自然资源资产管理体制改革，去探索建设委托代理机

[1]　本表数据来源为各个国家公园官网（海南热带雨林国家公园、武夷山国家公园）以及国家林业和草原局官网发布的各个国家公园总体规划及规划征求意见稿（三江源国家公园、大熊猫国家公园和东北虎豹国家公园）。

[2]　当前的学术研究既有从宏观维度讨论国家公园立法的完善，也有更多的成果是研究每一项具体的制度，学者们还依托已经获得批准的国家公园建设实践，对国家公园内的管理机制体制和具体制度提出了新的设想和完善建议，具体包括立法模式、立法理念、立法原则、自然资源管理制度、地役权制度、公众参与制度、特许经营制度、保护发展制度和协调机制等内容。

[3]　学界关于自然资源国家所有权的探讨依旧热烈，"私权说""公权说"和其他学说各执一词，基础性权利的界定必定会为后续的立法、执法和司法提供准绳，在委托代理机制法律框架建设下，选择不同的学说对制度建构将会产生巨大差异，因此也有必要对此加以回应。

[4]　在国家所有自然资源资产所有权委托代理机制的研究方面已积累了一定学术研究成果，这些成果既包括行政管理方面的成果也有法学方面的成果。但国家公园的特点也决定了这些成果尚不能直接用在国家公园自然资源资产委托代理机制中，还必须要结合国家公园的自然资源特点和实践来作出最适宜的安排。

制，并能够为其他领域自然资源资产的委托代理机制建设积累重要经验。

国家公园内的自然资源资产所有权委托代理行使机制本身具有较为复杂的关系，总体来看包含对象的复杂性、治理范围的不定性和利益主体的多元化三重特性。因此，对国家公园内自然资源资产所有权委托行使机制研究既需要对自然资源资产的所有权性质加以厘清，也需要在此基础上选择合适的方法（国家自然资源资产公权说、国家治理理论角度等）对所有权行使的内容作出说明和安排，同时又在行政委托的基础上，探寻国家公园由中央政府委托省级地方政府行使自然资源管理权限机制，并从行政管理角度去解读分析此项委托代理机制所涉及的权限划分、运行机制、利益分配、监督和法律责任等问题，下文将对此加以详述。

## 二、国家公园自然资源资产委托代理机制的制度功能

一般而言，建立国家公园自然资源资产委托代理机制具有以下方面的优点和功能：一是有利于实现自然资源的保护、管理和合理利用，保持生态系统的稳定和繁荣；二是有利于实现自然资源资产的有序配置，提高资源利用效率，促进经济和社会的可持续发展；三是有利于确保公众对自然资源的公平分享，提高公众的生态环境意识，推动生态文明建设，促进人与自然和谐共生；四是有利于引导企业和社会资本投向生态保护、生态修复等领域，促进相关自然资源资产管理产业的发展。

自然资源包含既有作为劳动对象的经济价值和资源两项重要内容，也有作为生存条件的生态价值和生命支持功能。[1]在经济价值与生态价值之间，生态保护优先似乎已经成为共识，[2]而生态保护优先的价值取向，也蕴含了行政等公法手段干预环境保护事项的必要性。总体来看，从公法角度去解读国家公园自然资源资产委托代理机制，相较于纯粹的私法自治而言，可以看到其主要具备以下方面的功能。

### （一）有利于加强对国家公园内自然资源的保护

相较于私法手段而言，从行政的抓手出发，在国家公园内建立委托代理

---

[1] 吕忠梅："习近平法治思想的生态文明法治理论"，载《中国法学》2021 年第 1 期。

[2]《环境保护法》（2014 年修订）第 5 条也将"保护优先"确定为一项重要的环境法基本原则。

机制，可以进一步提高自然资源管理部门的监管效能，加强对自然资源开发、利用、保护等方面的监管，加大对国家公园内自然资源保护的监督和执法力度，对违法行为进行查处，形成有效的震慑，防止国家公园内自然资源资产滥用。政府可以通过资产管理手段，在国家公园及自然保护地体系中实现对生态系统整体保护以及生态整体保护修复的内容。在资金安排上，政府可以通过财政预算、专项资金等方式为国家公园内自然资源资产委托代理机制行使提供资金支持，保障资源资产管理工作的顺利进行。[1]此外，政府还可以通过各种渠道开展国家公园内自然资源保护的宣传教育，提高公众的环保意识，培养人们尊重自然、保护自然的观念。

(二) 充分保障国家公园内自然资源资产价值的实现

在国家公园生态保护优先的前提下，盘活国家公园内自然资源资产是开展委托代理机制建设的重要目标之一。诚然，市场在资源配置中起决定性作用，自然资源使用的效率固然是我们追求的价值目标，但是在生态环境保护领域，自然资源资产不仅包括了经营性资产，也同时包括了公益性资产，当市场失灵时，我们便不得不面临着一系列潜在的环境风险，因此绝对纯粹的市场机制并不能兼顾国家公园内自然资源生态价值与资源价值的平衡。

从中国的实践来看，建立健全使用权的市场机制来确保自然资源资产价值实现，无论是建设用地、矿产、林草、国家公园、湿地、水等具有显著资源价值和生态价值的领域，其实都出现了中央、地方在收益分配和成本方面的问题。[2]为了解决好这个问题，必须从公法视角和央地关系视角去解读保障国家公园内自然资源资产价值实现功能，在参与市场行为以外，还要在行政系统内部作出一定的体制管理创新，以此匹配好委托代理机制下的财权、事权和人事关系，充分发挥行政的力量，为实现国家公园内自然资源资产管理使用的公共福祉作出贡献。

(三) 为其他领域建设"公权"视角下的委托代理机制提供重要借鉴

区分政府对自然资源资产拥有的所有权权能和自然资源管理部门拥有的

---

〔1〕　根据笔者的走访和调研，正在筹备申报国家公园建设的云南亚洲象国家公园、甘肃省祁连山国家公园等正在探索自然资源委托代理机制的地方国家公园，其财政事权仍主要是来源于上一级政府，调研过程中还发现各级地方政府的具体建设措施仍主要是通过上级政府的行政命令来实施。

〔2〕　谭荣：《中国土地制度导论》，科学出版社 2021 年版，第 1-16 页。

行政管理职能，厘清自然资源部与各级地方政府之间的委托代理关系，对推动自然资源资产产权制度改革，提高自然资源管理能力具有重要意义。国家公园作为自然保护地体系建设的核心内容之一，根据前文的数据统计分析，其国有自然资源资产管理属性突出，具备了国家所有权的典型要素，因此探索国家公园自然资源资产委托代理机制建设，也可以为日后其他领域自然资源资产所有权行使提供重要经验借鉴。

### 三、国家公园自然资源资产委托代理机制构建的理论基础

#### (一) 全民所有自然资源资产所有权具有"公权"属性

在自然资源国家所有权的性质和内容方面，自然资源"国家所有，即全民所有"是我国《宪法》的明文规定，也是自然资源相关管理体制和制度的基础。长期以来，学界对自然资源国家所有权的性质定位认识不一，继而影响到对其制度构成和实现方式等具体内容。大致来看，主要有"私权说""公权说"以及"双重属性说"等观点。

"私权说"把国家所有权视为全民所有制在法律上的表现，定位于国家对国有财产进行占有、使用、受益和处分的权利，抽象的国家视为物权法上的所有权主体，主张国家像个人一样也享有所有权。[1]显然，自然资源资产委托代理机制并不能完全采取国家所有权"私权化"的路径，否则国家所有权中的公权力因素、所有权功能发挥、责任认定等问题很难得到解释。

"公权说"认为，自然资源国家所有权在主体、客体、内容、行使、救济与责任等方面都与物权存在本质差异，其并非处理平等主体间财产关系、以确立特定主体对特定物的"直接支配"为内容的民法物权，而是划分国家与个人界限，为"全民"意义上的抽象国家以立法和行政手段"间接干预"资源利用提供合法依据的宪法公权。[2]有学者还指出自然资源国家所有权属于行

---

[1] 持有此观点的学者的论述见马俊驹："国家所有权的基本理论和立法结构探讨"，载《中国法学》2011年第4期；王利明：《物权法研究》（上卷），中国人民大学出版社2007年版，第505页；马俊驹、余延满：《民法原论》，法律出版社2007年版，第320页；司法部法学教材编辑部编审、肖乾刚主编：《自然资源法》，法律出版社1992年版，第67页；[德]鲍尔、施蒂尔纳：《德国物权法》（上册），张双根译，法律出版社2004年版，第610页。

[2] 巩固："自然资源国家所有权公权说"，载《法学研究》2013年第4期。

政权力范畴。自然资源国家所有权是公法意义上的权力，更多体现的是国家主权对自然资源权属构成的决定性，体现了我国作为公有制国家对国内事务的最高权力，对国内资源的绝对支配权，它更多地表现为国家的一种行政权力。[1]

另外，还有学者表示自然资源国家所有权主体的全民性、客体的公共性决定了自然资源国家所有权的公权力属性，这是一种以公权力方式行使并受公法约束的所有权，本质上是国家的公权力，表现为国家对自然资源的产权管制。[2]也有学者表示自然资源的国家所有具备"主体唯一性""权利专有性""不可变更性"和"价值优先性"等特点，因此国家对自然资源的"所有"并不是一种以权利为内核的法律构造，而是权力、垄断或专权。从服务于国家财产制的创设目的的角度来看，这种权力是管理权。[3]在已有的法律框架下，"公权说"路径更合适作为探索建立自然资源资产委托代理机制的理论基础，具体论证将在后文展开。

"双重属性说"则认为在不同的经济运行和管理情形下，自然资源资产所有权的属性能够在公权和私权之间相互转换且不冲突。有学者认为，自然资源国家所有权蕴含着宪法所有权与民法所有权的双阶构造，纯粹私权说与纯粹公权说均难谓恰当，就自然资源使用的法律调整机制而言，应回归公物与私物二元区分的大陆法传统，并对"非对物采掘类"与"对物采掘类"自然资源作类型化处理，由此形成不同的规范配置。[4]尽管"双重属性说"在理论上具有合理性，但实践中却往往难以推行，因为其内在的要求往往是一套更新的法律系统，立法、执法和司法成本较高。在公权与私权交会过程中，仍然需要注意到的是公法对私法的积极意义，这一积极意义主要体现在国家强制对于市民社会基本秩序的必要性上，当然学者也提出了在私人领域里国家强制应具有一定的限度，尤其是在公法效力不可避免地波及市民社会、公法规范影响到私法领地的特殊时刻。[5]

从发挥市场在资源配置的重要作用角度出发，从私法私权构建视角去阐

〔1〕　陈旭琴："论国家所有权的法律性质"，载《浙江大学学报（人文社会科学版）》2001年第2期。

〔2〕　王克稳："自然资源国家所有权的性质反思与制度重构"，载《中外法学》2019年第3期。

〔3〕　徐祥民："自然资源国家所有权之国家所有制说"，载《法学研究》2013年第4期。

〔4〕　税兵："自然资源国家所有权双阶构造说"，载《法学研究》2013年第4期。

〔5〕　金自宁：《公法/私法二元区分的反思》，北京大学出版社2007年版，第167页。

释国家公园内自然资源委托代理机制可以一定程度上增加资源资产使用的灵活性，但与此同时也要注意到国家公园内的自然资源资产并不仅仅是作为民法意义上的财产，它们也是发挥着重要生态公共服务功能的一个有机整体，难免需要公法作为秩序维护的手段来防止权利的滥用。

公权说为建立国家公园自然资源资产委托代理机制提供了重要的助推力，具体表现在以下四个方面：一是有利于在国家公园内生态保护与利用发展中找到平衡，诚如学者所言，国家公园仍然应当坚持"生态保护优先"原则，[1]公权作为一只强有力的抓手，更容易在保护与开发利用中找到平衡；二是在自然资源资产化管理中获得较高的效率，公权力在行政管理方面具有天然的优势，"命令—控制"的传统路径依赖将为自然资源资产高效管理提供重要保证；三是公权说并不排斥民事法律框架的适用，正如有学者提出的，国家在所有权、管理权之外，还有"资源利用权"这一重要功能，具体的利用事项并不必然要求满足国有性质；[2]四是有效地避免了公权力完全陷入私法框架的混乱无章状态。

界定好国家公园内的自然资源资产权利属性是研究委托代理机制的基础，从既有研究来看，国家公园内全民所有自然资源资产所有权更适合采用"公权说"的路径，有学者更是结合"敦煌毁林案件"等事件分析了"公权说"较之"私权说"更具有解释力和实效性[3]。总而言之，国家公园设立的目的主要是以生态价值保护为主，同时注重协调发展，因此更适合从公权行使的角度切入，去具体设定委托代理机制的有关内容。

（二）以行政委托理论指引制度机制设计

长期以来，在全民所有自然资源资产所有权委托代理机制试点过程中，针对委托代理性质属于民事委托还是行政委托的问题就一直存在着争议。有学者从法解释学的角度对委托代理进行了民法角度的解读，指出"委托"和"代理"在民法上具有不同的效果和功能，因此在委托代理机制建设中需要根

〔1〕刘宁："国家公园自然资源资产化管理反思"，载《南京工业大学学报（社会科学版）》2022年第2期。

〔2〕巩固："自然资源国家所有权公权说再论"，载《法学研究》2015年第2期。

〔3〕巩固："自然资源国家所有权公私属性辨疑——以'敦煌毁林事件'为切入点"，载《湖南师范大学社会科学学报》2023年第1期。

据二者不同的私法功能加以区别对待。[1]实际上，委托代理并非法学研究专属，在行政管理学中也经常使用"委托代理理论"来描述"中央—地方"关系，[2]行政管理意义上使用的"代理"，并不包含具体权利义务分配的效果。因此，也有学者从全民所有自然资源资产所有权行使与中国自然资源资产管理实践去解读委托代理机制，指出中央政策文件中的委托代理更类似"央地关系"下的激励性政策语言，并非严格的法律规范，因此实践探索应该贴合中国实际去解读国家所有权"分级行使"的具体要求。[3]

梳理既有的研究，选择民事委托的路径还可能面临的问题主要包括：行为名义、责任归属和权利瑕疵等方面的问题[4]；而在行政委托框架下所要解决的问题主要是集中在区分好对自然资源资产管理过程中的"所有者"与"管理者"中的"运动员"与"裁判员"问题。通过上文对自然资源权属理论的分析，并结合国家公园建设最终要逐步实现过渡到国家公园内全民所有自然资源资产所有权由中央政府直接行使的目标，采用行政委托的手段，将面临更少的法律阻碍，并同时有利于实现国家公园自然资源资产委托代理机制的合理性、可行性和长效性。

行政委托是行政部门为了更有效地达成行政目标而选择的一种行政执法组织方式，它被广泛且密集地运用到行政处罚、行政许可、行政强制和行政检查等各类行政执法活动之中。[5]我国的行政委托制度是随着行政诉讼的发展而建立起来的。作为一项正式的法律制度，行政委托在1989年制定公布的《行政诉讼法》第25条中首次从程序的角度得到确认。[6]相关的解释在2018

〔1〕　郭志京："穿越公私法分界线：自然资源国家所有权委托行使模式"，载《法制与社会发展》2022年第1期。

〔2〕　Barend V. Meulen, Science policies as principal-agent games institutionalization and path dependency in the relation between government and science, in Research Policy, Vol.27：397, p.397（1998）.

〔3〕　参见邓海峰："生态文明体制改革中自然资源资产分级行使制度研究"，载《中国法学》2021年第2期；张一帆、宦吉娥："自然资源资产国家所有权委托代理制度建构——基于全民利益视角的契约化构想"，载《中国国土资源经济》2022年第5期。

〔4〕　实际上的风险在于行政机关内部如完全按照民事法律规范来处理上下级之间的事权委托，这显然对于既有的行政体制而言是一项巨大的挑战。

〔5〕　黄娟：《行政委托制度研究》，北京大学出版社2017年版，第1页。

〔6〕　1989年《行政诉讼法》第25条第4款规定："由法律、法规授权的组织所作的具体行政行为，该组织是被告。由行政机关委托的组织所作的具体行政行为，委托的行政机关是被告。"

年《最高人民法院关于适用〈中华人民共和国行政诉讼法〉的解释》中也再次得到司法解释的确认。

在行政委托的相关研究中，有学者指出，我国"放管服"改革中的行政权调整多是通过修法完成法律手续的，但（2021年）《海南自由贸易港法》第7条却采用了更为可行的委托制度，该条规定："国家支持海南自由贸易港建设发展，支持海南省依照中央要求和法律规定行使改革自主权。国务院及其有关部门根据海南自由贸易港建设的实际需要，及时依法授权或者委托海南省人民政府及其有关部门行使相关管理职权。"该规定的意义在于，它把行政机关间的委托拓展到了行政许可以外的广阔领域，必将为今后的立法所效仿。[1]因此自然资源资产所有权委托代理机制采用行政委托的路径在日后的立法中是可以有所创新的。

在日本和德国，行政机关之间的委托分为两种类型：代理（事务委托）和委任（职权委托）。二者有以下区别：代理并不会发生职权转移，与民法上的代理相同，是一种代为实施法律行为、处理特定事务的委托；委任则是"采取了该权限从委任官厅移至受委任官厅这种法律构成"。[2]代理通常不需要特别法的授权，而委任变更了行政机关间的法定职权，因而必须有特别法上的依据。[3]基于委任，受委任机关应以自己的名义实施行政行为，并承担由此所产生的法律效果。基于行政机关间的代理关系，代理机关应当接受被代理机关的领导、指示，主要表现为"要遵守委托的行政主体的指令"。[4]基于委任关系则主要表现为接受委任机关的指导和监督。相较于立法的普遍性规定，职权委托制度使得行政机关可以视具体情况决定是否转移其部分职权、转移给谁，从而避免执法权下沉给没有承接能力的下级政府所遇到的困境。[5]

〔1〕叶必丰："行政机关间的事务委托和职权委托"，载《中国法学》2022年第3期。

〔2〕参见［日］盐野宏：《行政组织法》，杨建顺译，北京大学出版社2008年版，第25页；［日］室井力主编：《日本现代行政法》，吴微译，中国政法大学出版社1995年版，第281页。

〔3〕［日］盐野宏：《行政组织法》，杨建顺译，北京大学出版社2008年版，第25页；［日］室井力主编：《日本现代行政法》，吴微译，中国政法大学出版社1995年版，第281页。

〔4〕［德］哈特穆特·毛雷尔：《行政法学总论》，高家伟译，法律出版社2000年版，第515页。

〔5〕余凌云、郑琳："为执法重心下移进行法律赋权"，载求是网，http://www.qstheory.cn/llwx/2019-11/21/c_1125280745.htm，最后访问时间：2022年12月7日。

在比较法经验提供镜鉴下，国家公园内全民所有自然资源资产所有权委托代理机制实则更适宜采用职权委托的形式来开展和实施相关活动，只有通过法律、法规或者规章明确规定行政机关可以委托的事项，该行政机关才能依法进行委托处罚，〔1〕而特别法的规定除了法律也能包括法律位阶较低的规章。

（三）从国家治理理论中寻找自然资源资产管理的解决方案

一方面，国家治理概念强调了转型社会国家发挥主导作用的重要性，同时也兼顾治理理念所强调的社会诉求，应该是一个更为均衡和客观的理论视角。〔2〕自然资源资产管理体制改革过程中，也应当在国家治理的价值目标下，以发展国民经济与提供公共服务为目标，在政府宏观调控和直接管理与规范经济社会活动中，公共服务要以不等同于市场化原则的方式加以提供，以此来提升全民福祉；〔3〕另一方面，国家治理还要求保障自然资源资产管理相关国家治理结构的相对稳定和防止制度性崩溃，也就是说在实现国家治理的过程中，并不适合大胆突破既有的制度和治理框架来实现特定的治理目的，必须从中国的实际出发，找到适合中国国情的国家治理道路。

在政府治理领域，曾有公共管理的学者提出"行政发包制"来解释中国政府治理的核心运行机制。总体上看，建立国家公园内全民所有自然资源资产所有权委托代理机制也并未脱离中国政府国家治理的范畴，将委托代理机制放置于此框架内，其主要包括了两个方面的内容：一是发包人（委托人）享有反映上下级权力分配的正式的权威（例如控制权、监察权、指导权和审批权等），此种关系并非平等主体之间的契约关系；二是在"行政发包制"下，承包方（下级政府）享有决策权、控制权和较大的自由裁量权。〔4〕

"行政发包制"实际上是"行政"与"发包"两种治理机制的混合体，"发包"方式提供了较大程度的自由裁量权，控制了治理成本，但也可能导致权力的滥用引发治理风险，而且治理任务经过"层层分配"之后，反而不利

---

〔1〕　全国人大常委会法工委："行政机关是否可以自行决定委托处罚"，载中国人大网，http://www.npc.gov.cn/zgrdw/npc/xinwen/lfgz/xwdf/2000-10/16/content_370669.htm，最后访问时间：2022年12月10日。

〔2〕　徐湘林："'国家治理'的理论内涵"，载《人民论坛》2014年第7期。

〔3〕　徐湘林："'国家治理'的理论内涵"，载《人民论坛》2014年第7期。

〔4〕　周黎安："行政发包制"，载《社会》2014年第6期。

于目标的最终落实，因此"行政"这只无形的抓手需要发挥约束力。[1]

在自然资源管理领域，尤其是涉及自然资源资产所有权的管理与行使，在国家治理相关理论的支撑下，应当重点把握以下两个方面的内容：一是国家自然资源资产所有权的行使目的是增进公共福祉，更适宜将其置于宏观调控和公共服务的大框架下，虽然并不应完全排斥其参与市场化活动，但总体应当处于政府治理的范围之内；二是要充分发挥公共权力的约束作用，保证自然资源资产管理目标的最终落实，要在发挥地方政府自主性管理的基础上，不断提升治理能力。

## 四、国家公园自然资源资产委托代理机制的法制构建

国家公园内的自然资源权利属性较为复杂，其中既包括集体所有也包括国家所有的内容。从自然资源资产委托代理机制角度分析，已有较多的学术成果集中讨论了委托代理机制的法律属性、收益分配机制划分等具体内容。但国家公园具有特殊性，根据中共中央办公厅、国务院办公厅文件的规定，此项委托代理机制在条件成熟后将会过渡到国家统一行使权利，因此在现实的实践中，仍然需要重视委托代理机制的完善和建设，以保证时机成熟后能够实现权利的过渡和转换。

也正因如此，本研究涉及的国家公园内全民所有自然资源资产所有权制度研究采用了"公权说"的框架和路径。国家公园设立的目的主要是以生态价值保护为主，同时注重协调发展，以下将对国家公园自然资源资产委托代理机制的法律框架构建加以分析。

### （一）委托的主体、客体及形式

委托的主体方面，国家林业和草原局（国家公园管理局）已经成为我国国家公园的中央主管部门，因此国家公园自然资源资产委托代理机制委托的主体在"中央—国家公园管理机构"的模式下，由自然资源部履行全民所有自然资源资产所有者职责，具体则是根据授权交由国家林业和草原局来行使具体的所有者职责，法律关系相对较为清楚。

而在"中央—省级人民政府—国家公园管理机构"的模式下，为了满足

---

[1] 黄晓春、周黎安："政府治理机制转型与社会组织发展"，载《中国社会科学》2017年第11期。

"统一代表+分级行使"的要求，根据《全民所有自然资源资产所有权委托代理机制试点方案》（2022 年）的规定，国务院代表国家行使全民所有自然资源所有权，授权自然资源部统一履行全民所有自然资源资产所有者职责，部分职责由自然资源部直接履行，部分职责由自然资源部委托省级、市地级政府代理履行，法律另有规定的依照其规定。由此可见，自然资源部仍然是履行全民所有自然资源资产所有者职责，也是国家公园内自然资源资产所有权委托的主体。与此同时，省级人民政府仍然可以作为委托的主体，将自然资源资产管理的任务通过转委托的形式交由具体负责的行政机构或者组织。在研究自然资源资产行使机制中，也有学者提出自然资源国家所有权可以分级授权给不同层级的政府特设机构统一代表行使，并可以按照混合所有制改革的要求委托企业来行使，[1]以实现央地之间自然资源资产收益的平衡。

在委托的客体方面，有学者指出自然资源资产的委托客体应坚持公益性和经营性资产分类原则、结合重要性和地域性予以界定，委托内容的核心是自然资源部对自然资源资产所有权处分权能的控制与行使。[2]由于自然资源部是委托的主体且其行使的是自然资源资产所有者职责，因此自然资源部所委托的客体只能是针对这部分自然资源的管理和利用权能，具体则包括了占有、收益、使用和管理等权能。

在委托的形式方面，可以是直接委托，也包括了转委托。根据民法的相关理念，在委托代理中，由于代理人的选定是基于被代理人对其知识、技能、信用的信赖，因此，代理的内部关系具有较强的人身信赖性质，代理人原则上应承担亲自执行代理事务的义务，不得转委托他人处理代理事务。[3]转委托是指受托人将委托人所委托的事务委托于第三人处理的委托，[4]一般情况下，转委托需要原委托人的同意方能成立，但有紧急情况的除外（《民法典》第 922 条）。行政委托的理论框架也在一定程度上吸收了民法关于委托代理制度的内涵，但行政委托中的受托机关是不能够再将委托事项授予其他第三人行使，这在现行《行政处罚法》（2021 年）和《行政许可法》（2019 年）中

---

〔1〕　程雪阳："国有自然资源资产产权行使机制的完善"，载《法学研究》2018 年第 6 期。

〔2〕　李冬："自然资源资产国家所有权委托代理行使的法律表达"，载《中国不动产法研究》2021 年第 2 期。

〔3〕　申卫星主编：《民法学》，北京大学出版社 2007 年版，第 136 页。

〔4〕　郑云瑞：《合同法学》，北京大学出版社 2021 年版，第 353 页。

已有明确规定，但随着社会发展以及行政活动的需要，学者也根据比较法经验研究提出再委托（转委托）是一项客观社会的需要，未来也应当在条件限制下允许"受托人"再委托。[1]

由此可见，在直接委托的模式下由自然资源部直接委托省级/地市级政府即可；至于转委托方面，理论上则包括两种不同的形式：一是由国家林业和草原局的转委托；二是由省级政府的转委托，但是转委托的适用也应当受到严苛的条件限制，以避免代理链条过长，增加代理成本、监管难度和防止权力过于分化导致的管理和权力滥用等问题。[2]

（二）制度体系构想

根据《全民所有自然资源资产所有权委托代理机制试点方案》（2022年）的相关内容，结合我国现行的自然资源管理体制机制，有学者提出，自然资源资产所有权委托代理主要包含资源清查、清单编制、行使权利、考核评价四项核心要素，以及遵循法治逻辑、空间规划、行政体制和行政监管四个外部要素。[3]结合国家公园自然资源资产的管理体制机制和既有实践，按照国家公园内自然资源资产委托代理制度的运行逻辑分别提出应当建立以自然资源统一确权登记制度、自然资源资产委托代理清单制度、中央与地方财政事权划分制度、资源资产收益分配制度、法律监督及法律责任等制度为核心的国家公园自然资源资产委托代理机制的法律框架，下文将对此加以详述。

1. 基础性制度：自然资源统一确权登记

国家公园内的委托代理机制行使的前提之一就是需要准确把握自然资源资产的数量、质量、分布、用途、价值和权属等，完成对不同类型自然资源资产的确权和登记。自然资源统一确权登记制度是指在国家法律法规和政策框架下，对国家和公民、法人、其他组织在自然资源领域内的权益进行明确、确立和登记的制度。该制度的核心是实现自然资源权益的明晰化、权责明确、依法保护和规范管理。

登记确权是产权制度的基础，也是对公园资源进行精细化管理的前提。

---

[1] 朱应平："澳大利亚行政法上反再委托规则研究"，载《行政法学研究》2006年第2期。

[2] 汪志刚："自然资源资产国家所有权委托代理的法律性质"，载《法学研究》2023年第2期。

[3] 谭荣："全民所有自然资源资产所有权委托代理机制解析"，载《中国土地科学》2022年第5期。

在《中共中央关于全面深化改革若干重大问题的决定》（2013 年）提出对"自然生态空间进行统一确权登记"的基础上，《建立国家公园体制总体方案》（2017 年）明确国家公园可作为独立登记单元，对区域内的所有自然生态空间统一进行确权登记，"划清全民所有和集体所有之间的边界，划清不同集体所有者的边界，实现归属清晰、权责明确"。《关于建立以国家公园为主体的自然保护地体系的指导意见》（2019 年）进一步细化补充为，"清晰界定区域内各类自然资源资产的产权主体，划清各类自然资源资产所有权、使用权的边界，明确各类自然资源资产的种类、面积和权属性质，逐步落实自然保护地内全民所有自然资源资产代行主体与权利内容，非全民所有自然资源资产实行协议管理"。

2. 保障性制度：央地财政事权划分

央地财政事权划分制度是指在一个国家内，中央政府和地方政府之间根据国家法律、法规和政策规定，按照一定的原则和程序，对财政收支事项进行划分的一种制度安排。这种制度安排主要体现在财政收入分配、财政支出责任、财政管理权限等方面。

《自然资源领域中央与地方财政事权和支出责任划分改革方案》（2020 年）提出："根据建立国家公园体制试点进展情况，将国家公园建设与管理的具体事务，分类确定为中央与地方财政事权，由中央与地方分别承担相应的支出责任。"[1]

在央地之间，《建立国家公园体制总体方案》（2017 年）要求"立足国家公园的公益属性，确定中央与地方事权划分"，依据全民所有自然资源资产所有权行使方式的不同划分投入方式和比例——"中央政府直接行使全民所有自然资源资产所有权的国家公园支出由中央政府出资保障。委托省级政府代理行使全民所有自然资源资产所有权的国家公园支出由中央和省级政府根据事权划分分别出资保障"。虽然从理论上说，国家公园主要提供"受益范围覆盖全国的基本公共服务"，实现"全国性战略性自然资源使用和保护"，按

---

〔1〕　具体而言，对中央政府直接行使全民所有自然资源资产所有权的国家公园共同财政事权事项，由中央财政承担主要支出责任。对地方财政事权中与国家公园核心价值密切相关的事项，中央财政通过转移支付予以适当补助。各省级政府参照上述要求，结合本省（自治区、直辖市）实际，合理划分省以下财政事权和支出责任。

《关于推进中央与地方财政事权和支出责任划分改革的指导意见》（2016年）的规定主要为中央事权，应主要由中央财政保证。但国家公园管理事项繁多，其中还包含有部分应由地方支出的地方性事务；而且大多数公园内的全民所有自然资源资产的所有权仍由地方政府代理行使，其可据此获得相应收益，当然也应用于公园支出。

已有的实践表明，中央和地方在国家公园管理事项中的财政支出并不相匹配，中央政府承担过多，地方政府享受过多的现象仍存在。[1]因此，委托代理机制下，为了积极调动地方政府的积极性并平衡好财政投入与收益分配之间的关系，央地财政事权划分制度建设在总体上应当坚持中央财政与地方财政投入并重的基础上，加大地方财政的投入和收益分配，调动起"分级行使"过程中地方政府的积极性和灵活性，确保委托代理机制的长效性。

3. 支撑性制度：自然资源资产委托代理清单制度

自然资源资产委托清单制度是一种对自然资源进行管理、保护和可持续利用的制度安排。其核心概念是将自然资源视为一种资产，通过建立清单制度，明确自然资源的权属、价值、使用和保护责任。这种制度要求政府、企业和个人在使用自然资源时遵循一定的规定和标准，以确保资源的合理利用和长期可持续发展。

有学者提出，委托代理机制所要构造的是一种可涵盖委托代理关系形成、委托事务处理、处理结果报告和所得收益分配的过程性关系。[2]因此为了更好地处理这个过程关系，根据《建立国家公园体制试点方案》（2015年）的相关规定，在建立健全所有权管理体系，明确不同资源种类的委托管理目标和工作重点之下，应当确立起以编制自然资源清单为重点法律形式的框架。具体而言，中央政府作为委托人和受托人之间应各自按照依法履责和管理的资源范围，来进一步确定履责主体和职责清单，然后再将前者委托给后者的职责以清单形式列明。

国家公园内自然资源资产委托代理清单制度主要包括以下两方面的内容：一方面是明确委托代理清单事项实际上是建立起各类型自然资源资产的"权

---

〔1〕 谭荣："全民所有自然资源资产所有权委托代理机制解析"，载《中国土地科学》2022年第5期。

〔2〕 汪志刚："自然资源资产国家所有权委托代理的法律性质"，载《法学研究》2023年第2期。

利体系"，不仅要明确好各类资源管理的部门层级、职能、范围和具体内容，还需要对协调机制、权利行使限制、资产增益等内容做出安排；另一方面则是要建立起委托代理清单的适时调整机制，针对实践探索中出现的法律情形变化以及其他实践需求变化，应当及时调整委托代理清单制度的有关内容，由此来不断地丰富和完善细化委托代理清单制度的有关内容。

4. 分配性制度：自然资源资产收益分配

中央政府是国家公园试点改革的主推者，而在现阶段，地方政府则是大多数国家公园试点区的实际管理者和协调人。科学划分央地事权委托，需要构建一个"职责判断—效率评估—风险衡量"的评估流程。国家公园自然资源资产委托代理机制下的资源资产收益分配制度，一方面与央地财政事权相互匹配，另一方面则是要在此基础上更加侧重对地方政府积极性的调动，充分考虑地方的管理和利益等问题。国家公园的建设需要权责一致、央地相协调的收益分配制度。

此外，国家公园还追求大尺度、整体性的惠益共享。保持自然生态系统的原真性和完整性，给子孙后代留下珍贵的自然遗产，提升生态系统服务功能，开展自然环境教育，为公众提供亲近自然、体验自然、了解自然的游憩机会，是国家公园"全民所有"的应有之义，也是其"全民公益性理念"的重要体现。[1]因此建设公平、合理、长效、灵活的惠益分享机制，在中央、地方和社会之间形成一个良性的利益分配机制具有重要意义。

委托代理机制形成过程中的自然资源资产收益分配制度主要包括以下两个方面的内容：

一是针对中央政府和地方政府的收益分配。倘若按照民事委托代理合同的基本范式，委托代理合同往往都是有偿性质的合同，因此中央政府对国家公园内自然资源资产进行委托时，需要向地方政府支付一定的委托费用，而地方政府受委托之后所获得的收益通常是归属于委托人，地方政府的收益实际上只是基于管理获得的收益。显然，适用民事委托这样的收益分配机制，并不能平衡好中央和地方之间对国家公园内自然资源资产的利益分配问题，尤其是不能与财政事权划分相匹配。

---

〔1〕 王社坤、焦琰："国家公园全民公益性理念的立法实现"，载《东南大学学报（社会科学版）》2021 年第 4 期。

"谁受益谁投入、谁管理谁负责"是国家公园责权利划分的基本原则，其主要依据是自然资源全民所有权的行使方式。"有了基于产权归属的事权统一和相应的资金保障，各利益相关者的责、权、利才能真正相当，在这个基础上的监管也才可能真正有效"。[1]从国家公园资源资产行政委托管理的角度来看，中央政府和地方政府可以各级财政投入为基准，兼顾地方政府管理机构、资金投入和人员配置等因素，调动地方政府管理的积极性，从而推动实现国家公园生态保护与资源利用可持续发展。

二是针对社会公共福祉的利益分配。上文提及了国家公园是全民"公益性理念"的重要体现，因此在自然资源资产收益分配制度建设上也需要考虑社会公共福祉的因素。委托代理机制下所形成的国家公园自然资源资产利用收益应当形成专项管理的资金用于国家公园生态环境修复、保护管理、设施设备维护和其他公益性事项。

5. 保障性制度：法律监督及法律责任

区分好"运动员"与"裁判员"的角色，将对权力的监督落到实处，形成闭环管理是国家公园自然资源资产委托代理机制建设中不可回避的一个问题。

国家公园自然资源资产委托代理的法律监督机制可从以下方面入手：

一是考核评价机制。现代行政的运行以合法性为基础，遵循规则与程序，并在层级和隶属关系明确的组织中展开，具有制度化、专业性、职业性、科层制的特点。[2]考核评价制度是科层制下上下级内部监督的重要模式之一，将会在监督职权执行、职责履行、部门和领导干部预决算等方面发挥重要作用。

二是履职报告机制。建立履职报告机制的目的在于使委托人对受托人的管理现状和问题及时作出处理，履职报告的内容主要包括对自然资源资产状况的报告和对国家公园内自然资源资产管理的履职情况报告。

三是党政督察机制。学者在考察土地利用效率时指出，自然资源督察制

---

〔1〕 苏杨、张玉钧、石金莲主编：《中国国家公园体制建设报告（2019~2020）》，社会科学文献出版社2019年版，第146页。

〔2〕 王理万："立法官僚化：理解中国立法过程的新视角"，载《中国法律评论》2016年第2期。

度是一种低成本、高效率的监督模式[1]，我国已建立的中央生态环境保护督察和国家自然资源督察制度也为生态环境保护和自然资源利用发挥了重要的作用。党政督察的主要作用仍然在于对自然资源开发利用权限施以合理限制，防止权力滥用，破坏国家公园内生态环境和自然资源资产的可持续利用，同时还能够发挥纠正各级地方政府"偏离失控"的功能。[2]

四是社会监督机制。我国《宪法》第 27 条规定，"一切国家机关和工作人员必须依靠人民的支持，经常保持与人民的密切联系，倾听人民的意见和建议，接受人民的监督，努力为人民服务"。社会监督机制的内容主要包括接受来自公众和社会组织的外部监督，接受有关个人的检举和举报。此外，接受人大的监督也理应成为自然资源国家所有权行使的一环，这对于防止政府权力滥用和腐败也会有所助益。[3]

由此可见，国家公园自然资源资产委托代理机制中有关的法律责任的形式主要是以行政责任为主的内部责任体系，同时兼顾行政协议救济和民事责任赔偿机制建设。其中行政责任主要针对地方各级政府的工作人员滥用职权等行为，内容主要包括：行政处罚、行政处分等内容，必要时还可能引发政纪责任；正如学者指出，由于委托代理事项之间存在着当事人地位不平等的情形，故以行政协议委托代理行使所有权的救济制度也应当纳入法律责任之中。[4]民事责任则主要是针对管理过程中侵害集体或者其他人的合法权益而产生的损害赔偿责任。此外，针对其他人破坏国家公园内全民所有自然资源资产的行为，还应当及时加以查处，并适时启动生态环境损害赔偿程序。

在国家公园体制建设和自然资源资产产权制度改革背景下，实现生态保护价值与自然资源资产化管理价值的有机融合显得尤为关键。在国家公园范围内建立并实施自然资源资产委托代理机制是自然资源资产化管理中"统一代表，分级行使"的具体要求，但目前自然资源资产委托代理机制还缺乏直

〔1〕 Wang K, Li G, Liu H., Does natural resources supervision improve construction land use efficiency: Evidence from China, *Journal of Environmental Management*, Vol. 2021, 297: 113317-113325.

〔2〕 娄成武、韩坤："嵌入与重构：中央环保督察对中国环境治理体系的溢出性影响——基于央地关系与政社关系的整体性视角分析"，载《中国地质大学学报（社会科学版）》2021 年第 5 期。

〔3〕 叶榅平："自然资源国家所有权行使人大监督的理论逻辑"，载《法学》2018 年第 5 期。

〔4〕 林旭霞、纪圣驹："矿产资源国家所有权委托代理行使机制研究"，载《福建师范大学学报（哲学社会科学版）》2022 年第 2 期。

接适用的法律框架。结合国家公园建设的资产管理实践，我们应在公权说的理论指导下，以行政委托机制为主导，以自然资源部为委托主体，以国家公园内自然资源资产为客体，允许省级政府转委托的模式下，建立起以自然资源统一确权登记制度、自然资源资产委托代理清单制度、中央与地方财政事权划分制度、资源资产收益分配制度、法律监督及法律责任等制度为核心的法律制度框架。

## 第四节　国家公园集体土地使用权

### 一、国家公园集体土地使用权的概念及其争议

概念是思想的结晶，也是建构的力量。对下位概念的厘清有助于挖掘概念的内涵，对上位概念的探寻有助于确定概念的外延。[1]"国家公园集体土地使用权"中的"国家公园"概念，将土地使用权范围限定在国家公园内；而"集体土地使用权"则是指集体经济组织及其成员，以及符合法律规定的其他组织和个人在法律规定的范围内，对集体所有的土地享有的权利。

#### （一）国家公园集体土地使用权的定义

"国家公园"和"集体土地使用权"的定义，作为国家公园集体土地使用权的上位概念和权利根源，限制了国家公园集体土地使用权概念的外延范围，也从根本上决定了国家公园集体土地使用权的权利性质。

其一，从实践来看，作为用益物权的土地使用权与作为所有权权能之一的使用权能往往容易混淆[2]。作为所有权四大权能之一的使用权能，其行使方式是对物的现实利用，其定义为根据物之属性和功能对其加以利用，以满足特定需求，创造经济利益的权利，它只是实现物的使用价值的手段之一；而他物权视野下的"使用权"的诞生则源于所有权权能和所有权人的分离，当在他人所有之物上设定或享有权利时，就产生了他物权形式的"使用权"。

---

〔1〕 参见佚名："'概念与理论'专题（上）：概念研究的理论基础"，载《中国社会科学评价》2020年第1期。

〔2〕 参见彭真明、陆剑："《物权法》视野中的农地问题——农地立法价值取向的多元与一元"，载《江汉论坛》2008年第9期。

这种"使用权"在我国现行民事法律法规中不仅包括物的使用权能，还包括占有权能和收益权能。正因为他物权行使的"使用权"不同于传统物权法律体系当中的使用权能，因此在民法中一直被统称为用益物权。但是，此种他物权形式的"使用权"，在概念上容易与所有权下的使用权能发生混淆，单纯的"使用"二字也难以准确客观地指代该权利下包含的所有内容。所以我国立法中"使用权"一词缺乏法律术语应有的科学性、精确性，不能在概念及内容上全面反映土地使用的权益所在。

其二，"土地使用权"一词在不同法律文件中的含义并不完全统一，不能归结为所有权下的使用权能。《宪法》第 10 条第 3 款规定："任何组织或个人不得侵占、买卖或以其他形式非法转让土地。土地的使用权可以依照法律的规定转让。"《土地管理法》第 12 条第 2 款规定："依法登记的土地的所有权和使用权受法律保护，任何单位和个人不得侵犯。"通过对上述法律条文的分析可以看出，这些规定是将土地使用权作为一项总括性的集合权利加以对待，包含了对土地进行占有、使用和收益的权能，应当属于权利内涵更为丰富的他物权形式的"使用权"，而非所有权下的使用权能。在学界，有很多研究者主张"土地使用权"并非一个得到普遍认可的法律术语，认为"当前立法文件中的土地使用权和管理实践中使用的土地使用权，与其说是一项词条，不如说是一个模糊的概念"。[1]

所以，本章所使用的"土地使用权"概念，并不是所有权之下的使用权能，而是指他物权范畴下的，属于《民法典》物权编第三分编的"用益物权"，其权利内容不仅包括对集体土地的使用，还包括完整的占有、收益和处分功能（并非对土地的处分，而是对使用权本身的处分）。[2]农村土地承包经营权、宅基地使用权等次级权利均属于集体土地使用权的范畴。本章对自然保护地集体土地使用权的研究，是对包含以上次级概念和土地实现使用功能全过程的研究。自然保护地集体土地使用权作为土地使用权的下位权利，当然具有用益物权的他物权性质。

---

〔1〕 梁慧星："制定中国物权法的若干问题"，载《法学研究》2000 年第 4 期。
〔2〕 关于集体土地使用权的权利性质，国内有部分学者存在不同观点。参见高富平："土地使用权的物权法定位——《物权法》规定之评析"，载《北方法学》2010 年第 4 期；柳琳，马建全："论我国农村集体土地使用权的法律性质"，载《云南电大学报》2004 年第 3 期。

（二）国家公园集体土地使用权制度的争议焦点

建立国家公园体制是党的十八届三中全会提出的重点改革任务之一，是我国生态文明制度建设的重要内容。根据《建立国家公园体制总体方案》（2017 年）的要求，国家公园应当由国家确立并主导管理。重点保护区域内居民要逐步实施生态移民搬迁，集体土地在充分征求其所有权人、承包权人意见的基础上，优先通过租赁、置换等方式规范流转，由国家公园管理机构统一管理。[1]国家公园内的集体土地使用权能否顺畅行使，不仅关乎集体组织成员的经济收入，也决定了当地特色文化和传统是否可以有效传承。2022年 8 月 19 日，国家林业和草原局公布《国家公园法（草案）》（征求意见稿）（以下简称《征求意见稿》），公开征求意见。[2]其中第 23 条第 3 款规定，国家公园管理机构应当主要采取租赁、置换、赎买和协议征收等方式统一管理集体所有土地。与此前版本的学者建议稿相比，《征求意见稿》不再强调征收征用等强制转移集体土地使用权的土地管理方式，而是代之以租赁、协议征收等更为温和、更具协商色彩的土地管理途径，反映出国家公园体制建设从追求国有土地占比到追求土地使用效能管理的转变趋势。

然而，当前国家公园集体土地管理中的央地规范价值取向问题、公私利益协调问题和土地管控方式等问题仍然存在。因此亟须探索公私利益协调的合理尺度，明确当前国家公园中集体土地使用权调整手段的优缺利弊，创设既能保有当前国家公园范围内的土地权属关系，又可以基于国有土地上环保利益或公共利益之实现，对集体土地使用权的行使加以合理限制的制度进路。让集体土地承担与国家公园建设管护相适应的义务，保持与国家公园发展需求相一致，从而实现统一管护、协调发展的立法目标，契合政府、企业、社会组织和公众共同参与自然生态保护管理的基本原则。[3]

从学界对于国家公园法当中的集体土地使用权问题的研究情况来看，在

---

〔1〕 参见李爱年、肖和龙："英国国家公园法律制度及其对我国国家公园立法的启示"，载《时代法学》2019 年第 4 期。

〔2〕 参见国家林业和草原局："《国家公园法（草案）》（征求意见稿）公开征求意见"，载国家林业和草原局政府网，https://www.forestry.gov.cn/main/153/20220819/150732442216001.html，最后访问时间：2023 年 7 月 22 日。

〔3〕 参见刘超："以国家公园为主体的自然保护地体系的法律表达"，载《吉首大学学报（社会科学版）》2019 年第 5 期。

功能层面，以杜群、陈德敏、谢忠洲等为代表的学者认为，我国自然保护地当中（含国家公园）的集体土地使用权应当以公法效能为主导，塑造"生态保护红线"的制度刚性，[1]根据保护地生态价值、资源价值和文化价值的生态系统服务功能标准，对含国家公园进行类型化分析，[2]发挥保护地体系整体规制的空间性效力，提升"保护地空间"内社会行为的规制效力。[3]三江源国家公园管理局生态保护处相关负责人则在"国家公园法暨自然保护区条例修法讨论会"上表示，应当明确国家公园国家主导的理念，将管护职责作为建设国家公园的中心内核。以上观点代表了国家公园立法当中主张公权管理和公法干预的思路，更倾向于运用政策手段和行政管理职能来完成国家公园的管理和建设。

另一种观点以吕忠梅教授为代表，针对我国国家公园及各种自然保护地中的使用关系与管制关系相冲突的现象，她提出应当协调保护地的多种功能及依附其上的多元利益，构建政府主导、企业主体、公民主动的多元共治体制，并据此建构对应的功能分区和禁止性规范等法律制度，保障多元主体的利益。[4]张晏教授、秦天宝教授等人同样支持加强使用权功能的协调保障，维护多元利益的基本观点。他们认为美国的保护地役权制度可以通过分割传统资源（如土地）权利的权利束，在不改变土地权属的情况下，将权利束当中的部分使用权分离出来转移给地役权人以限制土地开发利用，仍保有以不违反保护目的的方式占有、使用、收益、处分等权能，在保留现有的权属关系的基础上，加强国家公园中集体土地的使用。

从立法发展和政策演进来看，解决好国家公园集体土地使用权问题可以同时收获公法价值和私法利益，有效协调国家生态利益与当地社区、集体组织和原住居民等私主体的利益。在国家公园和自然保护地体系建设的过程中，管护与利用的矛盾、原住居民私益和环境保护公益的平衡、央地规范之间关于使用权行使的价值取向，以及集体土地使用权行使的方式和限制路径等，

　　〔1〕　杜群："环境法体系化中的我国保护地体系"，载《中国社会科学》2022年第2期。
　　〔2〕　谢忠洲、陈德敏："类型化视域下自然保护地立法的制度建构"，载《重庆大学学报（社会科学版）》2021年第1期。
　　〔3〕　杜群："环境法体系化中的我国保护地体系"，载《中国社会科学》2022年第2期。
　　〔4〕　吕忠梅："以国家公园为主体的自然保护地体系立法思考"，载《生物多样性》2019年第2期。

都是《国家公园法》立法中争议较多的问题。

## 二、国家公园集体土地使用权的立法价值

国家公园中的集体土地使用权问题之所以重要，一是因为集体土地权利限制是国家公园建设的现实需求，二是由于国家公园集体土地制度需要协调和规范。

### (一) 集体土地权利限制是国家公园建设的现实需求

#### 1. 国家公园集体土地权属关系引发的使用权冲突

集体土地上的权利限制始终是我国国家公园建设的核心问题，在十大国家公园体制试点区中，近半数的集体土地占比超过 30%，武夷山国家公园体制试点区和钱江源国家公园体制试点区范围内的集体土地甚至超过了 65%。[1]可以说，国家公园中的集体土地利用问题在一定程度上决定了我国国家公园体制建设的成败，具有重大的理论价值和普遍的实践意义。

以国家公园中集体土地占比最高、代表性最强的武夷山国家公园和钱江源国家公园为实证，可以缕析国家公园内集体土地权利限制的现实需求。

武夷山国家公园（福建片区）[2]的总面积为 1001.41 平方公里，其中国有土地和集体土地面积分别为 334.51 平方公里和 666.90 平方公里，集体土地在国家公园内的占比超过 66%。[3]为解决武夷山国家公园体制试点区内集体土地占比过高和土地碎片化、权属分散难以管理的问题，近年来，地方在实践中拟采用"土地置换""生态保护补偿+征收"等方式变茶园为生态公益林，调整土地权属以提高国有土地占比，实现土地用途管控。但无论是土地置换抑或附生态保护补偿的土地征收，都在现实维度中遭受了强大阻力，难以彻底推行。其核心原因在于土地权属转移背后的法权价值逻辑背离了实践需求，致使制度手段无法协调土地权属转移中的利益冲突。

首先，土地作为生产资料和生活基础，与当地居民具有不可分割和不可

---

〔1〕 各国家公园体制试点区内集体土地占比情况：钱江源国家公园占比 84%、武夷山国家公园占比 67%、南山国家公园占比 58.5%、长城国家公园占比 49.4%、大熊猫国家公园占比 28.59%。数据由笔者根据各国家公园总体规划汇总而来。

〔2〕 2021 年，武夷山国家公园体制试点区已被我国正式设立为首批国家公园。

〔3〕 数据来源：《武夷山国家公园总体规划及专项规划（2017—2025 年）》

替代性。据《武夷山国家公园总体规划及专项规划（2017—2025 年）》（2020 年）显示，武夷山国家公园内及周边社区的经济收入共性明显，经济型产业大多与茶叶相关联，80% 以上的居民以茶叶产销为生。[1]如果将土地收归国有或以耕地置换茶园，不但会严重破坏地方经济发展和产业结构，还会使当地居民丧失传统生活的基础。其次，山上茶园与山下耕地的价值差异未获得充分填补。武夷岩茶的茶树培育、茶叶产销均依赖于武夷山的特定土壤环境。在缺乏充分补偿的情况下向茶农征收土地或以山下耕地换取山上茶园，是对私益的无理侵害。最后，转移集体土地所有权的必要性欠缺。武夷山试点区内的原住居民对环境利用的主要需求是茶叶采摘和制售，不会对国家公园内的生态环境造成结构性、整体性的破坏。同时武夷岩茶的产量与质量直接取决于茶树所处环境的生态状况，在创造经济价值的内生动力驱使下，当地居民具备主动维护生态环境的能动条件。

钱江源国家公园位于长江三角洲地区，规划总面积为 252.16 平方公里，其中集体土地超过 200 平方公里。在土地性质构成方面，钱江源国家公园体制试点区的集体土地占比更高，约占总面积的 84%。[2]

与武夷山国家公园相比，钱江源国家公园体制试点区内的集体土地利用状况具有以下特征：第一，当地居民的生态保护意识较强。当地传统将大片林地划为"风水林"，与社区发展、宗族命运相联系，因此钱江源试点区内原住居民维护生态质量的意识非常强烈，采伐行为受到乡规民约和传统观念的严格约束。第二，当地居民对集体土地的依赖程度较低。从政策环境的角度来讲，钱江源试点区所在的开化县实行"生态立县"发展战略，鼓励社区居民参与生态旅游、环境管护类业务，林木采伐等资源开发性质的指标申请困难。[3]从经济构成的角度来讲，钱江源国家公园体制试点区内的居民外出务工的比重很大，人均收入水平较高，其生产生活并不完全依赖于土地耕种和

---

〔1〕　有关武夷山国家公园试点区内的产业分布及居民收入等具体情况，参见《武夷山国家公园总体规划及专项规划（2017—2025 年）》；《福建省林业局、福建省发展和改革委员会、福建省自然资源厅关于印发武夷山国家公园总体规划及专项规划（2017—2025 年）的通知》。

〔2〕　数据来源：《钱江源国家公园体制试点区总体规划（2016—2025）》。

〔3〕　周睿、钟林生、虞虎："钱江源国家公园体制试点区管理措施的社区居民感知研究"，载《资源科学》2017 年第 1 期。

林木采伐。[1]

基于以武夷山和钱江源为代表的国家公园建设实践，集体土地利用的规范和限制需求在各国家公园中普遍存在。在各国家公园体制试点区内开展生态系统管护与园区建设，集体土地的所有权移转并非最佳选择。

从平衡公私法权益，维护公民合法私益的角度评价，应当由行政机关对集体土地的利用方式加以规范和引导，以国家公园管理建设的必要需求为界限，对集体土地上的权利作出相应限制，从而允许集体组织和原住居民保留既有的土地权属关系和利用方式。如此举措，一则可以最大限度地降低对原住居民生产生活带来的不利影响；二则是契合国家所有、全民共享、世代传承的建设目标；三则能够充分调动当地居民能动性，实现自然生态系统的多元共护。[2]从政策可行性、执行成本的视角评价，由于我国国家公园体制试点区内的集体土地占比普遍较高，如若通过征收、赎买等需要转移所有权的方式来获得土地，必然同时面临土地购买和土地管理两个方面的成本压力。

因此，对于国家公园法的立法而言，征收、征用、赎买等制度手段并非经济上的最优解，"合同""地役权"等将集体土地利用限制作为法律基础，通过集体土地用途控制来实现"私产公用"的制度进路可能是更加契合国家公园管理实践的做法。

2. 国家公园集体土地使用权规范体系的冲突

合理的土地权属分配可以保证土地资源的合理配置，赋权行政机关的监督管理行为，也能为集体土地所有者利用土地提供规范基础，提升土地资源使用效率；畅通的土地使用权利体系则有助于促进土地资源的高效流通，实现集体组织和原住居民的合法权益，疏解国家生态战略和地方经济利益的冲突，推动绿色经济模式整体发展，这也是环境法制度研究的价值所在。

然而，在当下的国家公园集体土地使用权规范体系中，存在着纵向与横向两个方面的主要冲突。其中纵向冲突主要体现为，中央和地方对国家公园中的土地使用问题，存在着不同的认识和规定；而横向冲突则主要体现为各

---

[1] 参见方言、吴静："中国国家公园的土地权属与人地关系研究"，载《旅游科学》2017年第3期。

[2] 参见叶海涛、方正："国家公园的生态政治哲学研究——基于国家公园的准公共物品属性分析"，载《东南大学学报（哲学社会科学版）》2019年第4期。

省、各国家公园管理机构对各自管辖范围内的国家公园集体土地使用方式及限制，存在着不同的认识和规定。以上两种冲突，不仅从制度上阻碍了地方创新自然资源全民所有权和集体所有权的实现形式，实现全民所有自然资源资产的合理配置，[1]还深刻地影响着规范适用的统一性，造成了制度效果的贬损。

以国家层面的法律法规为例，《宪法》第9条、第10条[2]规定和《生态文明体制改革总体方案》(2015年)[3]《第十三届全国人民代表大会第一次会议关于国务院机构改革方案的决定》(2018年)[4]就体现了法律制度的设计中存在法权逻辑的冲突。前者要求国家主要行使监管者职责，核心是限制和管理；后者要求国家代行所有者职责，核心是物之功能的完整保存和物之价值的最大实现；[5]这种核心价值取向的矛盾就造成了各级管理机构在制定具体的规范时容易产生困惑。而以《建设国家公园体制试点区改革方案》(2017年)和《武夷山国家公园条例（试行）》(2017年)之间的差异为例，国家层面倾向于扩大国家公园集体土地国有化比例，实现规模化运营和统一管理；但地方则倾向于保持集体土地占比，维护原住居民的土地利益和地区整体收益。

这种央地差异和地域差异，不仅体现在核心价值取向方面，还体现在各

---

〔1〕 中共中央、国务院印发《生态文明体制改革总体方案》，2015年9月11日。

〔2〕 《宪法》第9条规定，矿藏、水流、森林、山岭、草原、荒地、滩涂等自然资源，都属于国家所有，即全民所有；由法律规定属于集体所有的森林和山岭、草原、荒地、滩涂除外。国家保障自然资源的合理利用，保护珍贵的动物和植物。禁止任何组织或者个人用任何手段侵占或者破坏自然资源。第10条规定，城市的土地属于国家所有。农村和城市郊区的土地，除由法律规定属于国家所有的以外，属于集体所有；宅基地和自留地、自留山，也属于集体所有。国家为了公共利益的需要，可以依照法律规定对土地实行征收或者征用并给予补偿。任何组织或者个人不得侵占、买卖或者以其他形式非法转让土地。土地的使用权可以依照法律的规定转让。一切使用土地的组织和个人必须合理地利用土地。

〔3〕 中共中央、国务院印发的《生态文明体制改革总体方案》要求，处理好所有权与使用权的关系，创新自然资源全民所有权和集体所有权的实现形式，除生态功能重要的外，可推动所有权和使用权相分离，明确占有、使用、收益、处分等权利归属关系和权责，适度扩大使用权的出让、转让、出租、抵押、担保、入股等权能。明确国有农场、林场和牧场土地所有者与使用者权能。全面建立覆盖各类全民所有自然资源资产的有偿出让制度，严禁无偿或低价出让。

〔4〕 《自然资源部职能配置、内设机构和人员编制规定》自然资源部主要职责（1）（4）（5）（21）均在强调自然资源的有偿使用和合理开发利用。

〔5〕 王利明主编：《民法》，中国人民大学出版社2018年版，第218页。

种具体的制度规范设计方面，从"限制为主还是利用为主"[1]到"国家主导还是集体牵头"[2]再到"足额买断还是限制补偿"[3]，种种矛盾尽皆源于制度规范的不统一。因此，为了完善国家公园中的集体土地使用权利体系，必须克服国家公园集体土地使用规范中制度供给碎片化的问题，在对有关制度类型化分析、分层次整理的前提下，删繁去重，查漏补缺，完成相关规范的体系化构建。

### （二）国家公园集体土地制度需要协调和规范

就国家公园范围内的土地而言，国有土地归全民所有，由国家行政机关代行所有权人及管理职责；集体土地归集体所有，集体享有集体土地所有权，农村集体经济组织成员以及其他主体依法取得集体土地使用权。正是在这样的权属—利用—管理的法权结构下，形成了政府（国家公园管理机构）、集体土地所有权人、集体土地使用权人之间的三方关系，三方关系的协调与平衡有赖于国家公园集体土地权利结构体系的支撑。因此，基于分区管理形成的不同强度的土地管制需求，在客观上存在对国家公园集体土地权利结构体系的多元需求。[4]

这种多元结构，一方面来自于国家公园集体土地权属状况自身的复杂性，另一方面来自于国家公园中的集体土地使用权的特殊性质。与一般的土地所有权不同，国家公园内的土地不仅要发挥一般土地的空间承载功能、文化传承功能和财产功能，[5]还要承担国家社会的生态环境保护与种质资源保存的功能。这些跨越公私法领域的功能相互交织，错综复杂，并且都需要借由国家公园集体土地这一载体来实现，因此我国国家公园中的土地使用权利本身就具有特殊性和复杂性。从公法视角来看，国家公园集体土地的所有权和使

---

〔1〕 赵楠："自然资源权属争议的解决方式探析"，载《哈尔滨职业技术学院学报》2020年第2期。

〔2〕 秦天宝："论国家公园国有土地占主体地位的实现路径——以地役权为核心的考察"，载《现代法学》2019年第3期。

〔3〕 杨梦鸽等："地役权改革对农户收入的影响及作用机制研究——以浙江省钱江源国家公园为例"，载《云南农业大学学报（社会科学）》2022年第4期。

〔4〕 李敏、周红梅、周骁然："重塑国家公园集体土地权利结构体系"，载《西南民族大学学报（人文社会科学版）》2020年第12期。

〔5〕 《地球科学大辞典》编委会编：《〈地球科学大辞典〉应用科学卷》，地质出版社2005年版，第701页。

用权不单是物权概念，更是保护地管理机构行使行政管理职能的合法性凭据，一旦获得拥有该土地所有权或限制该土地使用权的资格，就相当于取得了在该片土地上推行国家生态环保政策的合法依据。反之，若缺乏这种资格，则说明该土地的完全处分权属于集体组织或个人，保护地管理机构在推行相关政策、开展体系化建设的过程中就会处处受限；从私法的维度出发，在保护地内部，集体土地所有权归属于集体组织，组织成员通过承包、转包、出租、互换等方式取得土地使用权，并享有使用土地，获取土地收益和依法处分土地的相关权利，其权利实质是一种用益物权，国家公园中的集体土地使用权人对国家公园集体土地的支配（发包、租赁、抵押）也恰恰契合了用益物权的本质属性；而除了公私法的单独属性，国家公园中的集体土地使用权还具有公私混合的特殊性质，国家利用公权力在保护地原住居民的土地使用权上设定限制的行为，属于侵益性行政行为，对这种侵益性行政行为造成的损失，法律应当规定合理的补偿。

因此，尽管我国的生态环保政策和发展现实决定了国家公园中的集体土地使用权必须受到公法干预和监管，但合法权益的私法保护及我国生态文明体制改革的根本依循，要求我们对遭到公法限制的合法私权给予公正的补偿，尽可能地实现公私利益平衡，这正是理论制度研究的应有之义，也是国家公园立法所必须回应和解决的重点问题。

### 三、央地规范中国家公园集体土地使用权规定的一致性

从国家公园中的集体土地使用权规范的视角观察，其表现形式在中央层级、地方层级和特定的保护地层级各有差异，不同层级、不同效力、不同法律部门之间的规范表现形式存在一定的矛盾和冲突，这种冲突的主要表现是规范表达不协调和核心价值取向差异。可以看出，尽管我国实行土地全民所有制，国家公园内的土地权属关系接受国家总体土地制度的调整，但由于国家公园的地理、区位、实践特殊性，使得不同主体发布的集体土地使用权构建规则的侧重点各有不同，这种不同引发了理解和适用上的冲突。

中央在制定国家公园相关法律政策时，主要从社会发展总体目标着眼，更倾向于关注生态总体价值提升的战略性问题，如生态系统质量和生物多样性保护、环境承载能力、耕地保有量、生态品牌价值和生态战略安全等因素，

从国家全局的角度制定保护地有关政策，[1]并且倾向于对国家公园中的集体土地使用权的行使作出限制，制定较为严格的公法干预措施；而地方政府考虑的主要问题是如何推动地方经济增长和财政收入增加，因此在面对国家公园相关的问题时，会更多地考虑土地利益的实现、土地所有权、使用权转移及价值、原住居民财产性收入及以上因素带来的经济发展和财政增长。[2]倾向于限制公法对私权行使的干预，扩张原住居民集体土地使用权。这种核心价值差异导致的央地制度规范冲突，主要体现在以下三个方面：

第一，央地利益统筹不均。对于中央而言，建立以生态和监管为核心的保护地体系发展战略，既能坚定不移地贯彻党中央、国务院最新部署，又能推进国家生态文明体制改革，提升全民环境道德觉悟，维护国家生态战略安全，兼具政治利益、教化利益和生态利益。虽然以监管为核心导向的立法模式会影响保护地相关经济利益的实现，但中央本身并不面临地方政府那样的GDP 考核，因此经济利益只是作为一个参考因素，不会对中央立法偏好产生直接影响。再加上我国《地方各级人民代表大会和地方各级人民政府组织法》第 62 条[3]和《立法法》第 80 条[4]同时规定，地方实施相关权力不得与宪法、法律和行政法规相抵触。中央有理由，也有权力要求地方与自己在保护地相关问题上保持统一步调。

但制度在地方政府中的运行逻辑完全不同。在我国现行的财政分权模式下，地方政府事权和财权极不匹配，地方政府普遍面临较大的财政压力。"为了有资源能够完成中央交办的各项任务，也为了使地方财政资金宽裕改善个人福利，地方政府不得不更加倾向于发展经济。"[5]

---

〔1〕 参见桂华："论央地关系的实践性平衡——结合两项土地制度的分析"，载《开放时代》2022 年第 5 期。

〔2〕 参见周飞舟："大兴土木：土地财政与地方政府行为"，载《经济社会体制比较》2010 年第 3 期。

〔3〕《地方各级人民代表大会和地方各级人民政府组织法》第 62 条："地方各级人民政府应当维护宪法和法律权威，坚持依法行政，建设职能科学、权责法定、执法严明、公开公正、智能高效、廉洁诚信、人民满意的法治政府。"

〔4〕 参见《立法法》第 80 条："省、自治区、直辖市的人民代表大会及其常务委员会根据本行政区域的具体情况和实际需要，在不同宪法、法律、行政法规相抵触的前提下，可以制定地方性法规。"

〔5〕 叶托：《中国地方政府行为选择研究——基于制度逻辑的分析框架》，广东人民出版社 2014 年版，第 41 页。

　　第二，法权逻辑构建不当。我国的国家公园规范体系具有独特的历史和人文因素，而集体所有权是由农民个体所有权演化而来，经过劳动群众集体所有，集体统一经营的所有利用模式才发展为如今的集体所有、集体使用制度。在分布上具有碎块化、个体化、边缘化的特征，[1] 再加上我国人口基数大，分布广，许多生态重要性强、生物多样性丰富的区域均生活着大量居民，人类的生产生活需求和国家生态环保战略发生了冲突，这才产生了旧的公法干预手段和程度不能适配当下使用需求的问题。

　　具体而言，首先，我国现行规范体系要求资源所有者与管理者分开，由全民享有自然资源资产所有权，国家统一行使全民所有自然资源资产所有权人职责的模式。但在实践中，全民所有自然资源所有权与私法所有权的彰显方式截然不同，极易诱发与私法所有权体系的冲突，导致决定公法干预强度时面临双重价值标准。以国家资源所有权人身份和私法所有权人身份制定的规范核心价值取向背离，《关于设立以国家公园为主体的自然保护地体系的指导意见》（2019 年）和《民法典》第十三章的价值取向冲突就是例证。其次，国家同时承担所有者职责和监管者职责，二者功能相异，职责相左，必然导致角色混同和利益冲突，进而引发相应的制度规范矛盾。最后，在国家公园集体土地的实际使用方面，由于土地自身的复杂属性和资源立法与传统物权法体系的结构性冲突，使用权行使与使用权的公法限制之间的矛盾长期无法解决。统一价值标准的缺失和制度运行逻辑的错位，极易引发"使用权虚置，监管权越位"的现象，损害保护地内众多原住居民的切身利益，阻碍生态文明建设进程。

　　综合来看，上述问题证明了我国现行国家公园集体土地权属制度背后的法权价值逻辑违背了实践需求，使国家公园法立法当中的一些制度规范无法协调，甚至额外引发了公—公、公—私利益冲突。种种矛盾之所以存在，一方面是由于国家公园功能实现的现实需求。对于重要的野生动植物物种和自然生态系统，客观上需要尽快通过设立国家公园加以保护，因此在大量理论和实践问题尚未解决时，国家公园的范围已经划定，管理办法和规范制定工作也已完成。另一方面是由于我国的国家公园大多由部门主导、地方自下而

---

〔1〕　参见小川竹一、牟宪魁、高庆凯："中国集体土地所有权论"，载《比较法研究》2007 年第 5 期。

上申报而建立，产生过程缺乏系统规划，再加上地方分割、部门分治的管理体制，致使监管空缺和所有者重叠同时存在，国家公园内的集体所有土地孤岛化、碎片化严重，不利于统一规划、集中管理和高效利用，折射出我国国家公园规范体系的顶层价值取向不统一、所有使用关系不协调、空间布局不合理等现实问题。

第三，规范主体身份重叠。在《关于〈中共中央关于全面深化改革若干重大问题的决定〉的说明》（2013 年）、《关于统筹推进自然资源资产产权制度改革的指导意见》（2019 年）和《全民所有自然资源资产所有权委托代理机制试点方案》（2022 年）等文件印发之后，我国逐步确立了自然资源资产所有者与监管者分离的自然资源资产改革方向。国家对全民所有自然资源资产行使所有权并进行管理和国家对国土范围内自然资源行使监管权是不同的，前者是所有权人意义上的权利，后者是管理者意义上的权力。在众多中央部委当中，以自然资源部、国家林业和草原局为代表的行政机关，代表国务院统一行使自然资源全民所有者职责，以所有者身份参与制度规范的制定；以自然资源部、生态环境部等为代表的行政机关，主要彰显资源监管者职责，以监管保护者身份参与制度规范的制定。这两种身份，前者要求培育发达的资源市场体系，完成市场化配置及资产权益的实现，最大程度上实现资源的优化利用；后者要求履行监管保护职责，保障自然资源保护和合理开发利用，满足社会公共利益的需求。[1]但所有者身份与监管者身份均以自然资源部为主导，这种主体身份重叠必然引发价值选择方面的冲突，反映在中央制度规范当中是核心价值取向不明，表现在地方管理实践当中，则反映为国家公园中的集体土地使用权和国家公园集体土地的管理职责相互倾轧，当管理职能占据上风时，公法干预强化，国家公园中的集体土地使用权行使受限；当使用权职能占据上风时，公法干预程度减弱，原住居民在集体土地上的利用行为和经济收益提升。国家公园和自然保护地专项法律制定时，应当考虑到行政机关主体身份的差异对职能行使造成的影响，从规范角度加以平衡和修正。

---

〔1〕 参见靳相木："严格区分所有者职责与监管者职责"，载《中国自然资源报》2022 年 4 月 29 日，第 3 版。

## 四、国家公园集体土地使用权的行使和限制

对国家公园集体土地使用权的行使限制过严，造成私益实现和地方发展利益保障不足，是实践中国家公园集体土地使用权发挥制度功能面临的核心障碍之一。当前，在生态文明体制改革和优化以国家公园为主体的自然保护地体制的政策目标引导下，自然资源管理提质与利用增效的制度创新要求不断生发。党的二十大报告中再次强调，要推进以国家公园为主体的自然保护地体系建设，提升生态系统多样性、稳定性、持续性。国家公园的体系化建设对探索生态产品价值实现机制、科学处理保护与利用的关系、推动林草工作高质量发展具有重要意义。[1]因此，虽然保护自然环境、维持生态要素质量是国家公园建设与体制创新的重要内容，需要通过公法进行管理、规范和限制，但国家公园承载的社会功能却不仅仅是生态环境的优化，私主体权益保障同样重要，私益实现应当被纳入法律规范体系的协调范畴。[2]

在当前我国国家公园法规制度与政策规范当中，国家公园建设的主要目标是严格保护具有国家代表性的重要自然生态系统，高效率、高质量地完成生态修复工作。[3]然而，前述目标并非国家公园体制建设的唯一目标。即使仅从狭义角度去理解国家公园的"自然保护"价值，其意义与功能也是多重的。按照世界自然保护联盟（IUCN）归纳的所有自然保护地（国家公园）的共性目标，主要有以下几个方面：保护生物多样性、为区域保护战略做出贡献、维护景观或栖息地及其包含的物种和生态系统的多样性、具备足够大的面积确保特定的保护目标的完整性和长久维持及永久维护所拥有的价值、在管理计划以及监测评估项目的指导之下能够实现适应性管理的正常运转、拥有明确和公平的治理体系。[4]从 IUCN 定义的自然保护地（国家公园）建设

---

〔1〕　参见习近平："高举中国特色社会主义伟大旗帜 为全面建设社会主义现代化国家而团结奋斗——在中国共产党第二十次全国代表大会上的报告"，载《中华人民共和国国务院公报》2022 年第1785 号。

〔2〕　参见刘超："国家公园分区管控制度析论"，载《南京工业大学学报（社会科学版）》2020年第 3 期。

〔3〕　参见吕忠梅："以国家公园为主体的自然保护地体系立法思考"，载《生物多样性》2019 年第 2 期。

〔4〕　参见［英］Nigel Dudley 主编：《IUCN 自然保护地管理分类应用指南》，朱春全等译，中国林业出版社 2016 年版，第 24-25 页。

目标可以看出，在它的视野逻辑之下，法律制度的价值目标应当同时包括物种与生态系统的保护和国家公园发展价值的充分实现。管护与利用、珍惜自然要素和人文资源的发展存续同样重要，不宜偏废。

我国国家公园和各类自然保护地内及其周边分布有大量的居民。例如，大熊猫国家公园内常住人口就有12.1万，东北虎豹国家公园现有户籍总人口超过9.0万，三江源国家公园内共有人口6.4万。实现国家公园原住居民的权益和社区发展利益，保障人与自然和谐共生是新时期自然保护地体系建设的核心课题。[1]尽管自然保护地内及其周边的原住居民数量庞大，但他们的发展利益和资源使用权益并未得到很好的保障。各类保护地及其周边地往往是我国贫困人口集中连片分布区。分析显示全国592个国家级贫困县中，有585个（占99%）距离保护区不到100公里。然而，在以强化公法干预，限制集体土地利用为主导的两区制划分标准下，保护区内及周边居民的生计受到很大影响。[2]尽管相关部门已经对一些保护地提供了专项资金支持，但资金缺口较大，持续性差，不足以支撑当地的社会经济发展和民生改善。其他保护地则大多依靠地方政府财政和经营性收入，基本运行艰难，反而容易使地方政府和当地居民"阳奉阴违""打折执行"，引发"祁连山生态破坏案"那样的反面案例，造成过度开发，降低保护地生态质量。同时，国家公园、自然保护区或自然公园中的集体土地利用行为也并不必然产生影响环境的后果，如钱江源国家公园中的原住居民外出打工较为便利，人均收入水平高，对集体土地的依赖程度极低，利用集体土地的主要需求是风水林保护和先祖祭拜。"陕西地区也有基于宗族传统文化习俗产生的土地利用权利，以源自陕西关中地区的'除留坟禁'习惯为典型。"[3]这种对土地利用的约定与交易实际上是为了方便坟主对坟地之祭拜，而役使、利用坟地所在土地而设定的一种权利，除坟茔所在的狭小范围之外，坟主并没有对土地的任何诉求，也没有开发土地资源的动力。甚至基于保护"祖坟"的封建传统观念，坟主会主动维护周边的生态环境，投身保护地管理工作。因此，国家公园立法应当

---

〔1〕 参见全占军、罗建武、朱彦鹏："加强自然保护地管理应处理好哪些关系"，载《中国环境报》2019年4月2日，第3版。

〔2〕 参见王昌海："中国自然保护区给予周边社区了什么？——基于1998—2014年陕西、四川和甘肃三省农户调查数据"，载《管理世界》2017年第3期。

〔3〕 耿卓："乡村地役权及其在当代中国的发展"，载《法商研究》2011年第4期。

更多地考虑集体土地的使用功能，而不仅仅局限于生态功能。

无论是国家公园的建设理念，还是国家公园中原住居民和社区的现实需求，都在强调国家公园建设应当统筹多维价值与多重功能，不仅要依靠精准有力的公法干预来维护生态利益，还需要畅通原住居民的权利实现渠道，促进社区发展和居民利益保障。作为影响国家公园土地管理与利用的基本制度，分区管控制度的立法理念与制度设计过程，同样需彰显国家公园的多重价值与功能。虽然在国家公园建设理念中，有论者为保护自然生态系统所主张的国家公园"荒野"模式一直被不少人视为国家公园的理想模式，[1]但基于自然资源对于人类同时具有的生态价值与经济价值，国家公园的"无人模式"是一种忽视人类生存和永续发展这一根本价值的幻象。[2]我国的人地关系自古以来就呈现出人多地少的人口聚集化特征，生物多样性富集的区域往往也是原住居民聚居的区域。过去，在划定自然保护地范围和边界时，往往具有抢救式保护的特征，基础工作有时不够细致，甚至有贪大求全的倾向。一些在地图上被划定的自然保护地并不符合当地实际，没有顾及当地居民利益的实现，承包地、厂矿、村庄甚至城镇等生产生活空间都被划入其中，导致集体土地的现实功能与空间划分出现错位，给保护地的管理工作制造了困难，也为原住居民的利益实现带来了障碍。

根据《国家公园管理暂行办法》[3]《自然资源部国家林业和草原局关于做好自然保护区范围及功能分区优化调整前期有关工作的函》《自然保护区条例》《关于设立以国家公园为主体的自然保护地体系的指导意见》等众多中央文件和部门规章规定，自然保护地体系功能分区包括核心保护区和一般控制区，在核心保护区中原则上禁止人为活动；在一般控制区中原则上禁止开发性、生产性建设活动，仅允许部分对生态功能不造成破坏的有限人为活动。

---

〔1〕　参见［澳］沃里克·弗罗斯特，［新西兰］C. 迈克尔·霍尔编：《旅游与国家公园——发展、历史与演进的国际视野》，王连勇等译，商务印书馆 2014 年版，第 291 页。转引自：刘超："国家公园分区管控制度析论"，载《南京工业大学学报（社会科学版）》2020 年第 3 期。

〔2〕　参见蔡华杰："国家公园的'无人模式'：被想象和建构的景观——基于政治生态学的视角"，载《南京工业大学学报（社会科学版）》2018 年第 5 期。

〔3〕《国家公园管理暂行办法》第 16 条第 1 款规定："国家公园应当根据功能定位进行合理分区，划为核心 保护区和一般控制区，实行分区管控。"该条第 2 款规定："国家公园范围内自然生态系统保存完整、代表性强，核心资源 集中分布，或者生态脆弱需要休养生息的区域应当划为核心保护区。国家公园核心保护区以外的区域划为一般控制区。"

在某些地方细化中央指示，制定地方立法时，本已十分严格的限制性规定甚至得到了强化：以《甘肃省自然保护区条例》为例，按照 2019 年 1 月实施的《甘肃省自然保护区条例》，核心区禁止任何单位和个人进入、禁止从事科学研究活动（除非经国家批准），缓冲区也禁止开展任何生态旅游和生产经营活动。这种极端严厉的禁止性规定，一方面反映了公私法益的极不平衡，另一方面也是我国保护地分区标准不够合理的必然结果。

应当看到，不管是 2017 年修订的《自然保护区条例》中规定的"核心区、缓冲区、试验区"的"旧三区制"分区管控模式，还是《关于建立以国家公园为主体的自然保护地体系的指导意见》中正式确立的"两区制"划分标准，均产生了管控精细化程度不足，阻碍了部分地方经济发展与民生改善的问题，还由于分区标准界定不清，造成了管理上的困难。某些地方的自然保护地管理机构在一般控制区中的身份表现为资源经营者，而在核心保护区中又表现为资源保护者，这种既是执法者又是执法对象的双重身份，势必造成管理上的问题，也易加重对自然资源的压力。[1]根据《国家公园管理暂行办法》第 16 条规定，国家公园根据功能定位进行合理分区，划为核心保护区和一般控制区，实行分区管控。国家公园中的大片范围被纳入核心保护区，落实了严格的限制保护措施，造成集体组织自我创新发展机制受阻，"造血"功能差，继而形成了"等、靠、要"型的发展机制，自身改革和发展动力不足，对周边社区的发展带动作用差。原住居民没有从保护中受益，身处核心保护区范围内的原住居民，甚至连维持日常生活所必需的生存型利用行为也受到了种种限制。

严格管护为保护地体系建设和生态环境的改善提供了保障，但国家公园范围内的社区发展权和原住居民合法私益同样需要重视。国家公园法和自然保护地法在立法过程当中，都应当更加重视原住居民的合法私益，以及集体所有土地的使用权保障。在当前《征求意见稿》（2022 年）中，与原住居民利益和集体土地使用权行使有直接关联的只有第四章社区发展，共 5 个条文，将社区发展和原住居民取得收益的方式限定在了提供生态产品、生态管护服务等方向上，"两区制"分区标准更是提供了以禁止开发生产为原则的限制性

―――――――――
〔1〕 参见夏欣等："中国自然保护区管理机构建设面临的问题与对策探讨"，载《生态与农村环境学报》2016 年第 1 期。

标准，对国家公园中集体土地使用权的功能实现探索不足，无法契合自然保护地体系的现代化建设和原住居民利益最大化的需求，从立法建议的角度而言，相关条款及标准需结合现实需求加以重构。

### 五、国家公园集体土地使用权的限制路径评述

根据《建立国家公园体制总体方案》（2017 年）、《关于建立以国家公园为主体的自然保护地体系的指导意见》（2019 年）等中央文件，集体土地可通过租赁、置换、签订合作协议等方式，由国家公园管理机构实行统一管理，同时鼓励地方在实践中综合运用租赁、置换、赎买、合作等方式充分利用集体土地，保障土地所有者权利。《征求意见稿》（2022 年）第 23 条第 3 款基本上沿袭了总体方案和指导意见的规定，对国家公园范围内的集体所有土地及附属资源的管理利用方式，作出了指向性规定。但是，以上制度资源或在理论构造时无法自洽，或在具体实施中存在局限，均无法科学有效地解决我国国家公园范围内的集体土地利用问题。

#### （一）变更土地所有权

通过所有权流转的方式，将集体组织的土地所有权转变为全民所有，国家公园管理机构可以直接支配集体土地并规划用途。因此，土地所有权的转移可以实现集体土地权利限制，在早期的政策文件当中，还曾有以国有土地占比作为国家公园设立指标的规定存在。以所有权转移方式来限制使用权的方式包括以下三类。

第一类：征收。在国家公园实现国有土地转化的过程中，征收是最为直观和简便的制度措施。其优势在于可以仅凭国家单方意志强制土地所有权发生流转，在实现集体土地向国有土地转化的效率方面具有无可比拟的优势。然而征收的缺陷也同样明显。从公私利益衡平的角度来看，征收仅凭公权力机关单方意志即可生效，无法反映人民群众的意志和利益，容易激化社会矛盾，引发群体性事件；在审批程序方面，征收作为能够直接改变土地所有权的制度，在适用上有着严格的限制。根据《土地管理法》第 46 条，征收其他土地超过七十公顷的需经国务院批准，地方政府同时面临着审批困难和申请流程烦冗的障碍。

第二类：置换。置换可以使不同权属之间、不同用途之间、不同区域之

间的土地交换配置。[1]其核心内涵为"以地易地"。以置换方式取得国家公园内集体土地的优势在于：经由"以地易地"的土地所有权取得方式，不仅节约了政府直接购置土地所需的资金，还允许政府通过土地位置调整的方式实现集约化利用，增强土地利用效率，实现土地用途更新与资源配置优化。中共中央办公厅、国务院办公厅《关于建立以国家公园为主体的自然保护地体系的指导意见》（2019年）[2]中亦鼓励地方政府探索租赁、置换、赎买、合作等方式，实现国家公园中的集体土地保护。但置换模式亦有其缺点。土地置换的目的是将集体土地从核心区转移到国家公园外围，但外围土地往往在经济价值和生态感受等方面劣于待置换土地，使得原住居民缺乏积极参与置换的经济动力；此外，国家公园内的土地与当地居民的生产活动和生活传统紧密相关，土地置换不仅增加了原住居民的生产生活成本，也改变了居民的传统和习惯，因此在实践推行过程中遇到了阻力。

第三类：赎买。赎买制度允许政府按照约定价格取得集体土地所有权，甚至可以仅收回土地使用权、地上资产经营权和地上资产使用权，仍由集体保留土地所有权。[3]赎买是我国国家生态文明建设过程中对土地性质转化方式的积极探索，能够使集体所有的土地和生产资料国有化，便于统一管理；相较于征收，赎买的协商性更强，对集体土地持有者的利益考量更加充分。此外，部分赎买因无须转移集体土地所有权的缘故，在成本方面具有相当的优势。例如，在贵州省重点生态区位人工商品林赎买改革试点工作过程中，针对麻阳河、宽阔水、习水、大沙河4个自然保护区的全额赎买价格为7.5万元/公顷，而在七星关区、织金县、纳雍县等地区开展的部分赎买价格仅为4.5万元/公顷。[4]但是，以赎买方式取得集体土地面临着合意困境与经济成本两方面的问题。首先，赎买的实现有赖于政府和集体土地持有者对赎买价

---

[1] 参见李志明、李刚、黄晓林："土地置换若干问题探讨"，载《国土经济》2002年第2期。

[2] 根据《关于建立以国家公园为主体的自然保护地体系的指导意见》规定："对划入各类自然保护地内的集体所有土地及其附属资源，按照依法、自愿、有偿的原则，探索通过租赁、置换、赎买、合作等方式维护产权人权益，实现多元化保护。"

[3] 参见福建省人民政府办公厅：《关于印发福建省重点生态区位商品林赎买等改革试点方案的通知》2017年1月12日。

[4] 参见杨婷、韩郫："贵州省重点生态区位人工商品林赎买改革试点现状及优化策略"，载《现代农业科技》2020年第19期。

格达成一致，然而政府报价是基于土地的环保效能和生态价值，而集体土地持有者希望赎买价格超过土地和地上附着的各类生产资料（如林木、鱼塘、房屋等）的经济价值，价格形成机制的根本差别使得双方难以达成合意。其次，赎买毕竟是所有权转移的一种形式，即使部分赎买为集体保留了土地所有权，但仍需将土地使用权、地上资产的经营权和使用权收归国有，高昂的成本会给财政带来沉重负担。

（二）限制土地利用方式

除直接转移国家公园中集体土地的所有权之外，在国家公园范围内还普遍存在着保留原有土地权属关系，通过限制土地利用的方式，保证集体土地用途与国家公园管理建设相协调的制度手段，具体路径包括以下三类。

第一类：征用。征用是国家依照法律规定的条件将集体或个人的土地等财产收归公用的措施。它与征收的主要区别在于，征收取得的是财产所有权，而征用取得的是财产使用权。而且根据我国《土地管理法》（2019 年修正）、《国家安全法》、《民法典》等法律的规定，征用具有暂时性，被征用的不动产或者动产使用后应当返还被征用人。

征用具有实施效率高、经济成本低的优势，而且由于不涉及土地所有权的移转或消灭，仅暂时改变使用权归属，不致造成原住居民因丧失生产资料而产生对抗心理。其弊端在于使用条件受限和缺乏长效性。征用与征收类似，仅在特殊情形下可由国家为公共利益的需要开展，其适用情形受到了严格的限制；而且征收只能产生暂时性的使用权移转效力，无法以此为基础建立稳定的管理制度和长期规划。

第二类：相邻关系。相邻关系是指土地、土地上的自然物或建筑物的相邻所有人在使用或经营这些相邻的不动产时，负有不得妨碍对方合理行使权利的义务，也享有不被对方妨碍和侵犯的权利。国内有学者认为空间相邻关系是排除他方空间权利人有害于公共利益或他人权益的行为，可以用于保护公共利益。[1]

以相邻关系为制度基础来实现集体土地的用途控制，一则受限于相邻关

---

[1]　参见汪洋："地下空间物权类型的再体系化'卡-梅框架'视野下的建设用地使用权、地役权与相邻关系"，载《中外法学》2020 年第 5 期。

系的效力范围，二则受限于相邻关系的适用条件。就效力范围而论，相邻关系只是对相邻不动产利用过程中所产生冲突的最小限度地调节，难以包括禁止土地所有人采伐林木、改变原有景观等生态学要求，不能契合国家公园建设对集体土地的用途控制要求。对适用条件而言，相邻关系以不动产相互毗邻为前提，实践中的国家公园集体土地分布状况复杂，一块集体土地被其他集体土地环绕的情形广泛存在，在空间上并不与国有土地"毗邻"，因此难以适用相邻关系。此外，将国有土地视为相邻不动产中的一方，依据相邻关系理论对相邻不动产作出诸多要求，无疑有违民法调整平等民事主体之间权利义务关系的私法本质，成为公法遁入私法的又一表征。

第三类：租赁。根据《民法典》第三编第十四章中租赁合同的有关规定，国家公园管理机构可以和农民或集体经济组织签订租赁合同，以土地使用权为标的，通过协商确定租赁合同的具体内容。国家公园管理机构依合同取得租赁权后，可以租赁权人的身份管理和利用土地。

租赁模式在不变更现有土地权属关系的基础上实现了对土地利用方式的管控，并且具有成本低廉、多元主体协商等优势。但租赁的制度缺陷也同样明显：第一，缺乏稳定性。租赁关系的存续取决于合同，当合同约定期限届满或解除条件达成，根据租赁关系取得的土地利用权随即消失，因此长效的管理制度和规划难以在此基础上开展。第二，设立效率低下，无法及时、充分地保护公共利益。以租赁方式实现土地用途控制，要求双方主体就租赁合同的全部条款达成一致。仅在部分内容上无法形成合意，租赁关系就无法生效。第三，对违约行为的惩罚力度不足。租赁关系的本质是民事法律关系，面对违反合同义务的行为只能通过违约责任加以救济，既不能强制违约方履行义务，也缺乏作出惩罚性措施的法律基础，难以契合公共利益保护的制度目标。

表2-2  各种集体土地使用权的限制方式及特征

| 限制方式 | 规范依据 | 转移权属 | 期限 |
|---|---|---|---|
| 征收 | 《宪法》《民法典》《土地管理法》，以及《森林法》 | 所有权 | 永久 |

| 限制方式 | 规范依据 | 转移权属 | 期限 |
|---|---|---|---|
| 置换 | 《关于建立以国家公园为主体的自然保护地体系的指导意见》（2019 年）和《国家公园管理暂行办法》（2022 年）等规章和政策性文件 | 所有权 | 永久 |
| 赎买 | 《关于建立以国家公园为主体的自然保护地体系的指导意见》（2019 年）和《国家公园管理暂行办法》（2022 年）等规章和政策性文件 | 所有权 | 永久 |
| 征用 | 《宪法》《民法典》，以及《土地管理法》 | 使用权 | 临时 |
| 相邻关系 | 《民法典》 | 使用权 | 合同约定 |
| 租赁 | 《民法典》 | 使用权 | 不超过 20 年 |

通过以上分析可以看出，我国当前制度体系中实现集体土地使用权限制的路径虽多，但各种路径在实施中都会面临一定的理论障碍或实践难题，并不能完全实现国家公园集体土地的公私利益衡平。立法机关在制定国家公园法时，应当探索完善国家公园集体土地使用权的有关规定，统筹协调原住居民的集体土地使用权行使需求和国家公园管理建设需要。

# 第三章
# 国家公园监管体制与治理体系

本章撰稿人：

汪劲，法学博士，北京大学法学院教授，负责撰写本章第一节。

严厚福，法学博士，北京师范大学法学院副教授，负责撰写本章第二、三节。

"多元共治"是构建现代环境治理体系的基本原则之一。《建立国家公园体制总体方案》（2017 年）提出"国家公园由国家确立并主导管理。建立健全政府、企业、社会组织和公众共同参与国家公园保护管理的长效机制，探索社会力量参与自然资源管理和生态保护的新模式。……在国家公园设立、建设、运行、管理、监督等各环节，以及生态保护、自然教育、科学研究等各领域，引导当地居民、专家学者、企业、社会组织等积极参与"，并将"国家主导、共同参与"作为建立国家公园的基本原则之一。2020 年 3 月，中共中央办公厅、国务院办公厅发布《关于构建现代环境治理体系的指导意见》，明确提出"构建党委领导、政府主导、企业主体、社会组织和公众共同参与的现代环境治理体系"。

《建立国家公园体制总体方案》的主要目标就是"建成统一规范高效的中国特色国家公园体制，交叉重叠、多头管理的碎片化问题得到有效解决"。为此，《建立国家公园体制总体方案》提出要"建立统一管理机构……由一个部门统一行使国家公园自然保护地管理职责"。国家公园作为一种全新类型的自然保护地，需要匹配全新的体制。在国家公园的各种体制中，最受关注的就是统一管理体制，尤其是其中的资源环境综合执法机制。本章前两节将分别对国家公园的统一管理体制和资源环境综合执法机制进行分析研究，第三节将以国家公园范围和分区调整中的公众参与为视角，探讨公众参与在国家公园建设过程中的积极作用以及如何在国家公园立法中保障公众的知情权和参与权。

## 第一节　中国国家公园的统一管理权体制*

建立国家公园体制是 2013 年 11 月中共中央在《关于全面深化改革若干重大问题的决定》中提出的，它是我国生态文明制度建设的一项重要内容。2015 年 4 月中共中央、国务院在《关于加快推进生态文明建设的意见》中首次创造性地提出国家公园实行"分级、统一管理"的管理体制。主要制度安排是自然资源统一确权登记方面将每个自然保护地作为独立的登记单元，试点时期将国家公园范围内的全民所有自然资源资产所有权由中央（国务院自然资源主管部门）行使或委托相关部门、省级政府分级代理行使，在自然保护地范围内建立包括相关部门在内的统一执法和生态环境保护综合执法的机制。[1]中共中央和国务院关于建立国家公园体制的决定、意见和方案要求，不仅强化了中央政府对国家公园管理的行政集权体制，而且还直接涉及分税制改革以来形成的经济分权机制。2023 年 9 月，全国人大常委会公布的《十四届全国人大常委会立法规划》已经将《国家公园法》和《自然保护地法》纳入第一类项目，有望在十四届全国人大常委会任期内颁布。

### 一、国家公园体制试点前自然保护地体制改革的立法尝试

"国家公园"的概念在中国的提倡和确立，经历了由狭义作为旅游对象设立发展到今天广义作为自然保护地主体建设的演变历程。

从 20 世纪 80 年代起就有全国人大代表提出将风景区开辟为国家公园的议案，一些地方政府开始将新开辟的旅游区命名为国家公园（如腾冲火山国

---

　　* 本节内容以"中国国家公园统一管理体制研究"为题发表于《暨南学报（哲学社会科学版）》2020 年第 10 期，本章收录时略有删改。

　　〔1〕关于党中央国务院关于国家公园体制改革的方案与意见的内容，综述自中共中央、国务院 2015 年 9 月印发的《生态文明体制改革总体方案》，中共中央办公厅、国务院办公厅 2017 年 9 月印发的《建立国家公园体制总体方案》、2019 年 4 月印发的《关于统筹推进自然资源资产产权制度改革的指导意见》和 2019 年 6 月印发的《关于建立以国家公园为主体的自然保护地体系的指导意见》。

家公园），并被国家旅游主管部门专门公告推广。[1]由于国家公园的建立既回避了自然保护区实行严格保护措施的限制，又扩大了各种类型自然保护地的商业用途和经济利益，并为主管部门和地方政府带来经济利益以弥补自然保护地资金的不足，因此在我国风景名胜区主管部门（建设部门）和各类自然保护地类型较多的主管部门（林业部门）之间展开了一场在既有自然保护地类型的基础上创建国家公园的"竞赛"：2003 年建设部提出将建立国家公园制度与完善风景名胜区管理体制并列作为影响城市发展的战略性问题，[2]并于 2007 年在《国家级风景名胜区徽志使用管理办法》中将国务院规定的国家级风景名胜区的徽志英文表述为 NATIONAL PARK OF CHINA（中国国家公园）。而国家林业主管部门则在 2008 年开始以省为单位推行"国家公园建设试点省"，并同意在省级地方野生动植物保护管理办公室加挂国家公园管理办公室牌子，行使国家公园管理职能。[3]

　　鉴于各类自然保护地在发展中一度陷入混乱局面，1997 年国家环境保护总局提出在《自然保护区条例》的基础上组织相关部门起草《自然保护区法》的建议，以解决自然保护区数量和面积不适应自然保护需要、发展不平衡、经费投入严重不足、缺乏统一的全国自然保护区发展规划和管理工作落后于建设速度等问题。2003 年 6 月中共中央、国务院通过了《关于加快林业发展的决定》，将自然保护区工程建设纳入坚持不懈地搞好的"林业重点工程建设"的范畴。为此，从第九届全国人大常委会开始就将自然区域保护立法列为立法规划项目并组织研究论证，[4]其间，原国家林业局于 2004 年提出起草《自然保护区法》的建议并要求在 2005 年做好《自然保护区法》建议稿及相关论证材料的起草、修改和上报工作；[5]原国家环境保护总局也多次发文将制定《自然保护区法》作为填补生态保护领域空白的法律，并积极配合全

---

〔1〕　参见原国家旅游局：《国家旅游局公告 2001 年 17 号——首批国家 AAAA 级旅游区（点）名单》，2001 年 8 月 28 日。

〔2〕　参见原建设部：《关于印发建设部城市建设司 2003 年工作要点的函》（建城综函〔2003〕6 号），2003 年 1 月 24 日。

〔3〕　参见原国家林业局：《关于同意将云南省列为国家公园建设试点省的通知》（林护发〔2008〕123 号），2008 年 6 月 6 日。

〔4〕　孙佑海、陈少云："关于制定《自然保护区法》的论证"，载《环境保护》2004 年第 3 期。

〔5〕　参见原国家林业局：《关于全面推进依法治林实施纲要》（林策发〔2004〕196 号），2004 年 11 月 5 日；原国家林业局：《关于印发 2005 年工作要点的通知》，2005 年 4 月 28 日。

国人大做好《自然保护区法》的立法工作。[1]

2006 年 3 月以后，全国人大环资委相继提出了《自然保护地法》和《自然保护区域法》两份草案征求意见稿向高等法学院校征求意见。值得一提的是，这两部内容相关的法律草案建议稿均没有在名称上使用"自然保护区"一词。由此可见，全国人大环资委借以制定《自然保护地法》或者《自然保护区域法》将自然保护区、风景名胜区和森林公园、地质公园等不同类型的自然保护区域统一纳入综合性法律的调整范围，理顺自然保护区与风景名胜区等不同类型的自然保护区域之间的关系，解决自然保护区普遍存在的过度开发、保护经费不足、管理能力欠缺等问题。

然而在中国政府条块分割的管理体制面前，全国人大环资委这一立法思路并未获得国务院各类型自然保护地主管部门和地方政府的一致支持。2008 年全国人大环资委又适度缩小法律草案的适用范围并将法的名称改为《自然遗产保护法》，意图对自然保护区的核心区和风景名胜区的核心景区有针对性地实施严格的保护。[2] 对此，国家林业部门则坚持将《自然保护区条例》升格为狭义的《自然保护区法》的立场，而国务院主管部门之间意见分歧也较大，难以达成一致意见。[3]

2012 年以后，又有全国人大代表陆续折中性提出制定《自然保护地法》的议案，理由是各个部门都在积极建立自己的自然保护地体系，各类保护地的保护面积已经超过国土面积的 20%。而《自然遗产保护法》草案覆盖范围小，不符合自然保护需要大范围保护的科学原理，建议组织专家起草覆盖整个保护地领域的法律。[4] 但因各方面意见分歧较大，全国人大常委会遂将制

---

〔1〕 参见原国家环境保护总局：《关于印发〈"十一五"全国环境保护法规建设规划〉的通知》（环发〔2005〕131 号），2005 年 11 月 28 日；原国家环境保护总局：《关于印发"全国生态保护'十一五'规划"的通知》（环发〔2006〕158 号），2006 年 10 月 13 日；原国家环境保护总局：《关于进一步加强生态保护工作的意见》（环发〔2007〕37 号），2007 年 3 月 15 日。

〔2〕 参见全国人大环资委：《关于第十一届全国人民代表大会第二次会议主席团交付审议的代表提出的议案审议结果的报告》，2009 年 12 月 6 日；《关于第十一届全国人民代表大会第四次会议主席团交付审议的代表提出的议案审议结果的报告》，2011 年 12 月 28 日。

〔3〕 参见全国人大环境与资源保护委员会：《关于第十一届全国人民代表大会第四次会议主席团交付审议的代表提出的议案审议结果的报告》，2011 年 12 月 28 日。

〔4〕 参见全国人大环境与资源保护委员会：《关于第十一届全国人民代表大会第五次会议主席团交付审议的代表提出的议案审议结果的报告》，2012 年 12 月 28 日。

定《自然保护地法》的立法议案从拟提交常委会审议改为需要进一步研究论证的三类立法项目。

总结 2007 年至 2013 年有关自然保护区法（自然遗产保护法）立法研讨工作的认识，可以看到，国务院各部门对自然保护区法（自然保护地法、自然保护区域法或者自然遗产保护法）的法律草案意见分歧较大的根本原因有如下两个方面。

第一，从 20 世纪 80 年代以后至中共中央、国务院 2015 年启动生态文明体制改革以前，国家林业部门自上而下实际掌管着占全国各类自然保护地总面积 80% 的自然保护地，处于我国自然保护地体制中不可撼动的主导地位。根据 2012 年的统计结果，我国各类自然保护地的主管部门包括：自然保护区（约 2500 处，占 15% 国土面积）由含国家林业部门在内十多个部门主管，森林公园（约 2800 处，超过 2% 国土面积）和国家湿地公园（约 150 处）由国家林业部门主管，风景名胜区（约 900 处，占近 2% 国土面积）由建设部门主管，地质公园（约 300 处）由国土部门主管，水利风景区（1500 余处）由水利部门主管，A 级以上景区（2470 处）由国家旅游部门主管。[1]

因此，凭借全国人大常委会形式上制定自然保护地法或者自然遗产保护法的方式对我国自然保护地这一既定体制机制予以改变的做法，虽有新意而且符合管理需求，但在中央和地方事权财权关系未经党中央、国务院先行改革确定的国情背景下，无疑是行不通的。虽然我国自然保护区和各类自然保护地数量繁多，但存在分布不均衡、管理分散、责任不明确、保护形式单一、保护机构不健全、保护经费不足、保护管理水平低下等问题，所有这些问题归根结底均可归因于体制机制的根源，并非制定一部自然保护地法或者自然遗产保护法就能够解决。

第二，将风景名胜区和自然遗迹等与自然保护区一并纳入一部法律的思路，打破了原初制定《自然保护区法》的立法初衷。实践证明，中国自然保护地法律法规所需确立的科学分类和规划、明确保护责任，协调利益关系，完善评价、监督和保障机制等制度措施，都与全民所有的自然资源资产产权行使部门、中央与地方政府的事权和财权关系、自然保护地内的执法体制机

---

〔1〕　全国人大环境与资源保护委员会：《关于第十一届全国人民代表大会第四次会议主席团交付审议的代表提出的议案审议结果的报告》，2011 年 12 月 28 日。

制的构造密切相关。在上述事项尚未明确的情况下，各类自然保护地管理各自为政的局面不可能会因制定新的法律而改变。

从科学的角度讲，自然遗产保护同样回避不开科学问题。例如，《自然遗产保护法》草案的编制说明认为，我国依法建立的自然保护区域（自然保护区和风景名胜区）总面积约占国土面积的10.8%，其中在国家级自然保护区和风景名胜区中，真正需要严格保护的是约占保护区域总面积40%（约占国土面积的5%）的自然保护区的核心区和风景名胜区的核心保护区，因此只应将自然遗产保护范围聚焦在国家级自然保护区核心区和风景名胜区的核心保护区之上。这一认识与生态学家截然相反，科学家的认识是在核心区外必须建立一定范围的保护区域，这对核心区的保护具有积极的重要作用。

再如，1985年11月全国人大常委会批准的《保护世界文化和自然遗产公约》（1972年11月26日在巴黎通过）第2条将自然遗产定义为"从审美或科学角度看具有突出的普遍价值的由物质和生物结构或这类结构群组成的自然景观"，"从科学或保护角度看具有突出的普遍价值的地质和地文结构以及明确划为受到威胁的动物和植物生境区"和"从科学、保存或自然美角度看具有突出的普遍价值的天然名胜或明确划分的自然区域"三大类，而《自然遗产保护法》草案则将自然遗产的概念和保护范围扩大到除自然遗产外中国的自然保护区、风景名胜区等目标价值功能不同的区域，此举除了对社会可能造成自然遗产扩大化的误导，而且还可能促进一些热衷于"申遗"的地方政府将大块自然保护地作为申遗的对象。

为此，全国人大环资委将自然保护区法的立法思路修改扩大到自然遗产保护法的立法理念，当然受到了来自国家林业等部门和从事林业和生态保护研究和环境资源法研究的大部分专家学者的坚决反对。

## 二、国家公园体制改革试点及其政策执行中存在的问题

尽管从第九届全国人大开始启动、历经10多年的自然保护地立法最终以失败告终，但从理论和实践上讲，全国人大环资委制定自然保护地法的立法思路，对解决我国普遍存在的自然保护地过度开发、保护经费不足、管理能力欠缺等问题还是有可取之处的，只是受限于体制机制而不能在当时的国务

院主管部门之间达成共识。2008 年以来，国务院各部门又相继提出了重要生态功能区、生态脆弱区、重点生态功能区等生态空间保护关键区域的概念，加上根据《渔业法》（2013 年修正）、《海洋环境保护法》（2017 年修正）、《海岛保护法》（2009 年制定）等法律规定建立的水产种质资源保护区、海洋特别保护区、特别保护海岛等特种类型的保护区域，2011 年我国还首次提出了"划定生态保护红线"这一国家生态保护战略，由此我国自然保护地的发展也呈现出主管部门五花八门、保护地名称各式各样的状况。

直到 2015 年 4 月中共中央、国务院在《关于加快推进生态文明建设的意见》首次提出"建立国家公园体制"，以国家公园为主体、自然保护区为基础、各类自然公园为补充的自然保护地分类系统的蓝图才逐渐在我们面前展现。

按照党中央、国务院构建国家公园体制试点工作的部署，2015 年 1 月国家发展和改革委员会等国务院 13 个部门联合印发《建立国家公园体制试点方案》，在湖北、吉林等省市[1]选择不同类型的自然保护地建立国家公园体制试点，具体方式是在相关自然保护地进行功能重组的基础上建立国家公园体制，目标是国家公园体制试点范围内交叉重叠、多头管理的碎片化问题得到基本解决，形成统一、规范、高效的管理体制和资金保障机制，自然资源资产产权归属更加明确，统筹保护和利用取得重要成效，形成可复制、可推广的保护管理模式。[2]从 2015 年 12 月到 2019 年 1 月，中央全面深化改革领导小组先后审议通过了三江源、大熊猫、东北虎豹、祁连山和海南热带雨林五个国家公园体制试点方案。其间，2016 年 5 月至 10 月国家发展和改革委员会还先后通过批复设立了神农架、钱江源、武夷山、南山和普达措五个国家公园体制试点区实施方案。

---

〔1〕　其中，北京市八达岭长城国家公园后被海南热带雨林国家公园所替换——笔者注

〔2〕　参见国家发展和改革委员会等 13 部门联合印发：《建立国家公园体制试点方案》，2015 年 1 月。此外，2015 年 3 月国家发展和改革委员会办公厅还相继印发了《建立国家公园体制试点 2015 年工作要点》和《关于印发国家公园体制试点区试点实施方案大纲的通知》。2015 年 5 月国务院批转《发展改革委关于 2015 年深化经济体制改革重点工作意见》，同意在 9 个省份开展国家公园体制试点。

表3-1 十大国家公园体制试点（试点区）方案和批复的管理体制与权力配置〔1〕

| 试点（区）方案通过（批复）机关 | 试点名称 | 面积（万km²）/国有土地占比 | 中央政府国有自然资源资产管理权 | 辖区政府地方事务综合执法权 | 生态环境统一执法权 | 资金机制 |
|---|---|---|---|---|---|---|
| 中央深改委审议通过 | 三江源国家公园〔2〕 | 12.31/100% | 委托青海省人民政府代行。具体由三江源国家公园管理局行使（下设长江源、黄河源、澜沧江源国家公园管理委员会），各有关部门依法行使自然资源监管权 | 县级政府 | 管理委员会执法机构 | 资金筹措以中央财政收入为主，社会参与等所需资金纳入中央财政支出范围 |
| | 大熊猫国家公园〔3〕 | 2.71/71% | 中央政府和三省人民政府共同行使。组建大熊猫国家公园管理局（组建国家林业和草原局和省人民政府双重领导），以省人民政府为主领导的三省国家公园省级管理分局 | 所在地政府 | 管理局联合所在地资源环境执法机构 | 中央财政资金支持投入 |
| | 东北虎豹国家公园〔4〕 | 1.49/91% | 中央政府直接行使（国家林业和草原局代行）。成立以国家林业和草原局为主体、各部委和两省人民政府组成的协调会商机制。组建东北虎豹国家公园管理局，下设保护站。管理局会同两省人民政府挂牌成立10个管理分局 | 所在地政府 | 管理局联合所在地资源环境执法机构 | 中央财政资金支持投入 |

---

〔1〕 参见新华社："祁连山国家公园管理机构正式成立"，载中央人民政府网，http://www.gov.cn/xinwen/2018-10/29/content_ 5335451. htm，最后访问时间：2020年2月21日；青海省人民政府办公厅：《青海省人民政府办公厅关于印发祁连山国家公园体制试点（青海片区）实施方案的通知》（青政办〔2018〕57号），2018年5月2日；"海南热带雨林国家公园简介"，载海南热带雨林国家公园网，http://www. hntrnp. com/index. php? m＝content&c＝index&a＝lists&catid＝42，最后访问时间：2020年2月21日。

〔2〕 参见青海省人大常委会：《三江源国家公园条例（试行）》，2017年6月2日；国家发展和改革委员会：《三江源国家公园总体规划》，2018年1月12日。

〔3〕 参见国家林业和草原局：《大熊猫国家公园总体规划（征求意见稿）》，载国家林业和草原局网，https://www. forestry. gov. cn/html/main/main_ 4461/20191017111923948546698/file/20191017112 033510119113. pdf，最后访问时间：2023年8月4日。

〔4〕 参见国家林业和草原局，吉林省、黑龙江省人民政府：《东北虎豹国家公园总体规划（2017—2025年）（征求意见稿）》，载国家林业和草原局网，https://www. forestry. gov. cn/uploadfile/main/2018-3/file/2018-3-9-599430e5ec1249bab08927453227ff14. pdf，最后访问时间：2023年8月4日。

| 试点（区）方案通过（批复）机关 | 试点名称 | 面积（万 km²）/国有土地占比 | 中央政府国有自然资源资产管理权 | 辖区政府地方事务综合执法权 | 生态环境统一执法权 | 资金机制 |
|---|---|---|---|---|---|---|
| 国家发展和改革委员会 | 祁连山国家公园〔1〕 | 5.02/— | 中央政府直接行使（国家林业和草原局代行）。组建祁连山国家公园管理局。在甘肃、青海两省人民政府分别成立管理局 | 所在地政府 | 管理局 | 中央财政资金支持投入 |
| | 海南热带雨林国家公园〔2〕 | 0.44/— | 委托省人民政府代理行使。国家林业和草原局与海南省委省人民政府联合成立国家公园建设工作推进领导小组 | 所在地政府 | 地方政府 | 中央财政资金支持投入，建立多渠道多元化的投融资模式 |
| | 神农架国家公园〔3〕 | 0.12/86% | 委托省人民政府行使。设立委托神农架林区政府代管的神农架国家公园管理局 | 神农架林区政府 | 神农架林区政府 | 保护和管理经费以及生态保护补偿资金、生态管护所需经费列入省人民政府财政预算 |
| | 钱江源国家公园〔4〕 | 0.025/20% | 委托省人民政府行使。设立省人民政府垂直管理的钱江源国家公园管理局（委托浙江省林业局代管），管理局组建钱江源国家公园综合执法队 | 县政府 | 管理局综合执法队 | 由浙江省人民政府垂直管理，省林业局代管，作为一级财政预算单位 |

〔1〕　参见《祁连山国家公园体制试点方案》，载百度百科，https://baike. baidu. com/item/%E7%A5%81%E8%BF%9E%E5%B1%B1%E5%9B%BD%E5%AE%B6%E5%85%AC%E5%9B%AD%E4%BD%93%E5%88%B6%E8%AF%95%E7%82%B9%E6%96%B9%E6%A1%88/21503119? fr = aladdin，最后访问时间：2020 年 3 月 16 日。

〔2〕　参见张蕾、王晓樱："国家公园管理局负责人解读《海南热带雨林国家公园体制试点方案》"，载中央人民政府网，https://www. gov. cn/zhengce/2019‐01/25/content_ 5360999. htm，最后访问时间：2023 年 8 月 3 日；另参见《海南热带雨林国家公园体制试点方案》，载百度百科网：https://baike. baidu. com/item/%E6%B5%B7%E5%8D%97%E7%83%AD%E5%B8%A6%E9%9B%A8%E6%9E%97%E5%9B%BD%E5%AE%B6%E5%85%AC%E5%9B%AD%E4%BD%93%E5%88%B6%E8%AF%95%E7%82%B9%E6%96%B9%E6%A1%88/23268777? fr=aladdin，最后访问时间：2020 年 3 月 16 日。

〔3〕　参见湖北省人大常委会：《神农架国家公园保护条例》，2017 年 11 月 29 日；神农架国家公园管理局：《神农架国家公园体制试点建设 2017 年（白皮书）》，2018 年。

〔4〕　参见钱江源国家公园："钱江源国家公园简介"，载钱江源国家公园管理局网：http://www. qjynp. gov. cn/news/detail. aspx? newsid＝308，最后访问时间：2020 年 2 月 21 日。

续表

| 试点(区)方案通过(批复)机关 | 试点名称 | 面积(万km²)/国有土地占比 | 中央政府国有自然资源资产管理权 | 辖区政府地方事务综合执法权 | 生态环境统一执法权 | 资金机制 |
|---|---|---|---|---|---|---|
| 国家发展和改革委员会 | 武夷山国家公园〔1〕 | 0.1/29% | 委托省人民政府行使。组建武夷山国家公园管理局，武夷山风景名胜区管理委员会(管理处)受管理局和所在地政府双重领导(以管理局管理为主) | 所在地政府 | 管理局，新增国家公园监管执法类别 | 省人民政府投入为主，社会广泛参与的多渠道资金保障机制。中央财政资金支持投入 |
| | 南山国家公园〔2〕 | 0.064/42% | 委托省人民政府行使。成立省人民政府垂直管理的公益一类全额财政拨款事业单位南山国家公园管理局(委托邵阳市人民政府代管) | 南山国家公园管理局 | 管理局 | 所需经费纳入省直预算，无政府性资金收支 |
| | 普达措国家公园〔3〕 | 0.13/78% | 委托省人民政府行使。组建普达措国家公园管理局(云南省林草局垂直管理)，国家公园资产及经营管理权、景区建设等工作全部交由普达措旅业分公司行使 | 自治州政府 | 管理局联合所在地资源环境执法机构 | 省人民政府将保护和管理经费列入财政预算，自治州政府设立公园保护专项资金 |

　　从2015年12月至今，经过各方面共同努力，从形式上看国家公园体制试点建设都取得了积极进展，但因国家公园试点区域范围内以往大部分存在着各类自然保护地共存的现象，因此对有关主管部门职权的整合和对既得利益的调整分配存在着一系列的矛盾和问题。根据对数个国家公园的实地考察和国内期刊文献揭示，国家公园体制试点区存在着如下共性问题〔4〕亟待解决。

---

　　〔1〕　载武夷山国家公园网：http://wysgjgy.fujian.gov.cn/Index.aspx？nodeid=15，最后访问时间：2020年2月21日；北京林业大学：《武夷山国家公园立法研究报告》附件2.2，2018年10月。
　　〔2〕　参见南山国家公园："自然资源/综述"，载南山国家公园网：http://www.nsgjgy.com/gygk/index.html#page2，最后访问时间：2020年2月21日。
　　〔3〕　参见云南省迪庆藏族自治州人大通过、云南省人大常委会批准：《云南省迪庆藏族自治州香格里拉普达措国家公园保护管理条例》，2013年9月25日；载普达措国家公园网：http://www.pdcuo.com/news/show-156.html，最后访问时间：2020年2月21日。
　　〔4〕　以下笔者对问题的归纳中未注明出处者，参见黄宝荣等："我国国家公园体制试点的进展、问题与对策建议"，载《中国科学院院刊》2018年第1期。

首先，国家公园管理属于中央事权，总体上地方政府对国家公园建设工作缺乏主动性和创新性。长期以来，我国实行自然保护地范围内自然资源国家所有权由中央统一管理与央地分级行使的管理模式，在职权职责未由法律和国务院"三定方案"明确规定的前提下，全民所有的自然资源所有权只在理论上和名义上归国务院行使，国务院主管部门即使对以"国家级"冠名的自然保护地的管理也主要是行使业务和专业上的指导权，实际管理权仍归由地方政府掌控。

如表 3-1 所示，国家公园体制试点建设以来，考虑到既往自然保护地分级行使所有权的实际，中央初步明确了全民所有自然资源资产管理权的"中央直管""央地共管"和"委托省管"三类管理模式。形式上看，各类国家公园都设立了统一行使管理权的国家公园管理局，建立了由地方政府履行国家公园范围内经济社会发展综合协调、公共服务、社会管理和市场监管等职责的地方事务运行机制，基本建立了国家公园范围内由国家公园管理局实施自然资源综合执法权的执法机制。部分地方还通过制定地方性国家公园法规或者规章等方式确立了国家公园的管理原则与方式、预算与资金机制、机构与职权、设立与规划、保护与管理、利用与服务、社区公众参与和法律责任等内容。

但是，通过实地调查和座谈会等方式和途径，可以发现，限于国家公园管理的中央事权，三类管理模式下的国家公园管理均呈现出地方政府缺乏主动性的局面，主要表现在各级管理机构级别较低、人员编制不明晰、各具体负责管理的分支机构只加挂了牌子而没有实质性工作内容等方面，如钱江源国家公园工作委员会、管委会目前属于衢州市委、市政府的派出机构（正处级）。[1]即使在中央直管的国家公园，有些管理机构还属于企业性质，与试点改革要求承担的行政管理职责不相适应。[2]

由于"央地共管"和"委托省管"模式下国家公园的人、财、物仍归地方管理，中央事权不能全面执行到位，造成国家公园管理人员频繁变动、责任不清、人心不稳等问题，许多国家公园体制改革试点所要求的自然资源统

〔1〕 陈真亮、诸瑞琦："钱江源国家公园体制试点现状、问题与对策建议"，载《时代法学》2019 年第 4 期。

〔2〕 由于地方政府财力不足，东北虎豹国家公园内企业承担行政职能的历史遗留问题仍然存在。参见陈雅如等："东北虎豹国家公园体制试点面临的问题与发展路径研究"，载《环境保护》2019 年第 14 期。

一确权登记等工作进展都较缓慢。一些地方政府将国家公园视为"吸金"招牌,对国家公园内的特许经营活动和交通、水利、电力、通信、教育、卫生等基础和公共服务设施建设等领域投入较多,导致在试点实施后开发建设强度不降反升,破坏了国家公园生态系统的完整性和原真性。在武夷山国家公园,因其享有世界文化与自然双遗产地的品牌优势和集体林地种植武夷岩茶的历史,旅游业收入一直是武夷山市的支柱产业,而国家公园实行保护优先的原则在这里落实得十分有限。因此,武夷山国家公园范围内存在着国家公园管理局和风景名胜区旅游管理服务中心这两个政府机构分别负责的情形。在试点期间,原武夷山景区执法大队没有划转到武夷山国家公园管理局,涉及行使景区相对集中行政处罚权的机构仍然是武夷山市行政执法局,不具生态资源保护管理职能,因此在生态资源保护管理上出现了相互推诿扯皮的现象。[1]

垂直管理体制与运行机制尚不顺畅,依然是几乎所有国家公园面临的共性问题。

其次,中央财政投入只有政策要求,没有法律保障,试点结果表明国家财政资金投入普遍不足。国家公园建设属于全社会公益性基本公共服务,党中央、国务院也将国家公园事权作为中央事权定性,然而除长期以来中央对各类国家级自然保护地的财政资金投入较少以外,就连国家公园体制建设试点的大部分国家公园中央财政资金只是支持性投入,与国家公园管理的事务性支出不成正比,将本应由中央直接负责的事务交给地方承担。因试点国家公园属于中央事权,省级地方政府没有建设动力而将管理权不断下放至地(市、州、县),而所在地地方政府希望国家公园建设给地方经济发展带来更多的机会,导致国家公园建设偏离了设立的初衷。即使在实行"中央直管"的东北虎豹国家公园,资金投入在一定时期主要来自"天然林保护工程"的财政专项资金,[2]这种做法不仅难以负担生产经营活动退出等所需补偿资金,也违反了国家财政管理制度规定。

---

〔1〕 李辛怡、陈旭兵、陈恒毅:"武夷山国家公园体制试点区旅游发展现状与对策研究",载《武夷学院学报》2019年第10期。

〔2〕 陈雅如等:"东北虎豹国家公园体制试点面临的问题与发展路径研究",载《环境保护》2019年第14期。

在云南普达措、湖北神农架、福建武夷山等国家公园范围内，主要由与地方政府财政收入有着千丝万缕联系的地方国有旅游开发企业主导国家公园的经营活动。据统计，大多数国家公园试点虽然设立了国家公园管理机构，但中央专项转移支付资金只能满足基本的保护支出，而门票和特许经营权限则由当地政府赋予地方国有旅游开发企业行使，由旅游开发公司负责旅游开发并垄断各种收入并与当地政府分成。在当地政府的支持下，这些旅游企业具有开发利用国家公园旅游资源的强势地位，实际上架空了国家公园管理机构，削弱了国家公园管理机构的保护管理职能。[1]

长此以往，也导致国家公园所在地方政府将国家公园建设的功能定位于解决和改善当地经济发展问题方面。资金投入的不足还影响到国家公园的人才建设和科技支撑等方面。

最后，部分试点国家公园范围内集体所有土地（林地）占比较大，国家公园范围内难以统一行使管理权。南山国家公园、武夷山国家公园和钱江源国家公园的土地面积中，国有土地（林地）的总面积占比均在50%以下，因而国家公园管理机构不能在国家公园范围内形成对土地（林地）利用的绝对支配权。因此，这些国家公园体制试点建设呈现出显著的以旅游开发或者经济建设为主导的特征。

例如，南山国家公园体制试点区原为国家 AAA 级风景名胜区，在中央财政资金投入不足和集体所有土地占多数的背景下，南山国家公园建设只能长期定位于发展旅游业之上。[2]在国有土地面积占 100%的三江源国家公园区域，国家公园建设试点与当地居民生产生活之间的矛盾也日益突出。[3]而钱江源国家公园内的集体林地比重高达 81%，若要对其中大部分集体林地全部进行国有化，所需费用过高、资金巨大，难度和阻力总体比较大。[4]

---

〔1〕　邓毅等："中国国家公园体制试点：地方国有旅游开发公司该何去何从"，载《环境保护》2019 年第 7 期。

〔2〕　王根茂等："湖南南山国家公园体制试点区游憩管理研究——基于访客体验与资源保护理论"，载《林业经济》2019 年第 8 期。

〔3〕　何跃君："关于三江源国家公园体制试点的做法、问题和建议"，载《中国生态文明》2016 年第 6 期。

〔4〕　陈真亮、诸瑞琦："钱江源国家公园体制试点现状、问题与对策建议"，载《时代法学》2019 年第 4 期。

即使在其他国有土地（林地）的总面积相对占优的国家公园范围内，如东北虎豹公园试点范围内集体土地面积 1234 平方公里，占总面积的 8.4%，也存在集体林地与国有林地间杂，并存在联营林、委托林、股份林、集体林四种历史遗留的复杂林业用地形式。集体土地的用途管制是试点中的重要问题。[1]

## 三、中央统一行使国家公园管理权体制的立法构想

我国的国家公园建设与世界各国的最大不同，是我国实行以自然资源全民所有制为基础、以集体所有制为补充的自然资源所有权体制。为此，建立中央统一行使国家公园管理权体制既面临着厘清自然资源全民所有制体制下央地政府分权的关系问题，又面临着限制集体所有土地和林地与自然资源的开发利用和补偿问题。

按照党中央、国务院的部署，国家公园体制试点改革 2020 年结束，之后逐渐进入法治化管理体制的轨道。从国家公园体制试点的具体执行要求和时间分布要求看，尽快制定《国家公园法》并确立未来 5—10 年国家公园的基本体制，不仅有益于未来国家公园建设实践，而且有益于《国家公园法》立法确立具体保护制度和措施。为此启动《国家公园法》立法具有必要性、紧迫性和可行性。

从中国七十多年自然保护地体制的长期实践结合 2015 年以来国家公园体制建设试点存在的问题分析，"央地共管"和"委托省管"的管理模式并不适合在以"国家"命名的国家公园等自然保护地实行，体制必须创新。

### （一）宣示国家公园在自然保护地体系中的地位

首先，通过立法创新的方法确立中国国家公园统一管理权的体制和机制，是由国家公园在中国自然保护地体系中的地位决定的。建立国家公园的目的是保护具有自然生态系统的原真性、完整性，突出国家代表性的自然生态系统，依照《建立国家公园体制总体方案》（2017 年），建立国家公园体制是党的十八届三中全会提出的重点改革任务，是我国生态文明制度建设的重要内容。

与其他类型的自然保护地相比，国家公园是《关于建立以国家公园为主

---

〔1〕 陈雅如等："东北虎豹国家公园体制试点面临的问题与发展路径研究"，载《环境保护》2019年第 14 期。

体的自然保护地体系的指导意见》（2019 年）中唯一被定义为以保护具有国家代表性的自然生态系统为主要目的，实现自然资源科学保护和合理利用的"特定陆域或海域"。而自然保护地体系中的自然保护区和其他自然公园的定义则与国家公园有着很大的差别。[1]

表 3-2　中国国家公园与其他类型自然保护地的异同

| 保护意义 | 国家公园 | 自然保护区 | 自然公园 |
|---|---|---|---|
| 形式/目的 | 保护具有国家代表性的自然生态系统为主要目的，实现自然资源科学保护和合理利用的特定陆域或海域 | 保护典型的自然生态系统、珍稀濒危野生动植物种的天然集中分布区、有特殊意义的自然遗迹的区域 | 保护重要的自然生态系统、自然遗迹和自然景观，具有生态、观赏、文化和科学价值，可持续利用的区域 |
| 保护价值 | 1. 自然生态系统中最重要 2. 自然景观最独特 3. 自然遗产最精华 4. 生物多样性最富集的部分 | 1. 典型的自然生态系统 2. 无自然景观要求 3. 有特殊意义的自然遗迹 4. 典型珍稀濒危野生动植物种的天然集中分布区 | 1. 重要的自然生态系统 2. 重要的自然景观 3. 重要的自然遗迹 4. 具有生态、观赏、文化和科学价值，可持续利用的 |
| 保护内容 | 生态过程完整 | 主要保护对象安全，维持和恢复珍稀濒危野生动植物种群数量及赖以生存的栖息环境 | 确保森林、海洋、湿地、水域、冰川、草原、生物等珍贵自然资源，以及所承载的景观、地质地貌和文化多样性得到有效保护 |
| 面积要求 | 保护范围大 | 具有较大面积 | 无要求 |
| 外在形式 | 国家级具有全球价值、国家象征，国民认同度高 | 现有的国家级/地方各级自然保护区 | 包括森林公园、地质公园、海洋公园、湿地公园等各类国家级/地方各级自然公园 |

[1]　自然保护区是指保护典型的自然生态系统、珍稀濒危野生动植物种的天然集中分布区、有特殊意义的自然遗迹的区域；自然公园则是指保护重要的自然生态系统、自然遗迹和自然景观，具有生态、观赏、文化和科学价值，可持续利用的区域。参见中共中央办公厅、国务院办公厅：《关于建立以国家公园为主体的自然保护地体系的指导意见》，2019 年 6 月 26 日。

其次，党中央、国务院一再强调国家公园是中国自然保护地的主体，由国家批准设立并主导管理。因此，中国国家公园的建设需要以国家利益为主导，坚持国家所有、全民共享、世代传承，具有国家象征，代表国家形象，彰显中华文明。

需要说明的是，试点中的国家公园基本上是在整合既往各类自然保护区、风景名胜区和其他类型自然公园的基础上组建而成的。国家公园与各类自然保护地最大的不同，是保护对象具有国家代表性、全球价值性和国家象征性以及国民认同度高的大面积特定陆域或海域。而其他自然保护地，如自然保护区和风景名胜区，则既包含有中央事权的国家级保护地，也包含有属于地方事权的各级保护地的区分。

体现国家公园的国家性，是党中央、国务院将国家公园确立为中国自然保护地体系主体地位的法理基础。

（二）明确国家公园实行中央统一事权的管理体制

从 2015 年开始，在党中央、国务院直接指导下，我国国家公园体制试点工作正在有序开展，体制改革不断深化。按照党中央、国务院的安排，2021年 10 月，我国正式设立首批五家国家公园。

国家公园建设属于中央事权，建立由中央政府设立主管部门直管国家公园并在国家公园设立分支机构直接体现国家意志的体制，既符合党中央、国务院生态文明体制改革的要求，也符合国家宪法的基本要求，因此具有合法性。

从国家公园的中央事权看，中央关于《建立国家公园体制总体方案》(2017 年)、《关于统筹推进自然资源资产产权制度改革的指导意见》（2019年)、《关于建立以国家公园为主体的自然保护地体系的指导意见》 （2019年)、《关于建立国土空间规划体系并监督实施的若干意见》（2019 年）等与国家公园建设直接相关的政策，均要求由一个机构统一行使国家公园范围内的全民所有自然资源资产所有权的各项权利，并统一行使自然资源和生态环境保护综合监督管理执法权限。设立中央国家公园主管部门并在各国家公园设立分支机构，是体现党中央、国务院建立国家公园体制创新性的根本举措，是推进中央与地方财政事权和支出责任划分改革的重要实践。这一举措既符合党和国家生态文明体制改革的重要政策，也符合我国宪法和建立法治政府的法理需求。

按照党中央、国务院对建立国家公园体制的基本构想，中国设立国家公园实行中央统一事权管理体制的基本构架应当是：

第一，明确由一个部门统一行使国家公园自然保护地管理职责。在国务院层面，应当明确国家公园管理的主管部门及其职能配置，并由该部门统一行使国家公园范围内的全民所有自然资源资产所有权，统一管理和监督全国国家公园的自然生态系统保护、自然资源资产管理和国土空间用途管制。

在由国务院批准设立的各个国家公园层面，由国务院国家公园主管部门设立国家公园的分支机构，按照国务院国家公园主管部门的统一部署，行使国家公园内自然资源和生态环境保护综合监督管理职权。各国家公园分支机构可以根据国家公园的管理实际下设不同片区的执行机构。

第二，在国家公园试点时期，限于当时中国自然保护地的实际，《建立国家公园体制总体方案》（2017 年）对国家公园试点确立了中央和地方协同管理的机制，即中央政府直接行使全民所有自然资源资产所有权，地方政府根据需要配合国家公园管理机构做好生态保护工作；省级政府代理行使全民所有自然资源资产所有权的，中央政府履行应有事权并加大指导和支持力度。而国家公园所在地方政府行使辖区（包括国家公园）经济社会发展综合协调、公共服务、社会管理、市场监管等职责。

在国家公园试点结束后，国务院国家公园主管部门应当逐步收回在一定期限内委托省（自治区、直辖市）人民政府代理行使国家公园范围内的全民所有自然资源资产所有权。在所有国家公园范围内，除继续由地方政府行使国家公园内部分辖区经济社会发展综合协调、公共服务、社会管理和市场监管等职责外，其他职责全部由国务院国家公园主管部门设立国家公园分支机构行使。

在国家公园体制正式建立后，上述依法应当由中央政府行使的权限除了由国务院国家公园主管部门依法行使的职权职能，其他职权职能也应当由中央政府主管部门设在各国家公园的分支机构行使，而不能委托地方政府行使。

（三）明确国家公园支出由中央政府出资保障的投入机制

虽然目前中央政府层面对国家公园的统一管理权已逐渐统一行使，但是中央提出建立国家公园总体方案将国家公园范围内的全民所有自然资源资产所有权部分委托省级政府代理行使期间所表现出的关键性问题，依然在于地方政府对建立国家公园的认识与中央政府之间存在较大的认识差距和实践偏差。

从 2015 年以来国家公园体制试点的实践和 2019 年开展的国家公园试点评估结果分析，由中央政府直接行使国有自然资源所有权的国家公园（如东北虎豹国家公园）在筹措财政资金、社会参与园区建设、管理和运行等方面的表现均明显优于委托省级政府代理行使国有自然资源资产所有权的国家公园。

分析原因，一方面，从中央到地方的基本认识是建立国家公园属于中央事权本应由中央财政承担，因此地方政府在建设国家公园方面的积极性并不高，资金投入也很有限；另一方面，地方政府更希望通过国家公园建设发展地方经济、扩大经济收入，加上许多国家公园范围内集体所有的土地和林地占比较大，有些试点中的国家公园的开发强度已经很高，因而在一些委托省级政府代理行使所有权的国家公园范围内采取的保护措施存在执行不力的现象。

因此在确定由中央政府直管国家公园体制的基础上，还应当明确中央事权和中央财政投入的机制，而且还可以给地方政府一个明确的信号，对于确立国家公园范围内形成良好央地关系，也具有现实合理性。

从国家公园的财政投入看，国家公园建设属于全社会公益性基本公共服务，按照《关于推进中央与地方财政事权和支出责任划分改革的指导意见》（2016 年），受益范围覆盖全国的基本公共服务由中央负责。因此，无论未来在全国设立多少个国家公园，国家公园的国家主导性和基本公共服务性是不会改变的。因此，伴随国家公园制度的发展和完善，应当由中央政府设立主管部门直管国家公园并在国家公园设立分支机构负责具体执行，而地方政府对国家公园建设既无事权也无责任。

从地方政府配合国家公园建设的积极性看，在明确了国家公园建设的中央事权和财政投入机制的基础上，地方政府会非常清楚自己的责任范围和权责边界，他们工作的重点是行使国家公园内部分辖区经济社会发展综合协调、公共服务、社会管理和市场监管等职责。

鉴于国家公园范围内一般控制区可以通过特许经营等方式开展科学研究、自然教育和游憩等活动以及传统社区发展活动，这部分收入地方政府也可以通过税收获得收益。对于国家公园范围内各类工矿企业等退出，中央政府通过各类补偿措施也可以减轻地方政府因此而受到的损失。

另外，由于国家公园的中央事权会使得原有地方政府在国家公园范围内设定的各种编制统一转变成为中央编制，也会减轻地方政府的相应支出。同时，因国家公园范围内存在大量生态保护补偿的区域、海域、流域和其他自然资源领域，当一个国家公园的所有自然资源资产作为一项自然资源予以登记后，所有生态保护补偿的资金也会全面转变为国家公园生态保护补偿资金，成为统一的以国家公园生态保护补偿名义而又是中央政府转移支付给地方政府的资金。

因此，确定由中央政府直管国家公园的体制也具有现实合理性。在央地关系明确的责权利体制下，地方政府的积极性是不会降低的。

### 四、与现行地方立法的关系

我国自然保护地建设已有七十多年的历史。截至 2023 年底，我国各种类型的自然保护地中国务院批准公布的国家级风景名胜区有 318 处，纳入世界遗产公约的世界遗产 57 项；各种自然保护地 1.18 万个，约占陆域国土面积的 18%。然而，由于我国自然保护地治理体系长期存在中央与地方财政事权和支出责任划分不清晰、不合理、不规范等问题，以致自然保护地建设的保护目标难以实现。

国家公园体制试点存在的根本性和共通性问题表明，通过中央编制机构的安排，由《国家公园法》明确中央政府统一行使全民所有自然资源资产管理权和生态保护监督权，是国家公园建设能否成功的体制因素；通过《国家公园法》明确由中央政府承担与中央事权相一致的财政支出费用，则是能否达成以国家公园为主体的自然保护地体系建设目标和建设初衷的关键。

需要补充说明的是，2016 年 3 月国家林业局发出通知，要求"坚持一园一法，每个国家公园制定相应管理办法或条例，条件成熟后，形成国家层面的法律法规"。[1]为此，云南、青海、福建、湖北以及湖南、吉林等国家公园体制试点省份相继制定通过了国家公园保护的地方性法规或政府规章，以规

---

〔1〕　参见原国家林业局：《关于深入学习贯彻习近平总书记关于森林生态安全重要讲话精神的通知》，2016 年 3 月 9 日。

范试点国家公园的保护、管理、建设、利用和服务等活动，并且对国家公园建设规划、分区、保护、预算资金来源和使用、特许经营和社会参与等作出了规定。尽管地方性法规和规章在国家公园建设试点时期起到了积极作用，但是限于中央对国家公园体制试点政策的阶段性和期限性，地方党政机关和立法机关对国家公园建设的认识也各不相同。

当中央编制机构和《国家公园法》明确了中央统一行使国家公园管理权体制以后，应当废除地方性国家公园法规和规章，由《国家公园法》授权国务院国家公园主管部门根据国家公园设立的具体情况制定适用于各该国家公园的具体实施办法，对面积广大的国家公园，还可以授权国务院制定国家公园行政法规。在地方立法方面，《国家公园法》应当规定省、自治区和直辖市可以制定适用于国家公园一般控制区范围内社会经济发展事务的地方规定，但不得与《国家公园法》相抵触。

## 第二节　国家公园资源环境综合执法权限配置

### 一、关于国家公园范围内资源环境综合执法机制的争议

根据《征求意见稿》（2022 年）第 52 条规定：

"国家公园管理机构履行国家公园范围内自然资源、林业草原等领域行政执法职责，实行统一执法。国家公园管理机构可以经国务院或者省级人民政府授权承担国家公园范围内生态环境等综合执法职责。

公安机关负责维护社会治安，行使国家公园范围内刑事执法等职责。

海警机构负责国家公园海岸线向海一侧保护利用等活动的监督检查，查处违法行为。

国家公园管理机构根据国家公园管理工作需要，可以将行政处罚权交由保护站行使，并定期评估。"

在《关于〈国家公园法（草案）〉（征求意见稿）的说明》中，国家林业和草原局提及："……明确国家公园管理机构实施相对集中行政执法，履行国家公园范围内自然资源、林业草原等领域的行政执法职责，实行统一执法，根据工作需要可以将行政处罚权交由保护站行使。"

事实上，关于"国家公园管理机构履行国家公园范围内自然资源、林业

草原等领域行政执法职责"的规定，在《国家公园法》起草过程中并无争议。但关于陆上[1]国家公园范围内由哪个部门或机构履行生态环境保护综合执法权限，在《国家公园法》起草过程中一直饱受争议，争议的焦点在于：到底是由国家公园管理机构统一履行国家公园范围内的生态环境保护综合执法权限，还是由属地生态环境部门履行国家公园范围内的生态环境保护综合执法权限？

**二、对相关规范性文件规定的国家公园范围内执法权限的梳理**

为了合理界定国家公园范围内资源环境综合执法职责具体应当由哪个部门负责，首先应当对近年来有关国家公园制度和生态环境综合执法体制改革的规范性文件进行系统梳理。在此基础上，才能更现实地探讨国家公园范围内资源环境综合执法权限应当由哪个部门或机构来负责的问题。

**（一）《建立国家公园体制总体方案》（2017 年）**

中共中央办公厅、国务院办公厅《建立国家公园体制总体方案》（2017年）规定："（八）建立统一管理机构。国家公园设立后整合组建统一的管理机构，履行国家公园范围内的生态保护、自然资源资产管理、特许经营管理、社会参与管理、宣传推介等职责，负责协调与当地政府及周边社区关系。可根据实际需要，授权国家公园管理机构履行国家公园范围内必要的资源环境综合执法职责。"

**（二）《海警法》（2021 年）**

2018 年 6 月，为了贯彻落实党的十九大和十九届三中全会精神，按照党中央批准的《深化党和国家机构改革方案》和《武警部队改革实施方案》决策部署，鉴于国务院机构改革后的新形势，全国人大常委会发布了《关于中国海警局行使海上维权执法职权的决定》，规定："一、中国海警局履行海上维权执法职责，包括执行打击海上违法犯罪活动、维护海上治安和安全保卫、海洋资源开发利用、海洋生态环境保护、海洋渔业管理、海上缉私等方面的执法任务，以及协调指导地方海上执法工作。二、中国海警局执行打击海上

---

〔1〕 2021 年《海警法》明确规定海洋生态环境保护相关执法职权由中国海警局统一履行。因此，如果将来建立了海洋类型的国家公园，其生态环境保护方面的执法职权由中国海警局统一行使。

违法犯罪活动、维护海上治安和安全保卫等任务，行使法律规定的公安机关相应执法职权；执行海洋资源开发利用、海洋生态环境保护、海洋渔业管理、海上缉私等方面的执法任务，行使法律规定的有关行政机关相应执法职权。中国海警局与公安机关、有关行政机关建立执法协作机制。"

2021年《海警法》第23条规定，"海警机构对违反海上治安、海关、海洋资源开发利用、海洋生态环境保护、海洋渔业管理等法律、法规、规章的组织和个人，依法实施包括限制人身自由在内的行政处罚、行政强制或者法律、法规规定的其他措施。海警机构依照海洋资源开发利用、海洋生态环境保护、海洋渔业管理等法律、法规的规定，对海上生产作业现场进行监督检查"。

根据上述规定，海洋生态环境保护相关执法职权由中国海警局统一履行。如果将来建立了海洋类型的国家公园，其生态环境保护方面的执法职权由中国海警局统一行使。

**（三）《关于深化生态环境保护综合行政执法改革的指导意见》（2018年）**

中共中央办公厅、国务院办公厅《关于深化生态环境保护综合行政执法改革的指导意见》（2018年）规定："（一）整合执法职责。根据中央改革精神和现行法律法规，整合环境保护和国土、农业、水利、海洋等部门相关污染防治和生态保护执法职责。生态环境保护执法包括污染防治执法和生态保护执法，其中，生态保护执法是指生态环境保护综合执法队伍依法查处破坏自然生态系统水源涵养、防风固沙和生物栖息等服务功能和损害生物多样性的行政行为。根据原相关部门工作职责，具体整合范围包括：环境保护部污染防治、生态保护、核与辐射安全等方面的执法权；海洋部门海洋、海岛污染防治和生态保护等方面的执法权；国土部门地下水污染防治执法权，对因开发土地、矿藏等造成生态破坏的执法权；农业部门农业面源污染防治执法权；水利部门流域水生态环境保护执法权；林业部门对自然保护地内进行非法开矿、修路、筑坝、建设造成生态破坏的执法权。整合后，生态环境保护综合执法队伍以本级生态环境部门的名义，依法统一行使污染防治、生态保护、核与辐射安全的行政处罚权以及与行政处罚相关的行政检查、行政强制权等执法职能。除法律法规另有规定外，相关部门不再行使上述行政处罚权和行政强制权。在此基础上，各地可以根据地方性法规规章和工作需要，进一步整合地方有关部门污染防治和生态保护执法职责，由生态环境保护综合执法队伍统一行使。已经实行更大范围跨领域跨部门综合行政执法的，可以继续探索。具备条件的地区可结合实际进行更大范围的综合行政执法。"

（四）中共中央办公厅、国务院办公厅《关于建立以国家公园为主体的自然保护地体系的指导意见》（2019 年）

中共中央办公厅、国务院办公厅《关于建立以国家公园为主体的自然保护地体系的指导意见》（2019 年）规定："（二十一）严格执法监督。制定自然保护地生态环境监督办法，建立包括相关部门在内的统一执法机制，在自然保护地范围内实行生态环境保护综合执法，制定自然保护地生态环境保护综合执法指导意见……"

（五）国务院办公厅《关于生态环境保护综合行政执法有关事项的通知》（2020 年）

国务院办公厅《关于生态环境保护综合行政执法有关事项的通知》（2020 年）规定："《生态环境保护综合行政执法事项指导目录》主要梳理规范生态环境保护领域依据法律、行政法规设定的行政处罚和行政强制事项，以及部门规章设定的警告、罚款的行政处罚事项，并将按程序进行动态调整。各省、自治区、直辖市可根据法律、行政法规、部门规章立改废释和地方立法等情况，进行补充、细化和完善，建立动态调整和长效管理机制。有关事项和目录按程序审核确认后，要在政府门户网站等载体上以适当方式公开，并接受社会监督。"

（六）国家林业和草原局办公室《关于做好林草行政执法与生态环境保护综合行政执法衔接的通知》（2020 年）

国家林业和草原局办公室《关于做好林草行政执法与生态环境保护综合行政执法衔接的通知》（2020 年）规定："林业和草原主管部门（含有关自然保护地管理机构，下同）纳入生态环境保护综合行政执法的事项为'对在自然保护地内进行非法开矿、修路、筑坝、建设造成生态破坏的行政处罚'，具体包括：（一）《自然保护区条例》第 35 条中对'开矿'的行政处罚；（二）《陆生野生动物保护实施条例》第 35 条中对属于'开矿、修路、筑坝、建设'破坏野生动物主要生息繁衍场所的行政处罚；（三）《风景名胜区条例》第 40 条第 1 款第（一）项中对'开矿'、第（二）项、第（三）项的行政处罚；（四）《风景名胜区条例》第 41 条的行政处罚；（五）《风景名胜区条例》第 46 条中对属于'开矿、修路、筑坝、建设'的施工的行政处罚。《在国家级自然保护区修筑设施审批管理暂行办法》第 14 条、第 15 条涉及的行政处罚，实施主体为生态环境部门。《生态环境保护综合行政执法事项指导目录》（2020 年版）同时明确，地方需要对部分事项的实施主体作出调整的，可结合部门'三定'规定作出具体规定，依法按程序报同级党委和政府决定。地方林业和草原主管部门要认真研究上述事项的执法主体调整问题，确需由林业和草原主管部门继续实施的，请积极向党委、政府提出合理建议，按程序报批。"

（七）中央机构编制委员会《关于统一规范国家公园管理机构设置的指导意见》（2020 年）

中央机构编制委员会《关于统一规范国家公园管理机构设置的指导意见》（2020 年）在"明确国家公园管理机构主要职责"中指出："国家公园管理机构依法履行自然资源、林业草原等领域相关执法职责；园区内生态环境综合执法可实行属地综合执法，或根据属地政府授权由国家公园管理机构承担，并相应接受生态环境部门指导和监督。"

（八）国家林业和草原局《国家公园管理暂行办法》（2022 年）

国家林业和草原局《国家公园管理暂行办法》（2022 年）第 37 条规定："国家公园管理机构可以按照所在地省级人民政府授权履行自然资源、林业草原等领域相关执法职责。支持公安机关、海警机构、生态环境综合执法机构等单位在国家公园设置派出机构，依法查处违法行为。"

**三、对国家公园范围内资源环境综合执法权限规定的分析**

根据中共中央办公厅、国务院办公厅《建立国家公园体制总体方案》（2017 年），相关部门可以授权国家公园管理机构履行国家公园范围内的资源环境综合执法职责（注意并非"生态环境保护综合执法"。在这个时间点，中央尚未提出"生态环境保护综合执法"的概念）。但有两个限制条件，一是"可根据实际需要"，也就是说并非一律都可以；二是仅限于"必要的"资源环境综合执法职责，也就是说并非所有的资源环境综合执法职责。

根据中共中央办公厅、国务院办公厅《关于深化生态环境保护综合行政执法改革的指导意见》（2018年），林业部门对自然保护地内进行非法开矿、修路、筑坝、建设造成生态破坏的执法权将移交给生态环境部门。但是自然保护地，包括国家公园内与生态环境保护有关违法行为不只是非法开矿、修路、筑坝、建设，还有很多其他的违法行为。事实上，林草部门保留了"非法砍伐、放牧、狩猎、捕捞、破坏野生动物栖息地"等森林和野生动物方面的生态破坏执法权。所以，即便按照生态环境保护综合行政执法改革后的现状，国家公园内还是有部分执法权限是由林草部门来行使的。但上述规定还有两处值得注意。一是"除法律法规另有规定外，相关部门不再行使上述行政处罚权和行政强制权"。也就是说，假如法律法规规定的生态环境执法权限与该意见不一致，比如，法律法规规定国家公园内对非法开矿、修路、筑坝、建设造成生态破坏的执法权由国家公园管理机构来行使，那么，国家公园管理机构就可以对在国家公园内非法开矿、修路、筑坝、建设造成生态破坏的行为进行行政处罚和行政强制。二是"各地可以根据地方性法规规章和工作需要，进一步整合地方有关部门污染防治和生态保护执法职责，由生态环境保护综合执法队伍统一行使"。也就是说，如果地方性法规规章规定，将林草部门对自然保护地内进行非法开矿、修路、筑坝、建设造成生态破坏之外的其他涉及生态环境保护的执法权也移交给生态环境保护综合执法队伍统一行使，也是可以的。

中共中央办公厅、国务院办公厅《关于建立以国家公园为主体的自然保护地体系的指导意见》（2019年）并没有明确自然保护地范围内实行生态环境保护综合执法的主体是哪个部门，只是宽泛地提及"包括相关部门在内"。我们可以从体系解释的角度来对此进行分析。《关于建立以国家公园为主体的自然保护地体系的指导意见》（2019年）发布于《关于深化生态环境保护综合行政执法改革的指导意见》（2018年）之后，而"生态环境保护综合执法"是《关于深化生态环境保护综合行政执法改革的指导意见》（2018年）首次提出，是一个具有特定含义的专有名词。《关于建立以国家公园为主体的自然保护地体系的指导意见》（2019年）沿用了这个词，显然指的是以生态环境主管部门名义进行的综合执法。"建立包括相关部门在内的统一执法机制"的具体含义还有待中共中央办公厅、国务院办公厅的进一步解释,从字面上来看,似乎应当解释为建立一种联合执法机制,而非将自然保护地范围内的生态环境保护综合执法权限授予自然保护地管理机构。国家公园属于自然保护地的一种类型。因此,根据该文件,对国家公园内破坏生态环境的执法权限,似乎主要还是由生态环境主管部门来行使,但国家公园管理机构可以参与联合执法。

根据国务院办公厅《关于生态环境保护综合行政执法有关事项的通知》(2020 年),各省、自治区、直辖市可根据法律、行政法规、部门规章立改废释和地方立法等情况,对《生态环境保护综合行政执法事项指导目录》(2020 年版)进行补充、细化和完善。也就是说,如果未来法律、行政法规、部门规章、地方性法规和政府规章作出了与《生态环境保护综合行政执法事项指导目录》(2020 年版)不同的规定,则各省、自治区、直辖市可以对《生态环境保护综合行政执法事项指导目录》(2020 年版)进行调整。具体到国家公园领域,如果地方性法规或政府规章授权由国家公园管理机构履行国家公园范围内的生态环境综合执法职责,就可以对《生态环境保护综合行政执法事项指导目录》(2020 年版)进行调整。

根据国家林业和草原局办公室《关于做好林草行政执法与生态环境保护综合行政执法衔接的通知》(2020 年),林草部门(含有关自然保护地管理机构)纳入生态环境保护综合行政执法的事项为"对在自然保护地内进行非法开矿、修路、筑坝、建设造成生态破坏的行政处罚"。前文提及,自然保护地,包括国家公园内与生态环境保护有关的违法行为不只是非法开矿、修路、筑坝、建设,还有很多其他的违法行为。例如,《自然保护区条例》(2017 年修订)第 35 条规定的违法行为包括"砍伐、放牧、狩猎、捕捞、采药、开垦、烧荒、开矿、采石、挖沙等活动",林草部门移交给生态环境部门的执法权限只限于对"开矿"行为的执法权限,但仍然保留对其他九项违法行为的执法权限,而其他九项违法行为同样属于破坏生态的违法行为;《风景名胜区条例》(2016 年修订)第 40 条第 1 款第(1)项规定的违法行为除"开矿"外,还包括开山、采石等破坏景观、植被、地形地貌的活动,后面两种违法行为对生态环境的危害性与"开矿"并无二致。

根据中央机构编制委员会《关于统一规范国家公园管理机构设置的指导

意见》（2020 年），园区内生态环境综合执法既可以实行属地综合执法——既可以由生态环境主管部门行使综合执法权，也可以根据属地政府授权由国家公园管理机构承担——前提是有属地政府的授权。易言之，由生态环境主管部门行使属地综合执法权是优先适用的规则。只要属地政府没有另行授权，则默认由生态环境主管部门实施属地综合执法。

也许是法律位阶较低的原因，国家林业和草原局《国家公园管理暂行办法》（2022 年）并未对国家公园范围内相关生态环境保护综合执法权限作出明确规定，只是较为含糊地规定"支持"海警机构、生态环境综合执法机构在国家公园设置派出机构，行使相关生态环境执法权限。

由于《海警法》已经明确规定海洋生态环境保护相关执法职权由中国海警局统一履行，因此，如果将来建立了海洋类型的国家公园，其生态环境保护方面的执法职权将由中国海警局统一行使，这一点无论在理论界和实务界都没有争议。对于陆上国家公园中自然资源与生态环境综合执法权限的实施主体，当前规范性文件的总体倾向是国家公园范围内自然资源综合执法权限由国家公园管理机构统一行使，而国家公园范围内生态环境综合执法权限"默认"实行属地综合执法，除非属地政府另行授权由国家公园管理机构来行使。

### 四、国家公园管理机构统一行使资源环境综合执法权限的理由

#### （一）国家公园内资源环境"多头执法"的弊端

根据以上分析可知，目前的规范性文件对于国家公园范围内生态环境综合执法权限"默认"实行属地综合执法，除非属地政府另行授权由国家公园管理机构来行使。但学界的主流看法是应当将国家公园范围内生态环境综合执法权限授予国家公园管理机构，由国家公园管理机构统一行使国家公园范围内的资源环境综合执法权限。

苏杨等学者指出，"以国家公园为主体的自然保护地，其管理（包括执法）要体现山水林田湖草是一个生命共同体的理念和原则，即要通过对其进行系统保护和综合执法来反映自然的系统性、整体性的需求"。[1]"国家公园

---

〔1〕　苏杨、张玉钧、石金莲主编：《中国国家公园体制建设报告（2019～2020）》，社会科学文献出版社 2019 年版，第 172 页。

作为自然资源综合体，执法专业性特殊性强，只有建立统一规范的执法体系，开展国家公园范围内的资源环境综合执法，才能及时发现和制止非法行为，形成强大威慑力。"〔1〕而如果实施属地生态环境综合执法的话，"通常国家公园的面积都比较大，执法队伍和能力都有限的地方主管部门能否及时有效地进行执法，是很容易被质疑的"。〔2〕"国家公园等包含完整自然生态系统的自然保护地往往跨县级以上行政区，如果由属地的相关执法部门多头执法，不仅可能会因激励不相容、信息不对称而执法效果不佳，还可能因为违法违规事件空间界限难以明晰（违法违规人员大多具有移动性和违法违规事件本身难以定位）而执法虚化。"〔3〕"自然保护地范围内的违法违规行为（如乱采滥挖、乱砍滥伐、乱捕滥猎等）未能被及时制止，不仅与政策、监测漏洞有关，更与管理机构执法权缺失有关。自然保护地管理机构对其管辖范围内自然生态系统的保护负有主体责任，如果无权对其中发生的违法违规行为进行及时有效的查处，难免会因权责不对等而弱化管理。"〔4〕

当前规范性文件总体倾向是将自然资源和生态环境的综合执法权限授予国家公园管理机构和属地生态环境部门分别行使，但问题在于，在国家公园范围内的同一违法行为可能同时涉及林草部门和生态环境部门的执法权限。例如，非法占用林地采矿，从非法采矿角度而言，属于对自然资源的违法开发利用，而从占用林地角度而言，属于破坏生态环境。再如，在国家公园内违法"开矿"，应当由生态环境主管部门来执法，而在国家公园内违法"采石、挖沙"，却由国家公园管理机构（即林草部门）来执法。如果某个行为人在国家公园内既违法"开矿"，又违法"采石、挖沙"，理论上应当由两个部门分别进行调查并处罚。由此可能会导致自然保护地范围内多头执法，出现激励不相容乃至"有利大家上，无利大家让"的局面，还可能出现信息不对称造成执法虚化和监测机构重复建设问题以及执法环节分离局面（执法人员

---

〔1〕 闫颜等："国家公园最严格保护的实现路径"，载《生物多样性》2021 年第 1 期。

〔2〕 秦天宝、刘彤彤："央地关系视角下我国国家公园管理体制之建构"，载《东岳论丛》2020年第 10 期。

〔3〕 苏杨、张海霞、何昉主编：《中国国家公园体制建设报告（2021~2022）》，社会科学文献出版社 2022 年版，第 111 页。

〔4〕 苏杨、张海霞、何昉主编：《中国国家公园体制建设报告（2021~2022）》，社会科学文献出版社 2022 年版，第 109 页。

无法及时限制违法人员人身自由，以致责任人逃离和证据消失），有悖以国家公园为主体的自然保护地"统一、规范、高效"的改革方向。[1]

## （二）自然保护地管理机构是否实施资源环境综合执法的考虑因素

苏杨等学者指出，中国自然保护地类型、数量众多，面积大小、人地关系等差别较大，全部配备资源环境综合执法队伍既不合理也不可行。根据实际需要，可将自然保护地分为管理机构需要资源环境综合执法队伍和不需要资源环境综合执法队伍两大类：前者由管理机构统一行使资源环境综合执法权，后者委托属地的自然资源部门和生态环境部门分别履行自然资源综合执法和生态环境综合执法职能。[2]分类中要考虑的因素可分为两个维度，一个是地理位置、地方政府执法队伍可达性、信息对称性等；另一个是自然保护地是否跨县级以上行政区、面积大小等。显然，并非所有的自然保护地都需要专门的执法队伍，也并非只有国家公园才需要专门的执法队伍，可以根据实际需求和地方政府的相关情况因地制宜。[3]

自然保护地是否需要授予管理机构资源环境综合执法权，可以根据事权划分的外部性、激励相容、信息对称三个原则进行判断。对于自然保护地，如果正外部性很大，即保护好的收益范围远超某个地方政府范围，那么这方面的严格保护执法权就应当授予管理机构，而不能授予地方政府部门，否则会激励不相容。如果自然保护地管理机构没有执法权，那么地方政府可能会因利益驱动而进行旅游大开发或相关的房地产开发。如果自然保护地位于偏远地区，存在通信不便、市镇执法下沉困难等问题，则需要其管理机构具备综合执法职能。由此，对于生态价值高、资源条件好、地处偏远的自然保护地（中国国家公园大多属于此类），其管理机构只有具有资源环境综合执法权才能管好；对于少部分面积较小且靠近城镇的自然保护地，资源环境相关执

---

〔1〕　苏杨、张玉钧、石金莲主编：《中国国家公园体制建设报告（2019~2020）》，社会科学文献出版社 2019 年版，第 172-173 页。

〔2〕　赵鑫蕊、苏红巧、苏杨："国家公园日常管理和生态监管的职能分工研究及其制度设计"，载《自然资源学报》，2023 年第 4 期。

〔3〕　苏杨、张玉钧、石金莲主编：《中国国家公园体制建设报告（2019~2020）》，社会科学文献出版社 2019 年版，第 186 页。

法权在地方才不会引起管理乱局。[1]

表3-3　自然保护地资源环境综合执法队伍需求情况分析[2]

| 是否跨县级以上行政区、面积大小 | 地处偏远地区，地方政府执法部门可达性较差，信息不对称 | 靠近城乡，地方政府执法部门可达性强，信息对称 |
|---|---|---|
| 是，面积较大 | 需要（如三江源国家公园、海南热带雨林国家公园） | 需要（如福建武夷山国家公园、黄山风景名胜区） |
| 否，面积较小 | 需要（如广西木论国家级自然保护区、山西阳城蟒河猕猴国家级自然保护区） | 不需要（如天津蓟州区中上元古界地层剖面国家级自然保护区） |

综上所述，学者们认为，为了构建统一、规范、高效的自然保护地管理体制，自然保护地行政主管部门需要被授予这类生态空间范围内的资源环境综合执法权；生态环境行政主管部门可作为独立客观的外部监管机构，用其他手段（如遥感、多年评估等）进行统一的生态监管。[3]学者们还进一步提出，对于访客和商户众多的国家公园，管理机构则需要拥有包括治安管理、市场监管在内的更广泛的执法权。[4]为了更好地推进国家公园范围内的治安管理和资源环境刑事司法工作，在某些情况下也需要由国家公园管理机构统一领导的专业化公安队伍。[5]

---

〔1〕　苏杨、张海霞、何昉主编：《中国国家公园体制建设报告（2021~2022）》，社会科学文献出版社2022年版，第105-106页。

〔2〕　苏杨、张海霞、何昉主编：《中国国家公园体制建设报告（2021~2022）》，社会科学文献出版社2022年版，第106页。

〔3〕　苏杨、张玉钧、石金莲主编：《中国国家公园体制建设报告（2019~2020）》，社会科学文献出版社2019年版，第173页。

〔4〕　苏杨、张海霞、何昉主编：《中国国家公园体制建设报告（2021~2022）》，社会科学文献出版社2022年版，第105页。

〔5〕　苏杨、张海霞、何昉主编：《中国国家公园体制建设报告（2021~2022）》，社会科学文献出版社2022年版，第119页。

### 五、当前我国国家公园资源环境综合执法机制的现状

当前我国正式建立的五个国家公园中，均建立了国家公园范围内资源环境综合执法机制，但"综合"的程度有所不同。

#### （一）三江源国家公园

青海省人大常委会制定的《三江源国家公园条例》（2020年修正）第15条规定："三江源国家公园所在地县人民政府涉及自然资源资产管理和生态保护的行政管理职责，由国家公园管理机构统一行使。"第19条规定："三江源国家公园设立资源环境综合执法机构，履行资源环境综合执法职责，承担县域园区内外林业、国土、环境、草原监理、渔政、水资源、水土保持、河道管理等执法工作。"该条例第七章"法律责任"，再次明确由国家公园资源环境综合执法机构对相关违法行为进行处罚。

此外，三江源国家公园还建立了"国家公园公安队伍"。三江源国家公园范围内的森林公安队伍建制上划归省公安厅，基本工资由公安系统支出，但是实际工作中，由三江源国家公园管理局对其进行实质性的业务指导（即其工作主要由管理局安排）。在森林公安原有职责基础上，将三江源国家公园公安的执法和案件查处权扩大到三江源国家公园和三江源自然保护区范围内自然资源、生态环境、林草、农牧等自然资源刑事司法领域，形成了事实上的"生态公安"。[1]

由上述规定可知，三江源国家公园实行资源环境一体化的综合执法监督机制。"在山水林田湖草是生命共同体的原则下，三江源国家公园……从理顺管理体制和综合执法机构重组方面破除'九龙治水'难题，实行集中统一的保护管理和执法，在体制设计上解决了政出多门、职能交叉、职责分割的管理体制弊端，为实现三江源国家公园范围内自然资源资产、国土空间用途管制'两个统一行使'奠定了基础。"[2]

---

〔1〕 苏红巧、王楠、苏杨："三江源国家公园执法体制改革经验及其可复制性"，载《生物多样性》2021年第3期。

〔2〕 丁姿、王喆："生态安全观视域下国家公园管理体制改革问题研究——以三江源国家公园为例"，载《青海社会科学》2021年第2期。

（二）大熊猫国家公园

大熊猫国家公园横跨三省，各片区的执法监督体制很大程度上取决于各省的规定。大熊猫国家公园体制试点期间，雅安代表四川省开展大熊猫国家公园自然资源综合执法试点。大熊猫国家公园雅安资源环境综合执法支队联合市自然资源和规划、生态环境、林业、水利、农业农村等部门，将 166 项行政处罚事项纳入大熊猫国家公园统一监督管理，经大熊猫国家公园四川省管理局和雅安市机构编制委员会批准成立大熊猫国家公园雅安资源环境综合执法支队，承担大熊猫国家公园内资源环境综合执法工作，并与自然资源、生态环境、林业、水利、农业农村等相关部门建立了资源环境联合执法机制。[1]

2023 年 7 月通过的《四川省大熊猫国家公园管理条例》第 6 条规定："大熊猫国家公园四川片区管理机构……依法履行自然资源、林业草原等领域相关执法职责，可以根据授权履行生态环境综合执法职责并相应接受生态环境部门指导和监督……"第 53 条规定："管理机构应当加强对大熊猫国家公园保护管理及相关活动的监督检查，依法或者根据授权查处大熊猫国家公园内自然资源、林业草原、生态环境等方面的违法行为，与所在地人民政府相关执法机构建立健全协作机制，加强执法协同，形成执法合力。"与此同时，《陕西省人民代表大会常务委员会关于加强大熊猫国家公园协同保护管理的决定》也规定："省人民政府设立大熊猫国家公园陕西片区管理机构，……依法履行自然资源、林业草原等领域相关执法职责，可以根据授权履行生态环境综合执法职责并相应接受生态环境部门指导和监督。"

由此可见，《四川省大熊猫国家公园管理条例》和《陕西省人民代表大会常务委员会关于加强大熊猫国家公园协同保护管理的决定》都规定"可以根据授权履行生态环境综合执法职责并相应接受生态环境部门指导和监督"。鉴于大熊猫国家公园雅安片区已经实行自然资源和生态环境一体化的综合执法监督机制，这种"根据授权履行生态环境综合执法职责"的规定，基本上可

---

〔1〕 李晓明："当好大熊猫的'贴身保镖'构建生态安全保护新格局——我市建立资源环境联合执法机制保护大熊猫国家公园资源环境"，载雅安市人民政府网，https://www.yaan.gov.cn/xinwen/show/e92e3baf-63ca-4d6b-a3f0-8097b8aa5e0b.html，最后访问时间：2022 年 10 月 14 日。

以解读为大熊猫国家公园四川片区和陕西片区将实行资源环境一体化的综合执法监督机制。

（三）东北虎豹国家公园

在东北虎豹国家公园，国家林业和草原局设立了东北虎豹国家公园管理局，协调吉林、黑龙江两省，承接两省涉及国土、水利、林业等 7 个部门 42 项职责，梳理形成 1612 项行政职能清单，明确了中央事权事项。东北虎豹国家公园基本建立了"管理局—管理分局"两级管理体制，实现了由一个部门跨省统一行使全民所有自然资源资产所有者职责、国土用途空间管制职责和综合执法职责。[1]东北虎豹国家公园管理局的权力清单包含林草、自然资源、水利、农业农村、生态环境等部门涉及行政许可、行政处罚、行政征收、行政强制、行政确认、行政裁决、行政给付、行政奖励和其他行政权力等九类行政职能。[2]

由此可见，东北虎豹国家公园实行自然资源和生态环境一体化的综合执法监督机制。

（四）海南热带雨林国家公园

海南省人大常委会制定的《海南热带雨林国家公园条例（试行）》（2020 年）第 5 条规定："国家公园管理机构履行海南热带雨林国家公园内的生态保护、自然资源资产管理、特许经营管理、社会参与管理、科学研究管理、宣传科普推介等职责，负责协调与海南热带雨林国家公园所在地人民政府及周边社区的关系。"

海南热带雨林国家公园独创国家公园综合执法派驻双重管理机制，明确了国家公园综合执法主体，建立了热带雨林国家公园稳定的综合执法队伍，确保了国家公园范围内综合行政执法不出现空档。海南热带雨林国家公园管理局设置了执法监督处，牵头负责指导、监督、协调国家公园区域内综合行政执法工作；国家公园区域内其余行政执法职责实行属地综合行政执法，由试点区涉及的 9 个市县综合行政执法局承担，单独设立国家公园执法大队，

---

〔1〕 人民日报："东北虎豹国家公园强化共建共享实现和谐共生"，载国家林业和草原局网，ht-tp：//www. forestry. gov. cn/main/586/20221009/100701563975803. html，最后访问时间：2022 年 10 月 14 日。

〔2〕 徐卫华等："东北虎豹国家公园试点经验"，载《生物多样性》2021 年第 3 期。

分别派驻到国家公园各分局,由各市县人民政府授权国家公园各分局指挥,统一负责国家公园区域内的综合行政执法。[1]根据《海南省人民政府关于由海南省公安厅森林公安局及其直属分局行使海南热带雨林国家公园区域内林业行政处罚权的决定》的规定,由海南省公安厅森林公安局及其直属分局以本单位的名义行使海南热带雨林国家公园区域内涉及 42 项林业行政处罚事项的林业行政处罚权。海南热带雨林国家公园区域内其他行政执法实行属地综合行政执法。[2]

(五)武夷山国家公园

福建省人大常委会制定的《武夷山国家公园条例(试行)》(2017 年)第 10 条规定:"武夷山国家公园实行集中统一管理。武夷山国家公园管理机构统一履行国家公园范围内的各类自然资源、人文资源和自然环境的保护与管理职责;受委托负责国家公园范围内全民所有的自然资源资产的保护、管理,履行国家公园范围内世界文化和自然遗产的保护与管理职责。"第 15 条规定:"武夷山国家公园管理机构实行相对集中行使行政处罚权,履行国家公园范围内资源环境综合执法职责……"

武夷山国家公园管理局成立后,加强了武夷山国家公园资源环境保护执法力量,进一步保障了武夷山国家公园资源环境安全。但由于根据现行法律法规规定,武夷山国家公园所在县(市、区)人民政府及其部门仍然具有开展部分资源环境管理领域行政处罚的职责和权力,"九龙治水"现象仍时有出现,有必要通过开展相对集中行政处罚权工作,有效解决多头管理、交叉执法的碎片化问题,加速实现建成统一规范高效的中国特色国家公园体制的目标。为此,福建省人民政府批复了《武夷山国家公园资源环境管理相对集中行政处罚权工作方案》(2020 年),将县级以上地方政府有关部门行使的有关世界文化和自然遗产保护、森林资源管理、野生动植物保护、森林公园管理等四方面 14 部法律、法规、规章涉及的 81 项行政处罚权,集中交由武夷山

---

〔1〕 龙文兴等:"海南热带雨林国家公园试点经验",载《生物多样性》2021 年第 3 期。

〔2〕 "海南热带雨林国家公园开展系列体制机制创新取得明显成效",载光明网,https://m.gmw.cn/baijia/2022-10/31/36126654.html,最后访问时间:2022 年 12 月 25 日。

国家公园管理局行使。[1]但由于目前武夷山国家公园执法支队由原自然保护区管理局转制，执法人员只具备自然遗产、森林资源管理、野生动植物保护方面的业务素质，目前还缺乏大气、土壤、水文等环境资源保护方面的人才与相关条件，难以承担其行政处罚执法职责，因此，拟暂不集中大气、土壤、水文等环境资源保护方面的行政处罚。[2]

综合上述五个国家公园关于执法监督体制的规定和实践，除海南热带雨林国家公园外，基本上都采取了由所在地省级人民政府或者省级人大常委会授权国家公园执法机构集中行使自然资源和生态环境综合执法权限的做法。当然由于每个国家公园的具体情形有所不同，其执法机构的具体执法权限和范围也有一些差别。

## 六、关于国家公园范围内资源环境综合执法机制的建议

### （一）现实可能的情况

国家公园范围内生态环境综合执法职责具体应当由哪个部门负责，目前最重要的两个中央文件就是中共中央办公厅、国务院办公厅《关于深化生态环境保护综合行政执法改革的指导意见》（2018 年）和中央机构编制委员会《关于统一规范国家公园管理机构设置的指导意见》（2020 年）。对于涉及国家机关机构设置的问题，除法律的明确规定之外，中央机构编制委员会办公室（以下简称中央编办）的意见事实上具有最为权威的指导意义。甚至在某种意义上，法律的规定也只是在为中央编办的意见"背书"。因此，无论之前关于国家公园范围内生态环境综合执法权限到底由国家公园管理机构实施还是实行属地综合执法存在多少争议，在中央编办的意见出台之后，相关争议基本上已经"尘埃落定"。

根据中央编办《关于统一规范国家公园管理机构设置的指导意见》（2020 年）的规定，国家公园范围内生态环境综合执法可实行属地综合执法，或根

---

〔1〕 何思源、苏杨："武夷山试点经验及改进建议：南方集体林区国家公园保护的困难和改革的出路"，载《生物多样性》2021 年第 3 期。

〔2〕 "《武夷山国家公园资源环境管理相对集中行政处罚权工作方案》政策解读"，载武夷山国家公园网，http://wysgjgy.fujian.gov.cn/zwgk/zxwj/202101/t20210112_ 5576274.htm，最后访问时间：2022 年 10 月 14 日。

据属地政府授权由国家公园管理机构承担。

当前，已经设立的五个国家公园，有两个（三江源国家公园、武夷山国家公园）明确由省级人大常委会通过地方性法规授权由国家公园管理机构承担国家公园范围内生态环境综合执法权限（武夷山国家公园执法支队由于执法能力问题截至 2023 年并未承担某些生态环境综合执法权限）。还有两个（大熊猫国家公园、东北虎豹国家公园）事实上也由国家公园管理机构承担国家公园范围内生态环境综合执法权限。只有海南热带雨林国家公园区域内的生态环境综合执法实行属地综合执法模式。

基于中央编办的指导意见和五个国家公园的实践，本章基本上赞成目前的《征求意见稿》（2022 年）第 52 条关于国家公园范围内生态环境综合执法权限的规定，即，国家公园管理机构可以经国务院或者省级人民政府授权承担国家公园范围内生态环境等综合执法职责。如果国务院或者省级人民政府没有授权，则默认由属地生态环境部门履行国家公园范围内生态环境保护综合执法权限。为了实际执法中的及时和便利，属地生态环境主管部门应当在国家公园设置派出机构。

值得探讨的是，中央编办的指导意见中只规定"根据属地政府授权……"，而目前《征求意见稿》（2022 年）第 52 条规定的是"经国务院或者省级人民政府授权"。本章认为《征求意见稿》（2022 年）的规定更为合理，但仍需与当前各个国家公园的实践做法进行一定的协调。

"更为合理"的理由是：第一，中央编办指导意见中规定的"属地政府"，从字面上解释，不仅包括省级人民政府，也包括设区的市级人民政府。实践中，对于完全位于某个省级行政区域内的国家公园，由设区的市级人民政府授权可能缺乏权威性，而且可能造成同一个国家公园位于不同的设区的市级人民政府管辖的区域内，由不同的部门或机构履行生态环境保护综合执法权限的情形。而如果由省级人民政府统一授权，就可以避免这种情形。第二，由于某些国家公园是跨省，甚至是跨多省设置的，如果只规定由"属地政府"，哪怕是省级人民政府授权，理论上还是可能出现不同的省做法不一的情形。在这种情形下，由国务院统一授权可能是更合理的选择。

"仍需与当前各个国家公园的实践做法进行一定的协调"在于：在"授权"主体方面，目前三江源国家公园、武夷山国家公园的生态环境保护综合执法权限，都是由省级人大常委会通过地方性法规的方式直接授权给国家公园管理机构，而不是由省级人民政府授权的。因此，如果《征求意见稿》（2022 年）坚持目前这种写法并且最终通过的话，可能会面临是否需要相关省级人民政府"重新授权"的问题。

最后，尽管理论上更为合理，但《征求意见稿》（2022 年）第 52 条的规定确实和中央编办的指导意见存在不一致之处，建议国家林业和草原局在该问题上再次征求中央编办的意见。

（二）相关建议

鉴于学者们不遗余力地呼吁国家公园管理机构应当统一行使资源环境综合执法权，以及实践中由国家公园管理机构统一行使国家公园范围内资源环境综合执法权确实有利于更好地保护国家公园的生态环境，本章也提出一个较为理想的建议：由《国家公园法》直接授权国家公园内所有生态环境保护的执法权限均由国家公园管理机构统一行使，并接受生态环境部门指导和监督。加上自然资源、林草部门固有的"自然资源"执法权限，国家公园管理机构可以实现真正意义上的"资源环境综合执法职责"。而且作出这种规定，也不违背中央精神——中共中央办公厅、国务院办公厅《关于深化生态环境保护综合行政执法改革的指导意见》（2018 年）明确规定"除法律法规另有规定外，相关部门不再行使上述行政处罚权和行政强制权"。也就是说，如果《国家公园法》明确授权国家公园行使相关生态环境保护综合执法权限，并不违背上述指导意见的精神。当然，此种方案对当前"生态环境保护综合执法制度"可能会产生一定的冲击，可能会受到生态环境主管部门的反对，不过鉴于国家公园在生态文明建设中的重要地位，以及国家公园的数量并不会太多，这种冲击整体上并不大，也有希望能够获得中央领导和人民群众的支持。但是否采纳此种方案，确实需要党中央、国务院和全国人大常委会的政治决断。

除以上理想方案外，还有一种"次理想"的方案，同样可以避免"多头执法"——将国家公园范围内的资源环境综合执法权限统一授权给属地生态环境部门，然后由属地生态环境部门在国家公园设立派出机构统一执法。这种做法同样不违背中央精神——中共中央办公厅、国务院办公厅《关于深化生态环境保护综合行政执法改革的指导意见》（2018 年）指出："各地可以根据地方性法规规章和工作需要，进一步整合地方有关部门污染防治和生态保护执法职责，由生态环境保护综合执法队伍统一行使。"也就是说，各省还可以通过地方性法规规章，将国家公园范围内原本由林草部门（包括国家公园管理机构）行使的自然资源类执法权限，移交给生态环境主管部门，由生态环境主管部门来统一行使资源环境综合执法。为了实际执法中的及时和便利，生态环境主管部门应当在国家公园设置派出机构。当然，这种做法需要每个国家公园所在的省份均制定地方性法规，从可操作性的角度而言，不如直接在《国家公园法》中授权国家公园管理机构统一行使资源环境执法权限简便，但也不失为一种可以考虑的替代方案。

### （三）从实践中选择更合适的方案

当前，《国家公园法》还在制定过程中，五个国家公园，也正在实施各自版本的资源环境综合执法机制。无论理论上学者如何建议，"实践是检验真理的唯一标准"，因此本章的最终建议是：应当总结这几年五个国家公园各自所实施的资源环境综合执法模式的经验和不足，看看哪种模式在实践中的效果更好。未来《国家公园法》关于园区内生态环境保护综合执法的制度构建，可以采纳经过实践检验最为有效的方案。当然，由于各个国家公园的地理条件及其他条件存在很大差异，也可能存在不止一种"有效"的方案，那就应当总结这些有效的方案发挥作用的具体背景和条件，并在《国家公园法》中授权国务院或者省级人民政府因地制宜地规定不同的方案。

## 第三节 国家公园范围和分区调整中的公众参与*

近年来，信息公开和公众参与已日益成为考量行政决策正当性的"标尺"。[1]"程序参与性就是指那些利益或权利可能会受到程序法律结果直接影响的法律主体应当有充分的机会富有意义地参与法律程序的过程，并对法律结果的形成发挥其有效的影响和作用。程序公开性即法律程序的每一阶段和

---

* 本节内容以"国家公园范围和分区调整中的公众参与"为题发表于《中华环境》2020年第8期，本章收录时重新进行了完善和扩充。

〔1〕 骆梅英、赵高旭："公众参与在行政决策生成中的角色重考"，载《行政法学研究》2016年第1期。

步骤都应当以当事人和社会公众看得见的方式进行。"〔1〕

## 一、国家公园范围和分区调整公众参与的必要性

环境决策往往交杂了各种经济利益与环境利益、公共利益与私人利益的冲突和协调，还面临很大的科学不确定性和风险，如果缺乏强有力的正当法律程序保障，尤其是信息公开和公众参与的保障，环境利益很可能成为牺牲品。"相对于建立在传统的'依法行政'理念和客观确定的知识基础之上、难以适应日益复杂多变的风险特别是科学不确定性所带来的技术风险的'传送带'模式，'裁量+参与'模式以'专家知识'和'公众参与'作为行政机关进行决策的重要基础，为应对科学不确定性背景下的风险问题提供了较为灵活的方案。"〔2〕通过公众参与程序，"使得利害相关方感觉自己参与了政策制定，其终极目的在于，使得最终分配给他们承担的风险，看起来不那么具有非自愿性质，并能在政府决策过程中培养公众的信任"。〔3〕

国家公园是我国自然保护地体系中生态价值和保护强度最高的一种，具有无与伦比的生态重要性。因此，所有涉及国家公园的决策，都应当建立完善的公众参与程序，以便有充分的声音为"环境利益"代言。

在涉及国家公园的决策中，有一种决策是国家公园范围和分区调整的决策。范围调整是指国家公园外部界限的扩大、缩小或内外部区域间的调换；分区调整是指国家公园内部各种功能区的范围的调整，当然也可能出现既调整范围又调整分区的情形。《建立国家公园体制总体方案》（2017 年）明确提出国家公园"以加强自然生态系统原真性、完整性保护为基础"。如果是扩大国家公园的总面积或者受到更严格保护的功能区的面积，将会带来限制资源开发、限制建设项目、影响企业经营、居民迁移等结果。如果是缩小国家公园的总面积或者受到更严格保护的功能区的面积，则会对国家公园所保护的生态环境的原真性和完整性造成重大不利影响。因此，国家公园的范围和分

---

〔1〕　周佑勇："行政法的正当程序原则"，载《中国社会科学》2004 年第 4 期。

〔2〕　王明远、金峰："科学不确定性背景下的环境正义——基于转基因生物安全问题的讨论"，载《中国社会科学》2017 年第 1 期。

〔3〕　［美］理查德·拉撒路斯：《环境法的形成》，庄汉译，中国社会科学出版社 2017 年版，第 203 页。

区调整必然会触碰地方政府，原国家公园区域内，拟划为国家公园区域内及周边地区相关企业、社区居民的政治和经济利益，也会影响公众的环境利益。在这种各方利益产生严重冲突的情况下，为了充分保障各方利益，提升决策的科学性和决策作出后的可执行性，应当设置较为充分的公众参与程序。

**二、前车之鉴："长江上游珍稀特有鱼类国家级自然保护区"范围调整之争**

目前，我国的国家公园体制刚刚起步，尚未发生国家公园范围和分区调整的实际案例。但制度设计必须未雨绸缪。国家公园脱胎于"自然保护区"，在过去的一些年中，我国多次发生地方政府为了追求经济利益而调整自然保护区的范围，严重影响重要的生态系统原真性和完整性的事件。其中，影响最大的莫过于"长江上游珍稀特有鱼类国家级自然保护区"的两次范围调整。[1]

20世纪90年代，为了减轻三峡工程建设对鱼类资源带来的不利影响，"长江泸州段泸州市珍稀、特有鱼类自然保护区"和"长江宜宾段宜宾地区珍稀鱼类自然保护区"相继建立，1997年，两个保护区合并为"长江合江—雷波段珍稀鱼类省级自然保护区"。2000年，该保护区升格为国家级自然保护区。

《自然保护区条例》（2017年修订）规定，在自然保护区的核心区和缓冲区内不得建设任何生产设施；在实验区内不得建设污染环境、破坏资源或者景观的生产设施。21世纪初，在"西部大开发"的名义下，三峡总公司规划新建向家坝和溪洛渡水电站，向家坝大坝位于该保护区的核心区，溪洛渡大坝距保护区核心区上游边界不过2公里。为规避法律限制，四川省申请对该国家级自然保护区的范围进行调整。2005年4月，国务院批准了四川省的调整申请，并将该保护区更名为"长江上游珍稀特有鱼类国家级自然保护区"。这次调整导致该保护区被"掐头"，保护区位置下移，干流江段由原来的443.41公里缩减为353.16公里。原国家环保总局明确要求"调整后的保护区内不得再进行水利水电开发活动"。

然而，自2007年开始，重庆市和三峡总公司一直在运作小南海水电站。小

---

〔1〕 关于"长江上游珍稀特有鱼类国家级自然保护区"的两次范围调整的过程，大部分是根据2010年12月2日下午笔者参加自然之友、公众环境研究中心NGO等组织的一次小范围通气会上的记录整理而成，同时参考了一些媒体上公开发表的报道。

南海水电站的选址拟定在重庆市的珞璜镇，正好位于调整后的保护区的实验区内。为了兴建小南海水电站，重庆市再次申请调整该国家级保护区的范围。

这次调整一旦被批准，意味着该保护区继被向家坝和溪洛渡大坝"掐头"之后，将再次被小南海水电站"去尾"，将严重破坏保护区的生态完整性，甚至导致保护区名存实亡。2009 年 11 月至 2011 年初，"自然之友"等环保团体多次申请环境保护部、农业部在评审过程中公开调整信息并召开听证会，均未获得有效回应。2010 年 11 月，该保护区的调整申请获得国家级自然保护区评审委员会的全票通过，随后获得了国务院的批准。

当时适用的《国家级自然保护区范围调整和功能区调整及更改名称管理规定》（2002 年，已失效）并没有规定任何公众参与的内容。这种调整及审批，既不属于行政许可，也不属于制定规划，也不属于规划环评，无法适时地适用《行政许可法》《城乡规划法》《环境影响评价法》《规划环境影响评价条例》等法律法规中关于公众参与的规定。因此，环保团体要求参与保护区的调整决策，几乎完全无"法"可依。

幸运的是，虽然国务院批准了"长江上游珍稀特有鱼类国家级自然保护区"的范围调整申请，但由于各种原因，小南海水电站只进行了前期的"三通一平"工作，水坝主体工程尚未开建。2015 年 3 月，环境保护部在《关于金沙江乌东德水电站环境影响报告书的批复》中叫停了小南海水电站。[1]此后不久，习近平总书记多次强调长江要"共抓大保护，不搞大开发"，由此"长江上游珍稀特有鱼类国家级自然保护区"就这样被幸运地保护下来。

但自然保护区或者国家公园的保护，决不能指望"幸运"，唯有"制度"才是自然保护区或者国家公园更坚强、更可靠的保障。

### 三、现行有关保护地公众参与的规定

我国正在探索建立以国家公园为主体的自然保护地体系，对国家公园的

---

〔1〕 原国家环境保护部在《关于金沙江乌东德水电站环境影响报告书的批复》（环审〔2015〕78 号）中提到："过去十年，长江上游珍稀、特有鱼类国家级自然保护区因金沙江下游一期工程建设等因素进行了两次调整，自然保护区结构和功能已受到较大影响。未来该流域开发必须严格按照主体功能定位，严守生态保护红线，切实严格依法保护长江上游珍稀、特有鱼类国家级自然保护区。""不得在向家坝水电站坝址至三峡水利枢纽库尾长江干流河段和支流岷江、赤水河河段等自然保护区范围内，再规划和建设小南海水电站、朱杨溪水电站、石硼水电站及其他任何拦河坝（闸）等涉水工程。"

管理要求必将比对国家级自然保护区的管理要求更严格。通过分析现行国家级自然保护区和国家公园试点区域范围和分区调整中的公众参与程序及其不足，可以为将来完善国家公园范围和分区调整的公众参与程序提供有益的参考。

2013年国务院废止《国家级自然保护区范围调整和功能区调整及更改名称管理规定》，重新制定了《国家级自然保护区调整管理规定》。该规定第11条规定，因国家重大工程建设需要调整国家级自然保护区范围或功能区时，申报材料必须包括自然保护区管理机构和自然保护区所在地及其周边公众意见。第15条规定，调整经批准后，国务院环境保护行政主管部门应当公布其面积、四至范围和功能区划图。

《征求意见稿》（2022年）第40条规定了笼统的公众参与要求："国家公园管理机构应当积极吸纳社区居民、专家学者、社会组织等参与国家公园的设立、建设、规划、管理、运行等环节，以及生态保护、自然教育、科学研究等领域，并接受社会监督。"但在涉及国家公园范围或者分区调整的第12条中，只规定了"国家公园的面积、范围、分区调整或者名称变更应当经国务院同意"，未明确规定任何公众参与要求。

《国家公园管理暂行办法》（2022年）也只在第6条第3款规定了笼统的公众参与要求："国家林业和草原局（国家公园管理局）和各国家公园管理机构可以建立咨询机制，广泛听取专家学者、企事业单位、社会组织、社会公众等的意见。"该暂行办法未明确规定关于国家公园范围或分区调整的内容，只在第11条笼统规定"确需调整总体规划和专项规划的，应当报原审批机关批准"。

地方立法层面，《云南省迪庆藏族自治州香格里拉普达措国家公园保护管理条例》（2013年制定）和《云南省国家公园管理条例》（2015年制定）规定的规划调整程序中均没有公众参与的内容。《三江源国家公园条例（试行）》（2020年修正）规定，三江源国家公园规划的调整应当通过"座谈、论证、听证"等方式征求公众意见。《武夷山国家公园条例（试行）》（2017年制定）规定，武夷山国家公园规划编制应当公开征求相关部门、专家和社会公众的意见并进行听证，但对于规划的调整，仅规定"确需修改的，应当经省人民政府批准"。《神农架国家公园保护条例》（2019年修正）规定，神农架国家公园规划的调整应当征求公众意见，征求公众意见的方式没有明确规定，但"必要时进行听证"。《海南热带雨林国家公园条例（试行）》（2020 年制定）没有规定规划调整的内容，仅规定：经批准的海南热带雨林国家公园总体规划和专项规划，国家公园管理机构和各级人民政府及有关部门应当严格执行。上述六部地方性法规对于规划调整过程中的信息公开均未作出明确规定。

### 四、国家公园范围和分区调整决策需要更充分的公众参与

"国家公园关键在一个'公'字上，其本质是中央政府动用公共财力保护公共资源，造福公众的公益事业，公有、公管、公益、公享是国家公园之'公'的四层含义。"[1]"公益性"是国家公园的基本属性。"公益性"显然意味着在涉及国家公园的重大决策中需要充分的公众参与，以便有更多的声音为"公益"代言。

国家公园的顶层设计非常重视公众参与。《建立国家公园体制总体方案》（2017 年）提出在国家公园设立、建设、运行、管理、监督等各环节，以及生态保护、自然教育、科学研究等各领域，引导当地居民、专家学者、企业、社会组织等积极参与。《关于建立以国家公园为主体的自然保护地体系的指导意见》（2019 年）提出要建立健全政府、企业、社会组织和公众参与自然保护的长效机制。

从上述文件的精神来看，目前的《国家级自然保护区调整管理规定》（2013 年）规定的信息公开和公众参与力度显然远远不够。国家公园的范围和分区调整，需要更充分的信息公开和公众参与。

### （一）更及时的信息公开

《国家级自然保护区调整管理规定》（2013 年）第 15 条规定了国家级自然保护区范围与功能区调整经批准后，国务院环境保护行政主管部门应当公布其面积、四至范围和功能区划图。但此时的调整决定已经"尘埃落定"，一般意义上的公众已经失去了参与的机会，因此这种"信息公开"的意义并不大。

---

[1]　杨锐："防止中国国家公园变形变味变质"，载《环境保护》2015 年第 14 期。

基于"事先知情"的"参与"才可能是富有意义的参与。为了实现这个目标，信息公开的时机、方式、内容、期限等都非常重要。信息公开应当秉承"以便于公众知悉的方式准确、全面、及时地公开"的原则。本章建议，国家公园范围和分区调整中的政府信息公开，可以参照建设项目环评的信息公开要求，分阶段进行。

第一阶段是相关政府部门（如国家公园管理机构）拟提出调整申请、正在准备申请书草案之际。此时公开拟调整信息，可以最大限度地保障公众的知情权，公众参与的效果也最好。因为调整尚在准备阶段，政府部门尚未投入大量资源，更有可能改变调整的决策，或者提出更合理的调整方案。第二阶段是相关政府部门正式提出调整申请、国家公园评审委员会进行评审之前。这个阶段，调整方案已经基本确定，但公众仍然有机会在评审委员会作出决定前提出意见，影响评审委员会的决定。第三阶段是评审通过之后，公众可以了解范围调整的最终结果。如果第一阶段的信息公开难以落实的话，至少应当确保第二阶段的信息公开能够得到落实。建议负责召集国家公园评审委员会的部门将国家公园范围或分区调整的信息纳入主动公开的范围，在收到国家公园管理机构调整国家公园范围或分区的申请之后、组织评审委员会正式评审之前，将相关信息予以公开。

《环境保护公众参与办法》（2015年）规定，环境保护主管部门在向公民、法人和其他组织征求意见时，应当公布"相关事项或者活动的背景资料"等信息。为了保障公开的信息便于公众知悉，国家公园管理机构及负责召集国家公园评审委员会的部门应当参照该条规定公开国家公园范围和分区调整的理由，调整可能对生态环境、企业生产经营或居民生产生活产生的影响等。"便于公众知悉"的公开途径主要包括政府部门的官方网站或者有影响力的媒体，公示的时间应当尽量避开节假日，且至少应当持续十个工作日以上。

（二）更多元的公众参与

目前，《国家级自然保护区调整管理规定》（2013年）规定的征求意见的对象为"自然保护区所在地及其周边公众意见"，范围过窄。一般而言，自然保护区所在地及其周边公众对于直接涉及自身经济利益和环境利益的事务，参与的积极性较高。但普通居民关注的环境利益主要是由于环境污染问题或者身边的自然资源破坏问题给自己造成的损害，很少会关心抽象意义上的环境利益。事实上，就算是环境污染，很多普通居民可能也并不关心。"下游河岸所有人可能完全不关心污染，他们本身可能就在制造污染。"〔1〕参与环境决策，需要付出时间、精力甚至金钱等成本，尤其是如果要"为环境代言"，还需要较高的专业知识。对于当地普通居民而言，未免有点强人所难。

国家公园范围或分区调整不仅会影响到周边群众的经济利益或环境利益，而且会涉及更广泛的环境利益。鉴于国家公园具有无与伦比的生态重要性，国家公园范围和分区调整的影响绝不只是地域性的，至少是全国性的，甚至是全球性的，因为一些特定的濒危物种、特定的景观在全球范围内也可能独一无二，如大熊猫、东北虎、长江上游特有珍稀鱼类等。美国国会在制定《美国濒危物种法》时的一份报告中指出："它们（指濒危物种）是潜在的资源。它们为我们无法解决的难题提供了钥匙，甚至，它们可能提供我们现在还没有想到的问题的答案。……就算是完全为了我们自身的考虑，我们（在从事可能危及濒危物种的活动时）也必须谨慎。"〔2〕这个针对濒危物种的重要性的评价，完全适用于国家公园。

在环境决策的公众参与中，存在"私益公众参与"和"公益公众参与"两种情形。"在纯粹基于私人利益公众参与的背景下，行政机关……即使严格按照法律规定对……利害关系人进行利益分配，也难以确保对环境公益的保护。……需要另外引入基于环境公益的公众参与。"〔3〕因此，在国家公园范围和分区调整这种涉及重大生态利益的决策中，非常有必要面向广大社会公众，甚至包括国外的公众广泛征求意见。正如美国联邦最高法院道格拉斯大法官指出的那样："在这些……无价之宝（如峡谷、高山草甸、河流或者湖泊）永远消失，或者成为我们的都市环境最后的碎片之前，我们应当认真倾听这些环境奇迹现有的受益人的声音。……那些和即将遭受损害、污染或其他形式

〔1〕［美］克里斯托弗·D. 斯通："树应该有诉讼资格吗？——迈向自然物的法律权利"，王明远译，载《清华法治论衡》2010 年第 1 辑。

〔2〕汪劲、严厚福、孙晓璞编译：《环境正义：丧钟为谁而鸣——美国联邦法院环境诉讼经典判例选》，北京大学出版社 2006 年版，第 179 页。

〔3〕楚晨："逻辑与进路：环评审批中如何引入基于环境公益的公众参与"，载《中国人口（资源与环境）》2019 年第 12 期。

的掠夺的自然物有密切关系的人，都是它们合法的代言人。"[1]

在众多的参与主体中，尤其应当重视专业的环保组织的参与。环保组织既有热情又有能力为国家公园决策中的环境利益代言。"一方面，环保社会组织具备专业性，能够为环境公益的实现作出贡献；另一方面，其具备组织性和规范性，能够避免公众参与的无序性而导致过高的社会成本和负面影响。"[2]在"小南海水电站事件"中，大自然保护协会（TNC）、自然之友、公众环境研究中心等中外环保团体一直试图通过各种途径为长江上游珍稀特有鱼类奔走号呼，希望能"力挽狂澜"，笔者当时曾有幸参与其中部分过程，深切感受到他们的热情与专业。2008年，国家林业局批准云南省试点国家公园制度时，大自然保护协会就为云南省相关政府部门提供了国家公园地方立法、地方技术标准制定、组织机构建设、信息管理、资源调查和社区参与等多角度、全方位的技术支撑。[3]当然，国家公园所在地企业和居民的参与也非常重要。国家公园范围调整会直接影响附近相关企业、居民的经济利益和环境利益，在决策过程中，必须倾听他们的诉求并作出合理的回应。在涉及少数民族聚居区的国家公园范围调整，还应当尊重世代居住的少数民族群体对环境与文化的情感，"将少数民族群体的声音纳入到环境治理决策过程中去"。[4]

在参与阶段和参与方式上，鉴于国家公园范围调整所涉及的环境利益特别重大，建议公众参与同样分两个阶段进行：第一阶段，在向国家公园评审委员会提出调整申请之前，申请范围调整的国家公园管理机构应当召开听证会征求公众意见；第二阶段，在评审委员会进行评审之前，负责召集评审委员会的部门应当召开听证会征求公众意见。征求公众意见的机关应当通过便于公众知悉的方式，对公众的意见和建议作出公开回应。如果第二阶段的听证会难以落实的话，至少应当确保第一阶段的听证会能够得到落实。

公众参与的意义不仅在于"参与"，更重要的是公众所提的意见应当被决

---

〔1〕 汪劲、严厚福、孙晓璞编译：《环境正义：丧钟为谁而鸣——美国联邦法院环境诉讼经典判例选》，北京大学出版社2006年版，第68-71页。

〔2〕 徐以祥："公众参与权利的二元性区分——以环境行政公众参与法律规范为分析对象"，载《中南大学学报（社会科学版）》2018年第2期。

〔3〕 李笑兰："推动国家公园模式与社会组织的实践案例"，载《旅游学刊》2018年第8期。

〔4〕 余俊：《生态保护区内世居民族的环境权与发展问题研究》，中国政法大学出版社2016年版，第142页。

策机关慎重考虑，从而影响最终的决策。"如果公众参与权没有获得实体性'充实'（empowerment），即使存在程序性的参与规则，公众的参与也有可能是点缀性的、符号化的，并不能真正对于规则的形成施加真正的影响力。"[1]为了确保公众参与的有效性，建议参考《规划环境影响评价条例》的规定，要求调整申请中应当附具对公众意见采纳与不采纳情况及其理由的说明。如果未召开听证会、未附具对公众意见采纳与不采纳情况及其理由的说明或者不采纳公众意见的理由明显不合理的，审批机关不予批准。

### 五、对国家公园范围和分区调整中的公众参与的法条建议

综上所述，本章建议，未来《国家公园法》关于国家公园范围和分区调整的条文，可以这样规定：国家公园管理机构认为确有必要调整国家公园范围或分区的，应当在向国家公园评审委员会提出书面申请之前，通过便于公众知悉的方式公开拟调整的方案及理由，并召开听证会征求当地居民、有关单位、专家、环保团体和社会公众的意见。但是，国家规定需要保密的情形除外。国家公园管理机构应当慎重考虑有关单位、专家和公众的意见，在报送审批的调整申请书中附具对意见采纳或者不采纳的说明，并将采纳或者不采纳的说明向社会公布。国家公园管理机构未召开听证会征求公众意见、未附具对公众意见采纳与不采纳情况及其理由的说明、不采纳公众意见的理由明显不合理或者未将采纳或者不采纳的说明向社会公布的，国家公园评审委员会不予批准。

国家公园评审委员会在评审调整申请之前，召集国家公园评审委员会的部门应当再次通过便于公众知悉的方式公开调整申请书全文，并召开听证会征求社会公众的意见。但是，国家规定需要保密的情形除外。

国家公园范围和分区调整涉及多种利益的冲突，"公众的充分参与能凸显出不同的利益构成，有利于环境部门对不同利益群体进行多方面、多层次、多角度的衡量，从而做出公正、民主、科学、有效的决策"。[2]但必须指出的是：无论是基于私益还是基于公益参与国家公园范围和分区调整决策，"公众

---

[1]　王锡锌："公众参与和中国法治变革的动力模式"，载《法学家》2008年第6期。

[2]　周珂、史一舒："环境行政决策程序建构中的公众参与"，载《上海大学学报（社会科学版）2016年第2期。

只是'参与',而不是'决定'或者'说了算'"。[1]相关决策机关应当"吸纳民意,但不是简单地对民意妥协"。[2]应当在充分考虑包括环保团体和当地居民在内的各种类型的公众的意见基础上,基于对整体的、长远的"公共利益"的理解和把握,审慎地作出最终的决策。

---

[1] 严厚福:"认真对待公众意见:《环境保护公众参与办法》第九条评析",载《世界环境》2017 年第 3 期。

[2] 苏力:《是非与曲直——个案中的法理》,北京大学出版社 2019 年版,第 332 页。

# 第四章
# 国家公园规划和空间用途管制制度

本章撰稿人：

闫颜，国家林业和草原局西南调查规划院高级工程师，负责撰写本章第一节。

赵悦，法学博士，四川大学法学院环境资源法副教授、四川大学能源与环境法研究所主任，负责撰写本章第二、四节。

舒旻，法学博士，昆明理工大学法学院副教授，负责撰写本章第三节。

健全的国家公园规划系统和空间用途管制制度是实现国家公园保护管理目标和成效的重要制度保障。中共中央办公厅、国务院办公厅《建立国家公园体制总体方案》（2017年）、《关于建立以国家公园为主体的自然保护地体系的指导意见》（2019年）、《关于统筹推进自然资源资产产权制度改革的指导意见》（2019年）、《关于在国土空间规划中统筹划定落实三条控制线的指导意见》（2019年）等重要文件从严格规划建设管控、差别化保护管理，以及严守三条控制线等多个方面对强化包括国家公园在内的自然资源整体保护、建立健全国土空间用途管制制度提出系统要求。本章将着眼于在当前时期受到广泛关注的、关系到国家公园规划管理和完善国土空间用途管制制度的焦点问题，包括国家公园规划、自然资源使用权的准征收问题、自然保护地役权对国家公园体制的适用分析等。在本章最后，通过案例分析的方式探讨了国家公园矿业权的退出与补偿机制。

## 第一节 国家公园规划制度

国家公园规划是对国家公园未来的发展、建设、管理相关的整体性、长期性、基本性问题的思考和考量，通过系统收集、分析、组织和处理政策、管理、技术等相关信息，谋划设计综合系统的整套行动方案，为了科学保护与合理利用国家公园自然资源，在空间与时间上做出合理的布局与安排，以方便国家公园科学管理与决策。[1]因此，国家公园规划是国家公园科学保护、有序管理和长期维护的前提，也是国家公园保护管理的重要手段和方式，在国家公园保护与发展中起着至关重要的作用。[2]

---

〔1〕 唐小平等："中国国家公园规划体系构建研究"，载《北京林业大学学报（社会科学版）》2019年第1期。

〔2〕 参见唐小平："国家公园规划制度功能定位与空间属性"，载《生物多样性》2020年第10期；另参见唐小平："构建国家公园规划体系"，载《林业建设》2018年第5期。

### 一、自然保护地规划与国家公园规划

规划是政府管理的主要政策工具之一，其作用主要聚焦在四个方面：一是科学决策，充分利用编制规划的讨论、分析、征询、评价、论证等过程，提出对未来或事物的整体性、长期性解决方案；二是可达愿景，融合多种因素，从不同视角对未来发展进行预期与可行性研判，提出未来发展的可达性目标；三是发展导向，选择实现目标的路径、策略或措施，谋划和引导人力、物力、财力等基本投入；四是公共契约，编制规划过程也是各级政府及其他利益相关方反映诉求、达成一致意见的过程。[1]

（一）国外国家公园规划

1. 美国

美国是最早建立国家公园的国家，经过 100 多年的建设和发展，美国国家公园管理已较为成熟，特别是其较完善的国家公园规划体系，在美国国家公园管理中发挥了重要作用，为美国国家公园的长足发展和规范管理奠定了坚实基础。

1916 年，美国国家公园管理局（National Park Service，NPS）成立，自此时起，美国国家公园的规划与管理初步步入正轨。在美国国家公园管理局成立伊始颁布的《国家公园管理局组织法》中明确了设立国家公园的目的是保护自然与历史资源，以及生存于其中的野生生命，在提供娱乐享受机会的同时，以这样的保护手段保证上述环境与生命完好无损，并保证后代人享有同样的权利。国家公园设立的目的清晰表达了国家公园保护的主要保护对象，以及设立国家公园应当实现的最终目标。要达到建立国家公园的这些目的，最终实现可持续发展的目标，必须通过科学、严谨、有效的规划与管理，才能真正实现国家公园为当代与后代人做出理想的贡献。经历了百年的探索与发展，美国国家公园规划的思路与框架不断调整与完善，时至今日依旧走在世界国家公园规划的前沿。纵观美国国家公园规划的发展历史，大致可分为三个阶段，一是物质形态规划阶段（20 世纪 30—60 年代），是美国国家公园

---

[1] 唐小平等："中国国家公园规划体系构建研究"，载《北京林业大学学报（社会科学版）》2019 年第 1 期。

规划起步早期的探索阶段，这一阶段重点关注旅游设施建设和视觉景观，解决的问题主要是如何建设国家公园，具体工作上体现在严守国家公园边界，规划团队的组成以景观建筑师为主体。二是综合行动计划阶段（20世纪七八十年代），体现结合环境影响评估为主导的更为系统的规划决策体系，注重多方案比较与公众参与，科学家尤其是生态学家参与进规划决策的过程中。三是决策体系阶段（20世纪90年代至今），强调不同层次的规划解决不同的问题，规划层级主要包括总体管理规划、项目规划、战略规划、实施规划、年度执行计划与报告，LAC与VERP理论的引入使规划得到科学监测，在资源保护与游憩使用方面的综合考虑是该阶段规划的一大进步。[1]

美国国家公园规划分为四个层次，即总体管理规划、战略规划、实施计划和年度执行计划。总体管理规划主要明确无限期情况下的目标、原因；战略规划主要明确无限期情况下的行动顺序；实施计划规划期一般为5年，主要明确目标、原因、行动纲领；年度执行计划则主要为年度目标、原因、行动纲领。各层次规划是逐步从宏观到微观，同时下层次目标与上层次的目标相呼应，分目标与总目标相呼应，行动纲领与各目标相呼应。[2]美国国家公园的规划涉及公园功能、范围、目标的制定，资源保护与游憩利用的评估、监测，战略、实施与保障等诸多方面的内容，是一个非常完整且复杂的体系，但主要的规划管理思路和方法基本稳定，现行的美国国家公园管理手册（Management Policy 2006）与国家公园规划标准（Program Standards Park Planning 2004）仍在使用。但美国国家公园的规划并不完美，它依然处于总结实践经验与教训、通过不断调整趋向完善的进程中。[3]2016年以后，以针对每一个国家公园的基础性文件（Foundation Document, F. D.）为指导的新规划

〔1〕杨锐："美国国家公园规划体系评述"，载《中国园林》2003年第1期；李如生、李振鹏："美国国家公园规划体系概述"，载《风景园林》2005年2期。

〔2〕参见吴亮等："美国国家公园体系百年管理与规划制度研究及启示"，载《世界林业研究》2019年第6期；刘李琨："环境伦理视角下的美国国家公园规划体系研究"，武汉大学2022年博士学位论文；刘李琨、张薇、罗巧灵："基于环境伦理的现代美国国家公园规划体系构建及启示"，载《环境保护》2018年第23期。

〔3〕刘海龙、王依瑶："美国国家公园体系规划与评价研究——以自然类型国家公园为例"，载《中国园林》2013年第11期；陈耀华、侯晶晶："美国国家公园规划体系特点及其启示——以美国红杉和国王峡谷国家公园为例"，载《规划师》2019年第12期；刘海龙、杨冬冬、孙媛："美国国家公园体系规划与评估——以历史类型为例"，载《中国园林》2019年第5期。

体系将全面推广到美国国家公园的规划工作中，取代当前强调层次性的既有规划体系。国家公园的规划将在时间的掌控、资金的合理分配、规划决策的有效性与可操作性方面迈上新的台阶。[1]

2. 英国

英国国家公园规划层次分为管理规划、核心战略及其他专门规划。管理规划是根本，核心战略和其他专门规划需服从管理规划；核心战略是关键，在落实管理规划的基础上更具实施性和指导性；其他专门规划是以上两层级规划的补充，根据需要编制。管理规划（也称伙伴合作计划）为非法定规划，内容偏政策性，用以确定战略政策及规划框架，类似我国的自然保护地总体规划，规划期为 15 年；内容主要采用"愿景—目标—行动—计划"的形式，阐述与国家公园保护管理有关的国际国内法律法规、战略规划要求，并明确国家公园发展方向、目标、政策框架等。核心战略是对管理规划中的核心内容进行深化和落实，类似我国自然保护地发展规划，在规划深度上涵盖了我国自然保护地总体规划内容及详细规划的部分内容，规划期为 5 年；核心战略需要符合欧盟及英国的法规要求，也需要与区域规划、教区规划、次区域规划等上一级规划以及地方发展规划和地方专门规划相协调。其他专门规划是针对某项特定内容的规划，与我国国家公园专项规划相似，英国国家公园专门规划涉及景观特征评估报告、土地规划、住房供应规划、能源利用规划、矿产资源保护区规划、农业发展规划、社区规划、建筑设计指南等。[2]

英国国家公园规划由国家公园管理局组织编制，除其他专项规划外，管理规划、核心战略每年都要根据年度评估报告进行修订。由于英国土地大多为私有，在规划编制过程中尤为强调公众参与。在规划前期国家公园管理局会与各方沟通、征求意见，规划完成后会召开公众听证会，会议为期 5 天，由中央社区部派监察员主持，监察人员会广泛听取各方意见。如果公众对规划有较大争议，听证会时间可能延长至几周。充分听取公众意见后，规划监

---

〔1〕 杨伊萌："美国国家公园规划体系发展新动向的启示"，载中国城市规划学会、沈阳市人民政府：《规划 60 年：成就与挑战——2016 中国城市规划年会论文集（11 风景环境规划）》，中国建筑工业出版社 2016 年版，第 32-140 页。

〔2〕 邓武功等："英国国家公园规划及其启示"，载《北京林业大学学报（社会科学版）》2019年第 2 期；王应临、杨锐、[英]埃卡特·兰格："英国国家公园管理体系评述"，载《中国园林》2013 年第 9 期；邓武功等："英国国家公园管理借鉴"，载《城建档案》2019 年第 3 期。

察员会综合各方意见，做出规划是否通过的决定。[1]规划通过后将由国家公园管理局负责实施。国家公园管理局有权审批国家公园内的规划申请，以管理国家公园内的各类活动与建设，一般规划申请许可会在国家公园内进行较长时间的公示。

3. 加拿大

加拿大国家公园局为国家公园系统设定的目标是"用国家公园系统保护加拿大境内所有具有时代意义的自然区域，增强公众对这些自然遗产的理解、欣赏及其带来的愉悦，从而使这些自然遗产能完好无损地留给后代"。因此，加拿大的国家公园系统肩负两项主要责任：保护具有时代意义的自然区域和通过访客的参观实现公众教育，这两项主要目标决定了加拿大国家公园的公益事业性质。加拿大在国家和省两个行政层级上均存在着相应的国家公园体系规划，这两种体系规划（system planning）均属于"区域国家公园体系规划"的范畴。加拿大国家公园体系建立的主要依据是《加拿大国家公园体系规划法案》，该规划法案明确了加拿大国家公园体系的目标、责任和方法，从根本上建立了加拿大国家公园体系的运行规则，确定了国家公园性质等一系列制度基础。[2]加拿大国家公园体系规划的目标是保持国家公园的"生态完整性"，其基于全国的生态区划，以地貌景观和植物为主要区分指标，将加拿大分为 39 个"生态区域"，国家公园系统在每一生态区域上选取 1 个以上合适的地点，这些地点最能代表该区域的景观特点从而被优先划入保护区系统。各省的省级公园体系规划也基于该区域的生态区划，在具体的国家公园资源管理中，制定游憩活动强度分区也基于该公园的生态区划，特别是生态脆弱性评估。

加拿大省立公园体系规划由"目标（goal）—任务（objective）—策略（tactic）"三层逻辑体系组成，Eagles 等定义目标为"一个保护区建立的较广泛的社会目的"，任务则为"清楚阐明的需要完成的事情"，任务是次级目标。Schoemaker 提出五个基本的特征来定义目标，分别是结果导向的、有时

---

〔1〕　秦子薇、熊文琪、张玉钧："英国国家公园公众参与机制建设经验及启示"，载《世界林业研究》2020 年第 2 期。

〔2〕　张振威、杨锐："论加拿大世界自然遗产管理规划的类型及特征"，载《中国园林》2013 年第 9 期。

间区间的、明确的、可测量的和可达到的。[1]结果导向是指描述的任务完成后达到的结果，而不是规划时的情况；有时间区间的是指任务的结果达到在时间上的要求；明确的是指任务的描述是清晰的，而不是含糊的、有歧义的；可测量的是指在任务执行中能清楚通过量的变化描述任务的进展，并最终判断任务是否完成；可达到的是指任务是可行的，是有资源支持的，而不是好高骛远的。而策略通常是指达成任务的具体行动方针。

4. 新加坡

新加坡的国家公园和城市开敞空间始于 20 世纪 60 年代，经过数十年的发展，新加坡形成了一套比较成熟和完善的全国性自然生态空间规划管理模式。新加坡对自然保护地和城市开敞空间做出了详细分类，形成了点线结合、立体绿化补充的国家公园体系，包含公园和自然保护区（Parks & Nature Reserves）、树木保护区（Tree Conservation Areas）、自然步道（Nature Ways）、遗产路（Heritage Roads）、社区花园（Community Gardens）、遗产树（Heritage Trees）和垂直绿化（Skyrise Greenery）。[2]自然保护区（Nature Reserves）是保护自然生态环境及生物多样性，为公众提供一定休闲活动与自然教育的自然保护区域。新加坡全国有 450 处各类公园，包括自然公园（Nature Park）、海岸公园（Coast Park）和主题公园（Theme Park）。

新加坡的城市规划编制及实施体系包含两个层面，战略性规划为概念性规划（Concept Plan），主要内容是指导长久、综合发展的土地利用和交通策略；实施性规划为总体规划（Master Plan）及详细控制规划（Special and Detailed Control Plans），是指导新加坡城市具体建设的法定规划文件。规划体系中涉及的公园等自然和城市开放空间形成了分级分类体系。根据面积和功能的差异，新加坡的公园分为区域公园、市镇公园、邻里公园和公园连接网络。目前，新加坡国家公园局主管全国绿化和公园建设与运营，管理着全国 350 多个公园、3347 公顷自然保护区，还包括新加坡植物园等主题公园，以及超

---

〔1〕 黄向："加拿大 Alberta 省立公园体系规划：一种区域公园体系规划参考"，载《热带林业》2021 年第 2 期。

〔2〕 尹晨冬、朱俊华："新加坡国家公园体系规划解读及其对广州的启示"，载中国城市规划学会、成都市人民政府：《面向高质量发展的空间治理——2020 中国城市规划年会论文集（08 城市生态规划）》，中国建筑工业出版社 2021 年版，第 265~272 页。

300 公里的公园连接网络。新加坡的公园及绿色开敞空间的规划贯穿规划体系的各个层面，概念规划包含了标识性规划、公园和水体规划的编制内容。在 2011 年版概念规划和土地规划中，"整合绿色生态环境和居住空间"是确保新加坡高质量、可持续发展的五个要点之一。在总体规划中，通过确定绿色空间的分类体系、公园绿地人均面积指标、规划布局与可达性要求等，分层落实到下一级规划中。详细控制性规划中的公园和水体规划，主要反映了绿色空间、水体、公园连接网络等现状及规划内容，其内容需审视详细规划和现状评估情况而调整落实。[1]

（二）我国各类自然保护地规划

我国各类自然保护地主管部门根据各自的法规政策依据、管理需求和保护对象的差异，制定了不同层级、不同结构、不同内容的规划体系，受我国以自然保护区为主体的自然保护地体系管理体制机制的影响，我国自然保护地规划体系呈现出多套体系、层级多样、要求迥异等特点，各自然保护地规划体系的规范和完善与否也受各类自然保护地发展的影响，呈现出较大差异。[2]

自然保护区在我国成立最早，法律法规、相关政策制度较为健全，规划方面也开展了最早的探索，形成了体系较为完善、技术相对成熟、管理相对规范的规划体系，实施效果也较好，在自然保护区科学保护、规范管理和永续发展方面发挥了积极作用。我国自然保护区规划体系的构建经历了一个较为曲折的过程，20 世纪 80 年代以前，自然保护区主要是通过森林经理方面的调查取得第一手资料进行综合调查设计；1986 年，国务院要求按照基本建设程序编制自然保护区总体设计，由国家投资建设，正式开启了我国自然保护区的规划建设之路；1993 年，涉及大熊猫栖息地的部分自然保护区开始探索编制总体规划；1998 年，国家林业局出台了《关于加强自然保护区建设管理有关问题的通知》，要求"各级林业行政主管部门组织、督促和指导自然保护

---

〔1〕 尹晨冬、朱俊华："新加坡国家公园体系规划解读及其对广州的启示"，载中国城市规划学会、成都市人民政府：《面向高质量发展的空间治理——2020 中国城市规划年会论文集（08 城市生态规划）》，中国建筑工业出版社 2021 年版，第 265—272 页。

〔2〕 邱胜荣："中国自然保护地规划制度构建研究"，载《世界林业研究》2022 年第 2 期；宋峰等："中国自然保护地规划的回顾与对比研究"，载《中国园林》2020 第 11 期。

区管理机构抓紧编制总体规划",这是国家相关主管部门第一次明确要求自然保护区应编制总体规划;1997 年我国政府颁发了《中国自然保护区发展规划纲要(1996—2010)》,2001 年,《全国野生动植物保护及自然保护区建设工程总体规划(2001—2050 年)》正式实施,2006 年,国家林业局印发了《全国林业自然保护区发展规划(2006—2030 年)》。

总体来看,我国自然保护区规划以《自然保护区条例》(2017 年修订)、《森林和野生动物类型自然保护区管理办法》(1985 年制定)等法规制度为主要依据,国务院、部门规范性文件、各类技术标准等为指导,形成了国家、省(自治区、直辖市)等不同层级的宏观发展规划,以及针对各自然保护区实体的不同时序、不同层级的规划类别。自然保护区形成了发展规划、总体规划、项目可行性研究、实施方案、管理计划、年度计划相结合的规划体系,规范和引导了我国自然保护区的建设与发展。[1]截至 2021 年 6 月,79%的国家级自然保护区、40%的省级自然保护区均编制了总体规划。

风景名胜区规划根据国务院、城乡建设主管部门有关风景名胜区规划编制管理的法规、技术标准和管理文件,形成了省域体系规划、总体规划、详细规划(控制性和修建性详细规划)和分区/景区规划四个结构层次,同时辅以多层面专项规划的规划体系。目前风景名胜区规划方面的文件和标准主要有《风景名胜区总体规划标准》(GB/T 50298—2018)、《风景名胜区详细规划标准》(GB/T 51294—2018)、《国家级风景名胜区规划编制审批办法(2015)》、《国家级风景名胜区总体规划大纲和编制要求(2015)》等,这些文件和标准规范主要针对风景名胜区总体规划、详细规划提出了较为明确的要求。

《风景名胜区条例》对风景名胜区规划的编制、审批等做了较为详尽的规定,按规划深度将规划分为总体规划和详细规划两个层次,其中,总体规划突出风景名胜资源的自然特性、文化内涵和地方特色,对风景资源进行评价,规划内容包括生态资源保护措施、重大建设项目布局、开发利用强度、风景名胜区的功能结构和空间布局、禁止开发和限制开发的范围、访客容量、有关专项规划等;详细规划是在总体规划的框架下,根据核心景区和其他景区

---

[1] 邱胜荣等:"中国自然保护地规划制度构建研究",载《世界林业研究》2022 年第 2 期。

的不同要求编制，确定基础设施、旅游设施、文化设施等建设项目的选址、布局与规模，并明确建设用地范围和规划设计条件。按照风景名胜区级别规定了规划的编制主体，国家级风景名胜区规划由省、自治区人民政府建设主管部门或者直辖市人民政府风景名胜区主管部门组织编制，省级风景名胜区规划由县级人民政府组织编制。在规划审批方面，国家级风景名胜区的总体规划由省、自治区、直辖市人民政府审查后报国务院审批，国家级风景名胜区的详细规划由省、自治区人民政府建设主管部门或者直辖市人民政府风景名胜区主管部门报国务院建设主管部门审批，省级风景名胜区的总体规划由省、自治区、直辖市人民政府审批，报国务院建设主管部门备案，省级风景名胜区的详细规划由省、自治区人民政府建设主管部门或者直辖市人民政府风景名胜区主管部门审批。同时，明确了编制风景名胜区规划应当广泛征求有关部门、公众和专家的意见，必要时应当进行听证，风景名胜区规划报送审批的材料应当包括社会各界的意见以及意见采纳的情况和未予采纳的理由。

总之，风景名胜区规划在对规划区域的总体分区布局、项目建设布局及设计、人文资源挖掘与展示等方面有着比较科学和独特之处，但由于受行业和专业的制约，风景名胜区规划对生物多样性、生态系统、自然资源保护利用方面的内容规定较单一或严重缺失，这也造成其所要求的保护相关目标一般难以实现。[1]

森林公园、地质公园、湿地公园、海洋特别保护区（海洋公园）、沙漠（石漠）公园、水产种质资源保护区均依据部门规章、技术标准和管理文件，形成了以宏观发展规划和总体规划为主，详细规划、专项规划、管理计划按需编制的规划体系。我国各类自然保护地的规划体系指导和规范了各类自然保护地的建设、管理和发展，由于各专业管理部门提出的专业诉求不同，其所设定的规划管理目标各不相同。其中，自然保护区管理最为严格，在自然保护区各类规划中，生物多样性保护、野生动植物管理、自然资源和生态系统保护是其重要内容；风景名胜区的规划则强调核心景区保护与游览设施规

---

〔1〕　王胡军："新形势下风景名胜区规划体系研究"，载《江西建材》2019年第5期。

划；森林公园规划要求对生物多样性与生态环境的保护到位，[1]国家地质公园要求对地质景观进行保护、对地质科普教育规划到位，水利风景名胜区则强调水域景观规划和水域环境与水质的保护规划。由于保护管理目标不同，各类自然保护地规划所设定的功能分区侧重点、发展方向、规划内容、任务要求等自然也不同，甚至出现了保护与发展难以协调的自然保护地空间布局乱象。

### （三）国家公园规划体系

我国国家公园体制是生态文明体制改革的重要组成部分，是构建国土空间开发保护制度的主要制度设计，国家公园体制脱离不了生态文明制度的整体框架。国土空间规划是我国在生态保护及国土开发层面所提出的总体统筹及战略决策，反映了对我国全域、全要素的规划管控。自然保护地体系规划属于"五级三类"的国土空间规划体系中的专项规划，[2]作为自然保护地体系主体的国家公园其生态价值最高，保护强度也最为严格。国家公园规划应突出对自然生态系统的严格保护并真正成为自然保护地的主体。《建立国家公园体制总体方案》（2017 年）明确了国家公园的定位与功能，首要功能是重要自然生态系统的原真性、完整性保护，同时兼具科研、教育、游憩等综合功能。国家公园功能最多、管理目标最丰富，在我国作为保护最为严格的自然保护地，需要通过具体可操作的差异化、精细化的管理方式和措施来实现。

规划体系是自然保护地建设与管理的重要举措之一，要构建科学、合理、立体、多元的中国国家公园规划体系，从宏观到微观、从近期到远期，全方位指导我国国家公园建设和管理。我国国家公园规划体系应借鉴国际先进经验，并结合我国国土空间规划体系改革及我国国家公园发展特色和管理特点，按照"二级五类"管理，二级为宏观和微观层级（国家和各国家公园单体层级），不同层级规划解决从宏观到微观的不同问题；五类即"发展规划—专项规划—总体规划—管理计划—年度计划"，规划层层传导，下位规划服从上位

---

[1] 胡海霞、杨振之："浅议国家地质公园规划的编制体系"，载中国地质学会旅游地学与地质公园研究分会、北京市延庆县人民政府：《中国地质学会旅游地学与地质公园研究分会第 29 届年会暨北京延庆世界地质公园建设与旅游发展研讨会论文集》，中国林业出版社 2014 年版，第 276-277 页。

[2] 王展："国土空间规划背景下国家公园规划管理机制思考"，载《现代商贸工业》2022 年第 9 期；金云峰、陶楠："国家公园为主体'自然保护地体系规划'编制研究——基于国土空间规划体系传导"，载《园林》2020 年第 10 期。

规划。

各层级各类规划主要内容如下。

宏观层面包括发展规划（国家公园空间布局方案）和专项规划。

发展规划：国家层面国家公园发展与布局的整体安排，是战略性、指导性、政策性规划，按照国家公园理念与定位，明确全国国家公园发展的战略目标、布局、体系、任务和策略，评估不确定性及其风险。[1]此规划属于长期规划，规划期10年以上。国家公园空间布局方案将我国自然生态系统中最重要、自然景观最独特、自然遗产最精华、生物多样性最富集的区域纳入国家公园体系，遴选出49个国家公园候选区（含正式设立的5个国家公园），是建立国家公园体制的重点任务之一，已于2022年底正式印发实施。国家公园空间布局方案主要明确了国家公园准入条件、候选区、创建设立程序、候选区动态开放机制、考核评估及退出机制等，并提出强化自然资源资产管理、开展生态保护修复、统筹自然保护与社区发展、加强科技支撑保障、提升监测监管水平、增强科普宣教能力等6项建设任务。国家公园空间布局方案中有关创建设立的要求可在相关法律法规、标准规范中明确，6项建设任务可划入发展规划和专项规划中。

专项规划：专项规划从国家层面针对国家公园建设、管理某一方面进行整体安排，是组织工程、项目的指导性规划文件。[2]按照国家公园发展规划提出的专项规划方向进行专题研究，明确某专项的建设目标、布局、任务、重点项目和相关政策措施，测算投入，评估绩效和风险。国家公园专项规划与国家公园发展规划和其他国家层面的专项规划相衔接，有助于从宏观层面把握国家公园自然资源资产管理、特许经营、生态修复、社区发展、科研监测、科普教育等发展和管理水平，也有助于统筹兼顾、整合资源，更好地减少地区间差异。这类规划重点是解决国家公园面临的战略问题，提出具体的应对策略。属于中长期规划，规划期5—10年。

各国家公园单体层面包括总体规划、管理计划、年度计划。

---

〔1〕　唐小平等："中国国家公园规划体系构建研究"，载《北京林业大学学报（社会科学版）》2019年第1期。

〔2〕　唐小平等："中国国家公园规划体系构建研究"，载《北京林业大学学报（社会科学版）》2019年第1期。

总体规划：作为国家公园建设和管理的纲领性文件，是某个国家公园综合性、概括性的总体安排，起到建设管理规划、空间规划的综合作用。通过评估国家公园生态价值与保护管理条件，明确管理边界范围、管控区划及要求，深入调查研究各阶段国家公园单体面临的问题困难和解决对策，制定建设管理目标，确定自然保护、资源管理、自然教育、科研监测、社区协调、特许经营、公众参与等任务和重点项目，确立管理体制、协调机制、监督和执法体系，测算资金投入，评估绩效。此规划属于长期规划，规划期 10 年以上。

管理计划[1]：国家公园阶段性管理安排，对照总体规划提出的系列管理目标、行动，明确工作任务和重点，规定各项管理项目的任务、时间表、路线图，确定各项管理任务的组织、资金和绩效要求。规划期一般为 3—5 年。

年度计划：为行动纲领，与规划目标相对应，可作为年度考核和监测的依据。通过分解和落实总体规划、管理计划、实施方案等，确定年度任务，制订实施计划。规定各项管理项目本年度的任务、时间表、路线图和责任人，明确考核清单。规划期一般为 1 年。

## 二、国家公园规划编制与审批

### （一）规划编制与审批主体

国家层级规划的编制与审批主体：全国国家公园发展规划，由国家林业和草原局（国家公园管理局）会同国务院自然资源、生态环境、发展改革、财政等有关部门编制，在征求有关部委和国家公园所在地省级人民政府意见后，报国务院批准；全国国家公园专项规划，由国家林业和草原局（国家公园管理局）组织编制，在征求国务院相关部委和国家公园所在地省级人民政

---

[1] 国家林业和草原局在组织完成已正式设立的 5 个国家公园总体规划后，要求各国家公园管理机构会同国家公园涉及省级林草主管部门，依据总规和保护管理要求，编制生态保护修复、自然资源及生物多样性监测、科技支撑、自然资源利用、教育体验等专项工作实施方案，进一步细化落实总规目标任务和弹性管理措施、保障措施及监管要求等，明确完成时限和责任单位。要求跨省域的国家公园要统一编制实施方案，国家林业和草原局相关专员办要加强统筹协调。实施方案要落实具体工作任务的执行方案，编制实施方案涉及太多部门，沟通成本较高、工作效率偏低。如在国家公园发展规划、专项规划的宏观指导框架下，与各国家公园总体规划内容相衔接，不论管理计划、年度计划还是具体的实施方案，可直接由国家公园管理机构编制实施，减少不必要的工作环节，有利于提高国家公园项目实施效率。

府意见后，报国务院自然资源主管部门批准，特别涉及生态修复、自然资源资产管理、特许经营等专项规划要作为国务院自然资源主管部门开展全民所有自然资源资产监管的重要依据。[1]

　　各国家公园单体层级的编制与审批主体：各国家公园总体规划，由中央直管的国家公园由国家林业和草原局（国家公园管理局）组织编制，在征求国家公园所在地省级人民政府意见后，报国务院自然资源主管部门审批；中央委托省级政府管理的国家公园，由各国家公园所在地省级人民政府组织编制，充分征求省级人民政府林业草原、自然资源、发展改革、财政、生态环境等相关部门意见后，报国家林业和草原局（国家公园管理局）审批。各国家公园管理计划和年度计划由各国家公园管理机构组织编制，作为各国家公园管理机构精细化管理的重要手段和方式，必要时可由国家公园管理机构自行组织专家咨询，或报省级林业或草原主管部门备案（表4-1）。

表4-1　国家公园规划编制与审批主体

| 规划层级 | 规划类别 | 编制主体 | 审批主体 | 备注 |
| --- | --- | --- | --- | --- |
| 国家层级 | 发展规划 | 国务院林业草原主管部门 | 国务院 | |
| | 专项规划 | 国务院林业草原主管部门 | 国务院自然资源主管部门 | |
| 国家公园 | 总体规划 | 国务院林业草原主管部门 | 国务院自然资源主管部门 | 中央直管 |
| | | 省级人民政府 | 国务院林业草原主管部门 | 委托省级政府管理 |
| | 管理计划 | 国家公园管理机构 | | 国家公园管理机构组织专家咨询 |
| | 年度计划 | 国家公园管理机构 | | 国家公园管理机构组织实施 |

　　[1]　马之野、杨锐、赵智聪："国土空间规划背景下的国家公园规划管理机制思考"，载《住区》2019年第6期。

（二）规划编制要求

1. 坚持国家公园基本理念

国家公园规划体系应有利于始终如一地贯彻落实"生态保护第一、国家代表性、全民公益性"的我国国家公园体制建设三大理念。规划中通过对国家公园理念的具体化，形成不同层级的目标体系，通过多层级规划落实和细化目标体系。规划体系应主要为国家公园的规范建设和有效管理服务，针对宏观与微观、长远与近期等不同层级的管理目标设定规划类型。规划是国家公园建设和发展的基本依据，保护国家公园自然生态系统的原真性、完整性，以及国家公园内极为丰富重要的生物多样性、自然资源、自然景观，以及自然遗迹是国家公园基本的、核心的理念及职责。要通过科学的规划实现有效的资源管理，避免和减少国家公园主要保护对象受人类活动的干扰和破坏，实现国家公园的可持续发展，使当代和后代人都有机会享受。[1]

2. 与国土空间规划等相协调

国土空间规划是各类开发、保护、建设活动的基本依据，国土空间规划体系的构建是我国生态文明建设和高质量发展的需要。自然保护地是国土空间中最为复杂特殊的一类区域，特别是国家公园作为我国最重要的一类自然保护地，不但承载着我国最重要的自然资源和最丰富的生物多样性，也承担着为人们提供更高品质生态产品的职责。国土空间规划体系总体框架为"五级三类四体系"，从纵向上按照我国五级行政管理体系分级编制，划分为总体规划、详细规划、专项规划三类，按照规划编制和实施的具体方面建立规划编制审批体系、规划实施监督体系、法规政策体系、技术标准体系四个体系，构建了更为科学有效的国土空间治理体系。国家公园规划体系是国土空间规划体系的重要组成部分，国家公园规划应当符合国民经济与社会发展、国土空间规划、用途管制、自然资源资产管理等有关要求，并与各级国土空间规划充分衔接。

3. 多方参与，广泛征求意见建议

多方参与对于提高规划的协调性和可操作性具有重要作用。国外国家公园在规划编制与审批过程中，允许公众通过多种渠道充分参与并表达意见建

---

[1] 周泽桢等："基于文献计量的国家公园规划对比研究"，载《自然保护地》2022年第1期。

议；在规划完成后也要进行公示，公众可以较多地了解国家公园规划，达成较高共识，减少在规划实施过程中的各种利益纠纷，并且公众可以监督规划的实施。[1]在国家公园规划编制过程中，要扎实做好资料收集、调查走访、分析研究等基础工作，充分征求相关利益群体意见建议，通过公开征求意见、听证、评审、咨询、评估等多种方式广泛征求意见建议，确保国家公园规划的科学性、合理性和协调性。同时应将大众关注的国家公园规划问题通过广泛的公众调查，充分吸纳各方意见，通过手机、电视、网络等多种方式进行公示与宣传，以便公众能够认识、认可国家公园规划，促进公众监督，降低规划实施的难度。

4. 不得擅自修改或变更

国家公园规划是经过大量野外调查、分析总结、征求意见等基础工作，按照规划编制的政策要求、标准规范等，经法定的编制审批程序形成的具有法律效力的政府文件，应当要保持其稳定性和权威性。在相关法律法规中应当明确国家公园规划变更的具体条件或情形，使国家公园规划调整或变更时有具体的法律依据，要在国家公园内生态环境、自然资源、自然景观、主要保护对象、保护管理目标等不受影响的前提下，调整和变更内容也不破坏国家公园规划的科学性、规范性，允许在特定情形下，如保护对象、项目建设条件等发生重大变化等，允许对规划进行调整或变更，进行变更的同时也要对变更产生的影响加以必要的法律限制；也要明确规划调整或变更的程序、时限、审批流程、需要提交的材料等，加强对国家公园规划调整或变更的监管，增强可操作性的同时避免国家公园规划的任意变更。

5. 突出社区治理的重要性

现阶段协调生态保护与社区发展之间的关系是我国国家公园建设中较为关键的环节，我国国家公园社区规划存在缺乏理论体系、政策指导等问题，部分试点直接采用了生态移民的方式来解决短期的社区矛盾，对国家公园社区规划重视不够、创新不足、措施不多。在国家公园规划中，应当突出社区治理的重要性，[2]将社区问题作为国家公园主管部门、管理机构、各级政府

---

〔1〕　严国泰、沈豪："中国国家公园系列规划体系研究"，载《中国园林》2015年第2期。

〔2〕　宋增明等："国家公园体系规划的国际经验及对中国的启示"，载《中国园林》2017年第8期；王灿、王可安："我国国家公园发展及规划的探讨"，载《中南林业调查规划》2017年第3期。

持续关注和共同解决的重要方面，积极推广应用社区治理理念和方法，通过规划项目和资金投入的倾斜，将社区治理作为国家公园治理的重要方式，有效解决国家公园资源保护与社区发展之间的矛盾。

（三）规划编制内容

国家公园发展规划衔接国土空间规划，是在国家层面对全国国家公园建设和管理进行整体性、长期性安排，强调在全国范围内统筹安排布局国家公园的整体建设和发展，其主要任务是谋划国家公园未来发展的战略定位，明确中长期不同时间节点上的战略目标，形成国家公园中长期发展的战略任务体系，谋划在当前或未来条件下实现预期目标的策略和措施等。[1]

国家公园专项规划是国家公园发展规划在特定领域的细化，也是专项领域发展以及政府审批、核准重大项目，安排投资和财政支出预算，制定特定领域相关政策的依据。专项规划的编制要首先符合发展规划，应当立足我国国情，结合国家公园阶段发展目标，制定各专业领域的具体建设目标，在发展规划确定的战略方向、总体目标、任务要求框架下，提出国家公园建设管理相关专业领域的具体目标、任务、路径和措施。专项规划要在全国范围内统筹考虑与国家公园管理目标实现相关的生态修复、重点保护物种栖息地（生境）恢复、自然资源资产管理、科研监测、科普宣教、特许经营、社区治理、智慧公园、生态搬迁等重点内容，突出重点避免重复建设，提高资金使用效率，在编制深度上要满足立项要求，明确具体任务、规模、建设地点、投资等，要突出可操作性，深入分析项目落地实施的政策、资金、组织等实施保障。

国家公园总体规划是国家公园建设和管理的重要依据，根据某个国家公园特定阶段的具体情况、存在问题等科学谋划建设发展目标，在保护优先的前提下通过协调严格保护与科学利用之间的关系，平衡国家公园不同功能的目标需求，在国家公园发展规划、专项规划的指导下，按照各国家公园单体的资源特色、主要保护对象、管理基础等制定差别化、个性化的发展目标、

---

〔1〕 唐小平等："中国国家公园规划体系构建研究"，载《北京林业大学学报（社会科学版）》2019 年第 1 期；王展："国土空间规划背景下国家公园规划管理机制思考"，载《现代商贸工业》2022 年第 9 期；马之野、杨锐、赵智聪："国土空间规划背景下的国家公园规划管理机制思考"，载《住区》2019 年第 6 期。

建设项目、管理措施等，从而实现国家公园复杂而多样的管理目标。国家公园总体规划是确定国家公园管理体系、人员编制、项目投资、相关利益群体等的主要依据，国家公园管理机构承担国家公园生态系统保护的主体责任，当地政府和相关部门也承担相应责任。国家公园总体规划可作为国家公园管理机构自然生态系统保护成效考核评估的主要依据，也可作为各级领导干部自然资源资产离任审计和生态环境损害责任追究的重要依据，还可作为生态文明绩效评价考核、自然资源资产管理考核评价、自然生态系统保护成效考核评估等与自然保护地管理相关考核的必要依据。

管理计划是世界各国广泛采用的一种自然保护地管理工具，是提高自然保护地保护和管理效率的重要措施之一。管理计划采用参与式编制方法，运用 SWOT 分析法、相关利益者分析法、问题分析技术、目标分析法、头脑风暴法、力场分析法等，深入调查了解保护地自然资源、生态环境、当地社会经济等情况，以及面临的威胁因素和限制因素，探索保护地建设、管理、发展的正向力和负向力，提出保护地相关保护管理措施，按照问题排序提出 3—5 年内需开展的项目、子项目、方法内容、行动时间、预算等内容。作为落实总体规划的阶段性计划，管理计划能够逐一实现总体规划确定的管理目标，并协调和指导国家公园日常保护管理，能够很好地实现国家公园的精细化管理。

年度计划是国家公园战略目标与任务能否落地、实施的"最后一公里"。[1]年度计划根据总体规划确定的总体目标、管理目标和管理计划确定的建设任务、重点项目和行动计划，落实年度内的具体任务和项目安排。年度计划进一步细化了总体规划、管理计划，根据每个年度的具体情况，有区别地细化项目任务安排、运行管理等工作。年度计划的编制要求更具体，重点突出，涉及项目建设地点、建设范围、建设规模、支出预算等，包括年度建设项目、工程量、进度安排、投资金额等各种建设工程要素，并要求对上一年度的建设计划进行总结和报告。[2]

（四）规划审批重点

规划是政府管理的重要政策工具，完善的国家公园规划体系是国家公园

---

〔1〕 唐小平等："中国国家公园规划体系构建研究"，载《北京林业大学学报（社会科学版）》2019 年第 1 期。

〔2〕 邱胜荣等："中国自然保护地规划制度构建研究"，载《世界林业研究》2022 年第 2 期。

体制的重要组成部分。各级各类规划在目标、内容、重点任务等方面各有差异和侧重，规划审批的过程是科学决策、民主决策的过程，也是按照各自事权履行职责和加强监管的过程。国家公园保护了我国最具国家代表性的自然生态系统，覆盖了我国最独特的自然景观、最精华的自然遗产、最富集的生物多样性，作为最重要的中华民族"传家宝"，需要保护有力、管理到位的综合措施实现世代传承。

从国家层面来讲，要正确处理好经济发展同生态环境保护的关系，坚持走生产发展、生活富裕、生态良好的文明发展道路，国家公园发展规划统领全国国家公园建设和发展，是完整准确全面贯彻新发展理念的重要抓手，要将国家公园建设和发展作为我国国民经济和社会发展的重要领域，发展规划的审批主体为国务院，审批要重点关注与相关国家规划、重大工程的协调性，把握全国国家公园的发展方向、目标、主要任务、投资及资金渠道等；国家公园内以全民所有自然资源资产占主体，建立国家公园体制是落实自然资源资产国家所有权的重要方式，专项规划中自然资源资产调查监测评估、国有自然资源资产管理、生态系统保护修复、特许经营、防灾减灾等，应当在全国范围内统筹谋划和管理，突出重点，以提高资金使用效率，根据国家公园不同发展阶段的特点对不同的专业领域予以重点支持，其审批主体为国务院自然资源主管部门，审批重点应当侧重各专业领域的阶段发展目标、具体内容、任务安排、投资规模和渠道等，以及与其他相关规划的协调性。

从各国家公园单体来讲，要根据不同国家公园的主要保护对象、管理基础、当地经济发展水平、不同时期面临的困难等差异，按照各国家公园的个性特征，突出差别化的管理方式、项目内容、任务安排等，进一步提高国家公园的精细化管理水平。国家公园总体规划确定了某个国家公园单体10年要达到的发展水平，是国家公园主管部门掌握各国家公园建设和发展情况并进行监管的重要依据，其发展目标、规划内容、项目安排更为具体，审批主体在当前划分中央直管和委托省级政府代管两种管理模式下有所不同，但因总体规划性质相同，审批重点为规划内容的科学性、合理性、针对性和前瞻性，与相关法律法规政策和标准规范的符合性，但因中央直管的国家公园主要为中央财政事权，其总体规划的审批重点还应当增加投资规模及资金渠道。

管理计划和年度计划主要由各国家公园管理机构组织编制，其规划内容和项目安排也主要在经审批的上级规划的范围内，为节约行政成本不进行审批，按照各地实际和个别国家公园自身需要，可组织进行专家咨询或报主管部门备案（表4-2）。

表 4-2　国家公园各级各类规划审批重点

| 规划层级 | 规划类别 | 编制主体 | 审批主体 | 审批重点 | 备注 |
|---|---|---|---|---|---|
| 国家层级 | 发展规划 | 国务院林业草原主管部门 | 国务院 | 全国国家公园的发展方向、目标、主要任务、投资及资金渠道；与相关国家规划、重大工程的协调性 | |
| | 专项规划 | 国务院林业草原主管部门 | 国务院自然资源主管部门 | 与其他相关规划的协调性；各专业领域的阶段发展目标、具体内容、任务安排、投资规模和渠道等 | |
| 国家公园单体 | 总体规划 | 国务院林业草原主管部门 | 国务院自然资源主管部门 | 与相关法律法规政策的协调性；规划内容的科学性、合理性、针对性和前瞻性，与相关标准规范的符合性；投资规模及资金渠道 | 中央直管 |
| | | 省级人民政府 | 国务院林业草原主管部门 | 与相关法律法规政策的协调性；规划内容的科学性、合理性、针对性和前瞻性，与相关标准规范的符合性 | 委托省级政府管理 |
| | 管理计划 | 国家公园管理机构 | | | 国家公园管理机构组织专家咨询 |
| | 年度计划 | 国家公园管理机构 | | | 国家公园管理机构组织实施 |

### 三、规划调整

国家公园是各类自然资源的综合体，通过保护工作的持续开展，国家公园的生态环境和资源条件将逐步改变，野生动植物的分布、种群状态也将不断产生新的变化，在国家公园规划实施过程中，需要根据最新的情况和规划评估的结果进行及时调整。为避免规划无序变更，有必要在法律层面对规划变更的条件做出严格限制。当国家或地区根据实际情况出台了最新的法律法规或政策规定时，如果与国家公园规划的既定目标和任务安排相冲突，应及时对相关规划的有关内容进行变更。如果国家公园内出现了某些不可抗力等客观因素，如地震、泥石流、生物入侵等自然灾害，致使国家公园生态环境、自然资源、主要保护对象等发生变化，导致国家公园有关规划内容不能按照规划建设或实施，应当允许国家公园根据实际情况对规划进行变更。根据规划评估结果，如果规划项目的实施不能实现既定目标，或者规划目标、内容、项目、任务安排等不能满足国家公园管理的实际需要，应当基于该评估结果及时启动对相关规划或规划相关内容的变更。

此外，对国家公园范围和功能区的调整要严格管理，国家公园范围和功能分区或管控分区的调整权应在国家层面，应在相关法律法规中明确不得随意调整国家公园的范围、功能分区或管控分区，确要调整也要严格按照设定的具体条件和程序。规划实施也应进行动态管理，国家公园管理机构应每年对规划的实施情况进行总结并形成年度报告，及时监控规划实施进度和成效，并根据实施情况对规划进行调整，对规划的长期评估结果也要进行分析总结，以及时对相关规划管理政策特别是资金投向、项目安排等做出调整。

### 四、实施保障

#### （一）法律法规

国家公园规划体系应当在相关法律法规框架下建立，国家公园各类规划的实施也需要有相关法律法规作为保障。目前国家公园立法工作还未完成，当前公布的《征求意见稿》（2022年）将"规划设立"作为专章，主要明确了国家公园规划类别、编制主体、审批主体，在后续工作中应当将生态环境相关法律法规、生态文明系列制度作为国家公园规划体系设计的依据，特别应遵循国土空间规划、自然资源用途管制、生物多样性保护等相关规定，将国家公园规划体系作为我国国土空间、自然资源、生物多样性保护利用的重要管理方式在相关改革中统筹考虑。我国包括国家公园在内的各类自然保护地规划和其他规划在法律上也要求相互协调，但在实际管理中，存在大量与其他规划相互矛盾的情况。尤其是国家级自然保护地（国家公园）的规划编制和组织实施都是由国家或省级部门组织编制，而很多其他规划是由地方组织编制，在规划间相互矛盾时难以优先保护生态环境、自然资源和自然文化遗产，以更好地实现生态、生产、生活空间的科学合理布局和可持续利用。我们应借鉴国外经验，在法律法规层面确立生态环境和自然资源保护优先的原则，并明确具体落实措施，强调重点保护对象及国家公园具体规划项目和内容的优先地位，在国家公园规划与其他规划之间存在矛盾及不协调的情况时，应确立国家公园规划的最终决定权。

此外，我国部分国家公园内或周边涉及众多人口，社区生产生活对国家公园资源环境保护和管理有很大影响。社区治理应当作为未来国家公园管理的重要方面，通过多种方式努力提高社区活力与居民生活水平、保留当地居民农业生产关系等，在未来国家公园规划编制管理或资金投入中，有必要将社区治理作为重点，充分考虑社区发展与当地居民生产生活问题，提出符合每个国家公园自身情况、切实可行的规划措施，以有效协调周边社区关系，提高当地政府、社区等对国家公园的认同度，促进国家公园的高质量发展。国家公园要实现全民共享，在当前共抓大保护的社会环境和政策背景下，国家公园规划也需在保护资源与环境的基础上，进一步拓宽合作伙伴关系，将伙伴合作计划纳入国家公园规划，以更好地争取社会资本投入和全民关注。

（二）技术标准

成熟完善的规划技术体系可以为国家公园规划的科学规范编制提供保证。按照不同层级规划的具体要求，将相关规划事项进行"简化、统一、协调、优化"，实现国家公园各类规划的协调统一、结构优化和系统化。截至2023年底，在国家公园建设管理方面，已制定出台了32项国家标准、行业标准和地方标准，其中，国家标准主要对国家公园设立、监测、总体规划、考核评价等工作进行了规范；行业标准主要对国家公园标识系统、总体规划、资源调查与评价、勘界立标、功能分区等进行了规范；地方标准主要由云南、青海、福建、四川、浙江等省制定出台，对国家公园建设、资源调查与评价、巡护技术、监测技术、生态环境状况监测、解说系统、标志系统、生态廊道、管理评估等专业技术和日常工作进行了规范。其中，2020 年发布的《国家公园总体规划技术规范》，对国家公园总体规划编制进行了统一规范，包括现状调查与评价、范围界定和管控分区、保护体系规划、服务体系规划、社区发展规划等方面，为我国国家公园总体规划编制与审批提供了行业标准，是国家公园总体规划编制与审批的重要依据。

目前已制定出台的国家公园相关标准规范，为国家公园相关建设和管理工作提供了指导，对统一规范相关管理工作具有重要意义。但同时存在不系统、不全面、标准间协调性不足等问题。当前《国家公园法》未出台，相关法规制度也仍在研究制定中，应同步加强国家公园相关标准规范的研究制定，加强对国家公园基础设施建设、生态旅游、入口社区建设、生态保护补偿等工作的规范管理，有效提升国家公园规划的管理水平。

## 五、监督体系

### (一) 动态监测

应建立完善国家公园规划管理制度，切实规范规划管理的每一个环节，确保国家公园规划的建设项目、保护措施、管理方式等严格按照规划进行建设和管理。建立规划编制、审批、修改和实施全过程留痕制度，建立国家公园规划管理信息平台，对国家公园规划编制、报批、实施、调整、评估等实行全过程动态监测、加强监管，确保规划管理行为全过程可回溯、可查询。针对不同层级不同类别的国家公园规划分别建立审查制度，明确审批程序、权限和重点，分不同层次和重点层层把关，保证规划的规范性和科学性；对规划实施效果进行定期评估，保证批准后的规划落实到位。打通规划监管薄弱环节，提高国家公园规划的透明度，避免违规编制、擅自调整、违规许可、未批先建等问题出现。

### (二) 规划评估

规划评估是将规划的实际实施效果和规划设定的能够达成的预期效果进行对比，及时发现问题并作出调整，在后续工作中提出解决措施有效缓解或消除不利影响，同时是评判规划项目科学性、合理性的重要方式之一。规划评估能够保障国家公园规划按照规划要求实施，按照规划周期的长短，发展规划的规划期一般10年以上，专项规划一般5—10年，总体规划一般10年，这三类规划可每五年进行一次评估；管理计划规划期限一般是5年，应在第三年的时候进行一次评估。通过收集分析评估数据，对国家公园生态系统、生物多样性、自然资源、自然景观等保护管理成效以及规划实施效果进行动态评估，评估结果应当作为规划变更和新一期规划调整的重要依据。国务院自然资源、林业和草原主管部门以及各国家公园管理机构都可以自行组织有关部门、专业机构、专家进行评估，或者委托符合条件的第三方机构进行评估。通过第三方机构开展的评估能够客观中立地分析规划实施的效果、存在的问题，但对第三方机构的专业水平、行业经验、管理水平等要有一定要求，避免出现评估结果失真等问题。

（三）规划监督

应建立健全国家公园规划监督制度，依法依规编制国家公园规划、监督实施规划。对国家公园规划的监督内容应包括规划编制审批的规范管理、规划许可管理、规划全周期管理、规划干部队伍管理等。国家公园是我国全民所有自然资源资产保护的主体，中央人民政府（国务院）应当在每年向全国人民代表大会或者全国人民代表大会常务委员会报告环境状况和环境保护目标完成情况时，将全国国家公园的建设、保护、管理等目标完成情况作为报告的重要内容之一，依法接受监督；现阶段由省级人民政府代管的国家公园，各相关省级人民政府应当每年向同级人民代表大会或者同级人民代表大会常务委员会报告本区域内国家公园的建设、保护、管理等目标完成情况，依法接受监督；将国家公园规划的制定和实施情况纳入考核问责机制，在中央层级，应当把能否依法制定和执行相关国家公园规划，纳入对国家公园中央主管部门的考核；在各国家公园层级，应当把规划的制定、实施、变更等情况纳入对各国家公园建设管理的考核内容，考核对象应为各国家公园管理机构以及现阶段实行委托代管的国家公园所在地省级人民政府。同时要建立广泛的社会监督机制，在全面推行国家公园规划批前批后公示的基础上，积极开展规划变更或调整听证，广泛征求意见建议，提高国家公园规划编制审批的透明度，减少规划审批和实施的矛盾问题。通过自上而下的监督，能够及时发现并纠正国家公园规划编制、审批、变更和实施过程中存在的违法违纪问题，特别对违规编制、审批、修改规划，违规发放或变更规划许可，不按规定开展规划核实，插手干预规划实施监督管理等行为的单位或个人，一经发现必须严肃处理。涉嫌违法违纪的，按有关规定移交纪委监委等有权机关调查处理；涉嫌犯罪的，移送司法机关。

## 第二节　国家公园体制建设中的自然资源使用权准征收问题*

建立国家公园体制是党的十八届三中全会提出的重点改革任务，是生态文明建设的重要内容。在以国家公园为主体的自然保护地建设中，如何健全自然资源资产产权制度，"明确自然保护地内自然资源利用方式，规范利用行为"，[1]既是国家公园体制建设成功的关键，也是困扰决策者的制度难题。目前我国国家公园试点区仍存在相当一部分非全民所有的自然资源使用权，"国家所有"的国家公园建设将不可避免地对非全民所有的自然资源财产权构成限制。这种限制既可能体现为政府直接征收集体所有自然资源，并给予相应补偿；也可能体现为集体和个人的自然资源财产权利受到不当限制而得不到合理补偿或直接不予补偿的情形，即财产准征收问题。本节将从典型案例出发，尝试在中国语境下探讨国家公园建设中自然资源财产权准征收的问题，基于中央政策文件和地方立法实践，识别当前涉准征收的具体管制措施和补偿路径，并就规范公权力管制行为，保护自然资源使用权提出制度建议。

### 一、典型案例：国家公园的自然资源财产权限制与补偿

自 2015 年国家公园试点以来，在司法实践中出现涉国家公园准征收问题的纠纷，[2]并呈逐年上升趋势。这些纠纷多因政府在国家公园的规划建设中

---

　*　本节内容以"国家公园体制建设中自然资源使用权管制与补偿问题研究"为题发表于《湖南师范大学学报》2020 年第 3 期，本章收录时进行了完善和扩充。

　〔1〕　中共中央办公厅、国务院办公厅：《关于建立以国家公园为主体的自然保护地体系的指导意见》，2019 年 6 月 26 日。

　〔2〕　参见四川省高级人民法院（2018）川行申 753 号再审审查与审判监督行政裁定书；汉源县人民法院（2017）川 1823 行初 26 号行政判决书；四川省雅安市中级人民法院（2018）川 18 行终 52 号行政判决书等。

落实管制性措施而对集体和个人的自然资源使用权过度限制而起。

在"宝兴县鑫汇来矿业开发有限公司诉雅安市国土资源局地矿行政许可"一案中，原告鑫汇来矿业开发有限公司向雅安市国土资源局申请探矿权转采矿权，但国土资源局却以矿区位置在四川大熊猫国家公园范围之内，而大熊猫国家公园范围内不得新立采矿权为由，予以退件。原告请求依法撤销该退件通知书。法院裁判"被告行政行为证据确凿，适用法律、法规正确，符合法定程序"，驳回原告的诉讼请求。本案是一起矿业权[1]行政纠纷。矿业权是建立在矿产资源国家所有的母权之上的一种准物权，[2]包括探矿权和采矿权，二者均建立在矿地使用权的基础之上。探矿权本身并无对使用与收益矿产品的权能，[3]企业取得探矿权的目的往往是最终获得采矿权，取得和销售矿产品，获得收益。国土资源局对企业提交的划定矿区范围的申请作退件处理的实质系不予许可的行政行为。如此一来，使得企业探矿权沦为虚设，前期投入难以兑现，给企业带来巨额损失。[4]

另一起案件则涉及集体林地和地上林木的所有权、使用权的行政纠纷。[5]济公坪村民小组经营集体林地几十年，所植林木已到更新采伐时间。2014年7月3日林业局向其发放了林木采伐许可证，但其后却发现原告采伐区恰位于2008年调整后的自然保护区核心区范围内，于是2014年8月18日林业局作出《林业行政许可撤销决定书》。济公坪村民小组不服，提起诉讼，要求法院依法撤销该决定书。法院审理后认为，"《林业行政许可撤销决定书》认定事实清楚，证据充分，适用法律准确，程序合法"，驳回起诉。本案中，村民小组通过与集体签署《林地承包经营合同》，获得了个体化的林权，包括对林地和林木的占有、使用与收益之权能。其中，对林地的占有是实现后两种权能的基础，但仅占有林地却难以兑现林权之价值。在本案中，林业局撤销林木

---

〔1〕　参见崔建远：《准物权研究》，法律出版社2003年版，第237页。

〔2〕　参见李晓燕：《矿产资源法律制度的物权化构建》，中国社会科学出版社2014年版，第59—61页。

〔3〕　我国《矿产资源法》第6条第1款第（1）项规定："探矿权人有权在划定的勘查作业区内进行规定的勘查作业，有权优先取得勘查作业区内矿产资源的采矿权。"其中，"优先权"意味着，只要探矿权人提出申请，在不转让或无国家重大政策调整时，其所持探矿权就应自然转为采矿权。

〔4〕　参见重庆市高级人民法院（2018）渝行终795号行政判决书等。

〔5〕　参见广东省郁南县人民法院（2015）云郁法行初字第31号行政判决书。

采伐许可证的行为尽管无涉村民对林地之占有，但严重限制了作为林权核心的使用、收益权能，[1]在未经合理补偿的前提下，严重损害了村民的自然资源财产权。

以上两起案件均涉及自然资源使用权的管制征收问题。一方面，政府因国家公园的规划建设，实现生态保护之公共利益，无论是禁止在国家公园范围内新立采矿权，还是禁止采伐，均为合法行使其行政管理职能；另一方面，政府对自然资源财产权的管制行为又确实损害了合法的财产权，以致再难以实现其财产价值，而未获得合理救济，从而构成准征收。

## 二、国家公园体制下的准征收制度：理论背景与中国语境

如前所述，国家公园体制建设中准征收问题的解决，在法理上有助于明确公权力与非公财产权之间的界限，在实践中，对构建社区协调发展机制、保护原住居民权益、创新自然资源使用制度等方面同样意义重大。但在进一步考察当前国家公园体制建设中准征收问题的现状之前，首先有必要厘清准征收的含义，并辨析在中国语境下自然资源财产权准征收的特殊之处。

### （一）财产权准征收理论

何谓准征收？在学界，对"准征收"的称谓不一，"管制征收"或者"反向征收"等内涵和外延并不相同的概念都曾被用来指代这种公权力出于公益对财产权实施的过度管制行为。作为传统征收之外的财产权限制模式，准征收指的是政府公权力为了社会公共利益，对特定相对人的财产施加特定限制，而应予以补偿的制度。

进入 20 世纪，政府的公权力不断扩张，现代政府为了推动社会经济发展，出于城市规划、环境资源保护等公共治理的目的，对私人自然资源财产权进行干预，实施各种规制措施。[2]在此背景下，财产权需承担社会义务的理论逐渐深入人心。出于对公共利益的保护，政府可以对私有财产加以限制。这种限制既可以体现为直接通过法定程序取得私人所有权并给予公平合理

---

〔1〕 张冬梅：《物权体系中的林权制度研究》，法律出版社 2012 年版，第 60 页；林旭霞等：《民法视野下的集体林权改革问题研究》，法律出版社 2014 年版，第 126 页。

〔2〕 王铁雄："财产法：走向个人与社会的利益平衡——审视美国财产法理念的变迁路径"，载《环球法律评论》2007 年第 1 期。

之补偿，即传统的财产权征收制度；也可以体现为限制财产权的行使，无偿地实现公益性目的，此为警察权（或治安权）。[1]警察权本是一种正当管制，不用补偿。但若警察权对财产权所施加的限制超出了合理性范围，则可能构成准征收，应予补偿。可见，准征收介于合理行使的管制权与征收权之间的灰色地带，指的是同征收具有相似的法律效果，而应对受损的财产权予以补偿的制度。关于准征收的构成要件和赔偿问题，有以下几点值得注意。

第一，财产管制准征收应为"公共利益"之需要，无公益不征收、无公益不管制。而衡量何为"公共利益"，则应平衡各方的利益，还应考虑比例性原则、程序正当与公开性、受益人之不特定性和多数性等具体因素。[2]第二，存在对财产进行"管制"的行为。第三，政府管制必须存在"过度限制"而达到财产权"特别牺牲"的程度，如果只是财产价值"轻微减损"，属合理限制，则不必补偿。[3]如果以上条件均满足，政府管制行为对所有权造成显著影响，而所有者又无法从管制行为中获益，即不符合互惠利益标准，[4]那么国家就应当对因管制给财产权造成的损失给予公平合理的补偿。

（二）中国语境下之准征收：国家公园中自然资源使用权管制型征收

事实上，在2007年《物权法》颁布之初，我国的行政法学者就曾呼吁应尽早建立准征收制度。姜明安教授提出"我国迫切需要建立准征收和其他国家补偿法律制度，以维护社会公平、公正"。[5]但是，我国对于"准征收"的相关研究却长期处于起步阶段，学者或从德国"财产权社会义务"的角度切入，探讨"在宪法框架下平衡私人财产自由与社会公正"的路径；[6]或从"警察权"（或"治安权"）规制角度出发，分析准征收司法审查的逻辑，仅停留在概念的普及和对欧美国家准征收的法理依据和相关司法实践的翻译和

---

〔1〕 王思峰：《不动产准征收研究》，中国社会科学出版社2015年版，第124-125页。
〔2〕 王利民："论征收制度中的公共利益"，载《政法论坛》2009年第2期。
〔3〕 王思峰：《不动产准征收研究》，中国社会科学出版社2015年版，第138-161页。
〔4〕 耿宝建、黄瑶："管制性征收理论在行政审判中的引入与运用——以'中国天眼'建设中的管制性征收为例"，载《人民司法》2019年第1期。
〔5〕 姜明安："七问征收补偿，我们离合理还有多远？——姜明安教授就'准征收'制度接受《方圆法治》记者采访"，载《方圆法治》，2007年9月28日。
〔6〕 张翔："财产权的社会义务"，载《中国社会科学》2012年第9期。

介绍方面,[1]而少有结合我国自然资源公有制的特定语境,探讨在构建具体法律机制时,中国所采取的准征收措施及其救济方案。在我国国家公园建设中界定和解决自然资源财产权准征收问题,不能照搬西方经验,需首先考虑中国具体语境同美国的重要差异,具体而言有以下三点。

第一,我国作为发展中的社会主义国家以公有制为基础,更偏重维护社会公共利益。尤其是在当前生态环境遭到严重破坏、自然资源日益枯竭的现实国情之下,国家公园的建设是对"两山论"和生态文明建设等一系列重大决策的积极回应。在此背景下,应当允许对特定的自然资源利用行为采取某些非常管制手段,这体现了"警察权"的合理扩张,在准征收管制措施方面应进行类型化、区别化的设计。

第二,从准征收的自然历史条件来看,中国同其他更早设立国家公园的国家或者地区相比,在国家公园范围内自然资源初始产权状况存在巨大差异。其他国家国家公园往往处于人迹罕至的荒野,尽管美国包括土地在内的自然资源可私人所有,但国家公园的自然资源却属于联邦政府所有,在国家公园初始建设时制度推行的难度较小,成本低。而在我国,除高海拔的无人区外,现有的自然保护区内人类活动频繁,存在大量的当地居民自然资源财产权。我国土地制度虽然是公有制,但尤其在农村地区,大部分土地为集体所有。[2]由于过去自然保护区政府监管不严,普遍违法现象突出,自然资源产权不清晰,遗留问题多,因而在国家公园建设中准征收补偿的制度性成本必然高企。这要求中国在准征收赔偿机制设计上,必须进行制度创新,另辟蹊径地解决这一问题。

第三,中国自然资源的所有权和使用权常出现相互分离的情况。同国有的国家公园体制会产生冲突的往往是自然资源使用权。同所有权相分离的自然资源使用权可大致分为两种:其一,基于自然资源集体所有权而产生的个体化自然资源用益物权,通过农村土地承包制,形成了个体化的自然资源产

---

[1] 参见林华、俞祺:"论管制征收的认定标准——以德国、美国学说及判例为中心",载《行政法学研究》2013年第4期;侯宇:"美国准征收制度之演变",载《江苏社会科学》2019年第4期;金俭、张先贵:"财产权准征收的判定基准",载《比较法研究》2014年第2期,等。

[2] 参见王宇飞等:"基于保护地役权的自然保护地适应性管理方法探讨:以钱江源国家公园体制试点区为例",载《生物多样性》2019年第1期。

权，具体体现为土地承包经营权、宅基地使用权、林权等不动产用益物权；其二，经行政许可而确立的自然资源准物权，包括矿业权、取水权、狩猎权等。其中，集体土地用益物权通常衍生出满足农户家庭生活的种植和零星散养，其规模较小，往往不会对自然资源造成大面积破坏；而以矿业权为例的准物权却不可避免地会对地表植被、地下水以及生物多样性等造成严重影响。此外，自然保护区中的准物权在诞生之时就背负着"原罪"。[1]1994年的《自然保护区条例》明确了"十禁止"，多为准物权，但地方政府为了经济利益，长期以来形成了大量外观"合法"、具有强烈公权性质的自然资源准物权，因而，不同于集体所有自然资源产权，针对这部分自然资源准物权应实行更严厉的处置措施。可见中国语境下的自然资源财产权准征收主要涉及自然资源使用权，可大致分为自然资源准物权和集体自然资源用益物权准征收两类，对二者的限制与补偿应分而论之（表4-3）。

表4-3　自然资源使用权类型化分析

|  | 集体自然资源用益物权 | 准物权 |
|---|---|---|
| 权源 | 自然资源集体所有和国家所有 | 自然资源国家所有制 |
| 设立方式 | 土地承包经营合同、宅基地 | 行政许可 |
| 特点 | 家庭种植、生活需要，大多不会造成大规模生态破坏 | 部分活动会对生态环境造成严重影响 |
| 类型化 | 耕地：土地承包经营权<br>林地：林地承包经营权<br>草地：草场承包经营权<br>宅基地使用权 | 生态破坏性：矿业权<br>生态中立性：水电、风电经营等<br>生态增益性：狩猎权、捕捞权、采伐权等 |

### 三、国家公园自然资源使用权准征收现状规范性实证分析

鉴于我国目前尚无《国家公园法》，下文将从中央政策和国家公园体制试点地方立法实践两个层面梳理现有自然资源使用权准征收相关政策和规则，探求当前自然资源使用权限制与补偿的现状。

---

〔1〕　苏杨："国家公园的天是法治的天，国家公园的矿要永久地'旷'——解读《国家公园总体方案》之二"，载《中国发展观察》2017年第21期。

（一）国家公园体制建设中央政策层面

随着《建立国家公园体制总体方案》（2017 年）的发布，国家公园体制建设进入实质阶段。随后，党的十九大报告正式提出"建立以国家公园为主体的自然保护地体系"，《关于建立以国家公园为主体的自然保护地体系指导意见》（2019 年）又进一步明确了深化自然保护地改革的一系列制度建设方向。这两份文件代表了中央政策层面国家体制建设的基本方案，针对集体所有自然资源用益权和自然资源准物权形成了不同的准征收管制与补偿的思路：

一方面，针对集体所有自然资源用益权，中央政策文件形成了较为清晰的管制与补偿思路。《建立国家公园体制总体方案》（2017 年）提出"确保全民所有的自然资源资产占主体地位，管理上具有可行性"。相较而言，《关于建立以国家公园为主体的自然保护地体系指导意见》（2019 年）未再提全民所有自然资源"主体地位"，而更强调在现有所有制的基础上，创新自然资源使用制度。该意见同时提出要"明确自然保护地内自然资源利用方式，规范利用行为，全面实行自然资源有偿使用制度"，"社区协同发展制度"以及"保护原住居民权益，实现各产权主体共建保护地、共享资源收益"等具体目标。为实现这些目标，在具体路径上又提出通过"租赁、置换、赎买、合作"等方式，以及这些管制补偿的多元化保护途径，维护产权人权益。相较而言，传统的"生态保护补偿制度"由于补偿资金来源有限，补偿效果不佳，[1]因而在《关于建立以国家公园为主体的自然保护地体系指导意见》（2019 年）中仅提到了公益林管理、生态移民补偿、野生动物致害三个方面。可见，根据《关于建立以国家公园为主体的自然保护地体系指导意见》（2019 年）的要求，中国国家公园体制建设，应突破传统的人与自然隔绝的自然保护地建设逻辑，主要通过自然资源使用制度创新，设计以管制补偿为主、以生态保护补偿为辅的补偿机制，形成"山水林田湖草沙冰"的生命共同体。[2]

另一方面，对于合法设立的自然资源准物权，文件的要求是"逐步退

---

〔1〕 余俊：《生态保护区内世居民族的环境权与发展问题研究》，中国政法大学出版社 2016 年版，第 159-162 页；又参见汪劲："论生态补偿的概念——以《生态补偿条例》草案的立法解释为背景"，载《中国地质大学学报（社会科学版）》2014 年第 1 期。

〔2〕 苏杨："多方共治、各尽所长才能形成生命共同体——解读《建立国家公园体制总体方案》之八"，载《中国发展观察》2019 年第 7 期。

出"。《建立国家公园体制总体方案》（2017 年）提出"建立已设矿业权逐步退出机制"，《关于建立以国家公园为主体的自然保护地体系指导意见》（2019 年）则进一步提出"依法清理整治探矿采矿、水电开发、工业建设等项目，通过分类处置方式有序退出"。可见，对以探矿采矿权为主的自然资源准物权，文件强调"分类处置"和"有序退出"，体现了国家对国家公园范围内涉及自然资源开发利用的准物权实行不同于集体自然资源用益权的最严格管控的思路。

（二）国家公园体制试点地方立法中的准征收管制与补偿

自 2014 年我国正式启动国家公园体制试点以来陆续设立了三江源、东北虎豹、大熊猫、祁连山、湖北神农架、福建武夷山、浙江钱江源、湖南南山、北京长城、云南普达措和海南热带雨林 11 个试点国家公园，涉及中国 12 个省区市。在开展国家公园体制试点的地区中，共有四个省颁布了地方条例：《云南省国家公园管理条例》（2015 年制定）、《三江源国家公园条例》（2020 年修正）、《武夷山国家公园条例（试行）》（2017 年制定）、《神农架国家公园保护条例》（2019 年修正），此外，地方还颁布了一系列配套的规范性文件，从而形成了国家公园体制试点地方法律体系。在这些地方立法中，尽管某些措施会对自然资源使用权形成限制，但并不足以构成对自然资源使用权的"实质性减损"，但另一些措施则显然超出了合理限制的范畴，会对自然资源的使用和收益造成显著的不当影响，而构成准征收。

1. 自然资源使用权准征收管制措施

在国家公园试点区域的现有地方立法中，对于自然资源使用权的相关限制性措施往往集中出现于同"禁止在国家公园内出现的活动"相关的条文中。对比《自然保护区条例》（2017 年修订）第 26 条"禁止在自然保护区内进行砍伐、放牧、狩猎、捕捞、采药、开垦、烧荒、开矿、采石、挖沙等活动；但是，法律、行政法规另有规定的除外"，有关国家公园地方立法中显著扩张了限制自然资源使用权的相关措施的范围，部分地区还删除了《自然保护区条例》（2017 年修订）第 26 条中的但书条款，转而以"法律法规规定的其他侵占、破坏自然资源、人文资源和自然环境的行为"[1]这一兜底条款将相关

---

[1] 参见《武夷山国家公园条例（试行）》（2017 年制定）第 44 条，《神农架国家公园保护条例》（2019 年修正）第 30 条。

资源利用行为事无巨细地囊括其中，体现了在国家公园内实行"最严格的生态环境保护制度"，但也对自然资源使用权构成了广泛的准征收管制。具体而言，现有国家公园地方立法中准征收管制措施包含了以下四种情形。

其一，管制性措施会导致包括矿业权在内的某些自然资源准物权灭失，从而构成准征收。其中，包括"采矿""狩猎""采石"等在内的自然资源利用行为涉及采矿权、狩猎权、捕捞权、取水权等自然资源准物权，而在国家公园范围内对这些行为的普遍禁止意味着合法取得的准物权再难以实现其使用、收益的权能，从而构成对这些权利的"实质性减损"。

其二，管制性措施导致集体所有自然资源用益物权的权能实质性丧失，国家公园核心区范围内规定"禁止进行养殖、种植、砍伐、放牧"等行为都涉及个体化的集体所有自然资源使用权的传统存在方式，在国家公园范围内禁止这些行为，同样意味着会对农户的土地承包经营权形成严重限制，使得居住在一定区域内的农户所享有的自然资源使用权的权能丧失，因而同样会构成准征收。

其三，管制性措施尽管不至于使自然资源使用权的权能彻底丧失，但会限制用益物权的发展机会利益，损害当地居民在占有、使用、收益自然资源时对其价值增长的预期。如《武夷山国家公园条例（试行）》（2017年制定）不仅规定在"特别保护区、严格控制区内，不得新建、扩建建筑物、构筑物"，还要求对"茶园面积实行总量控制"，禁止"新建、扩建茶园"，且"集体或者个人经营的毛竹林面积不得扩大"，这些措施无疑会构成对宅基地使用权和土地承包经营权的不当限制。

其四，还有一类特殊的准征收类型，即野生动物致害。实践中，由于自然保护区对野生动物的严格保护，致其种群数量增加，从而侵扰原住居民的生产生活，造成农作物损害，而又不允许当地居民猎杀侵入农地的动物，或通过狩猎控制野生动物种群数量，对自然资源用益物权施加过度限制，从而构成准征收。[1]

2. 自然资源使用权准征收补偿措施

如上所述，在国家公园规划建设中，管制性措施将不可避免地对个体化

---

[1] 参见 Anna R. C. Caspersen, Reintroducing the Mexican wolf: Will the public share the costs, or will the burden be borne by a few, *Natural Resources Journal*, Vol. 38, No. 2 (Spring 1998).

的自然资源财产权形成限制，有时甚至会造成实质性的价值减损。这一由合法行政行为造成的财产性损害，尽管不涉及"赔偿"，但却理应具有"补偿"机制。在现有部分国家公园地方立法中，已就可能对自然资源使用权构成准征收的情形进行了相应规定。具体而言，涉及自然资源使用权准征收的补偿措施有两种情形：

其一，直接规定通过租赁、置换、合作等方式进行有偿用途管制。用途管制的对象主要是国家公园内的集体自然资源用益物权。当地居民在保留使用权的同时，承诺愿意限制其使用权，而政府则通过赎买、租赁、置换、合作协议等方式支付一定对价。在准征收的视野下，该对价可被视作对政府行为所造成之财产权限制的"管制补偿"。尽管地方立法中对于这一类措施多有提及[1]，但却并未明确界定这一系列创新性自然资源使用机制的制度性内涵。

其二，通过生态保护补偿机制对涉管制征收的自然资源使用权进行广泛补偿。生态保护补偿同管制补偿并不冲突，相反，可被视作对管制补偿的"补充性补偿"，如《武夷山国家公园条例（试行）》（2017年制定）规定"因征收或者用途管制造成权利人损失的，应当依法、及时给予补偿"。从补偿对象来看，生态保护补偿不仅针对集体自然资源用益物权，还包括了各种形式的自然资源准物权。《神农架国家公园保护条例》（2019年修正）的生态保护补偿机制覆盖了矿业权退出、特许经营权、重要集体所有自然资源财产权被依法征收、生态移民搬迁、野生动物致害等。湖南南山国家公园更将生态保护补偿分为五类，从生态保护、资源保护、科研监测、民生保障到创新探索，补偿范围广泛，同样包含了准物权和集体所有自然资源用益物权。[2]

可见，我国尽管未在立法中对自然资源使用权的准征收进行界定，但正探索具有中国特色的准征收补偿路径。在地方立法层面，逐渐形成了"管制补偿"和"生态保护补偿"相结合的自然资源使用权准征收补偿机制，探索性地对国家公园规划建设中自然资源使用权"过度管制"问题进行了积极的

---

　　[1]　如《神农架国家公园保护条例》（2019年修正）第22条第3款规定，"神农架国家公园内集体或者个人所有的自然资源资产，国家公园管理机构可以和所有权人、承包权人依照国家规定通过租赁、置换等方式规范流转，或者通过合作协议的方式实现统一有效管理"。

　　[2]　参见《湖南省人民政府办公厅关于建立湖南南山国家公园体制试点区生态补偿机制的实施意见》（湘政办发〔2018〕28号），2018年4月25日。

制度回应。

## 四、问题及政策建议

如前所述，从现有补偿机制设置来看，各地在准物权准征收补偿、集体自然资源用益物权用途管制补偿、发展利益限制补偿以及野生动物致害补偿方面均有所突破。尽管如此，由于在立法上并未纳入准征收的概念，对自然资源使用权补偿缺乏类型化处置思路，因而目前在自然资源使用权的准征收制度设计上仍存在缺陷和真空。

### （一）存在的问题

在考察当前国家公园体制建设时，有两个问题需要回答，首先，是否所有针对自然资源使用权的管制措施都必要且合理；其次，必要且合理的管制措施配套补偿措施是否都充分且恰当。从这两方面观之，目前存在管制措施过严过广，而补偿措施不足不细的问题。

1. 自然资源使用权涉准征收管制措施过严过广

目前国家公园地方立法普遍沿袭《自然保护区条例》（2017 年修订）"十禁止"和"核心区严禁任何人进入"等"一刀切"隔绝人与自然的思路，对自然资源使用权管制措施过严，打击范围过广——这与《关于建立以国家公园为主体的自然保护地体系指导意见》（2019 年）中构建"山水林田湖草人"生命共同体的主张相左，也不符合准征收的比例性原则，具体而言存在以下方面问题。

其一，对矿业权、水电等打击范围过广。由于采矿对保护区生态环境的负面影响很大，对矿业权采取相对更加严格的限制措施本无可厚非，但在国家公园全域范围内采取"一刀切"式的整体"清退"措施，打击范围过广。我国现在试点的 10 处国家公园的总面积就达到了 22 万平方公里，已占到国土面积的 2.29%，未来预计我国将建设 50 个以上的国家公园，覆盖广大的国土区域，[1] 这将对我国矿产资源的有效开发利用造成巨大的负面影响，在具体实施时也将遇到巨大阻力。

---

〔1〕 参见田虎、连品洁："国家林草局：中国预计将建 60 个到 200 个国家公园"，载人民网，http://travel.people.com.cn/GB/n1/2018/0712/c41570-30142179.html，最后访问时间：2023 年 8 月 4 日。

其二，对合理管控下的狩猎权、采伐权等自然资源准物权的生态增益性欠缺认识。目前在国家公园地方立法中，普遍禁止狩猎、捕捞、采伐一类的"消耗性利用行为"。然而，一方面，合理管控下的狩猎权、采伐权、捕捞权可以控制动植物种群数量，还可以减少野生动物损害、保护原住居民的生产和生活利益。野生动物资源、森林资源和渔业资源都是可再生资源，一旦封山、禁猎、禁渔，此类资源的恢复速度很快。另一方面，在国家公园建设中，集体土地赎买和租赁、企业退出、生态移民等需要大量资金，远超地方财政的承受能力。在此背景下，精准保留的自然资源准物权不仅可以发挥生态效能，还能增加补偿资金的来源。以狩猎权为例，加拿大在国家公园范围内开放狩猎权，以保护土著居民传统狩猎生活方式，避免其转向更具破坏性的农耕生产方式；[1]美国则在一定范围的国家公园内允许运动狩猎，以发放许可证的方式收取一定费用，构成了国家公园保护多元化资金机制的组成部分。

其三，对土地承包经营权而言，某些地方对农村土地承包经营权的管制措施过于粗放。在当前约一半的国家公园试点区，有至少1/3的土地不属于国家所有，[2]部分试点区域集体所有的土地甚至超过80%。如前所述，在目前的国家公园地方立法中对《自然保护区条例》（2017年修订）规定的"十禁止"行为进行了大规模的扩充，其中禁止"养殖""种植"等农村土地的基本利用行为，导致土地承包经营权核心权能的丧失。另外，在某些地方禁止原住居民"新建""扩建"，同样构成对自然资源用益权发展性利益的不当限制。这些措施旨在国家公园内制造"无人区"和"禁止发展区域"，使人与自然相隔，不仅忽略了人类活动对生态系统的良性干预，从管理上更加缺乏可行性。

2. 自然资源使用权准征收补偿不足不细

中央文件倾向于以"管制补偿"为主，以"生态保护补偿"为补充的自然资源使用权准征收补偿机制，推动形成人与自然的生命共同体。然而从现有地方立法来看，"管制补偿"的主体地位并未充分体现，相反，传统"生态

---

〔1〕　See Canada National Parks Act § 17（S. C. 2000, c. 32），available online：https://laws-lois. justice. gc. ca/eng/acts/N-14. 01/page-1. html#h-360227，last visited on：2023-08-04.

〔2〕　苏杨："保护地可以靠地役权来建设'山水林田湖草人'生命共同体——解读《建立国家公园体制总体方案》之七"，载《中国发展观察》2019年第Z1期。

保护补偿"的思想仍然占主导地位，并且存在准征收补偿制度供给不足、机制设置不细的问题。

其一，对于集体自然资源用益物权管制补偿规定不细。中央文件确立了"以'管制补偿'为主，以'生态保护补偿'为辅"的集体自然资源用益物权准征收补偿机制。事实上，地方立法却更倾向于生态保护补偿。一些地方已就生态保护补偿机制出台专门办法，明确相关补偿对象、方式和来源，但却少有地方对如何进行"用途管制"进行专门规定。其中，尤其针对管制措施对于集体所有自然资源用益物权发展机会利益的过度限制，在地方立法中几乎没有明确的补偿机制。

其二，自然资源准物权准征收补偿不足。如前所述，目前，作为核心的"用途管制"补偿仅适用于集体自然资源财产权的情形，地方在自然资源准物权退出机制的设置上并没有类似安排，往往只是单一进行"生态保护补偿"，一旦在地方生态保护补偿机制中未能得到充分体现，则难以得到合理补偿。自然资源准物权的取得和保护均有行政因素，理应受到更严格的行政管控。[1]但这并不意味着对准物权的"准征收"补偿应同集体土地用益物权进行区别对待。《民法典》第 329 条规定："依法取得的探矿权、采矿权、取水权和使用水域、滩涂从事养殖、捕捞的权利受法律保护。"因而，对此类准物权进行管制也应依法合理补偿。[2]

（二）政策建议

综上所述，本章建议，应从准征收管制措施减量化、补偿手段合理化两方面着手，对自然资源准物权进行分类处置，促进资源开发利用的绿色转型，对集体自然资源用益物权精细共治，构建生命共同体，加强自然资源使用权准征收保护法律体系建设，做到有法可依。

1. 以比例性原则促准征收措施减量化

准征收理论在界定政府管制行为的合理性边界时，政府管制措施应符合比例性原则。以比例性原则审视之，当前大量管制性措施存在"过度管制"

---

〔1〕 参见崔建远：《准物权研究》，法律出版社 2012 年版，第 12 页。

〔2〕 参见《大熊猫国家公园总体规划（征求意见稿）》，载国家林业和草原局网，https://www.forestry.gov.cn/html/main/main_4461/20191017111923948546698/file/20191017112033510119113.pdf，最后访问时间：2023 年 8 月 4 日。

的倾向，而应进行减量化、精细化设计。其一，对自然资源准物权进行分类处置，促进生态化转型。自然资源准物权的范围广泛，在相关制度设计时应坚持分类处置。对矿业权这类具有生态破坏性的准物权应实行严格的退出机制，但一方面，并非所有类型的矿业权都应退出，如不对资源造成攫取式、垄断式占用的部分地热、矿泉水等矿业权可选择性保留；另一方面，矿业权也并非在国家公园全域内都应退出，各地需因地制宜、分区合理规划。对于风电场、水电站一类准物权，往往是地方电力的主要来源，也不宜"一刀切"地整体退出，应对其生态影响进行全面评估和分析论证，根据实际评估结果，而对其中生态中立性的风电、水电实施分区季节性关停，促使其生态化转型。对采伐权、捕捞权、狩猎权等具有移动生态增益性的准物权，应在国家公园分区管控的基础上，限定采伐、捕捞、狩猎的时间、地点、对象，实现精准管控。

其二，对集体自然资源用益物权精准管制，构建社区利益共同体。国家公园不可能完全屏蔽人类活动并忽略人类活动对生态系统的良性干预。因此，在国家公园体制建设中，应充分保护原住居民的财产权益，推动形成社区利益共同体，并在此基础上建构"山水林田湖草沙冰"的生命共同体。针对集体自然资源用益物权的管制措施应进行大规模的减量化设计，切实落实分区管控思路，尤其应减少在传统利用区对集体资源的传统利用行为及相关发展性财产权益的管制措施，或者在规划中考虑不将人类活动集中、集体所有土地比重大的区域划入国家公园的范围。

2. 以互惠性标准促进准征收补偿多元化

在准征收理论下，准征收补偿并不是一元化的金钱补偿模式，而是多元化的保护路径，倘若使用权人可以直接从管制行为中获益，则变相地实现了准征收补偿的目标，可构成替代性补偿。其一，对自然资源使用权形成多元化补偿方案。《建立国家公园体制总体方案》（2017 年）提出了包括"协议保护"在内的集体自然资源产权的"多元化保护模式"，这在本质上同互惠性的准征收补偿是一致的。地方应思考在保留现有所有权制度的前提下，创新自然资源使用权制度，细化用途管制补偿措施，让政府、企业和居民都成为国家公园的建设和治理主体，形成互利互惠、共建共享、多元共治的社区协调机制。而从准物权准征收补偿来看，一元化的生态保护补偿机制显然是不够的。目前仅限于集体自然资源产权的"用途管制"和"管制补偿"等制度，也可考虑扩大适用于自然资源准物权，在不改变准物权产权主体的基础上，通过合作协议的方式，促进自然资源准物权的生态化转型。

3. 构建自然资源使用权准征收保护法律体系，做到有法可依

目前在我国立法中仅明确了以土地为主的自然资源征收补偿制度，但尚未明确准征收补偿制度。我国《宪法》第13条第3款，《民法典》第117条、第243条和第327条对土地集体所有权、个体化的集体土地用益物权被征收后的补偿问题进行了明确，然而法律却完全没有涉及对集体自然资源用益权准征收的问题，准物权的准征收更加无从谈起。目前，仅在一些低位阶的部门规章中有相关规定。例如，《国家级森林公园管理办法》第16条规定，"因国家级森林公园总体规划的实施，给国家级森林公园内的当事人造成损失的，依法给予补偿"。但本条的适用范围极为有限，仅限于"国家级森林公园"的范畴，要确认准征收的补偿规则，还应当考虑从更基本的民事法律制度着手。在民事基本法律中引入准征收补偿制度，一方面意味着征收制度本身内涵的扩展，要求在综合性的《土地管理法》《矿产资源法》《草原法》《森林法》以及正在制定中的《国家公园法》等法律和相关法规中都能体现相关内容，形成准征收保护的法律体系；另一方面在司法层面，法院在法律机制尚未完善之际，也应引入准征收理论，在法律制度供给缺位处进行司法补位。

未经公正合理之补偿，不得将私人财产征为公用，这已成为西方行政征收制度中规范公权力的一项铁律。但在准征收的情况下，公民的私有财产权屡屡遭受公权力的过度限制，由此造成的财产损失或财产价值降低却无法获得补偿与合理救济。在国家公园的规划建设中，明确界定公权管制的边界，对受不当限制的自然资源使用权进行有效救济，这对于理顺国家公园体制"社区协同发展机制"，构筑国家公园"共建共享机制"，形成"山水林田湖草人"生命共同体至关重要。笔者认为，目前中国国家公园地方试点中所遇到的准征收问题往往可以具象为国家公园规划建设措施对自然资源所有权以及基于所有权而产生的自然资源的使用权的不当限制问题。在实践中，大多数纠纷同分离后的个体化的集体所有自然资源用益物权和准物权受到不当限制而未得到合理补偿有关。对此，中央政策性文件强调通过创新自然资源使用制度，构建以管制补偿为主的集体所有自然资源用益物权的"多元化保护"机制，对以探矿采矿权为主的自然资源准物权，强调"分类处置"和"有序

退出"。但国家公园试点地方的做法却在一定程度上背离了这一路径，存在管制措施过严过广，而补偿措施不足不细的问题。笔者认为，应从准征收管制措施减量化、补偿手段合理化两方面着手，以比例性原则界定政府管制行为的合理性边界，以互惠性标准构建多元化保障方案。

## 第三节　自然保护地役权制度在国家公园体制下的适用分析

### 一、设立自然保护地役权的现实基础

地役权主要是源于现代民法理论的概念，[1]是指"以他人土地供自己土地的方便和利益之用的权利"。[2]近年来，随着国家公园体制试点工作的展开，部分试点区，尤其是南方林区人口基数大（密度高）、集体所有土地/林地占比高、开发利用强度大、生态保护补偿标准低、保护资金多元化渠道筹措难的特点和问题逐渐凸显。这在一定程度上与实现国家公园科学统一保护"具有国家代表性的自然生态系统为主要目的"[3]的目标之间存在矛盾。

鉴于此，有观点提出可以将设立地役权作为解决国家公园"人""地"发展矛盾的一项法定制度措施。[4]目前，以浙江省为代表的部分国家公园体制试点区及相关管理机构和地方政府，通过与集体土地所有权人签订地役权合同并办理地役权登记，对设立国家公园地役权开展了实践探索。基于这些经验，理论界和实务界均有意推动《国家公园法》对地役权制度做出专门规定，其目的是通过较低的经济投入和成本，化解国家公园内土地、森林、草地、山岭、滩涂等不动产因其所有权、使用权/承包权、经营权的设立和行使等与国家公园的保护管理目标相矛盾或者不相一致时，可能导致的国家公园

---

〔1〕　用益物权是指依照法律对他人所有的不动产或者动产享有占有、使用和收益的权利，参见《民法典》第 323 条。

〔2〕　梁慧星、陈华彬：《物权法》，法律出版社 2007 年版，第 285 页。

〔3〕　中共中央办公厅、国务院办公厅：《关于建立以国家公园为主体的自然保护地体系的指导意见》，2019 年 6 月 26 日。

〔4〕　例如苏杨："保护地可以靠地役权来建设'山水林田湖草人'生命共同体——解读《建立国家公园体制总体方案》之七"，载《中国发展观察》2019 年第 Z1 期；秦天宝："论国家公园国有土地占主体地位的实现路径——以地役权为核心的考察"，载《现代法学》2019 年第 3 期；张晏："国家公园内保护地役权的设立和实现——美国保护地役权制度的经验和借鉴"，载《湖南师范大学社会科学学报》2020 年第 3 期，等。

自然保护成效减损问题。

（一）国家公园及相关体制试点区的土地权利状况

在国家公园体制试点阶段，引入有关自然保护地役权制度，是为了对试点区范围内自然生态系统保护与资源开发利用之间的冲突提供一种新的解决方案。从目前的情况来看，由于人口分布和农业林业历史政策的原因，在已设立的国家公园及其他相关体制试点区内至少存在以下五种土地及其他自然资源（不动产）物权外观的结构形式（表4-4）。

表4-4　国家公园及其他相关体制试点区土地等自然资源/不动产物权外观

| 权利外观 | 现行法律依据（不完全统计） |
| --- | --- |
| 土地及其地上承载物（自然资源）均为国家所有 | 1.《宪法》第9条第1款："矿藏、水流、森林、山岭、草原、荒地、滩涂等自然资源，都属于国家所有，即全民所有；由法律规定属于集体所有的森林和山岭、草原、荒地、滩涂除外。"<br>第10条第1款、第2款："城市的土地属于国家所有。农村和城市郊区的土地，除由法律规定属于国家所有的以外，属于集体所有；宅基地和自留地、自留山，也属于集体所有。"<br>2. 各自然资源法律，如《森林法》第14条第1款："森林资源属于国家所有，由法律规定属于集体所有的除外。"<br>《草原法》第9条第1款："草原属于国家所有，由法律规定属于集体所有的除外。国家所有的草原，由国务院代表国家行使所有权。"<br>…… |
| 土地属于国家所有，地上承载物（自然资源）属于集体、个人或者其他单位/组织所有或者经营利用 | 1.《土地管理法》第10条："国有土地和农民集体所有的土地，可以依法确定给单位或者个人使用。使用土地的单位和个人，有保护、管理和合理利用土地的义务。"<br>第13条："农民集体所有和国家所有依法由农民集体使用的耕地、林地、草地，以及其他依法用于农业的土地，采取农村集体经济组织内部的家庭承包方式承包，不宜采取家庭承包方式的荒山、荒沟、荒丘、荒滩等，可以采取招标、拍卖、公开协商等方式承包，从事种植业、林业、畜牧业、渔业生产。家庭承包的耕地的承包期为三十年，草地的承包期为三十年至五十年，林地的承包期为三十年至七十年；耕地承包期届满后再延长三十年，草地、林地承包期届满后依法相应延长。<br>国家所有依法用于农业的土地可以由单位或者个人承包经 |

| 权利外观 | 现行法律依据（不完全统计） |
|---|---|
| 土地属于国家所有，地上承载物（自然资源）属于集体、个人或者其他单位/组织所有或者经营利用 | 营，从事种植业、林业、畜牧业、渔业生产。<br>发包方和承包方应当依法订立承包合同，约定双方的权利和义务。承包经营土地的单位和个人，有保护和按照承包合同约定的用途合理利用土地的义务。"<br>2.《农村土地承包法》第2条："本法所称农村土地，是指农民集体所有和国家所有依法由农民集体使用的耕地、林地、草地，以及其他依法用于农业的土地。"<br>第3条："国家实行农村土地承包经营制度。农村土地承包采取农村集体经济组织内部的家庭承包方式，不宜采取家庭承包方式的荒山、荒沟、荒丘、荒滩等农村土地，可以采取招标、拍卖、公开协商等方式承包。"<br>第4条："农村土地承包后，土地的所有权性质不变。承包地不得买卖。"<br>3.《森林法》第16条第1款："国家所有的林地和林地上的森林、林木可以依法确定给林业经营者使用。林业经营者依法取得的国有林地和林地上的森林、林木的使用权，经批准可以转让、出租、作价出资等。具体办法由国务院制定。"<br>第17条："集体所有和国家所有依法由农民集体使用的林地（以下简称集体林地）实行承包经营的，承包方享有林地承包经营权和承包林地上的林木所有权，合同另有约定的从其约定。承包方可以依法采取出租（转包）、入股、转让等方式流转林地经营权、林木所有权和使用权。"<br>4.《草原法》第10条："国家所有的草原，可以依法确定给全民所有制单位、集体经济组织等使用。"<br>…… |
| 土地及其地上承载物（自然资源）均为集体所有 | 1.《宪法》第10条第2款："农村和城市郊区的土地，除由法律规定属于国家所有的以外，属于集体所有；宅基地和自留地、自留山，也属于集体所有。"<br>2.《土地管理法》第9条第2款："农村和城市郊区的土地，除由法律规定属于国家所有的以外，属于农民集体所有；宅基地和自留地、自留山，属于农民集体所有。"<br>第11条："农民集体所有的土地依法属于村农民集体所有的，由村集体经济组织或者村民委员会经营、管理；已经分别属于村内两个以上农村集体经济组织的农民集体所有的，由村内各该农村集体经济组织或者村民小组经营、管理；已经属于乡（镇）农民集体所有的，由乡（镇）农村集体经济组织经营、管理。" |

| 权利外观 | 现行法律依据（不完全统计） |
|---|---|
| 土地及其地上承载物（自然资源）均为集体所有 | 3.《森林法》第 18 条："未实行承包经营的集体林地以及林地上的林木，由农村集体经济组织统一经营。经本集体经济组织成员的村民会议三分之二以上成员或者三分之二以上村民代表同意并公示，可以通过招标、拍卖、公开协商等方式依法流转林地经营权、林木所有权和使用权。"<br>…… |
| 土地属于集体所有，地上承载物（自然资源）属于国家所有 | 《森林法》第 20 条第 1 款："国有企业事业单位、机关、团体、部队营造的林木，由营造单位管护并按照国家规定支配林木收益。" |
| 土地属于集体所有，地上承载物（自然资源）属于其他单位和个人所有或者经营利用 | 1.《土地管理法》第 10 条："国有土地和农民集体所有的土地，可以依法确定给单位或者个人使用。使用土地的单位和个人，有保护、管理和合理利用土地的义务。"<br>第 13 条第 1 款："农民集体所有和国家所有依法由农民集体使用的耕地、林地、草地，以及其他依法用于农业的土地，采取农村集体经济组织内部的家庭承包方式承包，不宜采取家庭承包方式的荒山、荒沟、荒丘、荒滩等，可以采取招标、拍卖、公开协商等方式承包，从事种植业、林业、畜牧业、渔业生产……。"<br>2.《农村土地承包法》第 3 条第 2 款："农村土地承包采取农村集体经济组织内部的家庭承包方式，不宜采取家庭承包方式的荒山、荒沟、荒丘、荒滩等农村土地，可以采取招标、拍卖、公开协商等方式承包。"<br>第 9 条："承包方承包土地后，享有土地承包经营权，可以自己经营，也可以保留其承包权，流转其承包地的土地经营权，由他人经营。"<br>第 36 条："承包方可以自主决定依法采取出租（转包）、入股或者其他方式向他人流转土地经营权，并向发包方备案。"<br>第 37 条："土地经营权人有权在合同约定的期限内占有农村土地，自主开展农业生产经营并取得收益。"<br>3.《森林法》第 17 条："集体所有和国家所有依法由农民集体使用的林地（以下简称集体林地）实行承包经营的，承包方享有林地承包经营权和承包林地上的林木所有权，合同另有约定的从其约定。承包方可以依法采取出租（转包）、入股、转让等方式流转林地经营权、林木所有权和使用权。"<br>4.《草原法》第 13 条第 3 款："集体所有的草原或者依法确定给集体经济组织使用的国家所有的草原由本集体经济组织以外的单位或者个人承包经营的，必须经本集体经济组织成 |

| 权利外观 | 现行法律依据（不完全统计） |
|---|---|
| 土地属于集体所有，地上承载物（自然资源）属于其他单位和个人所有或者经营利用 | 员的村（牧）民会议三分之二以上成员或者三分之二以上村（牧）民代表的同意，并报乡（镇）人民政府批准。"…… |

通过表4-4可以看到，在地权和林权（其他自然资源权）均为国家所有的情形下，国家公园的保护目标与自然资源管理（利用）目标之间在理论上是不存在冲突的；而在其他几种权利外观形态下，则可能出现自然资源管理（利用）目标与国家公园保护目标相互冲突或者矛盾的情况。究其特征，主要是国家公园范围内的自然资源使用权（以及承包权、经营权）由农村集体经济组织及其内部的家庭享有，或者农村集体经济组织以外的单位或者个人经依法流转取得。

由于我国国家公园属于新生事物，国家公园（包括其体制试点区）设立在后，而自然资源使用权（以及承包权、经营权）设立在前，因此如何化解（国家的）保护与（集体和其他单位与个人）利用之间的矛盾，成为实现国家公园保护目标的一个比较棘手的障碍和问题。从我国土地（及其他自然资源）的所有权形态、使用权形态及其相关的承包权、经营权的分配方式来看，这种矛盾主要出现在两种情况下：一是国家所有依法由农民集体使用的耕地、林地、草地，以及其他依法用于农业的土地和其他地上自然资源；二是集体所有的土地。

其中，针对第一种情况，即国家所有依法由农民集体使用的耕地、林地、草地，以及其他依法用于农业的土地和其他地上自然资源的，应当属于国有土地使用权的表现形式之一。根据《土地管理法》第58条规定，有下列情形之一的，由有关人民政府自然资源主管部门报经原批准用地的人民政府或者有批准权的人民政府批准，可以收回国有土地使用权：（1）为实施城市规划进行旧城区改建以及其他公共利益需要，确需使用土地的；（2）土地出让等有偿使用合同约定的使用期限届满，土地使用者未申请续期或者申请续期未获批准的；（3）因单位撤销、迁移等原因，停止使用原划拨的国有土地的；（4）公路、铁路、机场、矿场等经核准报废的。依照前款第（1）项的规定收回国有土地使用权的，对土地使用权人应当给予适当补偿。

从以上条文的规定可以看出，为了公共利益需要，确需使用土地的，国家可以依法收回国有土地使用权。那么，作为国家公园设立过程中，为了实现生态系统整体性保护的目标，应当属于为了公共利益需要确需使用土地的情形，可以收回国有土地使用权并对土地使用人予以适当补偿。即，针对国家所有依法由农民集体使用的耕地、林地、草地，以及其他依法用于农业的土地和其他地上自然资源的情形，在设立国家公园的过程中，可以依法收回国有土地使用权。

第二种情况，即集体所有的土地的情形下，则是自然保护地役权探讨的主要情况。

## （二）对《民法典》地役权规范的适用性分析

《民法典》第二编"物权"第十五章"地役权"（第三分编"用益物权"）用了14条条文对我国民法上的地役权做出了规定（第372—385条）。据此，可以从以下方面，对《民法典》有关地役权规定在国家公园地役权制度中的适用性做出分析。

### 1. 对"不动产"的理解

国家公园语境下的"自然保护地役权"权利客体性质和形式与《民法典》的规定没有冲突，相互契合。《民法典》第372条第1款规定："地役权人有权按照合同约定，利用他人的不动产，以提高自己的不动产的效益。"其中，"利用他人的不动产，以提高自己的不动产的效益"，既是构成地役权合同关系的基本需求和前提，也是其主要内容。其关键词是"不动产"。只有存在不动产，以及对于他人不动产的利用行为，才可能形成地役权关系。

不动产是物的一种。关于不动产的概念，《民法典》第115条规定，物包括不动产和动产。法律规定权利作为物权客体的，依照其规定。根据黄薇主编的《中华人民共和国民法典释义及适用指南》的解释："'不动产'是不可移动的物，如土地以及房屋、林木等土地附着物。"[1]《民法典》施行以前，1995年《担保法》第92条第1款曾规定："本法所称不动产是指土地以及房

---

[1] 黄薇主编：《中华人民共和国民法典释义及适用指南》（上册），中国民主法制出版社2020年版，第178页。

屋、林木等地上定着物。"根据最高人民法院印发《关于贯彻执行〈中华人民共和国民法通则〉若干问题的意见（试行）》的通知（已失效）的规定，土地、附着于土地的建筑物及其他定着物、建筑物的固定附属设备为不动产。根据我国《不动产登记暂行条例》第 2 条第 2 款规定："本条例所称不动产，是指土地、海域以及房屋、林木等定着物。"其中，"定着物"和"土地附着物"都是对不动产的表述。与"土地附着物"相比，我国现行法律中更常采用"地上附着物"[1]作为术语。

地上附着物，是指依托于土地而存在的地上物，包括建筑物、构筑物和定着物。建筑物主要是指各类用途的房屋。构筑物主要是指除房屋以外的由人工建造的其他具有一定空间构造和功能结构的生产生活设施，如水井、水塔、堤坝、桥梁，以及房屋的围墙、院坝等。定着物是指固定于土地、不能移动的有独立实用价值的物，既包括人造物，又包括自然物。广义的定着物泛指一切固定于土地但又具有独立价值属性之物，而狭义的定着物主要包括如供水、电、气设施，道路及其有关设施，通信设施等线性人工设施，或者花草树木等自然物。

据此，可以认为，我国民法上的不动产，主要是指依照其物理性能而不可移动，或者一旦移动将对其价值、效用造成严重损害或者灭失之物，主要包括土地，以及附着于土地之上的房屋、设施、林木等。国家公园语境下，与设立自然保护地役权相关的不动产主要是指具有自然保护价值或者区位价值，应当纳入统一科学保护管理的土地及其地上附着的自然物，包括林木、草原、海域、滩涂等。

2. 对地役权合同性质的理解

根据《民法典》第 273 条规定，设立地役权，当事人应当采用书面形式订立地役权合同。据此，我国民法上对于地役权的性质主要规定为约定地役权（或者称为意定地役权），即依照地役权人和供役地权利人双方真实、自由（自愿）的意思表示而发生，由地役权人和供役地权利人通过双方协商的方式

---

〔1〕 例如，《民法典》第 243 条第 2 款规定："征收集体所有的土地，应当依法及时足额支付土地补偿费、安置补助费以及农村村民住宅、其他地上附着物和青苗等的补偿费用，并安排被征地农民的社会保障费用，保障被征地农民的生活，维护被征地农民的合法权益。"《土地管理法》第 48 条第 2 款规定："征收土地应当依法及时足额支付土地补偿费、安置补助费以及农村村民住宅、其他地上附着物和青苗等的补偿费用，并安排被征地农民的社会保障费用"，等等。

进行确立。这符合民法传统上对于地役权作为一类用益物权的理解和认识，但我国当前部分国家公园体制试点区的实践做法与《民法典》的规定不完全相符。

归纳目前国家公园体制试点区设定自然保护地役权的主要做法，可以看到：设立自然保护地役权的目的主要是实现生态系统和生态空间的统一、科学、有效保护与管控。在有关设立自然保护地役权的案例中，既有由国家公园管理机构与集体土地所有权人签订地役权合同的情况，也有由从事自然保护事业的社会公益组织与集体土地所有权人签订地役权合同的情况。在后一种情况下，由于合同当事人双方都是平等的民事法律关系主体，更加符合《民法典》所规定的约定地役权的情形。

然而，在前一种情况下，即地役权人是国家公园管理机构，且由国家公园管理机构直接与集体土地所有权人签订地役权合同时，则具有一定的行政色彩。在这种情形下，自然保护地役权的设立往往以行政判断为基础，以行政权力为保障。在自然保护地役权有偿设立的条件下，供役地权利人从中取得的补偿由政府财政负担并确定补偿基数和补偿标准。因此，集体土地所有权人或者其他供役地权利人在订立自然保护地役权合同的过程中，议价能力往往有限，所取得的补偿不一定符合供役地权利人的期待，或者不能完全弥补因设定地役权而限制不动产利用所造成的财产收益损失。因此，即使在签订合同时，国家公园管理机构和集体土地所有权人是以平等身份在合同文本中出现的，但是从根本上说，并不能就此简单认为由此签订的地役权合同是单纯的民事合同。

3."地役权人"和"供役地权利人"

《民法典》将地役权合同当事人规定为地役权人和供役地权利人。其中，供役地权利人包括土地所有权人和用益物权人。用益物权人又主要是指在供役地上设立土地承包经营权、宅基地使用权等用益物权的权利持有人。

从国家公园体制试点区的情况来看，目前自然保护地役权的地役权人主要包括两类：一是国家公园管理机构，二是从事自然保护事业的社会公益组织。供役地权利人则主要包括：一是集体土地所有权人，即农村集体全体成员（农民集体）。根据《村民委员会组织法》的规定，由村民委员会依照法律规定行使集体土地管理权。二是在作为供役地的集体土地上设立了土地承包权、经营权，乃至宅基地使用权等用益物权的集体土地使用权人。

4. 地役权期限

按照国外有关自然保护地役权的规定和做法，自然保护地役权的期限可以是永久的或者当事人约定的其他期限。其中，多数自然保护地役权合同在订立的时候就设定为永久有效。然而，根据我国《民法典》第 377 条规定："地役权期限由当事人约定；但是，不得超过土地承包经营权、建设用地使用权等用益物权的剩余期限。"也就是说，依照《民法典》的规定，地役权的期限应当等于或者短于供役地上设定的用益物权期限。换句话说，《民法典》对于地役权的规定，主要是用于约束供役地的用益物权（使用权），而不是供役地的土地所有权。这主要是由我国普遍存在的土地所有权人与土地使用权人相分离的现象而产生的一种客观状况。

在国家公园的语境下，设定地役权的目的是实现自然保护，故在没有意外事件发生（如自然灾害、人为破坏）时，理论上自然保护地役权的效力期限越长，越有利于实现自然保护目的。因此，《民法典》对于地役权期限的规定虽然可以构成设立自然保护地役权的合法性的依据之一，但在缺少对于地役权期限届满的后续处理措施规定的条件下，将地役权期限等同于供役地用益物权的期限，不完全符合设立自然保护地役权的需要。

5. 地役权人的权利和对供役地权利人物权的限制

在自然保护地役权关系中，地役权人和供役地权利人之间的权利义务内容与《民法典》所规定的内容存在一定区别。《民法典》第 375 条和第 376 条规定了对于地役权人和供役地权利人基本权利的保障义务。其中，第 375 条规定："供役地权利人应当按照合同约定，允许地役权人利用其不动产，不得妨害地役权人行使权利。"第 376 条规定："地役权人应当按照合同约定的利用目的和方法利用供役地，尽量减少对供役地权利人物权的限制。"从中可以理解，《民法典》所规定的地役权关系中，一方面，地役权人具有依照地役权合同在他人所有的不动产上积极作为的权利（如通行、通水、排污等），而供役地权利人则负有在合同规定范围内的消极不作为义务（表现为不得妨害）；另一方面，地役权人利用供役地，应当尽量减少对供役地所有权人和用益物权人的物权限制。

与民法上典型的地役权不同，从自然保护地役权的特征来看，地役权人取得地役权之后并不必然对供役地进行"利用",除保护性的更新、抚育或者在必要条件下实施生态修复以外,更多地可能是对于供役地的消极"不利用",使其生态系统自然修复。这时,地役权人的权利是一种积极的"消极不作为"权利。在供役地权利人方面,设立自然保护地役权之后,除传统民法上的"不作为"义务以外,在有些情况下,可能还需要配合地役权人实施一些生态修复方面的作为义务。因此,地役权人和供役地权利人的权利义务内容,在自然保护地役权关系下会发生一些不同于传统的变化和革新。

在传统民法上地役权的行使过程中,地役权人不得超出合同约定,对供役地权利人的物权造成不当的、超出合理范围的限制。例如,地役权人在供役地上通行,以到达自己的土地(需役地)的权利,不得对供役地权利人对供役地的占用、使用、收益等造成限制,并不影响供役地权利人物权的正常行使。然而,在设立自然保护地役权后,由于地役权的内容往往表现为供役地权利人不得实施与自然保护目标相违背的行为,因此必然对于供役地权利人依照其自身意愿、自由行使供役地所有权、使用权乃至收益权(用益物权)形成比较严格的限制。在有的情况下(如供役地位于国家公园核心保护区),甚至可能因为自然保护地役权的设置而完全剥夺供役地权利人行使物权、用益物权的权利。例如,集体土地所有权人可能丧失对土地的占有和使用权,而其上设立的承包权、经营权或者宅基地使用权等都可能完全不能得到行使。因此,在自然保护地役权关系中,对于供役地权利人的限制远远大于传统民法的规定。

综上所述,《民法典》物权编对于地役权的规定,可以作为设立自然保护地役权法律依据的一种基础依据,但对自然保护地役权的成立和行使却不能提供充分的指引和保护,有必要另行制定法律规范,来对国家公园内的自然保护地役权做出特别的、专门的规定。

## 二、自然保护地役权制度对现有做法的合理补充

我国自 2015 年全面开展国家公园体制试点工作以来,有部分体制试点区采用了以自然保护地役权为名的保护措施,作为土地征收的一种替代方案。历史上,为解决自然保护区内及其周边集体土地的自然保护成效问题,实现生态系统整体保护的目的,国家采用过"赎买""置换""租赁""托管""合

作经营""协议保护""征收"以及"管制性征收"等多种方法。2009年，国家推行生态保护补偿制度后，各地又开展了生态保护补偿有关试点工作。

（一）自然保护地及其周边土地利用的主要方式

我国在立法上并未将自然保护地作为一种专门的、单独的用地类型，而是按照自然保护地上不同区域土地的具体利用目的和方式，分地块、分部门进行确认和办理有关用地审批手续。《土地管理法》第4条将土地分为农用地、建设用地和未利用地。其中，农用地是指直接用于农业生产的土地，包括耕地、林地、草地、农田水利用地、养殖水面等。建设用地是指建造建筑物、构筑物的土地，包括城乡住宅和公共设施用地、工矿用地、交通水利设施用地、旅游用地、军事设施用地等。未利用地是指农用地和建设用地以外的土地。

从以上条文来看，我国的"自然保护地"与有关法律法规规定的"土地用途"并不是同一层面或者量级上的概念。也就是说，自然保护地更多的是一种观念性、系统性和宏观性的地理空间范畴，而在这个范畴当中可能存在法律规定的包括农用地、建设用地和未利用地在内的多种土地用途。当这些用地方式与自然保护目标不相一致甚至相互背离时，对于整体性、系统性的自然保护目标的实现，当然是不利的。

《土地管理法》第10条规定："国有土地和农民集体所有的土地，可以依法确定给单位或者个人使用。使用土地的单位和个人，有保护、管理和合理利用土地的义务。"该法第13条第1款规定："农民集体所有和国家所有依法由农民集体使用的耕地、林地、草地，以及其他依法用于农业的土地，采取农村集体经济组织内部的家庭承包方式承包，不宜采取家庭承包方式的荒山、荒沟、荒丘、荒滩等，可以采取招标、拍卖、公开协商等方式承包，从事种植业、林业、畜牧业、渔业生产。家庭承包的耕地的承包期为三十年，草地的承包期为三十年至五十年，林地的承包期为三十年至七十年；耕地承包期届满后再延长三十年，草地、林地承包期届满后依法相应延长。"第2款规定："国家所有依法用于农业的土地可以由单位或者个人承包经营，从事种植业、林业、畜牧业、渔业生产。"

历史上，我国自然保护地法律法规的起步和发展远远落后于土地利用管理法律法规，甚至迄今为止仍然没有一部或者几部自然保护地专门法律。这导致在其他涉及土地利用相关领域，包括《土地管理法》在内涉及例如土地、交通、能源、通信、城乡建设与规划等法律法规在制定过程中，较少或者不考虑自然保护地的土地利用问题。人类发展"向自然要地"，也就在某种程度上演变成了向自然保护地要地。

2019年7月，自然资源部、财政部、生态环境部、水利部、国家林业和草原局五部门联合印发《自然资源统一确权登记暂行办法》，推动建立归属清晰、权责明确、保护严格、流转顺畅、监管有效的自然资源资产产权制度，实现"山水林田湖草"整体保护、系统修复、综合治理。对水流、森林、山岭、草原、荒地、滩涂、海域、无居民海岛以及探明储量的矿产资源等自然资源的所有权和所有自然生态空间统一进行确权登记，适用该办法。

按照该办法的规定，自然保护地应当属于"自然生态空间"，应当进行统一确权登记。国家批准的国家公园、自然保护区、自然公园等各类自然保护地应当优先作为独立登记单元划定。登记单元划定以管理或保护审批范围界线为依据。由国务院自然资源主管部门负责指导、监督全国自然资源统一确权登记工作，会同省级人民政府负责组织开展由中央政府直接行使所有权的国家公园、自然保护区、自然公园等各类自然保护地以及大江大河大湖和跨境河流、生态功能重要的湿地和草原、国务院确定的重点国有林区、中央政府直接行使所有权的海域、无居民海岛、石油天然气、贵重稀有矿产资源等自然资源和生态空间的统一确权登记工作。各省区负责组织开展本行政区域内由中央委托地方政府代理行使所有权的自然资源和生态空间的统一确权登记工作。

实践中，包括国家公园体制试点区在内的各级各类自然保护地，都或多或少存在国有土地和农村集体土地相互毗邻的状况。2020年2月，自然资源部发布的《自然资源确权登记操作指南（试行）》第4.2.1条规定，自然保护地工作底图以不低于1∶10000的最新正射影像图为基础，可以将以下空间数据进行叠加：（1）国土调查成果，自然资源专项调查成果；（2）农村集体土地所有权确权登记成果中的集体土地所有权权属界线、国有土地使用权登记成果中的国有土地使用权权属界线；（3）自然保护地管理或保护审批范围界线。这从一个侧面说明了自然保护地内存在大量农村集体土地，以及承包权、经营权或者使用权已经流转的国有土地。

此外，由于各种各样的原因，许多自然保护地还存在碎片化、"开天窗"等问题。虽然这些土地不在保护地审批界线以内，但是由于生态系统和生态过程整体性保护的要求，这些处于保护地以外与保护地相连接，或者将保护地割裂开来的土地的保护利用问题，也成为自然保护地总体保护成效提升阻碍。

（二）相关改革文件精神

实施建立以国家公园为主体的自然保护地体制改革以来，党中央和国务院发布的主要文件是《建立国家公园体制总体方案》（2017 年）和《关于建立以国家公园为主体的自然保护地体系的指导意见》（2019 年），均对如何处理自然保护地内部及其周边国有土地与集体土地的利用关系和利用矛盾问题作出了相应的规定。

1.《建立国家公园体制总体方案》（2017 年）

根据《建立国家公园体制总体方案》（2017 年）的意见，国家公园实施差别化保护管理方式，"重点保护区域内居民要逐步实施生态移民搬迁，集体土地在充分征求其所有权人、承包权人意见基础上，优先通过租赁、置换等方式规范流转，由国家公园管理机构统一管理。其他区域内居民根据实际情况，实施生态移民搬迁或实行相对集中居住，集体土地可通过合作协议等方式实现统一有效管理。探索协议保护等多元化保护模式"。同时，对于国家公园周边社区或者居民聚居点，其建设"要与国家公园整体保护目标相协调，鼓励通过签订合作保护协议等方式，共同保护国家公园周边自然资源"。

在建立社区共管机制方面，要"根据国家公园功能定位，明确国家公园区域内居民的生产生活边界，相关配套设施建设要符合国家公园总体规划和管理要求，并征得国家公园管理机构同意。周边社区建设要与国家公园整体保护目标相协调，鼓励通过签订合作保护协议等方式，共同保护国家公园周边自然资源。引导当地政府在国家公园周边合理规划建设入口社区和特色小镇"。

在上述规定中，集体土地的流转和管理方式主要包括租赁、置换和协议保护等。按照文件精神，首先，在国家公园内要实行差别化管理，不同区域采用不同管理方法。其次，在核心保护区，要实施生态移民搬迁或实行相对集中居住，集体土地的流转方式以租赁、置换作为优先路径。再次，在一般控制区内，可以实施生态移民搬迁或实行相对集中居住，或者视实际情况不予移民搬迁或者集中居住，集体土地主要通过合作协议进行保护。最后，国家公园周边社区不搬迁，鼓励发展协议保护模式。

2.《关于建立以国家公园为主体的自然保护地体系的指导意见》（2019年）

在《建立国家公园体制总体方案》（2017年）的基础上，《关于建立以国家公园为主体的自然保护地体系的指导意见》（2019年）进一步要求"创新自然资源使用制度。按照标准科学评估自然资源资产价值和资源利用的生态风险，明确自然保护地内自然资源利用方式，规范利用行为，全面实行自然资源有偿使用制度。依法界定各类自然资源资产产权主体的权利和义务，保护原住居民权益，实现各产权主体共建保护地、共享资源收益。制定自然保护地控制区经营性项目特许经营管理办法，建立健全特许经营制度，鼓励原住居民参与特许经营活动，探索自然资源所有者参与特许经营收益分配机制。对划入各类自然保护地内的集体所有土地及其附属资源，按照依法、自愿、有偿的原则，探索通过租赁、置换、赎买、合作等方式维护产权人权益，实现多元化保护"。

同时，要"建立以财政投入为主的多元化资金保障制度。统筹包括中央基建投资在内的各级财政资金，保障国家公园等各类自然保护地保护、运行和管理。国家公园体制试点结束后，结合试点情况完善国家公园等自然保护地经费保障模式；鼓励金融和社会资本出资设立自然保护地基金，对自然保护地建设管理项目提供融资支持。健全生态保护补偿制度，将自然保护地内的林木按规定纳入公益林管理，对集体和个人所有的商品林，地方可依法自主优先赎买；按自然保护地规模和管护成效加大财政转移支付力度，加大对生态移民的补偿扶持投入。建立完善野生动物肇事损害赔偿制度和野生动物伤害保险制度"。

这份文件规定了集体土地及非国有林木资源的租赁、置换、赎买、合作等方式。其中，对于自然保护地内的林木，要按规定纳入公益林管理，对集体和个人所有的商品林，地方可依法自主优先赎买。除中央文件以外，包括云南、广东等多省市在内，各省级地方党委和政府也先后制定了相关建立以国家公园为主体的自然保护地体系的实施办法或者实施意见，要求探索通过租赁、置换、赎买、合作等方式，规范自然保护地内自然资源利用行为，由自然保护地管理机构实行统一管理、补偿和分配，兑现资源收益。

#### （三）目前除设立自然保护地役权以外的主要做法

总体来看，为解决保护地内及其周边土地因其所有权、使用权（承包/经营权）等所导致的土地利用方式与自然保护目标不相一致、相互矛盾的问题，中央和各级地方政府实施了多种多样的保护政策和措施。这些保护措施可以按照其是否变更土地（等其他自然资源）所有权来进行归类。

1. 征收

通过变更土地（林地、草地等其他资源）所有权来实现自然保护目标的法定方式主要是对土地、林地或者林木等依法实施征收。《森林法》第 21 条规定："为了生态保护、基础设施建设等公共利益的需要，确需征收、征用林地、林木的，应当依照《中华人民共和国土地管理法》等法律、行政法规的规定办理审批手续，并给予公平、合理的补偿。"[1]

从维护自然保护地的保护成效持续性、稳定性的角度来说，通过征收实现自然资源国有化是最为直接、有效和便捷的措施。然而，现实中由于征收需要大量资金投入，加重财政负担，加之征收具有强制性，在补偿政策和资金未能达到被征收方的预期时，可能激化矛盾。因此，从经验上看，在自然保护（生态环境和资源保护）这类纯公益事业中，从中央到地方政府都较少采用征收手段。或者说，很少以"征收"为名对自然保护地内集体所有的土地、林地等自然资源所有权实施变更。

2. 赎买

赎买不是一个正式的法律概念。在我国现行法律法规中，包括 2019 年修订的《森林法》在内，均没有针对"赎买"的规定。通过查阅各级人民政府及其主管部门公开发布的政策文件，可以发现"赎买"二字仅在部分规范性

---

〔1〕《土地管理法》第 45 条规定："为了公共利益的需要，有下列情形之一，确需征收农民集体所有的土地的，可以依法实施征收：（一）军事和外交需要用地的；（二）由政府组织实施的能源、交通、水利、通信、邮政等基础设施建设需要用地的；（三）由政府组织实施的科技、教育、文化、卫生、体育、生态环境和资源保护、防灾减灾、文物保护、社区综合服务、社会福利、市政公用、优抚安置、英烈保护等公共事业需要用地的；（四）由政府组织实施的扶贫搬迁、保障性安居工程建设需要用地的；（五）在土地利用总体规划确定的城镇建设用地范围内，经省级以上人民政府批准由县级以上地方人民政府组织实施的成片开发建设需要用地的；（六）法律规定为公共利益需要可以征收农民集体所有的土地的其他情形。前款规定的建设活动，应当符合国民经济和社会发展规划、土地利用总体规划、城乡规划和专项规划；第（四）项、第（五）项规定的建设活动，还应当纳入国民经济和社会发展年度计划；第（五）项规定的成片开发并应当符合国务院自然资源主管部门规定的标准。"

文件中出现。赎买原用于指无产阶级取得政权后，以一定代价把资产阶级的生产资料逐步实行国有化的政策。新中国成立以后，中国共产党根据民族资本主义的双重作用和民族资产阶级的两面性，确定了对民族资产阶级的生产资料采取利用、限制、改造，实行和平赎买的政策，即通过国家资本主义的各种形式把资产阶级的生产资料改为社会主义国有财产。这就是说，赎买的原义即国有化。

在现行法律法规中，与"赎买"最为近似的概念是"征收"。《森林法》第 21 条规定："为了生态保护、基础设施建设等公共利益的需要，确需征收、征用林地、林木的，应当依照《中华人民共和国土地管理法》等法律、行政法规的规定办理审批手续，并给予公平、合理的补偿。"该法中，只出现了"征收""征用"这类正式法律用语。

梳理各级人民政府及其主管部门发布的政策文件，可以发现"赎买"主要是林草部门的一种行业用语。例如，2018 年《国家林业和草原局关于进一步放活集体林经营权的意见》提出，"鼓励在建立完善森林资源资产产权制度和有偿使用制度方面进行探索，对确因生态保护需要禁止或限制林地林木依法开发利用的，要充分尊重农民意愿，探索通过租赁、合作、置换、地役权合同等方式规范流转集体林权，逐步扩大生态保护范围和提高保护等级，实现生态美百姓富的有机结合。通过赎买方式进行市场化补偿的，赎买价格要充分参考征收林地林木补偿费标准和市场价格等合理确定"。在现实中，又有"林地经营权赎买""非国有公益林赎买""商品林赎买""生态赎买"等用法，其目的和内容主要是针对处于重点生态功能区内的非国有林或者人工商品林实施国有化。

除林草部门以外，自然资源部门也曾对矿产资源矿业权流转，尤其是整治矿产资源滥挖乱采事项中，采用"赎买"的手段。其做法通常是由大型工矿企业提供资金，由政府主管部门牵头组织，从一些小规模的矿产资源开发利用人手里"赎买"矿业权，进行归并整合。例如，2006 年，辽宁鞍山地区鞍钢公司赎买 31 个民营、个体小矿点的采矿权。[1]2007 年，云南文山麻栗

---

[1] 国土资源部："我国矿产资源整合出现资产整体划转等多种新模式"，载中央人民政府网：http://www.gov.cn/govweb/gzdt/2006-07/07/content_ 330423. htm，2006 年 7 月 7 日，最后访问时间：2021 年 6 月 21 日。

坡县招标确定紫金矿业集团作为合作企业，通过签订总金额 13.49 亿元的资产赎买协议，整合 23 个小型矿业权等。[1]这类赎买，在法律上本质是一种企业并购（资产收购），但与常规的企业并购（资产收购）所不同的是，以"赎买"为名的资产收购，是以政府行政决策作为直接依据、以行政强制力作为实施保障的，而不是单纯的市场行为，类似于后来的"公私合作"（PPP）。

中共中央办公厅、国务院办公厅《关于统筹推进自然资源资产产权制度改革的指导意见》（2019 年），提出要"强化自然资源整体保护……鼓励政府机构、企业和其他社会主体，通过租赁、置换、赎买等方式扩大自然生态空间，维护国家和区域生态安全。依法依规解决自然保护地内的探矿权、采矿权、取水权、水域滩涂养殖捕捞的权利、特许经营权等合理退出问题"。

通过这些行业术语可以发现，与征收更常用于"地权""财产权"（所有权）变更而言，赎买更侧重于"林权""矿权"（即通过行政许可所取得的自然资源开发利用权）。但是，在大多数情况下，特别是林权赎买实践中，实施赎买之后的实际效果，与征收基本是一致的。

3. 置换

林地置换也是林草行业常见的一种方法，即利用重点生态区位集体所有的商品林置换生态公益林指标。在实际操作中，从法律的判断和程序规范来看，置换更应当被视为是赎买（或者征收）的一个环节，而不是一种单独存在的自然资源开发利用权利流转方式。置换类似于征收之后的实物补偿。实施林地置换往往需要先对集体所有的林地进行赎买（但不支付补偿金），然后再通过林地置换的方式进行实物补偿。

在两种情形下，常采用林地置换。采用林地置换的第一种情形是由于设施建设需要占用林地的情形。尤其是在建设项目占用公益林的情况下，由于占用面积要直接在生态公益林储备库中核减，不够核减的要暂停项目受理和审核审批，因此，林地置换成为一种实现占补平衡的折中方法。根据现行《森林法》第 47 条规定："国家根据生态保护的需要，将森林生态区位重要或者生态状况脆弱，以发挥生态效益为主要目的的林地和林地上的森林划定为公益林。未划定为公益林的林地和林地上的森林属于商品林。"根据该法第 48

---

〔1〕　张心远："麻栗坡钨矿整合的崎岖之路"，载《证券日报》2008 年 6 月 29 日，B02 版。

条规定，重要江河源头汇水区域；重要江河干流及支流两岸、饮用水水源地保护区；重要湿地和重要水库周围；森林和陆生野生动物类型的自然保护区；荒漠化和水土流失严重地区的防风固沙林基干林带；沿海防护林基干林带；未开发利用的原始林地区等其他依法规定的区域，应当划定为公益林。

当设施建设选址需要占用公益林，又没有其他可替代选址，需要占用公益林时，依照《森林法》的规定，要实行"占一补一""占补平衡"。根据该法第 36 条规定："国家保护林地，严格控制林地转为非林地，实行占用林地总量控制，确保林地保有量不减少。各类建设项目占用林地不得超过本行政区域的占用林地总量控制指标。"〔1〕第 37 条第 3 款规定："县级以上人民政府林业主管部门应当按照规定安排植树造林，恢复森林植被，植树造林面积不得少于因占用林地而减少的森林植被面积。上级林业主管部门应当定期督促下级林业主管部门组织植树造林、恢复森林植被，并进行检查。"

现行《森林法》对于占用林地没有特别规定不得占用公益林。虽然该法规定国家对公益林实施严格保护，除科研实验、防治虫害、护林防火等几种法定的特殊情形外，公益林只能进行抚育、更新和低质低效林改造性质的采伐。但是，法律并没有禁止占用公益林。同时，该法第 48 条第 4 款规定："公益林进行调整的，应当经原划定机关同意，并予以公布。"也就是说，现

---

〔1〕 另根据 2016 年国家林业局修改发布的《建设项目使用林地审核审批管理办法》第 4 条规定："占用和临时占用林地的建设项目应当遵守林地分级管理的规定：（一）各类建设项目不得使用 I 级保护林地。（二）国务院批准、同意的建设项目，国务院有关部门和省级人民政府及其有关部门批准的基础设施、公共事业、民生建设项目，可以使用 II 级及其以下保护林地。（三）国防、外交建设项目，可以使用 II 级及其以下保护林地。（四）县（市、区）和设区的市、自治州人民政府及其有关部门批准的基础设施、公共事业、民生建设项目，可以使用 II 级及其以下保护林地。（五）战略性新兴产业项目、勘查项目、大中型矿山、符合相关旅游规划的生态旅游开发项目，可以使用 II 级及其以下保护林地。其他工矿、仓储建设项目和符合规划的经营性项目，可以使用 III 级及其以下保护林地。（六）符合城镇规划的建设项目和符合乡村规划的建设项目，可以使用 II 级及其以下保护林地。（七）符合自然保护区、森林公园、湿地公园、风景名胜区等规划的建设项目，可以使用自然保护区、森林公园、湿地公园、风景名胜区范围内 II 级及其以下保护林地。（八）公路、铁路、通讯、电力、油气管线等线性工程和水利水电、航道工程等建设项目配套的采石（沙）场、取土场使用林地按照主体建设项目使用林地范围执行，但不得使用 II 级保护林地中的有林地。其中，在国务院确定的国家所有的重点林区（以下简称重点国有林区）内，不得使用 III 级以上保护林地中的有林地。（九）上述建设项目以外的其他建设项目可以使用 IV 级保护林地。本条第一款第二项、第三项、第七项以外的建设项目使用林地，不得使用一级国家级公益林。国家林业局根据特殊情况对具体建设项目使用林地另有规定的，从其规定。"

实中，因建设项目占用公益林的，是可以通过林地置换调整的方式来实现占补平衡的。

从新闻媒体的报道来看，因占用公益林进行林地置换的情形并不鲜见，但多发生于与公益林进行置换的商品林本身已经处于受保护或者受控区域，林地利用受限而丧失了商品林原有的市场价值属性的情形之下。据报道，2019 年至 2020 年，福建省罗源霍口畲族乡与罗源霍口水务有限公司先后签订 3943 亩和 50 亩的重点生态区位商品林置换生态公益林指标合同。[1]在这个例子中，一方面，霍口已经于 2001 年被列为福州市第二水源保护区，后来又成为全国节水供水重大水利工程、福建省重大水利民生工程——霍口水库的水源地，使得位于该水源保护区内的商品林开发利用受限。另一方面，罗源霍口水务有限公司因修建霍口水库，需要占用 4000 多亩生态公益林。因此，最终由乡政府出资，采取赎买政策，先赎买，后置换，在将公益林调出的同时，逐步将 1.6 万亩位于水源保护区的商品林调整纳入生态公益林储备库。其中"先赎买"类似于先完成征收，"后置换"相当于用实物方式进行了补偿。

采用林地置换的第二种情形，涉及维护公共利益或者提供公共服务的事项，主要发生在为了建设能源、交通、通信等公共服务设施，或者为了实现自然保护地集中、连片、系统化保护管理等公共利益，对位于项目地或者保护地内部及其周边的集体所有林地与其他国有林地进行交换的情形中。在退耕还林林地上，因涉及提供公共服务的建设项目进行林地异地置换也是一种受认可的方式。[2]当集体所有林地位于自然保护区、森林公园等自然保护地内，需要纳入保护地林地实施统一保护管理的情况下，为了在实现保护目的和效果的同时，最大化地保护集体经济组织的权益，许多地方也采用异地置换模式。

〔1〕　参见吴旭涛："罗源：林地巧置换　'绿''利'两相宜"，载东南网，http://fjnews.fjsen.com/2020-12/08/content_ 30568265. htm，最后访问时间：2021 年 6 月 11 日。

〔2〕　参见扬溪镇人民政府：《于宣绩高铁征占用退耕还林置换设计的报告》（扬政〔2020〕154 号），2020 年 12 月 24 日，载扬溪镇人民政府网，http://www.cnjx.gov.cn/OpennessContent/show/2043934. html，最后访问时间：2021 年 6 月 11 日。另参见四川省林业和草原局："四川省乐至县扎实开展退耕还林异地置换"，载国家林业和草原局网，http://www.forestry.gov.cn/main/3951/content-752799. html，最后访问时间：2021 年 6 月 11 日。

### 4. 租赁

林地租赁是一个比较模糊的概念。实际操作中，租赁客体包括法律允许出租的林地、草地、荒地、荒山、海域、滩涂等集体所有自然资源以及法律规定可以出租给个人或者单位开发利用的国有自然资源。通常只要是在一定期间内，出租人将林地等的使用权让与承租人，并由承租人向出租人支付租金，均视为租赁。

根据《农村土地承包法》第3条规定，国家实行农村土地承包经营制度。农村土地承包采取农村集体经济组织内部的家庭承包方式，不宜采取家庭承包方式的荒山、荒沟、荒丘、荒滩等农村土地，可以采取招标、拍卖、公开协商等方式承包。第21条规定，耕地的承包期为三十年。草地的承包期为三十年至五十年。林地的承包期为三十年至七十年。前款规定的耕地承包期届满后再延长三十年，草地、林地承包期届满后依照前款规定相应延长。

实践中，出租人通常是土地承包人，而承租人则可以是个人或者单位（包括自然人、法人和其他组织）。租赁的目的多种多样，开展经营利用是最常见的目的，但也有自然保护地管理机构或者其他保护组织为实现统一保护而租赁集体所有自然资源的情况。目前，集体所有土地实行所有权、承包权与经营权相分离的"三权分置"制度。以承包方式取得集体所有土地的承包经营权后，承包人可以依法将承包土地的经营权流转出去。根据《农村土地承包法》第36条规定，承包方可以自主决定依法采取出租（转包）、入股或者其他方式向他人流转土地经营权，并向发包方备案。根据该法第53条规定，任何组织和个人侵害承包方的土地承包经营权的，应当承担民事责任。

林地、草地的租赁，实际上就是对集体所有土地的租赁。尤其是在实施"三权分置"后，集体土地经营权可以脱离所有权和承包权单独流转，因此，集体所有土地的承包人在取得承包经营权后，有权将承包土地上的林地、草地经营权对外出租、转包、入股等。由于林地、草地实际上是附着于土地之上的，所以林地租赁或者草地租赁，实际上就是集体所有土地租赁。

中共中央办公厅、国务院办公厅有关文件中明确，对于自然保护地范围内的集体所有土地，可以优先采取租赁的方式纳入统一保护管理。《建立国家公园体制总体方案》（2017年）提出，对于处于国家公园核心保护区内的集体所有土地优先通过租赁、置换等方式纳入国家公园统一保护管理，要"按照自然资源特征和管理目标，合理划定功能分区，实行差别化保护管理。重点保护区域内居民要逐步实施生态移民搬迁，集体土地在充分征求其所有权人、承包权人意见基础上，优先通过租赁、置换等方式规范流转，由国家公园管理机构统一管理。其他区域内居民根据实际情况，实施生态移民搬迁或实行相对集中居住，集体土地可通过合作协议等方式实现统一有效管理。探索协议保护等多元化保护模式"。

此后，《关于统筹推进自然资源资产产权制度改革的指导意见》（2019年）指出要强化自然资源整体保护。鼓励政府机构、企业和其他社会主体，通过租赁、置换、赎买等方式扩大自然生态空间，维护国家和区域生态安全。依法依规解决自然保护地内的探矿权、采矿权、取水权、水域滩涂养殖捕捞的权利、特许经营权等合理退出问题。《关于建立以国家公园为主体的自然保护地体系的指导意见》（2019年）提出"对划入各类自然保护地内的集体所有土地及其附属资源，按照依法、自愿、有偿的原则，探索通过租赁、置换、赎买、合作等方式维护产权人权益，实现多元化保护"。

相对于变更土地所有权的保护措施来说，在理论上，租赁具有低成本、易操作的特点。自然保护地管理机构可以通过提供给土地承包人一定资金收益的方式，或者集体所有土地经营权，从而将土地纳入自然保护地实施统一保护管理，以实现自然保护地范围内土地限制利用的目的。

5. 协议保护

协议保护，又称为参与式保护或者参与式协议保护，有两种含义。广义的协议保护，是指通过协议的方式，将土地所承载资源的保护权作为一种与经营权类似的权利移交给承诺保护的一方，从而确定资源所有者和保护者之间责、权、利的生态保护方式。[1]协议的双方当事人可以是集体土地所有权人与政府机构或者其他非政府组织，也可以是国有土地所有权人与其他专门从事环境/自然保护事业的机构或者组织。

狭义的协议保护，专指以政府或者土地所有权人让渡部分权力或者权利为基础，以政府或者土地所有权人之外的法律主体积极参与环境保护为目的，以约束各方权利、义务的环境保护协议为表现形式，并以该协议的履行为实

---

〔1〕"对话马洪波："协议保护"能否拯救三江源？"，载腾讯新闻，https://news.qq.com/a/20110510/000496.htm，最后访问时间：2021年7月2日。

施机制的环境保护机制。[1]在协议保护模式下，参与保护的主体主要是政府机构以外的环保组织、科研机构或者当地社区等。

我国 2006 年前后开始探索协议保护模式，在青海、四川、甘肃等地进行推广，到 2011 年前后已经发展到 12 个保护项目，受保护区域面积 7300 平方公里。[2]主要方式是由土地所有权人（主要是国有土地）将保护权让与当地社区或者其他非政府环保组织，通过协议方式确定双方权利义务。在这种语境下，协议保护等同于社区保护。狭义的协议保护的推动力量主要是非政府环保组织。在我国，协议保护项目的最主要推动者是北京山水自然保护中心。非政府组织在协议保护中承担的主要是资助人的角色，即通过提供捐赠款项来支持协议保护项目的开展。协议保护的实际实施人主要还是当地社区。

2008 年，甘肃省白水江国家级自然保护区范围内的李子坝村被确定为协议保护试点区。由保护区管理局项目组、李子坝村委会和山水自然保护中心共同签订了李子坝生物多样性保护协议。由山水自然保护中心提供项目资助经费，兰州大学提供技术支持，协议期限为 18 个月。根据协议，保护区管理局将李子坝行政村范围内 6500 公顷的自然资源保护权授予李子坝村委会，由村委会按照保护规划对协议保护地进行保护。通过制定资源管理制度约束村民的资源利用行为，发展替代能源和替代经济，设立社区保护奖励基金，授予森林巡护队资源管护权并实施巡护和监测，建立监测记录，同时及时发现与制止破坏和偷盗森林资源的不法行为。[3]

协议保护模式创建了一种"保护权"的概念，即对于土地及其承载的其他自然资源而言，人类不仅享有所有权、经营权和其他开发利用权，还享有"保护权"，从而在一般法律规定中认为环境/自然保护是义务的典型观念[4]

---

〔1〕 尤明青："关于协议保护机制的比较法研究"，载《中国地质大学学报（社会科学版）》2009 年第 4 期。

〔2〕 刘伟、张逸君："社区环保项目路径探析——中国'协议保护'项目的示范意义"，载《林业经济》2011 年第 2 期。

〔3〕 参见李欣、白建明："协议保护项目中不同利益群体的角色定位研究——基于李子坝协议保护项目的实践探索"，载《生态经济》2012 年第 11 期。

〔4〕 例如，《环境保护法》第 6 条规定："一切单位和个人都有保护环境的义务。地方各级人民政府应当对本行政区域的环境质量负责。企业事业单位和其他生产经营者应当防止、减少环境污染和生态破坏，对所造成的损害依法承担责任。公民应当增强环境保护意识，采取低碳、节俭的生活方式，自觉履行环境保护义务。"

之外，提供了"保护是权利"的问题框架，并发展出了社区居民参与式保护的机制。在这种框架下，"保护权"的实质，是对环境和自然资源管理的参与权。只不过这种参与的目的不是开发利用，而是禁限保护。在协议保护机制中，保护地范围内的居民不必搬离原居住地，而是实现了身份转换。从土地和其他自然资源的开发利用人，转换为保护者。

综合来看，狭义的协议保护，在本质上是环境公众参与的一种具体表现形式。这种形式有利于促进社区居民的环境保护积极性，减轻政府机构的保护责任和压力，缓解政府和居民之间在谋求经济发展的总体趋势下，因自然保护禁止或者限制资源利用而导致的矛盾和冲突。同时，由于激励了社区居民的保护主动性和积极性，协议保护比较容易在短时间内取得明显的保护成效，并且有利于在保护自然生态的同时，保留与这样的自然生态休戚与共的传统文化。

但是，协议保护模式的推广和持续也存在一些限制。由于协议保护具有周期性的特点，这个协议周期就相当于为当地实现环境友好型生计替代创造了一个发展窗口期。如果在窗口期内无法寻求新的替代发展模式，或者环保组织（或者其他第三方组织）不能提供足额的、持续的资金支持以支撑当地社区完成替代发展，则可能在协议保护期结束以后，出现"保护倒退"。此外，在协议保护模式下，如何留住人才，以保证保护成效的长期性和持续性，也是一个挑战。

6. 限制利用/管制性征收

限制利用不是一种单独的制度，而是对通过立法或者行政命令对于自然保护地范围内土地和其他自然资源的利用方式及利用行为予以禁止或者实施限制的各类措施的泛称。现行《自然保护区条例》第25条规定："在自然保护区内的单位、居民和经批准进入自然保护区的人员，必须遵守自然保护区的各项管理制度，接受自然保护区管理机构的管理。"第26条规定："禁止在自然保护区内进行砍伐、放牧、狩猎、捕捞、采药、开垦、烧荒、开矿、采石、挖沙等活动；但是，法律、行政法规另有规定的除外。"

我国现行《风景名胜区条例》第26条规定："在风景名胜区内禁止进行下列活动：（一）开山、采石、开矿、开荒、修坟立碑等破坏景观、植被和地形地貌的活动；（二）修建储存爆炸性、易燃性、放射性、毒害性、腐蚀性物品的设施；（三）在景物或者设施上刻划、涂污；（四）乱扔垃圾。"第 27 条规定："禁止违反风景名胜区规划，在风景名胜区内设立各类开发区和在核心景区内建设宾馆、招待所、培训中心、疗养院以及与风景名胜资源保护无关的其他建筑物；已经建设的，应当按照风景名胜区规划，逐步迁出。"这些都是典型的限制利用规范。

开展国家公园体制试点以来，包括三江源、神农架、武夷山、普达措等体制试点区所在地人民政府或者人大（常委会）按照《立法法》授权的立法权限和程序，出台了相应的管理条例，也对试点区内的土地与自然资源利用方式和禁限行为作出了规定。

当禁限措施的严格程度达到了对土地及其他自然资源的利用方式和行为造成全面的实质性管制的程度，从而使得土地（及其他自然资源）所有权人（集体所有）、承包人、经营利用人完全无法按照其意志自由利用土地时，就会产生行政机关对于土地或者其他自然资源的管制性征收，或者准征收[1]问题。"管制性征收（regulatory takings）是指当法院判定政府的管制导致土地利用权利受到严重侵害从而产生类似于征收的损失时，行政机关就应当承担补偿责任的法律制度。"[2]我国行政法律法规没有对管制性征收作出明确的专门规定，也没有建立系统的管制性征收制度。这使得以自然保护地为例的限制利用制度长期处于争议之中：对保护地中的人类活动不加限制，势必造成生态系统退化；而限制多了，则可能由于补偿不到位、不充分而导致出现对当地居民不公平、抑制乡村发展的情况。

《云南省国家公园管理条例》（2015 年制定）第 15 条规定，国家公园内的建设项目应当符合国家公园规划，禁止建设与国家公园保护目标不相符的项目或者设立各类开发区，已经建设的，应当有计划迁出。严格保护区内禁止建设建筑物、构筑物；生态保育区内禁止建设除保护、监测设施以外的建筑物、构筑物。游憩展示区、传统利用区内建设经营服务设施和公共基础设施的，应当减少对生态环境和生物多样性的影响，并与自然资源和人文资源相协调。这类对于严格保护区、生态保育区的行为限制，就是一种可能产生管

---

〔1〕 财产权准征收是指对财产权的形式限制构成对财产权的实质剥夺。参见金俭、张先贵："财产权准征收的判定基准"，载《比较法研究》2014 年第 2 期。
〔2〕 彭涛："规范管制性征收应发挥司法救济的作用"，载《法学》2016 年第 4 期。

制性征收效果的限制利用规定。

限制利用（管制性征收）通过法律/法规禁止性规范的方式，对于自然保护地内特定区域人类活动作出了严格规定，在最大程度上降低了人为因素对于保护地生态系统的干扰，有利于生态系统自然修复。但是，管制性征收的问题在于，由于我国行政法中没有明确承认这种制度的法律性质，且现行法律法规中也没有具体规定构成管制性征收的条件、程序等事项，因此，这类在法律中缺乏授权依据，但又被广为采用的方法很容易造成对于公民/集体合法财产权的不当侵犯，且缺乏合理补偿。

综上所述，我国在构建自然保护地体系与经济可持续发展方面，做出了多种类型的尝试，采用了各种各样的措施。每一类措施都有其优势，但也都存在一些问题。

前文对于目前我国自然保护地采用的征收、赎买、置换、租赁、协议保护和限制利用等做法进行了梳理和分析，可以看到，实践中存在大量林草部门、自然资源部门内部的行业习惯。这些行业内部的习惯做法，尤其是赎买、置换等，在实践中已经积累了大量经验，但是却缺乏明确、专门的现行法律依据。举个简单的例子来说明，即使是在2019年修订的《森林法》中，也没有关于"赎买""置换"这类表述。也就是说，类似于赎买、置换这一类行业术语，在现行法律法规文本中很难找到踪迹。非行业内部人士，难以理解其制度内涵和具体做法，或者很容易产生错误的理解。

在现行法律法规中，往往另有专门的法律术语、法律制度与这些行业习惯相对应，但具体程序和做法又不完全一致。例如，赎买在大多数情况下与征收的概念相类似，是对集体财产、单位或者个人财产的国有化，但赎买又缺乏类似于征收那样正式、严谨的程序规范。对于补偿政策的预期方面，赎买也不如征收那样具有较高的确定性和相对统一的补偿标准，而是更为灵活，地区之间、个案之间存在比较明显的差异。在现实操作中，也出现了非国有的主体（如社会公益组织）帮助主管部门或者管理机构对集体土地、林地或者林木进行赎买的情况。这在法律中缺乏直接、专门的规定和依据（但不是说这些做法不合法、不合理）。

又如置换，究其本质，是在土地、林地征收过程中的一种实物补偿措施，在法律上应当属于征收程序中的一个法定环节。但是，在行业操作中并没有将置换与征收（赎买）相互衔接或者挂钩，而是将其视为一种单独的自然资源权利流转方式。这些现象和做法的存在，使得我国自然资源、保护地管理实践在涉及土地、林地以及其他自然资源资产等的所有权、用益物权这些关键环节和重大问题上，在某种程度上长期游离于法律系统、法治之外，不利于实现稳定、有序和有效的制度建设和社会治理。

2021年8月，中共中央、国务院印发《法治政府建设实施纲要（2021—2025年）》，提出以"到2025年，政府行为全面纳入法治轨道"作为总体目标。为实现这一目标，一方面，应当将实践中长期积累的经验和做法，在立法中予以适当地承认，以法律规范而不是行业习惯作为行政决策和行政行为的直接依据。这要求强化立法质量，增进行业主管部门与立法机关之间的、各行业各领域之间的互融互通。另一方面，也可以在各方面条件成熟的前提下，尝试引入一些虽然在我国现行法律法规中尚未规定，但是在国际上已经得到普遍认可的、比较成熟的法律制度，从而为行业实践提供有效的补充和完善。

自然保护地役权制度在国际社会上的实践由来已久，在许多国家和地区都得到了推广实施。在我国，《民法典》对于地役权的规定虽然不能被视为设立自然保护地役权的直接法律依据，但却为构建符合我国国情和实际的自然保护地役权制度提供了法制基础。加之现实中，已经有国家公园体制试点区对自然保护地役权制度进行了探索，在有关地区通过与集体土地（林地、林木）所有权人签订地役权合同的方式设立了自然保护地役权。在一些地区还开展了自然保护地役权的不动产登记。因此，在未来国家公园法的制定中，以及实现以国家公园为主体的自然保护地体系法律系统化的过程中，将自然保护地役权制度进行有效、谨慎地纳入，既可以为社会实践提供明确的法律指引，尽量消除由于立法指引不明而出现的模棱两可和法律真空地带，又有助于解决现实中自然生态保护与资源开发利用之间存在的实际矛盾和问题，为目前行业内部的相关做法提供新的补充和方案。

**三、国家公园立法对自然保护地役权制度应关注的问题**

**（一）对自然保护地役权制度的创制应持理性、谨慎的态度**

支持设立自然保护地役权的学者认为，地役权作为一类用益物权，具有

"母权"的功能，可以孵化凡是对他人之物进行利用，但缺乏其他合适的或者法定的物权形式时的各类"权利"。也有大量学者，尤其是严谨的民法学者反对这种观点。这一点，从我国《民法典》和《土地管理法》的制定或者修法过程中均未对公共地役权或者自然保护地役权制度的创制或者承认留下明显的缺口，可以获得侧面说明。

当然，当前我国学界对于设立自然保护地役权的呼吁，更多的是出自对域外法律制度的学习与借鉴，以及满足生态保护成效的现实需要而做的考虑，并没有从该制度如何与我国宪法、民法等基本法以及行政法的基本理论、基础构架和改革方向相互协调和嵌合的角度进行更多论证。那么，在对于域外法的考证方面，如果回顾前文的内容，可以发现，我国目前学界讨论中的林地地役权、生态保护地役权、自然保护地役权制度等主要借鉴源自欧洲的公共地役权制度和源自美国的自然保护地役权制度，且学者们在讨论自然保护地役权制度的时候，与我国的生态保护补偿制度在概念和范围上有一定的混淆和重叠。（这一点在前面已经分析过）

首先应当明确的是，即使是在作为制度发源地的欧洲大陆，在公共地役权制度的概念及其适用上，由于不同国家法律传统和制度体系上的具体差别，在不同国家的法律中，对于公共地役权的概念、法理和规范形式都各有侧重、不尽相同，并不存在同一制度模式的简单复制。在自然保护地役权制度方面，虽然其自从在美国各州实施以来，在世界上很多国家和地区得到了推广，但是该制度的适用有其特定的前提，即设立自然保护地役权的对象，基本都是私有土地（不动产）。少有在公有制土地（不动产）上设立地役权的先例。

其次，公共地役权制度与自然保护地役权制度二者之间，从表面上来看，是相互承接的关系，即以公共地役权制度为基础，构建出了自然保护地役权制度。然而，进一步剖析之后，会发现两种制度之间虽然有着一定的共性与联系，但也存在明显的不同。二者的共同点在于，其设立的目的都是实现公共利益。二者的主要区别在于，在欧洲国家，无论是《法国民法典》规定的行政地役权，还是《俄罗斯联邦土地法典》规定的公共地役权，都侧重于为公权力对私有不动产的利用提供合法性，例如道路、管线的通过权，或者在私有土地上设置标识，或者开展临时的勘查、科研工作等。这些活动对于私有土地等不动产的干扰往往比较轻微，对权利人的不动产所有权和开发利用权基本不产生限制和影响。因此，欧洲的公共地役权制度，与传统民法上地役权的规定更相近，在法理和权利义务内容上，是同源的。

但是，起源于美国的自然保护地役权制度，则侧重于对权利人利用不动产的限制。通过限制权利人的利用，来谋求实现保护自然的目的。虽然同样被赋予了"地役权"的名称，但其主要是一种利用公法手段对他人不动产所有权、使用权进行的约束和限制。其约束和限制的程度之深，常常导致对权利人开发利用不动产权利的部分或者完全剥夺，已经完全超出了传统地役权的界限。这一制度以土地私有制为基础，具有显著的政策法特征，其目的是约束而不是保护私权，并非来源于民法传统。其政策法的特性，决定了自然保护地役权制度的立法集中于各州的州法层面，而在联邦法中，则少见针对自然保护地役权的正式规定（当然另一方面的原因在于美国作为联邦制国家，联邦政府与公民之间在不动产所有权关系方面的联系没有州那么紧密）。

同理，在加拿大，自然保护地役权制度也主要规定于省级层面的立法当中。至于《加拿大国家公园法》中所规定的地役权，则是公共地役权，即国家公园的土地规定为王室所有，政府为了公共利益对国家公园的土地享有法定的公共地役权，以实现道路、管线等的通行权、通过权，以及在国家公园内建造相关公共设施的权利，是政府对于王室所有土地的"地役权"。因此，公共地役权制度与自然保护地役权制度二者之间是存在显著区别的。

最后，自然保护地役权在美国的出现，还源于对有产者实施限制的现实需要。或者说，实际上是有产者与政府之间"讨价还价"的产物。在实施以来的一段时间内，自然保护地役权制度更是差点沦为"有钱人"的游戏，产生了类似家族信托的效果。许多土地信托机构也是打着合理避税的旗号，去吸引有产者设立自然保护地役权（尽管大量学术著作把设立自然保护地役权的目的描述得非常高尚）。

为了实现自然保护的需要，政府有必要从拥有大量未开发，或者具有较高保护价值土地的所有权人那里获得支持，说服其参与自然保护，避免这些土地由于不当利用而丧失生态价值；而大量的有产者也可以通过对自己闲置的，或者没有开发意愿的土地、不动产设立自然保护地役权，获得财产税、所得税和遗产税的大幅税收减免，从而得到本来无法取得的收益（或者节约本来必须支付的开支），达到进一步积累财富的目的。自然保护地役权在其开始实施的一段时间内，由于对于权利义务约定不明，保护成效缺乏评估、监管机制，监管难度大，以及土地信托机构能力不足等问题，曾经受到大量批评。直到 2007 年缅因州率先启动自然保护地役权制度改革之后，[1]才出现新的转机迹象。

综上所述，我国对于自然保护地役权制度的创制，特别是在国家法层面将自然保护地役制度作为一项正式的法律制度规定下来，应当秉持理性、谨慎的态度。只有在综合全面地考虑到我国现行法律制度体系的具体内容，以及自然保护地役权制度如何在其中实现相互协调与融洽，且在较大程度上能够保证制度的实施在将来取得预期效果的前提下，才能够逐步地对该制度进行采用、推广和施行。

（二）部分国家公园（体制试点区）的"地役权改革"实为生态保护补偿

我国是社会主义公有制国家，根据我国《宪法》规定，土地等自然资源的生产资料社会主义公有制，是我国的基本经济制度，包括国家（全民）所有和集体所有两种形式。其中，国家（全民）所有制是基础和前提。这决定了以土地私有制为源泉所酝酿的地役权和自然保护地役权制度，在我国具有先天的不适应性。

前文已经讨论过，目前部分国家公园体制试点区所实施的"林地地役权"制度改革探索，实际上是生态保护补偿制度的一种简单的形式变体，而非真正的自然保护地役权。在生态保护补偿中，作为公权力或者市场化的生态系统服务购买者，向生态保护者提供的补偿，由生态保护成本、发展机会成本，以及所获得的生态系统服务价值三个部分构成。在目前的这些"林地地役权"改革中，非国有林地权利人只要做到不破坏林地，就可以获得政府从由财政安排的森林生态效益资金中拨付的补偿金。实质上是非国有林地权利人通过放弃林地的开发利用权，付出发展机会成本，而从国家获得的生态保护补偿。

---

〔1〕 See Jeff Pidot, Conservation easement reform: As maine goes should the nation follow?, *Law and Contemporary Problems*, Vol. 2011, No. 1.

虽然这种补偿方式与公益林的补偿方式不同,在针对公益林的森林生态效益补偿中,非国有林地权利人如果要得到生态保护补偿,需要付出对于林地(公益林)的管护劳动或者管护成本;但二者之间只是生态保护补偿制度的一体两面。无论非国有林地权利人是通过对林地的积极管护,还是消极放弃林地的开发利用权,其所取得的补偿金都是生态保护补偿,在本质上没有区别。

从社会主义公有制的角度来看,无论自然资源国家所有制还是集体所有制,都是公有制。自然资源承包权、经营权或者使用权等其他用益物权的依法流转,不影响其公有制的本质。如果抛开公有制这一所有制基础,来谈自然保护地役权制度的构建,很可能在现实中造成一种公有制(集体所有)对另一种公有制(国家所有)的对抗。

(三)按管控强度要求建立国家公园自然资源管理和空间用途管制制度体系

根据《建立国家公园体制总体方案》(2017 年),国家公园是我国自然保护地最重要的类型之一,属于全国主体功能区规划中的禁止开发区域,纳入全国生态保护红线区域管控范围,实行最严格的保护。为此,应当合理结合国家公园的功能分区和管控分区,按照管护强度要求,在国家公园法中建立一套由多种保护制度共同构成的、综合性的国家公园自然资源管理制度体系,而自然保护地役权制度也可以镶嵌于其中。

根据《关于建立以国家公园为主体的自然保护地体系的指导意见》(2019 年),国家公园实行分区管控,原则上核心保护区内禁止人为活动,一般控制区内限制人为活动。以此为纲,以林地为例,以现行《森林法》规定的征收、森林生态效益补偿(生态保护补偿)两种制度作为对照,可以分析自然保护地役权制度在综合性国家公园自然资源管理制度体系中应处的位置,并可以得出征收、森林生态效益补偿和自然保护地役权三种典型制度的适用条件和优先顺序(表4-5)。

表 4-5　征收、森林生态效益补偿与自然保护地役权制度比较（以林地为例）

| 制度名称 | 是否变更所有权 | 是否限制/禁止开发利用 | 利用方式 | 是否需要生态移民 | 是否予以补偿 | 法律依据 |
|---|---|---|---|---|---|---|
| 征收 | 是 | 是 | 禁止开发 | 是 | 是（公平、合理补偿） | 《森林法》第 21 条 |
| 森林生态效益补偿 | 否 | 否 | 适度开展林下经济、森林旅游 | 否 | 是（生态保护补偿） | 《森林法》第 7 条、第 47 条、第 48 条、第 49 条 |
| 自然保护地役权 | 否 | 按约定 | 按约定 | 否 | 按约定 | 无现行法律依据 |

　　表 4-5 说明，在三种制度中，征收的管控强度最大，适用于在国家公园内需要绝对排除人为活动干扰的区域。也就是说，在国家公园的核心保护区内，因为在原则上要禁止人为活动，所以对于被划入核心保护区的非国有自然资源，应当优先采用征收。

　　森林生态效益补偿（生态保护补偿）制度的实施，通常不影响资源的所有权关系，并且依照我国《森林法》的规定，森林资源在被划定为公益林后，可以在法定条件下进行适度利用。该法第 49 条第 3 款规定："在符合公益林生态区位保护要求和不影响公益林生态功能的前提下，经科学论证，可以合理利用公益林林地资源和森林景观资源，适度开展林下经济、森林旅游等。利用公益林开展上述活动应当严格遵守国家有关规定。"因此，以森林生态效益补偿制度作为支撑的公益林保护制度（保护非国有公益林），比较适宜于在国家公园内可以开展一定强度人类活动的区域来实施，即在一般控制区内，适用森林生态效益补偿（生态保护补偿）制度，来实施针对非国有公益林的管理，是比较合理的。

　　自然保护地役权制度与前面两者相比，具有更大的灵活性。可以通过约定，来具体明确非国有自然资源权利人的义务。在地役权人和供役地权利人双方能够自愿协商达成一致的情况下，其地役权合同的具体内容可能出现千差万别的差异。因此，在理论上，是有可能通过设立自然保护地役权，根据保护对象的不同，签订内容各异的地役权合同，从而达到精细化管理的效果。

非国有自然资源被划入核心保护区的，如果在国家公园区位特殊，如处于少数民族聚居区、民族自治地区；或者权利人抵触情绪极高，非常反感征收的情况下，可以根据科学评估，采用自然保护地役权制度进行迂回。将设立自然保护地役权作为征收之外的资源管理备用手段之一。通过严格的限制条件，完全禁止非国有自然资源权利人的开发利用行为。但在此需要注意的是，核心保护区仍建议以征收作为一般的、常规化的措施，而自然保护地役权只有在经过谨慎、科学评估后，认为是唯一路径的情况下，才可予以采用；否则如果在同等重要的资源禀赋标准下，随意适用不同的自然保护法律制度，很容易对权利人造成实质上的不公平，从而影响国家公园整体保护成效。这对于法律自身的权威性、严肃性也会造成重大损害。

在一般控制区内，自然保护地役权制度可以作为生态保护补偿制度的补充。仍以林地为例，在没有实施生态保护补偿的区域，或者没有划定为公益林、权利人没有享受森林生态效益补偿金，但又有必要将其资源纳入统一管理的情况下（例如需要统一进行生态修复、保育等），可以通过自然保护地役权合同的谈判与协商，将非国有的自然资源纳入统一管理。在此，需要根据特定区域，或者特定资源禀赋的客观状况，来决定拟纳入管理的资源保护管控强度，并以此为依据来约定地役权合同的具体内容。

综上所述，国家公园的自然保护地役权制度，可以作为一种特别措施，在一般化、常规化的管控制度措施无法达到预期效果时，发挥科学管控、精细化管控的补充作用。自然保护地役权制度的采用与实施，应当以穷尽现行法中的全部有效制度作为前提。因此，国家公园内自然保护地役权制度的适用，应当做到一事一议。对于每一种可能适用该制度的具体情形，都要进行科学的、客观的评估。需要说明的是，从制度体系的总体构建上看，综合性的国家公园自然资源管理制度体系内容和具体措施，也许远不止以上谈到的这些制度。在此，基于本章研究目的和对象的需要，只是选用了现行法律中已经明确作出规定的征收和生态保护补偿，来与自然保护地役权制度形成对照，以说明该制度可能的适用情形和条件。

## 第四节 国家公园矿业权退出与补偿机制
### ——以大熊猫国家公园（四川片区）为例

建立国家公园体制是党的十八届三中全会提出的重点改革任务，是生态文明建设的重要内容。当前，在国家公园内广泛存在着数量可观的合法自然资源使用权益，其中，历史遗留的水电、矿业权等"准物权"的退出与补偿问题在祁连山、大熊猫国家公园等地都已成为国家公园内涉及自然资源使用权益纠纷的焦点。鉴于探矿和采矿的一次性投入大，影响范围广，法律关系复杂，2021年10月12日，中国正式设立三江源、大熊猫、东北虎豹、海南热带雨林、武夷山第一批国家公园。作为首批建立的五个国家公园之一，大熊猫国家公园内也存在着数量众多的矿业权。矿业权是一种自然资源准物权，应引导国家公园范围内的矿业权有序退出并予以合理补偿。[1]2023年四川省坚决贯彻习近平生态文明思想，按照大熊猫国家公园建设要求，除六起政策允许保留和十七起涉及法院冻结的矿业权外，四川省全面完成大熊猫国家公园内两百起矿业权退出任务。然而在其矿业权退出过程中所暴露出的问题无疑在我国其他国家公园中也不同程度存在。鉴于此，对四川省的经验展开研究，可为其他国家公园类似问题的妥善解决提供宝贵借鉴。本部分将在系统梳理矿业权相关法律法规的基础上，结合四川省在大熊猫国家公园建设中的九起矿业权行政诉讼案件，分析其中存在的问题，并尝试提出解决问题的方案。

### 一、问题的提出：国家公园内矿业权退出与赔偿问题

大熊猫国家公园由四川省、陕西省与甘肃省三省共建，总面积达到27134平方公里。西南山区矿产资源、水利资源丰富，园区内经济产业结构单一，矿山开采、水力发电等资源开发型产业是地方财政收入的主要来源，这就导致了在大熊猫国家公园建设过程中，矿业权和小水电有序退出的问题十分突出。以大熊猫国家公园（四川片区）为例。从统计数据来看，大熊猫国家公

---

[1] 赵悦："国家公园体制建设中自然资源使用权管制与补偿问题研究"，载《湖南师范大学社会科学学报》2020年第3期。

园范围内的矿业权共263处，其中，四川省就占到238处（表4-6），这些矿业权预计在2025年前从核心区域全部退出，[1]而这些矿业权大部分在大熊猫国家公园体制试点前就已合法存在，清理处置资金需求量巨大，矛盾突出，由此衍生出多起涉矿业权的行政诉讼。这就提出了一个迫切需要解决的问题，即在大熊猫国家公园体制下应如何均衡矿业权的公权与私权属性，兼顾政府行政行为的合法与合理性，达到保护私有自然资源准物权的目的。

表4-6 大熊猫国家公园占地面积及矿业权数量

| 涉及省份 | 占地面积（平方公里） | 矿业权数量（处） |
|---|---|---|
| 四川省 | 20 177 | 238 |
| 陕西省 | 4386 | 25 |
| 甘肃省 | 2571 | 0 |
| 总数 | 27 134 | 263 |

聚焦到大熊猫国家公园建设上，园区分为核心区与一般控制区。其中，核心区是保护大熊猫种群繁衍的最严格控制区域，禁止矿产资源开发等生态破坏行为，这属于公权对私权的合理管控范畴，此时矿业权的生态价值远大于经济价值，只需探索完善矿业权退出后的补偿措施即可。而一般控制区作为提供给社区居民等生产、生活的休闲服务区域，"一刀切"式清退矿业权则可能构成公权对私权的不当管控，造成矿业权人自然资源准物权的实质性减损。[2]此时就需要衡量不同类型矿业权的经济与生态价值，区别化判断其是否需要退出园区。

衡量矿业权是否应该退出及如何进行补偿的问题需要以大熊猫国家公园现有矿业权退出与补偿机制为基础进行探索。因此，下文将通过梳理矿业权相关法律法规的已有规定，与四川省九起关于大熊猫国家公园矿业权的行政诉讼司法实践进行对比，进而总结出大熊猫国家公园矿业权退出与补偿机制

---

〔1〕 数据来源于国家林业和草原局：《大熊猫国家公园总体规划（征求意见稿）》，载国家林业和草原局网，https://www.forestry.gov.cn/html/main/main_4461/20191017111923948546698/file/20191017112033510119113.pdf，最后访问时间：2023年8月4日。

〔2〕 参见赵悦："国家公园体制建设中自然资源使用权管制与补偿问题研究"，载《湖南师范大学社会科学学报》2020年第3期。

的发展现状。

## 二、国家公园矿业权的退出与补偿

矿业权作为兼具公法与私法属性的准物权，在受《民法典》等私法保障之外，还受到《矿产资源法》《行政许可法》等法律保护。除此以外，在涉及国家公园建设的专门性政策与规范性文件中，也都不同程度地涉及了国家公园建设中的矿业权问题（表4-7）。

表4-7　矿业权的一般性规范保障

| 年份 | 一般性规范 | 条款/规定 |
|---|---|---|
| 2020 | 《民法典》 | 第329条 |
| 2019 | 《行政许可法》 | 第8条、第12条 |
| 2009 | 《矿产资源法》 | 第3条 |
| 2020 | 《最高人民法院关于审理行政许可案件若干问题的规定》 | 第15条 |
| 2017 | 《自然保护区内矿业权清理工作方案》 | 全文 |
| 2019 | 《关于统筹推进自然资源资产产权制度改革的指导意见》 | 全文 |
| 2016 | 《关于进一步做好政策性关闭矿山企业缴纳矿业权价款退还工作的通知》 | 全文 |
| **涉国家公园矿业权的一般性规定** | | **条款/规定** |
| 2019 | 《关于建立以国家公园为主体的自然保护地体系的指导意见》 | 第三点、第四点 |
| 2017 | 《建立国家公园体制总体方案》 | 第五点 |
| 2022 | 《国家公园管理暂行办法》 | 第25条 |
| **大熊猫国家公园的一般性规定** | | **条款/规定** |
| 2017 | 《四川省大熊猫国家公园暨自然保护区矿业权退出方案》 | 全文 |
| 2019 | 《大熊猫国家公园总体规划》（2019—2025年） | 第三章、第四章 |
| 2020 | 《大熊猫国家公园管理办法（试行）》 | 第27条、第34条 |
| 2020 | 《大熊猫国家公园自然资源管理办法（试行）》 | 第17条 |
| 2022 | 《四川省大熊猫国家公园管理办法》 | 第15条、第16条、第29条 |

（一）矿业权退出的法律内涵：准物权与行政许可的变更或撤销

法律与司法解释的相关原则性规定为矿业权的退出与补偿提供了法律依据。

一是合法设立的矿业权属于"准物权"范畴，受到法律保护。《民法典》第三编关于"用益物权"的一般规定中将矿业权确定为"准用益物权"。原因在于矿业权与典型物权强调单一性客体不同，其复合性客体涵盖特定矿区（或工作区）的地下部分与存赋其中的矿产资源。[1]这样的准物权属性为矿业权成为一项稳定的财产权利提供了制度保障。[2]同时，《矿产资源法》第3条规定了矿产资源属于国家所有，开采矿产资源必须依法申请取得采矿权，并在《行政许可法》第12条第2款中明确以行政许可的形式进行管理。因此，矿业权本身具有公法和私法的双重属性。从私法角度而言，矿业权是对国家所有的矿产资源的占有、使用、收益和处分的权利，是从自然资源国家所有权基础上派生出的一项自然资源准物权；[3]从公法角度而言，矿业权是私主体代表国家和公众开发利用自然资源，实现自然资源价值的行为，可借"公众信托理论"来解释其产生的原因和权利的实质。因此，矿业权以私法为本，兼具公法属性，受到公、私法的双重调整。从这个角度来讲，作为准物权的矿业权既是应当予以保护的合法物权，同时矿业权人无论取得或转让矿业权都受到公法限制，本来就还应承担包括生态环境保护、矿山修复等义务，因而矿业权作为一种准物权的财产权实现方式同普通的物权有着很大的区别。

二是对矿场关停、退出应属于行政许可的撤回或变更。根据《行政许可法》第8条第2款的规定，"行政许可所依据的法律、法规、规章修改或者废止，或者准予行政许可所依据的客观情况发生重大变化的，为了公共利益的需要，行政机关可以依法变更或者撤回已经生效的行政许可"，但同时"由此给公民、法人或者其他组织造成财产损失的，行政机关应当依法给予补偿"。《矿产资源法》第36条也规定，国务院和国务院有关主管部门批准开办的矿山企业矿区范围内

---

〔1〕 崔建远：《准物权研究》，法律出版社2012年版，第12页。

〔2〕 阮加文："王利明：矿业权是一种财产权"，载《法人杂志》2008年第12期。

〔3〕 李晓燕：《矿产资源法律制度的物权化构建》，中国社会科学出版社2014年版，第59-61页。

已有的集体矿山企业，应当关闭或者到指定的其他地点开采，由矿山建设单位给予合理的补偿，并妥善安置群众生活。因此，行政机关可以依据社会公共利益需求，变更或者撤回已经生效的行政许可，再通过行政补偿的形式弥补矿业权人损失。在经合法许可的矿厂因国家公园建设而被关闭退出，应属于行政许可的变更或撤回，如果给探矿权人、采矿权人带来损失，应当予以补偿。

（二）矿业权退出的方式与补偿标准

由于以上规定中对矿业权的补偿标准存在一定的模糊性，实践中，争议的焦点往往集中在补偿的标准和范围上。对此，《最高人民法院关于审理行政许可案件若干问题的规定》第 15 条规定，对变更或者撤回行政许可的补偿标准未作规定的，一般在实际损失范围内确定补偿数额。因此，对于撤回矿业权许可的补偿，一般不超过实际投入的损失。

中共中央办公厅、国务院办公厅《关于统筹推进自然资源资产产权制度改革的指导意见》（2019 年）再次明确要鼓励政府机构通过租赁、置换、赎买等方式依法依规解决自然保护地内的矿业权合理退出问题。同时，财政部、国土资源部在《关于进一步做好政策性关闭矿山企业 缴纳矿业权价款退还工作的通知》（2016 年）中指出，要按照保障矿业权人合法权益原则，对矿业权未被整合而直接注销的矿业权人予以退还其拥有的剩余矿产资源储量对应的已缴纳矿业权价款。这些中央层面的规定为矿业权退出的补偿标准仅设定了"底线"，需要各地依据地方实际，进一步细化补偿的标准和方式。

对此，中共中央办公厅、国务院办公厅印发《大熊猫国家公园体制试点方案》（2016 年），正式拉开了大熊猫国家公园建设帷幕，与之相关的法律法规相继出台，其中不乏针对矿业权的相关规定。

2017 年四川省国土厅公布了《四川省大熊猫国家公园暨自然保护区矿业权退出方案》，[1]其中，争议比较大的涉及矿业权退出范围、方式和补偿标准

---

〔1〕 四川省国土资源厅：《关于〈四川省大熊猫国家公园暨自然保护区矿业权退出方案〉征求社会公众意见的公告》，载四川省自然资源厅网，http://dnr. sc. gov. cn/scdnr/scgsgg/2017/9/19/e00 e-0c41cb554a95b5972d94a7fd7c42. shtml，最后访问时间：2023 年 8 月 4 日。2020 年 5 月，四川省自然资源厅就《大熊猫国家公园暨自然保护区矿业权退出方案（征求意见稿）》再次向社会公开征求意见，载四川省自然资源厅网，http://dnr. sc. gov. cn/scdnr/scgsgg/2020/5/11/2207e668f1dd429198852fdd-afe9d618. shtml，最后访问时间：2023 年 8 月 4 日。

等基本问题。根据该方案，退出范围包括"除与主体功能相符并经公园、保护区主管部门同意保留的地热、矿泉水矿业权可予保留外，其余矿业权全部退出"，包括公园核心保护区、生态修复区、科普游憩区的矿业权，以及位于国家级保护区的矿业权，其他保护区核心区、缓冲区的矿业权；退出方式包括整体退出和避让退出两种，避让退出要求缩小范围后应满足探矿权设置有关要求以及保有资源储量应满足矿产资源规划划定的最低生产规模要求，否则整体退出；补偿标准上，针对探矿权，如为已达到"新发现矿产地要求"，将退还已缴纳探矿权价款，并补偿勘查投入，针对采矿权则退还已缴纳采矿权价款以及部分矿山建设投入。

此外，该方案还明确了"五不补"的情形，包括："实行避让退出的探矿权不予补偿；勘查许可证届满前未申请延续（保留、变更）登记的探矿权不予补偿；无查明资源储量或查明资源储量未达到新发现矿产地要求的探矿权不予补偿；采矿许可证届满前未申请延续（变更）登记或者资源枯竭无剩余资源储量的采矿权不予补偿；因勘查、开采行为违反相关法律法规被政府关闭或矿业权许可证被吊销的矿业权不予补偿。"该方案公布后，鉴于矿业权人的期待同政府"只补偿直接投入"的补偿标准之间存在较大差距，导致这一时期出现了多起由矿业权人提起的行政诉讼。

从网上公布的《大熊猫国家公园总体规划（征求意见稿）》来看，该规划对于矿业权退出范围和时间作出了明确安排，[1]规定园区内严格实施国土空间用途管制，禁止开发性建设活动，并设定 2025 年前将矿业权从核心区域全部退出，其他区域逐步退出的目标。2020 年 3 月，大熊猫国家公园管理局印发《大熊猫国家公园管理办法（试行）》，延续了"最严格保护"精神，第 34 条规定禁止在园区内进行商业性探矿、开矿等破坏性活动，还体现出四川省对大熊猫国家公园内矿业权进行分类管控的思路。其中第 17 条规定，大熊猫国家公园内国家规定的重大项目和战略性矿产可以新设矿业权，一般控制区内的油气采矿权、矿泉水、地热采矿权在不扩大生产规模的条件下可以继续开采。这一规定在相当程度上保护了部分类型矿业权的财产权利，是对

---

〔1〕 国家林业和草原局：《大熊猫国家公园总体规划（征求意见稿）》，载国家林业和草原局网，https://www.forestry.gov.cn/html/main/main_ 4461/20191017111923948546698/file/2019101711203351011 9113.pdf，最后访问时间：2023 年 8 月 4 日。

大熊猫国家公园内矿业权展开类型化管控的具体尝试。

2022年四川省人民政府颁布的《四川省大熊猫国家公园管理办法》第16条更进一步明确了"国家战略性矿产"的范围及其分类别处置方式。具体而言，其规定涉及国家战略性资源的包括铀矿、油气和铬、铜、镍、锂、钴、锆、钾盐、（中）重稀土矿在内的矿业权可有限度地保留，而对公园生态环境影响有限的已依法设立的矿泉水、地热等矿业权可延续、变更，但以不扩大矿区范围、不新增生产设施为限。其中，铀矿可新增勘查、开采活动；油气矿业权则不得新增，仅限于已依法设立的探矿权可延续、变更，但发现可供开采的油气资源的，不得开采，已依法设立的采矿权可继续开采、延续、变更，但不得扩大开采范围；同样不得新增的还有其余已依法设立的战略性矿产矿业权，但探矿权可以继续勘查，除非"因国家战略需要开展开采活动的"，否则不得转采矿权。

综上，在大熊猫国家公园建设过程中，四川省针对矿业权的退出问题经历了从"一刀切"式的强管控逻辑到类型化个别处置的转变过程。在此过程中，四川省在兼顾国家公园生态保护的同时，考虑到国家战略性矿产资源勘采的现实需求，根据矿种以及是否涉及到期矿权对矿业权进行类型化划分。然而，在具体矿业权退出的补偿思路方面，鉴于地方财政支付能力有限，仍主要采取只补偿直接投入的方式。

### 三、大熊猫国家公园涉矿行政纠纷案件实证化分析

在中国裁判文书网通过输入"四川省自然保护区""大熊猫国家公园""矿业权退出"等关键词，可以筛选出各级人民法院在2016年至2020年大熊猫国家公园建设期间作出的十二份与矿业权相关的行政诉讼裁判文书。其中，一审裁判文书六份，二审裁判文书五份，再审裁判文书一份，共包括裁定书四份，判决书八份。按照一审、二审、再审的裁判文书针对同一案件事实视作一起案件的标准，十二份裁判文书对应九起行政诉讼案件（表4-8）。

表 4-8　大熊猫国家公园（四川片区）矿业权行政诉讼案件

| 年份 | 案件名称 | 所涉行政行为 |
|---|---|---|
| 2016 | 汉源锌洋有限责任公司诉四川省国土资源厅地矿行政许可 | 雅安市中级人民法院 |
| 2017 | 汉源锌洋有限责任公司诉四川省国土资源厅资源行政管理：土地行政管理（土地）行政赔偿 | 四川省高级人民法院 |
| | 四川中投信置业有限责任公司诉宝兴县城乡规划和住房保障局地矿行政监督 | 雅安市中级人民法院 |
| 2018 | 宝兴县鑫汇来矿业开发有限公司诉雅安市国土资源局地矿行政许可 | 雅安市中级人民法院 |
| | 四川中投信置业有限责任公司诉四川省世界遗产管理办公室其他行政行为 | 成都市中级人民法院 |
| 2019 | 四川中投信置业有限责任公司诉宝兴县自然资源和规划局资源行政管理：土地行政管理（土地）再审审查与审判监督 | 四川省高级人民法院 |
| | 四川天泰矿业有限公司诉四川省国土资源厅其他行政行为 | 成都市中级人民法院 |
| | 绵阳市骏腾工贸有限公司诉绵阳市安州区人民政府行政赔偿 | 绵阳市中级人民法院 |
| 2020 | 江油荣峰矿业有限公司诉江油市人民政府资源行政管理：地质矿产行政管理（地矿） | 绵阳市中级人民法院 |

（一）所涉矿产资源、矿业权

以上案件共涉及七处矿业权。其中，有四处位于大熊猫国家公园中邛崃山—大相岭片区，两处位于岷山片区，其中有两处矿产资源位于宝兴硗碛湖、安县生物礁等核心保护区。较为特殊的一处矿产资源虽然最终未被划入园区，但在诉讼期间推定适用大熊猫国家公园矿业权退出方案。

从所涉矿产资源种类来看，包括金属矿与非金属矿两类，[1]其中金属矿两处（铅锌矿），非金属矿五处（大理石矿、花岗岩矿、石膏矿、化肥用砂岩

---

[1]《矿产资源法实施细则》（1994 年）所附《矿产资源分类细目》将矿产资源分为能源、金属、非金属和水气矿产。

矿、水泥用页岩）。这七处矿产资源目前均非国家规定的重大项目和战略性矿产，且多涉及石料开采，为对国家公园内生态环境影响巨大的矿业权，后期修复难度大，修复成本高，因此，被纳入可清退矿产资源目录之中并无问题。

设立于矿产资源上的矿业权按照目的可分为探矿权与采矿权，按照到期与否可分为到期矿业权和未到期矿业权。上述案件全部涉及未到期矿业权，其中包括未到期探矿权四处、未到期采矿权三处，均属未到期矿业权强制退出情形。

（二）所涉行政行为

在这些案件中，除了矿业权人拒绝退出要求政府撤销行政行为案件，更多的案件是主张政府行政行为违法，要求赔偿损失。就案件所涉行政行为来看，共涉及以下政府行政行为。

一是涉及行政许可问题。主要为政府不予审批企业的"探转采"申请。在两起行政许可诉讼、三起行政监督诉讼中，宝兴县国土资源局、雅安市国土资源局、四川省林业厅等被告均以探矿权位于大熊猫国家公园园区范围内为由，告知原告矿产企业无法继续探矿与申请采矿权。在雅安"宝兴县鑫汇来矿业开发有限公司诉雅安市国土资源局地矿行政许可"一案中，原告鑫汇来矿业开发有限公司向雅安市国土资源局申请探矿权转采矿权，但国土资源局却因矿区位置涉及在四川大熊猫国家公园范围之内，予以退件。

二是涉及行政补偿问题。在"江油荣峰矿业有限公司诉江油市人民政府资源行政管理：地质矿产行政管理（地矿）案〔1〕中，被告江油市人民政府以上级未出台补偿政策为由拒绝对原告江油荣峰矿业有限公司进行补偿核算，并主张注销江油荣峰矿业有限公司的采矿许可证系原四川省国土资源厅，其不应当承担行政补偿责任、不是本案适格被告。对此，法院认为，未能按照法律规定进行补偿，已构成不履行法定职责，并指出，行政机关基于公共利益关闭矿山的，补偿范围一般限于实际投入的损失。但如果相关补偿方式和数额依据并不明确，行政机关在实际给付之前尚有优先判断或者裁量余地的，应待行政机关先行处理后，法院再对其是否合法以及明显不当进行审查。在行政机关没有就补偿问题作出决定的情况下，法院难以直接确定补偿数额。

---

〔1〕　参见四川省高级人民法院（2020）川行终 2079 号行政判决书。

三是涉及行政赔偿问题。安州区人民政府、四川省国土资源厅等被告均以"为公共利益"的行政行为合法为由，否认其应该承担行政行为违法带来的赔偿责任。然而，这两起案件暴露了政府关停合法矿企的法律依据不足，行政行为属性模糊的问题。在"绵阳市骏腾工贸有限公司与绵阳市安州区人民政府行政赔偿案"中，原告矿企认为，被告在明知该区域不能设置采矿许可，但是依然给原告颁发了采矿许可证；被告又依据早已存在的《自然保护区条例》第26条和《四川省自然保护区管理条例》第18条的相关禁止性规定于2018年对矿山进行关闭退出，此行为在违反程序正当原则的同时，属于"在缺乏处罚事实及法律依据的情况下，违法对原告作出责令停产停业的行政处罚，导致原告停产，给原告正常经营造成严重损失"。然而原告却主张，关闭退出是依法作出的行政命令而非行政处罚决定。法院尽管未能支持原告的主张，却也认为，政府关闭退出的行为既非行政处罚，也非行政命令。事实上，行政许可的撤回应该属于行政征收行为。行政征收应与行政相对人协商行政补偿事宜。但根据原告所述，"被告作出关闭通知的时候，没有依据规定提出补偿及退出方案"，因而违反法律规定，一定程度上确实侵害了原告的合法权益。

四是涉及政府信息公开的履职行为。2018年，一家矿业公司向被告四川省自然资源厅提交了政府信息公开申请，申请公开四川省关于征收、征用矿产资源补偿方案，四川省黄丹森林公园审批时间、公园范围等基本信息，以及四川省自然保护区专项督查矿业权问题整改工作方案、方案的制作依据。2018年5月，被告四川省自然资源厅收到该申请并作出218号答复，告知原告其第一项申请已经在官方网站上向公众公开了该信息。第二、三项申请均不是由四川省自然资源厅制作，告知原告可向四川省林业厅、环保厅分别咨询或申请公开。被告四川省国土资源厅以已经告知原告通过有效网址搜索与其他信息不属于本部门制作为由，证明其履行了信息公开法定职责。

(三) 法院裁判结果

在九起矿业权行政诉讼案件中，仅一起行政补偿诉讼案件胜诉，[1]余下

---

〔1〕 参见绵阳市中级人民法院（2019）川07行初53号行政判决书，法院责令被告江油市人民政府在判决生效之日起六个月内，在扣除由原告江油荣峰矿业有限公司承担的闭库、拆除设备、恢复治理等相关费用后，对原告江油荣峰矿业有限公司作出行政补偿决定。

八起案件中，两起案件因"超过法定起诉期限"被裁定驳回起诉（各一起行政许可、行政赔偿），三起案件因"被告主体不适格"被裁定驳回起诉（均为行政监督），另外两起案件因"缺乏事实与法律依据"被判决败诉（各一起行政赔偿、其他行政行为）。

其中，在因"被告主体不适格"被驳回起诉的三起行政监督诉讼案件中，法院认为具有划定矿区范围职责权限的主体是采矿登记管理机关，下一级地质矿产主管部门只有协助进行调查、出具书面意见的职责。[1]由此认定，原告四川中投信置业有限责任公司将仅有协助职责的宝兴县国土资源局、宝兴县城乡规划建设和住房保障局、四川省世界遗产管理办公室作为被告属于主体不适格。

从这些案件来看，法院在所有案件中都在尽量只就主体和程序合法性问题作出裁判，而避免就赔偿标准等实证性问题作出判决，这主要是由于该领域矛盾突出，且超出了法院行政纠纷裁判的范畴，强行判决难免有失于"政治效果、法律效果、社会效果"的统一协调。

### 四、大熊猫国家公园矿业权退出与补偿过程中出现的问题

鉴于大熊猫国家公园为首批建立的五个国家公园之一，相关国家公园建设中的法律政策还不完善，因此出现了以下几个方面的问题。

#### （一）单一式矿业权退出原则

在大熊猫国家公园矿业权退出初期，部分存在"一刀切"的问题，引发了一定的社会矛盾。国家公园地方立法最初普遍沿袭《自然保护区条例》（2017 年修订）"十禁止"和"核心区严禁任何人进入"等"一刀切"隔绝人与自然的思路。大熊猫国家公园早期也是如此，强调园区无论核心区、缓冲区内均对自然资源进行最严格保护，禁止任何破坏性开发性建设活动。然而大熊猫国家公园占地面积达 27134 平方公里，全面停止矿产资源开采将对我国经济社会发展产生巨大不利影响，也容易激发政企矛盾。

在总结 2016—2020 年行政管理、司法诉讼等实践经验教训的基础上，《大熊猫国家公园自然资源管理办法（试行）》（2020 年制定）规定在一般控

---

〔1〕　参见四川省高级人民法院（2018）川行申 752 号再审审查与审判监督行政裁定书。

制区内允许保留部分不再扩大生产规模的矿泉水、地热采矿权。《四川省大熊猫国家公园管理办法》（2022 年制定）进一步明确了何为"国家战略性矿产"的范围及其分类别处置方式。[1]这一系列规定为针对性保留矿业权措施提供了一定规则支撑。

（二）填补式矿业权补偿标准

矿业权由国家通过颁发行政许可的形式设立。如前所述，依据《行政许可法》第 8 条的规定，行政机关依法变更或者撤回已生效行政许可，应当依法给予财产损失补偿，因而由于政策原因退出自然保护区的矿业权应受到合理补偿。[2]《最高人民法院关于审理行政许可案件若干问题的规定》（2009年）等法律、法规、规章或者规范性文件对变更或者撤回行政许可的补偿标准未作规定的，一般在实际损失范围内确定补偿数额；行政许可属于《行政许可法》第 12 条第（2）项规定情形的，一般按照实际投入的损失确定补偿数额。但现在的填补式补偿政策还存在以下两个方面的问题：

其一，针对采矿权到期是否应予以补偿的问题，当前的做法是只补偿未到期矿业权，而对已到期矿业权一律不涉及补偿。然而，对矿产资源尚未枯竭的到期采矿权，续期往往并不困难，矿业权人基于对矿产资源的存量价值的期待进行前期开发投入，并在生产经营中无违法违规行为，大力投入保护矿山生态，存在矿产资源可续期的期待利益。在此情形下，尽管政府部门要求其无偿退出的行为并不违法，但存在合理性问题。

其二，对于探矿权转采矿权的补偿问题，目前来看只有限地退还已缴纳的探矿权价款，并补偿勘查投入，同样不涉及期待性利益。然而，根据《矿产资源法》的相关规定，"探矿权人有权在划定的勘查作业区内进行规定的勘查作业，有权优先取得勘查作业区内矿产资源的采矿权"，因而探矿权人就探矿的前期投入可后期转化为采矿的实际利益是具有合理合法的期待的，且采矿权的退出对于矿业权人而言不仅失去资源权益，还意味着矿业权人市场主体资格以及经营资格的终止。因此，在涉及行政补偿问题时，也应适当考虑

---

[1] 《四川省大熊猫国家公园管理办法》（2022 年）第 16 条、第 17 条。

[2] 张博、利广杰："自然保护区内矿业权退出面临问题及对策"，载《中国矿业》2017 年第4 期。

矿业权人的相关合理诉求，而非单纯"一刀切"式地只补偿直接投入。

（三）矿业权人维权无法可依

从上文行政诉讼案件的法院裁判结果来看，矿业权人作为原告的九起案件中，仅一起行政补偿诉讼案件胜诉，剩余八起案件皆以"败诉"作为最终裁判结果。从法院判决理由来看，法院均认为政府部门对大熊猫国家公园内矿产采取关闭退出措施属于履行法定职责，或政府行政行为与矿业权人不能继续探矿、采矿之间不具有法律上的利害关系。

通过对法院援引法条的进一步分析得出，法院大多依据《矿产资源法》《行政许可法》《矿产资源开采登记管理办法》等法律、法规，而较少采用四川省针对"因地方自然保护区或大熊猫国家公园建设"出台的政策性关闭矿山企业的专门性规范，致使较低层级的规范形同虚设，没有发挥其应有的保障功能。2020 年在"江油荣峰矿业有限公司诉江油市人民政府资源行政管理地质矿产行政管理（地矿）案"中，原告江油荣峰矿业有限公司自 2018 年 5月向被告江油市人民政府申请行政补偿无果后，多次向四川省人民政府信访局及中央环保督察组进行书面信访，原江油市国土资源局才出具书面信访回复称因上级补偿政策未出台，拒绝对原告江油荣峰矿业有限公司进行补偿核算。[1]

（四）地方补偿资金缺口大

以雅安为例，大熊猫国家公园雅安片区分布有 77 处矿业权，占四川省拟退出矿业权的 36%。然而大熊猫国家公园雅安片区多处于高山峡谷等地，地质环境脆弱，"5·12"和"4·20"地震造成的破坏尚未完全恢复，2022 年"6·1"和"9·5"地震再次造成严重破坏，导致岩体破碎，存在大量"裂而未垮、悬而未掉、松而未滑"的崩塌滑坡隐患，极易诱发山洪、泥石流灾害，对大熊猫交流迁徙和区域生态系统的稳定造成极大威胁。2022 年灾后重建资金需要 1.8 亿元，中央、省补助资金 9000 万元，自筹到位资金 4000 万元，缺口资金 5000 万元，地方财政紧张。

但在国家公园建设方面，雅安片区划入国家公园面积大，雅安有 5935.82平方公里、占全市 39.45% 的行政区划被划入大熊猫国家公园，占全国大熊猫

---

〔1〕　参见绵阳市中级人民法院（2019）川 07 行初 53 号行政判决书。

国家公园的 27%，占四川省大熊猫国家公园的 1/3，其中核心保护区面积 3792.57 平方公里，一般控制区 2143.25 平方公里，范围内有 17 个自然保护地和 13 个管理机构，涉及宝兴、天全、芦山、荥经和石棉 5 个县、22 个乡镇、70 个行政村，是大熊猫国家公园中面积最大、占比最高、山系最全、县份最多的市（州）。要在如此大范围的区域内由地方政府筹资实现国家公园范围内最严格的保护目标无疑是极为艰难的。雅安是全球生物多样性热点地区之一，全球八大候鸟迁徙通道之一，每年冬季各县管护总站救助包括大熊猫在内的珍稀野生动物 100 余只（头），由于资金不足，野生动物救助依托基层管护站开展相关工作，未形成健全的野生动物救助体系；大熊猫国家公园中区生态廊道的建设，由于历史原因，相关区域都经历过过度砍伐，导致栖息地生态效益较低，鲜有野生动物活动，同样亟须加大财政投入持续推进。

## 五、处置经验及相关建议

### （一）遵循矿业权类型化处置思路

行政合理性原则是与行政合法性原则相并列的一项基本原则，又是对行政合法性原则的补充。德国作为行政合理性原则的起源地，认为该原则要做到适当地平衡行政行为对个人造成的损害与从社会获得的利益之间的关系，禁止对个人造成损害超过对社会获得利益的行政措施。[1]

这与我国行政合理性原则中的比例原则不谋而合，即行政主体作出行政行为有多种决定可以选择时，应当选择牺牲行政相对人利益最小而最接近实施行政法目的的行为。政府对大熊猫国家公园矿业权采取的全面退出机制即不符合合理行政原则。具体而言，当前大熊猫国家公园一般控制区内矿业权一律清退的管控措施存在"过度管制"的倾向。政府使用最简单强势的方式实现最快速清退矿业权的目的，对矿业权人自然资源财产权的减损超过了对园区生态公共利益的增益。为改变现有局面，政府应当在比例原则指导下通过平衡矿产资源的经济与生态利益，针对性保留不同类型的矿业权。同时对被清退的部分矿业权实行多元补偿标准，维护矿业权人的合法私益。

从四川的地方经验来看，截至 2023 年，四川省已将大熊猫国家公园范围

---

〔1〕 胡建淼：《行政法学》，法律出版社 2010 年版，第 51-54 页。

内的 200 处矿业权按照两种情况分别处置：一是暂不受理园区范围内的新设探矿权、采矿权审批；二是已有的矿业权按照自行废止、避让变更与整体注销三种形式进行处置，其中变更许可采取扣减重叠部分避让国家公园的方式，最大限度地减少对矿产资源权利人的权益影响。

矿产资源可分为四类，设在矿产资源上的矿业权按目的和期限可各分为两类，在此分类基础上，关于大熊猫国家公园的专门性规范保障将矿业权是否保留分为以下四种情况（表4-9）。

表4-9 矿业权退出的类型化分析

| 所处区域 | 矿产资源 | | | | 矿业权 | | | | 是否保留 | |
|---|---|---|---|---|---|---|---|---|---|---|
| | | | | | 目的 | | 期限 | | 是 | 否 |
| | 能源 | 金属 | 非金属 | 水气 | 探矿 | 采矿 | 到期 | 未到期 | | |
| 核心保护区 | 油气地热铀 | | | 矿泉水 | · | · | | · | · | |
| | · | · | · | · | · | · | · | · | | · |
| 一般控制区 | 油气地热 | | | 矿泉水 | | · | · | · | · | |
| | · | · | · | · | · | · | · | | | · |

注：1. 核心保护区与一般控制区内的国家重大项目和战略性矿产的已设矿业权均保留，并可以增设新矿业权；
2. 核心保护区内的能源（油气、铀、地热）、水气（矿泉水）四类未到期矿业权，可在到期后有序退出；
3. 以上可保留矿业权的前提是不扩大生产规模、不新增生产设施。

传统观点普遍认为核心保护区内国家重大战略性矿产资源可探明后作为国家战略资源进行储备，[1]但大熊猫国家公园管理局不仅决定探明矿产，更进一步决定允许在此类矿产资源上新增矿业权。"新增"一词明确了核心保护区内可以设立新矿业权这一大胆突破，说明在大熊猫国家公园建设中，对矿产资源价值与国家公园生态价值的平衡考量。

---

[1] 董延涛等："自然保护区等禁采区内矿业权处置问题研究"，载《矿产保护与利用》2016年第2期。

### (二) 构建多元补偿标准

在已有政策规范的基础上，可从补偿主体与补偿方式两个维度进行细化。

第一，补偿范围应适当考虑期待性利益。地方政府可结合地方矿产资源实际情况探索多元化补偿路径，如在评估实际损失与可期待利益的基础上给予矿业权人货币补偿，或运用矿业权异地设置方式进行替代性补偿，还可以使用较为灵活的混合补偿方式，在货币补偿不足的情况下，将剩余差价用产业置换方式进行补充。[1]

第二，考虑弱势群体保护问题。《矿产资源法》第 36 条针对矿企关闭明确提出了应当"妥善安置群众生活"的具体要求。大熊猫国家公园范围内多为山区，原合法存在的小水电和矿场不仅为当地提供了电力，改善了基础设施建设，更为原住居民提供了可贵的就业和谋生机会。在国家公园建设中对小水电和工矿企业的大规模关停将导致这部分居民丧失就业机会，工矿企业本身丧失矿权，经营困难，也将导致这部分就业人口的合法劳动权益难以得到有效救济。因而，在清退矿业权的同时还应考虑对于行政行为所影响到的居民权益的合理补偿问题。

### (三) 建立多元化资金保障制度

第一，央地共同分担补偿费用。国务院办公厅《自然资源领域中央与地方财政事权和支出责任划分改革方案》（2020 年）规定，根据建立国家公园体制试点进展情况，将国家公园建设与管理的具体事务，分类确定为中央与地方财政事权，中央与地方分别承担相应的支出责任。大熊猫国家公园属于国家公园管理体制下"统一事权、分级管理"范畴，[2]因此中央与地方都应承担园区内矿业权退出的补偿责任。可以按照受益补偿原则，根据央地矿业权出让收益 4∶6 的分享比例，央地矿业权占用费 2∶8 的分享比例，进行资源税收分比例补偿。

第二，多渠道筹集资金。《四川省大熊猫国家公园管理办法》（2022 年）

---

〔1〕 胡发祥等："国家公园矿业退出方式及管理探究"，载《北京林业大学学报（社会科学版）》2019 年第 1 期。

〔2〕 秦天宝、刘彤彤："央地关系视角下我国国家公园管理体制之建构"，载《东岳论丛》2020 年第 10 期。

第 6 条明确规定"建立以财政投入为主的多元化资金保障制度",将大熊猫国家公园保护、建设和管理经费列入财政预算,对大熊猫国家公园野生动植物保护、巡护监测、森林草原防灭火、林草有害生物防治、生态修复、科学研究、自然教育、科普宣传推介、野生动物致害补偿、生态保护补偿、生态搬迁补偿、基础设施建设、社区协调发展等进行财政投入。同时"鼓励企业、社会组织和个人通过捐赠、援助等形式参与大熊猫国家公园保护和管理"。第29 条还提出了建立流域横向生态补偿机制,推进碳汇交易,多渠道筹集资金的思路。此外,《关于统筹推进自然资源资产产权制度改革的指导意见》(2019 年)规定要鼓励政府机构采取租赁、置换、赎买等方式。

（四）推动国家公园案件集中审判和纠纷诉讼外解决

从四川的经验来看,2021 年 4 月,大熊猫国家公园生态法庭成立,内设在成都铁路运输第二法院。大熊猫国家公园生态法庭作为专门审理园区内案件的法庭,不同于传统法院中的"行政审判庭",对大熊猫国家公园内生态环境、自然资源等民事、行政和刑事案件进行集中管辖。截至 2022 年 9月,大熊猫国家公园生态法庭已依法妥善审理涉大熊猫国家公园红线范围内退出补偿行政案件 51 件。通过发布禁止令,发挥刑事司法审判职能,判决了首例涉及国家公园的破坏自然保护地刑事案件以及国家公园内涉气候变化应对类案。

但与此同时,行政诉讼的时间长、成本高,应推动国家公园涉矿纠纷的诉讼外解决,重视发挥行政诉讼诉前调解的作用。可推动大熊猫国家公园生态法庭成为矿业权人与政府的矛盾化解平台,一方面发挥司法监督作用,对政府行政行为进行监督;另一方面承载"为人民司法"精神,辅助矿业权人理解相关法律规范,做到既尊重矿产企业私益,又充分考虑政府公共利益。同时大熊猫国家公园生态法庭要不断发展完善自身,从法庭审理范围、内部管理、人员组成等方面加快出台相关政策规范,充分发挥大熊猫国家公园生态法庭的司法保障效力,实现公法与私法共治目标。[1]

国家公园是习近平生态文明思想指导下的制度结晶,搭建出大熊猫国家

---

〔1〕 耿宝建:"矿业权司法保护与《矿产资源法》修改——以最高人民法院近年三起矿业权行政裁判为例",载《法律适用》2019 年第 9 期。

公园作为连通大熊猫栖息地的生态桥梁。大熊猫国家公园自 2016 年启动建设以来就受到国家立法的高度关注，中央和地方政府相继出台政策法规并始终秉承最严格保护原则，将自然资源生态价值放在首要位置，但同时对园区内以矿产资源为核心的自然资源开发价值、对矿业权人的私有自然资源财产权造成一定程度上的损害。为此，本章在深入分析大熊猫国家公园矿业权相关规范保障与司法实践的基础上，对园区矿业权的退出与补偿机制提出有针对性的对策建议，以期为国家公园建设提供更多完善思路，探索生态保护与经济发展共赢的时代新态势。

# 第五章
# 国家公园公众服务与社区发展制度

本章撰稿人：

王社坤，法学博士，西北大学法学院教授、西北大学环境资源治理研究中心主任；

焦琰，法学博士，西北大学公共管理学院博士后，西北大学环境资源治理研究中心研究员，负责撰写本章第一节。

舒旻，法学博士，昆明理工大学法学院副教授，负责撰写本章第二节。

鲁冰清，法学博士，甘肃政法大学教授、甘肃政法大学《智库专报》编辑委员会委员，负责撰写本章第三节。

全民公益性是国家公园建设的核心理念之一。基于全民公益性理念的要求，国家公园在实现重要自然生态系统的原真性、完整性保护这一首要功能的同时，还应当兼具科研、教育、游憩等公众服务功能。同时，从世界范围内国家公园的建设与发展历程来看，国家公园与社区发展的关系问题始终是国家公园建设面临的核心问题，需要以全民公益性理念为指导妥善处理这一问题。本章分为三个部分的内容，分别讨论国家公园全民公益性理念、国家公园公众服务制度，以及国家公园社区发展制度。

## 第一节　国家公园全民公益性理念*

为了深入贯彻落实党的十八届三中全会提出的"建立国家公园体制"这一重点改革任务，2015 年国家发展和改革委员会等十三部委联合印发《建立国家公园体制试点方案》，强调以"实现重要自然生态资源国家所有、全民共享、世代传承"为试点目标，以"体现国家公园的公益属性"为试点原则。《建立国家公园体制总体方案》（2017 年）则更进一步明确提出要将全民公益性作为国家公园的核心理念之一。只有通过法治化，才能使国家公园全民公益性理念定型化、精细化，从而增强其执行力和运行力。截至 2023 年 7 月，全国各地共颁布实施了 10 余部国家公园综合性地方立法和规范性文件，这为国家公园全民公益性理念的法治化提供了宝贵的经验素材。

### 一、国家公园全民公益性理念内涵的厘定

对事物实质内涵的厘定通常包括历史范式、理论范式和实证范式三种范式。[1]从 2013 年党的十八届三中全会首次提出"建立国家公园体制"开始算

---

　*　本节内容以"国家公园全民公益性理念的立法实现"为题发表于《东南大学学报（哲学社会科学版）》2021 年第 4 期，本章收录时略有改动。
　〔1〕　参见郭忠华："历史·理论·实证：概念研究的三种范式"，载《学海》2020 年第 1 期。

起，我国国家公园体制建设仅经历了 10 年多的时间，并且我国国家公园体制建设的蓝图与路线也主要是通过中央政策文件擘画，因此，从"历史范式"和"实证范式"来理解该理念，应将主要研究精力聚焦于 10 年多来中央政策文件关于这一理念的阐述上。同时，也应将目光聚焦在有关全民公益性理念的学理诠释上，从"理论范式"来理解其内涵。

(一) 中央政策文件关于国家公园"全民公益性"理念的阐述

自 2013 年党的十八届三中全会首次提出"建立国家公园体制"以来，中央出台了一系列政策文件，对我国国家公园体制建设进行了宏观规划和系统安排。其中，一部分是专门性的国家公园体制建设政策文件，主要包括《建立国家公园体制试点方案》(2015 年)、《建立国家公园体制总体方案》(2017 年)等；另一部分是综合性的涉及国家公园体制建设的政策文件，主要有《关于建立以国家公园为主体的自然保护地体系的指导意见》(2019 年)等。

其中《建立国家公园体制总体方案》(2017 年)对国家公园"全民公益性"理念的表述最为直接、全面，即"坚持全民公益性。国家公园坚持全民共享，着眼于提升生态系统服务功能，开展自然环境教育，为公众提供亲近自然、体验自然、了解自然以及作为国民福利的游憩机会。鼓励公众参与，调动全民积极性，激发自然保护意识，增强民族自豪感"。

其他政策文件都是间接、零散地表达国家公园"全民公益性"的理念。例如，《建立国家公园体制试点方案》(2015 年)提出试点工作要"以实现重要自然生态资源国家所有、全民共享、世代传承为目标"；要"坚持政府主导，……体现国家公园的公益属性"；要"体现公益属性，严格控制上调门票等公共服务类价格"等。又如《关于建立以国家公园为主体的自然保护地体系的指导意见》(2019 年)提出，建立以国家公园为主体的自然保护地体系，要"突出自然保护地体系建设的社会公益性，发挥政府……的主体作用"；要"服务社会，为人民提供优质生态产品，为全社会提供科研、教育、体验、游憩等公共服务"；要"探索全民共享机制"，在"保护的前提下，在自然保护地控制区内划定适当区域开展生态教育、自然体验、生态旅游等活动"，"扶持和规范原住居民从事环境友好型经营活动"，"推行参与式社区管理"，以及"建立志愿者服务体系，健全自然保护地社会捐赠制度"等。

归纳上述政策文件中有关国家公园全民公益性理念的表述，可以将全民公益性的核心内容概括为三点：第一，政府主导，即通过发挥政府在国家公园规划、建设、管理、监督、保护和投入等方面的主体作用，来体现国家公园的"全民公益性"。第二，全民共享，即通过让全社会共享国家公园建设成果，来突出国家公园的"全民公益性"。国家公园建设成果主要表现为国家公园的生态系统服务功能、社会功能和溢价功能。第三，公众参与，即通过引导社会各方面的力量积极参与国家公园体制建设活动，来彰显国家公园的"全民公益性"。

（二）国家公园"全民公益性"理念的学理诠释

尽管 2013 年党的十八届三中全会才首次提出"建立国家公园体制"，但理论界对国家公园的研究要早于此。早期研究主要是对国外国家公园建设经验的介绍，其中就包括了国家公园公益性建设的经验。例如，2009 年周永振撰文介绍了美国国家公园公益性建设的经验，将其主要内容归纳为五点：门票价格的合理设置、访客流量的适度控制、环境教育的深入开展、鼓励非营利机构参与以及推行志愿者服务。[1]

2013 年之后，理论界围绕国家公园的本土化研究开始涌现，但是从法学视角对国家公园公益性的研究成果寥寥可数。其代表性成果是 2019 年黄锡生等撰文研究了国家公园的公益性不彰问题，其将国家公园公益性概括为"国家公园在保护大型区域生态原始性的过程中为公民平等提供无偿性的科研、教育、游览等公共服务，产生良好的社会效益"。[2]非法学视角下的国家公园公益性研究，主要是从城乡规划、风景园林、环境管理等角度展开的。代表性成果包括：陈耀华等认为公益性是国家公园最基本的属性，主要体现在为公众利益而设、对公众低廉收费、使公众受到教育、让公众积极参与四个方面。[3]杨锐认为全民公益性要求中国国家公园应始终将生态保护放在第一位，并在此前提下，吸收融汇中国古代生态智慧，为全体中国人民提供作为国家福利而非旅游产业的高品质教育、审美和休闲机会。[4]苏杨等认为国家公园

---

〔1〕　参见周永振："美国国家公园公益性建设的启示"，载《林业经济问题》2009 年第 3 期。

〔2〕　黄锡生、郭甜："论国家公园的公益性彰显及其制度构建"，载《中国特色社会主义研究》2019 年第 3 期。

〔3〕　陈耀华、黄丹、颜思琦："论国家公园的公益性、国家主导性和科学性"，载《地理科学》2014 年第 3 期。

〔4〕　杨锐："生态保护第一、国家代表性、全民公益性——中国国家公园体制建设的三大理念"，载《生物多样性》2017 年第 10 期。

应体现全民公益性，国家应该作为国家公园保护和利用的主要担责者，在保护资源原真性和完整性的基础上使国家公园全方位服务于公众，既要充分发挥其生态功能，也要全面彰显其教育、科研功能，从而使最广泛的国民全方位受益于国家公园。[1]

比较而言，法学视角下的国家公园公益性研究更加关注的是国家公园上的公共利益在社会主体间的均衡分配问题，其主要通过调整社会主体间的权利义务关系的方式来解决。但是，对于这些公共利益的具体内容，法学界则很少关注。非法学视角下的国家公园公益性研究主要是在强调公益性的具体内容，目前达成的基本共识有两点：一是认为国家公园生态系统的良好运转是最普惠的民生福祉，也是国家公园公益性的根本表现；二是在保护国家公园生态系统的前提下，利用国家公园资源开展科研、教育和游憩等活动，从而使国家公园公益性得到进一步延伸。存在争议的问题是，公众参与是不是国家公园全民公益性的内涵。持否定观点的理由主要是"公众参与只是一种有助于实现公益性的途径、手段，并不是公益性本身"。[2]

（三）全民公益性理念的基本内涵

"理念"是为了解释事物的原因而提出的假设，它是事物不变的本质。[3]国家公园全民公益性理念的内涵界定必须建立在对国家公园的本质及其历史演变过程的清晰界定基础之上。同时作为舶来品，国家公园全民公益性理念的界定，也需要引入比较的视野。

国家公园被视为一种典型的公众共用物，不特定多数人可以对其进行非排他性的使用。[4]例如早在 20 世纪 60 年代英国学者哈丁在论述"公地悲剧"理论时，提供了许多现代公众共用物的例子，其中就包括国家公园等。[5]公众共用物的终极目标是"共用"，基于此，国家公园全民公益性理念最核心的要义就是全民对国家公园的"共享"，即任何人都有权享用（包括享受和利用）

---

[1] 苏杨、王蕾："中国国家公园体制试点的相关概念、政策背景和技术难点"，载《环境保护》2015 年第 14 期。

[2] 陈涵子："公共物品视角下中国国家公园公益性实现途径"，载《风景园林》2015 年第 11 期。

[3] 王申："理念、法的理念——论司法理念的普遍性"，载《法学评论》2005 年第 4 期。

[4] 蔡守秋：《基于生态文明的法理学》，中国法制出版社 2014 年版，第 219 页。

[5] 参见潘凤湘、蔡守秋："国外公众共用物理论对我国环境资源治理的启示"，载《河北法学》2019 年第 11 期。

国家公园的惠益。

自 1872 年世界上第一个国家公园——美国黄石国家公园建立以来，经过 150 余年的发展，全球已有 200 多个国家和地区设立了约 4000 个国家公园，保护面积达 400 多万平方公里，约占全球保护地面积的 23.6%，是目前世界各国使用最广的保护地模式。[1]在世界自然保护联盟（IUCN）提出的自然保护地管理分类体系中，国家公园被界定为"大面积的自然或接近自然的区域，重点是保护大面积完整的自然生态系统。设立目的是保护大尺度的生态过程，以及相关的物种和生态系统特性。这些自然保护地提供了环境和文化兼容的精神享受、科研、教育、游憩和参观的机会"。[2]可见，强调国家公园为公众提供更多的机会，使他们能最大限度地从中获益，即共享是国家公园全民公益性理念最核心的要求，具有普适性价值。

强调将全民共享界定为国家公园全民公益性理念的核心要义，也是基于对我国自然保护地建设经验教训的总结。自 1956 年我国第一个自然保护地——广东省鼎湖山自然保护区建立以来，我国各类自然保护地的总数超过 12 万处，面积超过 200 万平方公里，约占整个国土面积的 20%。[3]但现有的自然保护地体系存在的主要问题之一就是社会公益属性不够明确。具体表现就是将原本属于不特定多数人非排他性使用的天然存在的自然环境和自然资源划定成各类自然保护地后，再将其打造为旅游牟利的载体，大力发展"圈地式的门票经济"，[4]从而产生了"第二种公众共用物悲剧"，即过度地进行排他性占有而使公众可以自由活动的地域和空间急剧减少甚至缺失。[5]正是基于这些历史教训，在生态文明理念指导下的国家公园体制改革，应当强调国家公园的全民公益性，强调全民共享。

国家公园的全民共享，绝不是简单地"共享"国家公园的经济价值，而

〔1〕　田世政、杨桂华："中国国家公园发展的路径选择：国际经验与案例研究"，载《中国软科学》2011 年第 12 期。

〔2〕　朱春全："IUCN 自然保护地管理分类与管理目标"，载《林业建设》2018 年第 5 期。

〔3〕　欧阳志云、杜傲、徐卫华："中国自然保护地体系分类研究"，载《生态学报》2020 年第 20 期。

〔4〕　参见杜群："三亚市山体保护地方立法的拓展和生态法治创新——《三亚市山体保护条例》述评"，载《南海法学》2017 年第 2 期。

〔5〕　与之相对的"第一种公众共用物悲剧"，指天然存在的自然环境和自然资源因人们的不当利用和管理而严重退化。蔡守秋："公众共用物的治理模式"，载《现代法学》2017 年第 3 期。

是涉及国家公园的生态、科学、历史、文化和艺术等价值，是在"共享"国家公园的多元价值体系。[1]为确保国家公园全民共享的实现，也需要将全民共有和全民共建纳入全民公益性理念的内涵之中。

"共有"通常作为一个民法上的范畴，是对民法上数人共有一物的所有权类型之表达。国家公园的全民"共有"，不等同于民法上的"共有"。一方面，它的主体是"全民"，即全体公民，包括当代和未来世代的人，具有不特定性；另一方面，作为共有客体的"国家公园"的首要功能是保持自然生态系统的原真性和完整性、保护生物多样性和保障国家生态安全等，故更应强调其生态价值而非经济价值。如果说国家公园的经济价值是有限共有的，只能让部分人从中获益；那么国家公园的生态价值就是普遍共有的，不排除任何人从中获益。因此，全民对国家公园的"共有"，在主体和客体两个方面都集中反映了国家公园的"全民公益性"理念。

国家公园全民共有，也与我国《宪法》所确立的社会主义公有制一脉相承。社会主义公有制意味着，全体公民都与生产资料之间存在着归属关系。但这种归属关系更倾向于是一种客观法秩序，而非一种主观权利。"这种归属关系是一种整体上的、抽象的描述和规定。"其中，"每个成员既不能放弃也不能单独主张对生产资料的所有权或所有权份额"。[2]《建立国家公园体制总体方案》（2017年）明确要求"确保全民所有的自然资源资产占主体地位"，同时，官方对此也回应道，"国家公园应属于全体国民所有，……必须按照法定条件和程序逐步减少国家公园范围内集体土地，提高全民所有自然资源资产的比例"。[3]在国家公园建设中强调国家所有权，是对自然资源国家所有权所承担的生态环保功能的彰显。[4]从这个意义上讲，在国家公园体制改革中倡导"全民公益性"理念也就具有了一定的必然性。

---

〔1〕 刘超："国家公园分区管控制度析论"，载《南京工业大学学报（社会科学版）》2020年第3期。

〔2〕 谢海定："国家所有权的法律表达及其解释"，载《中国法学》2016年第2期。

〔3〕 参见《国家发展改革委负责同志就建立国家公园体制总体方案答记者问》，载国家发展和改革委员会网，https://www.ndrc.gov.cn/xwdt/xwfb/201709/t20170927_954664.html，最后访问时间：2023年8月4日。

〔4〕 徐以祥、杨昌彪："生态文明理念下自然资源国家所有的物权法表达"，载《中国矿业大学学报（社会科学版）》2020年第6期。

如果说全民共有是从国家公园管理权的角度保障全民共享的实现，那么还需要从国家公园建设和维护的角度强调全民共建对全民共享实现的保障功能。通常来说，政府是国家公园建设任务的主要承担者，但同时也要引导社会各方面的力量积极参与国家公园建设活动，以形成全民对国家公园的"共建"格局。仅从表面来看，全民对国家公园的"共建"是保障国家公园公益性实现的一种方式，但实质上全民共建与国家公园的公益性之间存在一种内在的因果关系。正是基于国家公园公益性的考虑，才提出了全民对国家公园的"共建"要求。换言之，全民对国家公园的"共建"本身就是国家公园全民公益性的内在要求。

综上所述，国家公园全民公益性理念的内涵包括全民共享、全民共有和全民共建三个方面。共享是全民公益性的核心要求，是共有和共建的最终落脚点；而共有和共建则分别从国家公园管理和建设两个方面为全民共享提供了保障，同时也构成了国家公园全民公益性理念的内在要求。

**二、国家公园全民公益性理念的地方立法探索**

当前，我国各个试点国家公园分别立法已经成为一种"规定动作"，且初步形成"一园一法"的局面。对现有国家公园地方立法中全民公益性理念的立法实现状况的分析，可以为正在制定中的《国家公园法》提供必要的经验借鉴。

（一）全民公益性理念在地方立法中的条文表达

截至 2023 年 7 月，全国各地现行有效的专门规范国家公园的综合性地方性法规、规章或规范性文件共计 14 件。[1]地方规范性文件严格来讲并不属于地方立法范畴，但考虑到它们在一定区域内具有普遍约束力、在一定时间内具有相对稳定性和能够反复适用等特点，实际上发挥着"准地方立法"的作用，故本章也将地方规范性文件纳入考察对象（表 5-1）。

---

〔1〕 目前各地颁布的标题中含有"国家公园"的规范性文件共计 40 余件，根据研究需要本节只将综合性国家公园地方立法或规范性文件列为研究对象。对于只涉及国家公园特许经营、财政政策、原生态产品认定等某一具体领域的地方立法或规范性文件，由于其不能全面反映全民公益性理念的立法状况，故未列为研究对象。

表 5-1 关于国家公园的综合性地方立法现状 (按颁布时间排序)

| 规范名称 | 颁布机构 | 效力层级 | 颁布时间 |
|---|---|---|---|
| 《云南省迪庆藏族自治州香格里拉普达措国家公园保护管理条例》 (以下简称普达措条例) | 迪庆藏族自治州人大常委会 | 自治条例 | 2013 年 9 月 |
| 《云南省国家公园管理条例》 (以下简称云南省条例) | 云南省人大常委会 | 地方性法规 | 2015 年 11 月 |
| 《武夷山国家公园条例 (试行)》 (以下简称武夷山条例) | 福建省人大常委会 | 地方性法规 | 2017 年 11 月 |
| 《神农架国家公园保护条例》 (以下简称神农架条例) | 湖北省人大常委会 | 地方性法规 | 2017 年 11 月 |
| 《南山国家公园管理办法》 (以下简称南山办法) | 邵阳市人民政府 | 地方政府规章 | 2020 年 5 月 |
| 《三江源国家公园条例》 (以下简称三江源条例) | 青海省人大常委会 | 地方性法规 | 2020 年 7 月 |
| 《钱江源国家公园管理办法 (试行)》 (以下简称钱江源办法) | 钱江源国家公园管理局 开化县人民政府 | 地方规范性文件 | 2020 年 8 月 |
| 《海南热带雨林国家公园条例 (试行)》(以下简称热带雨林条例) | 海南省人大常委会 | 地方性法规 | 2020 年 9 月 |
| 《山东省国家公园管理办法》 (以下简称山东省办法) | 山东省人民政府 | 地方规范性文件 | 2021 年 12 月 |
| 《四川省大熊猫国家公园管理办法》 (以下简称大熊猫办法) | 四川省人民政府 | 地方规范性文件 | 2022 年 4 月 |
| 《四川省大熊猫国家公园管理条例》 (以下简称大熊猫条例) | 四川省人大常委会 | 地方性法规 | 2023 年 7 月 |
| 《四川省人民代表大会常务委员会关于加强大熊猫国家公园协同保护管理的决定》 (以下简称四川省决定) | 四川省人大常委会 | 地方性法规 | 2023 年 7 月 |
| 《陕西省人民代表大会常务委员会关于加强大熊猫国家公园协同保护管理的决定》 (以下简称陕西省决定) | 陕西省人大常委会 | 地方性法规 | 2023 年 7 月 |

续表

| 规范名称 | 颁布机构 | 效力层级 | 颁布时间 |
|---|---|---|---|
| 《甘肃省人民代表大会常务委员会关于加强大熊猫国家公园协同保护管理的决定》（以下简称甘肃省决定） | 甘肃省人大常委会 | 地方性法规 | 2023 年 7 月 |

一部完整的立法通常包括目的、原则和规则三类条款，以下将分别对上述国家公园地方立法中的这三类条款进行梳理，总结全民公益性理念的立法实现状况。

1. 对目的条款的考察

现有国家公园地方立法基本上都将"规范国家公园保护和管理活动"作为直接目的。神农架条例、钱江源办法两个试点地方的国家公园立法还进一步明确了国家公园保护的具体对象，即国家公园生态系统的原真性和完整性。尽管这一目的并不直接反映国家公园全民公益性理念，但它却是实现其他任何目的的基础和前提。普达措条例、云南省条例、三江源条例和武夷山条例将"合理开发利用自然资源和人文资源"列为直接目的。这一目的虽同样未直接反映国家公园"全民公益性"理念，但表明了对国家公园并不是要进行严格"封存"式的保护和管理，而是要统筹保护与利用之间的关系，在保护好国家公园自然资源和人文资源的前提下，有限、适度地利用好这些资源，这就为公众能够有机会享用国家公园奠定了基调。神农架条例在直接目的中还加上了"规范神农架国家公园服务活动"，这意味着神农架国家公园会面向公众开放，神农架国家公园管理机构和地方各级政府会提供基本的公共服务，这与全民公益性理念的内涵是基本吻合的。

除了上述直接目的，在个别的国家公园地方立法目的条款当中还确立了间接目的，主要包括"保障国家生态安全"和"推进生态文明建设"。国家生态安全是在国家公园中从事任何活动应恪守的一条价值底线，其位阶要高于国家公园"全民公益性"理念中蕴含的公益价值。生态文明是一种反映人与自然和谐的伦理观念，是一种以资源环境承载力为基础、以自然生态规律为准则、以可持续发展为目标的发展方式和生活方式。[1]生态文明并非在提

---

〔1〕　参见蔡守秋："析 2014 年《环境保护法》的立法目的"，载《中国政法大学学报》2014 年第 6 期。

倡一种为保护自然而完全排斥人类活动的思想，而是强调在尊重自然、顺应自然和保护自然的前提下进行绿色发展、循环发展和低碳发展的观念。"追求一种所有社会成员特别是弱势者的有价值、有尊严的生存与发展的根本伦理价值目的。"[1]因此，国家公园"全民公益性"理念所要求的全民对国家公园"共享""共有"和"共建"的目标，事实上就是生态文明在国家公园体制建设上的一次完美演绎。

2. 对原则条款的考察

目前的国家公园地方立法当中，确立的与国家公园"全民公益性"理念直接相关的立法原则主要包括共享发展/全民共享原则（云南省条例、南山办法）和社会参与原则（三江源条例、武夷山条例、神农架条例、海南热带雨林条例、大熊猫条例、钱江源办法）。这两项原则分别直接反映了国家公园"全民公益性"理念中的"共享"和"共建"内涵。

同时，还有一部分立法原则间接地反映了国家公园"全民公益性"理念，主要包括永续/适度/合理利用原则（普达措条例、云南省条例、三江源条例、海南热带雨林条例、南山办法、大熊猫条例）和改善民生原则（三江源条例、武夷山条例）。前者一方面肯定了国家公园资源的可利用性，另一方面又对这种利用作出永续/适度/合理等条件的限制，即在强调一种绿色可持续的利用，这实际上是在法律原则层面对公众能够有机会享用国家公园进行的立法回应；后者事实上表达了国家公园体制建设需给公众特别是当地居民带来社会福利的原则要求，与国家公园"全民公益性"理念中"共享"发展成果的要义契合。

3. 对规则条款的考察

当前的10余部关于国家公园地方立法均通过构建"共享""共有""共建"三个方面的制度来体现国家公园"全民公益性"理念。

（1）"共享"。

在"共享"方面，现有关于国家公园地方立法主要通过下列几项制度予以具体化：

第一，国家公园规划制度。规划手段可以将国家公园划分成不同区域。

---

〔1〕 柯坚：《环境法的生态实践理性原理》，中国社会科学出版社2012年版，第9页。

例如，普达措条例、云南省条例、神农架条例、南山办法专门设置了"游憩展示区"；武夷山条例则设置了"生态修复区"；海南热带雨林条例、大熊猫条例、钱江源办法则设置了"一般控制区"。此外，武夷山条例、神农架条例、大熊猫条例还要求针对科研监测、科普教育、游憩体验等活动编制专项规划。

第二，标准制度，即关于科研监测、科普教育、游憩体验等国家公园享用活动的标准。例如，三江源条例、武夷山条例要求国家公园管理机构制定此类标准。

第三，保障制度，主要包括提供信息服务、设施建设以及门票与访客管理三种保障制度。信息服务是指通过展览展示、讲解咨询、发放手册、网上服务等方式向访客提供自然资源、保护管理、科研监测、科普教育、旅游路线等信息，建立健全信息公开制度，构建综合信息平台。三江源条例、神农架条例、钱江源办法规定了此类内容。设施建设是指由国家公园管理机构或由其联合地方政府负责建设园区内外的交通、电力、通信、水利、环保及医疗救护、科研监测、宣传教育等基础设施和公共服务设施。例如，除普达措条例、云南省条例外的其他国家公园地方立法都为相关政府部门设定了该项义务。门票与访客管理主要是指对国家公园的门票实行政府管理和低价制度，这为公众享用国家公园降低了门槛。普达措条例、三江源条例、神农架条例、钱江源办法确立了此制度。此外，还要根据国家公园的环境承载能力和生态监测结果，对国家公园的访客进行容量控制，并对访客行为作出规范调整。除普达措条例、武夷山条例、神农架条例外的其他国家公园地方立法均采取了这种做法。

第四，补偿制度，即建立一种国家公园体制改革成果惠益分享机制，主要包括社区发展和生态保护补偿。社区发展要求将特许经营收入用于当地的民生改善，发展当地的特色产业，通过定向援助、产业转移、社区共建等方式引导当地的居民参与国家公园体制建设活动等。生态保护补偿则要求在国家公园的森林、草原、湿地等多个重点生态领域，建立以资金补偿为主，技术、实物、安排就业岗位补偿为辅的多元生态保护补偿方式。现有的国家公园综合性地方立法大多引入了这项机制。

（2）"共有"。

在"共有"方面，普达措条例、云南省条例、武夷山条例、大熊猫条例要求"设立国家公园应当以国有自然资源为主",并通过"提高国家公园国有自然资源占比"来强化国家公园的全民"共有"目标,具体实施方式包括征收、赎买和置换等。其他几部国家公园地方立法基本上都表明了国家公园自然资源国有和集体所有相并存的立场。对于国有自然资源,一般将其确权至国家公园管理机构并由其统一行使管理职责。对于集体所有的自然资源,一方面在依法、自愿、有偿原则的指引下转化为国有;另一方面则在不改变集体所有状态的前提下,通过合作、地役权、入股联营、承包租赁等方式实行用途管制,并以此来凸显全民对国家公园的"共有"特征。

(3)"共建"。

在"共建"方面,三江源条例、武夷山条例、神农架条例、钱江源办法专门设置了"公众参与"一章来集中规定"共建"方面的制度,而其他几部国家公园地方立法却将"共建"方面的制度零散地规定在各章当中。从内容上看,根据"共建"主体的范围和"共建"事项的数量多少,可以分为社会"共建"和社区"共建"两种类型。前者的主体范围较为宽泛,涵盖了几乎所有的社会主体类型,且具体涉及资金、技术、保护、管理、服务等多个事项上的"共建",主要的方式有认捐捐赠、救助援助、信贷投资、志愿服务、认领认养、授权管理、领办、协议保护、科研合作、培训教育、监督建议等。后者的主体范围相对狭窄,主要包括国家公园内的原住居民和国家公园毗邻社区居民两类,而"共建"的方式则以"优先招聘为管护员开展日常巡护工作"和"优先招聘为员工参与建设、管理和服务等活动"为主。

(二)对地方立法中全民公益性理念立法表达的评析

既有的带有社会实验性质的国家公园地方立法,均不同程度地将该政策理念融入各自的立法目的、原则条款上,并结合各个国家公园的实际情况,分别从"共享""共有"和"共建"三个方面进行了不尽相同的制度设计。在未有国家立法指引的前提下,这种能够紧扣国家公园体制建设工作的最新政策理念,根据每个国家公园的特点和具体问题创制出彰显"全民公益性"理念的国家公园地方立法的做法本身,就是这些国家公园地方立法内容所呈现的最大亮点。但是,也必须注意到,现有地方立法对于国家公园全民公益性理念的法治化也存在不足,需要在《国家公园法》制定中予以避免和克服。

1. 对"全民公益性"理念立法实现路径的认识存在差异

在全民共享方面，首先，是对"共享"客体的认识有差异。目前，绝大部分国家公园地方立法将"共享"客体的重心放在国家公园体制建设所带来的经济利益上，更多关注这些经济利益在不同区域或不同主体之间的公平分配问题。其次，是对"共享"方式的认识方面存在差异。在既有国家公园地方立法中对"共享"方式的规定归纳起来有三种，即科研监测、科普教育和游憩体验，而各国家公园地方立法对这三种"共享"方式的认识并不相同。例如，对是否应把游憩体验当作一种"共享"方式的问题就有争论。一种观点认为，国家公园属于严格保护区域，在立法上不允许搞游憩；另一种观点认为，国家公园的重要功能是游憩，法律层面应当允许游憩。[1]最后，对"共享"保障措施的认识方面存在差异，主要表现为各国家公园地方立法对有无必要为科研监测、科普教育和游憩体验编制专项规划、技术规范和标准认识不同；各国家公园地方立法对有无必要为科研监测、科普教育和游憩体验提供配套信息服务和基础设施建设认识不同；各国家公园地方立法对有无必要实行门票政府定价和低门票制度以体现全民公益性和降低公众享用国家公园门槛认识不同。从现有国家公园地方立法来看，仅有普达措条例、三江源条例、神农架条例 3 部国家公园地方立法规定了门票政府定价制度，仅有钱江源办法规定了低门票制度。同时，对有无必要在访客量增加的基础上根据环境承载能力和生态监测结果控制访客量的认识也不同。

在全民共有方面，一部分国家公园地方立法规定的"共有"就是主要通过征收的方式来逐步降低国家公园范围内集体所有自然资源资产的比例，以提高国家所有的比例，云南省条例、武夷山条例就采取了此种立法例。另一部分国家公园地方立法规定的"共有"则并非要全部将国家公园范围内集体所有的自然资源资产转化为国家所有，而是规定可以采取灵活的非征收方式对国家公园范围内的集体所有自然资源资产实行统一用途管制。例如，海南热带雨林条例、大熊猫条例、钱江源办法就创设性采用了设定地役权的方式，在自然资源资产所有权不变的条件下，限制所有权人对自然资源资产的利用方式，以达到自然资源资产保护的目的。

---

〔1〕　参见潘佳："国家公园法是否应当确认游憩功能"，载《政治与法律》2020 年第 1 期。

在全民共建方面，首先是对社会和社区的"共建"方式有无必要进行区分的认识不同，如在武夷山条例中特意列举了一些社区"共建"的方式，即与周边社区签订合作保护协议，向周边社区定向援助、产业转移，优先聘用周边社区居民为管护员等；而在钱江源办法中则对社会与社区"共建"适用统一的规则。其次是对社会和社区的"共建"方式如何进行选择的认识不同。除认捐捐赠、志愿服务、科研合作等几项为各国家公园地方立法所公认的社会"共建"方式外，对于认领认养、领办等其他社会"共建"方式各国家公园地方立法都只是零星的规定。最后是对社会和社区的"共建"能力有无必要进行专门培育的认识不同。三江源条例、神农架条例、大熊猫条例、钱江源办法规定了国家公园管理机构对社会和社区"共建"能力进行专门培育的义务，其他的国家公园地方立法就此问题未作出任何规定。

2. 全民公益性理念立法表达的体系性不强

从立法技术上讲，将国家公园"全民公益性"理念贯穿到"立法目的条款+立法原则条款+立法规则条款"的体系性规定中，是通过立法来实现国家公园"全民公益性"理念的最佳方案。而从各国家公园地方立法的现状来看，其虽已规定了一些彰显"全民公益性"理念的条款内容，但这些条款形式上大多只是立法规则条款，未明确体现在立法目的和原则条款中。这就使得全民公益性理念的立法表达体系性不强，不利于全民公益性理念规范功能的实现。

首先，在立法目的条款中无专门的表述明确表达国家公园"全民公益性"理念。由前文可知，在既有国家公园地方立法的立法目的条款中，常见的直接目的表述包括"规范国家公园保护和管理活动""保护国家公园生态系统的原真性和完整性""合理开发利用自然资源和人文资源"，以及"规范国家公园服务活动"等，间接目的表述包括"保障国家生态安全"和"推进生态文明建设"。尽管通过学理解释，可以将国家公园全民公益性理念涵摄于此种立法目的表述之中，但仅从文义上很难将其与全民公益性理念建立关联。

其次，在立法原则条款中没有明确、全面体现国家公园"全民公益性"理念的立法原则。现有国家公园地方立法中与"全民公益性"理念直接相关的立法原则是"共享发展/全民共享"和"社会参与"原则。共享发展/全民共享原则仅仅涵盖了"全民公益性"理念中的"共享"，而且也仅有2部国家公园地方立法在原则条款中对此进行了规定。社会参与原则被各国家公园地方立法普遍规定，但其只满足了"全民公益性"理念中"共建"的法治化需求。与"全民公益性"理念间接相关的"永续/适度/合理利用"和"改善民生"原则，则只是在侧面地表达"全民公益性"理念，需要通过法律解释才能与"全民公益性"理念建立逻辑关联。

### 三、国家公园"全民公益性"理念的法治化路径

目前，我国国家公园立法呈现出的是"一园一法"模式，但从长远来看，在国家层面制定一部统一的《国家公园法》是一种必然的趋势。因此，未来的国家公园立法将会形成中央和地方两级立法模式：一是国家公园中央立法即《国家公园法》，其作为适用于所有国家公园的综合性基本法，主要是一些涉及国家公园保护和管理方面的一般规定。二是国家公园地方立法，主要是根据本地方的实际情况来对上位法进行细化或补充。[1]

在《国家公园法》的立法过程中，需要在全面把握国家公园"全民公益性"理念核心要义的前提下，通过"立法目的+立法原则+法律制度"体系化的立法表达技术来实现对国家公园全民公益性理念的法治化。

#### （一）目的与原则条款中的全民公益性理念的立法表达

从理论上讲，立法目的的功能一般包括四种：一是立法活动的方向选择，二是立法论证的有效途径，三是法律解释的重要标准，四是公民守法的规范指南。[2]因此，通过立法目的表达国家公园"全民公益性"理念，对该理念的立法实现会起到总括性引领的关键作用。立法目的本身就要求在保证内容明示的前提下，尽可能使用更为宏观和抽象的上位范畴。若将共享、共有和共建三方面内涵都呈现在立法目的条款之中，会使其表述过于冗杂，反而不利于其规范功能的发挥。因此，在《国家公园法》中应当将"全民公益性"理念作为间接目的，概括式表达为"彰显全民公益性"即可。

立法原则是立法目的和法律规则连接的纽带，具有对立法目的的承载功能和对法律规则的统摄功能；前者通过其所蕴含或可实现的目的与立法目的

---

〔1〕　参见秦天宝、刘彤彤："国家公园立法中'一园一法'模式之迷思与化解"，载《中国地质大学学报》2019 年第 6 期。

〔2〕　参见刘风景："立法目的条款之法理基础及表达技术"，载《法商研究》2013 年第 3 期。

的一致性来体现，后者主要体现在其能向下成为法律规则的稳定性、综合性的基础和本源。[1] 因此，在立法原则上对国家公园"全民公益性"理念进行合理和清晰的表达可以起到提纲挈领的关键作用。具体而言，在《国家公园法》的立法原则条款中，可以将"全民公益性"理念具体表达为"遵循全民共有、共建和共享原则"。这种立法表达既能明确展示"全民公益性"理念内涵的全部内容，又能统领之后服务于"全民公益性"理念的所有法律规则，起到纲举目张之效。

（二）全民共享的立法表达

"共享"的主体是全民。作为一个集合体或整体，根据共享主体与国家公园位置远近和利益相关性强弱，可划分为国家公园所在地居民和公众两大类。因此，在《国家公园法》中，全民共享应当被类型化为国家公园所在地居民的"共享"和公众的"共享"两大类。

共享的客体是国家公园的多元价值，因此，在《国家公园法》中，对"共享"方式的规范也应是多元化的，要能够使所有社会主体都有机会享用到国家公园的每一项价值，而不是仅确定经济价值或某些价值的"共享"方式。

国家公园所在地居民的共享主要是对国家公园体制建设所带来的经济利益的共享，应当在《国家公园法》中将特许经营收入定投、发展特色产业、开发绿色产品、生态保护补偿等确立为"共享"方式。公众的共享，主要是对国家公园的生态、科研、历史、文化和艺术等价值的共享，应当在《国家公园法》中予以分别确认。对生态价值，可通过设置专门的游憩体验路线，让访客亲临体验国家公园的自然之美；对科学研究价值，可在符合一定条件的基础上，允许科研人员在国家公园内开展科考活动；对历史、文化和艺术价值，不仅可用传统文字表述的形式来静态呈现，还可用现代科技手段或情景剧场的形式来动态展现。

总结各地国家公园体制建设试点经验，在实现全民共享的保障方面，一般采取的"共享"保障措施包括降低门票价格、实行政府定价；为各类"共享"方式的科学化运行编制专项规划、技术规范和标准；给各类"共享"方

---

[1] 参见王江："环境法'损害担责原则'的解读与反思——以法律原则的结构性功能为主线"，载《法学评论》2018 年第 3 期。

式的常态化运转提供配套信息服务和基础设施建设等。上述所列举的"共享"保障措施，只是对现阶段在各地方国家公园体制建设当中采取的"共享"保障措施的试点经验总结。它们之间本质上并不存在优劣之分，而仅需以"实用性"为导向来评价，只要结果有利于实现全民对国家公园多元价值的"共享"，就应当在《国家公园法》中予以确认。

具体而言，对于全民"共享"国家公园的保障措施的立法表达，首先要通过总体规划对国家公园进行合理分区，并根据每一区域的资源环境承载力对每种"共享"方式的适宜程度，决定每类"共享"项目的具体布局，且就各"共享"项目制定相应的专项规划和建设标准。其次要确立国家公园所在地的地方政府配合国家公园管理机构做好基础设施建设工作和国家公园管理机构做好信息服务工作的职责。最后要在根据生态监测结果控制访客容量的基础上，由政府来确定较低的门票价格，让更多民众有机会享受国家公园的惠益。

### （三）全民共有的立法表达

国家公园中国家所有的自然资源资产应占主体地位，对此各界已经达成共识。但国家公园"全民公益性"理念内涵中的"共有"是否完全等同于国家所有，对此各方尚有争议。从目前国家公园试点区土地所有权结构来看，三江源、神农架、普达措 3 个国家公园的国有土地面积占比分别为 100%、85.8%、78.1%，在这些国家公园推行土地全部国有化的政策难度较小。但钱江源、武夷山、南山 3 个国家公园的国有土地面积占比仅分别为 20.4%、28.7%、41.5%，半数以上土地都为集体所有，在这些国家公园实行土地全部国有化的方案基本上不可行。[1]恰当的做法应是在不改变集体所有土地性质的前提下，采取合作、地役权、入股联营、承包租赁等灵活的产权流转方式，对集体所有土地的用途进行管制。换言之，"共有"背后的本质要求是确保国家对国家公园这种公众共用物的控制和管理，以实现全民共享。因此，国家公园全民公益性理念所要求的"共有"不仅可通过国家所有的形式来表达，而且可通过集体或个人所有附加用途管制的方式进行呈现。

在《国家公园法》中对全民共有进行立法表达时，一方面应允许国家所有、

---

集体所有和个人所有多种自然资源资产产权形式的并存。另一方面应建立多元的自然资源权利限制规则。在公法限制方式的选择上，确立管制性征收作为国家公园管理的基本制度地位，并明确管制性征收的适用条件和正当程序。[1]在私法限制方式的选择上，可通过保护性地役权、赎买、置换、合作、入股联营、承包租赁等方式实现国家对国家公园内非国有自然资源的控制和管理。

（四）全民共建的立法表达

对全民共建的立法表达，首先要进一步明确"共建"的方式和每种方式的具体含义。依据"共建"的客体流向不同，"共建"的方式应分为给予型和取得型；前者，如认捐、捐赠等方式，后者，如认领、认养、授权管理、领办等方式。按照"共建"的客体种类不同，"共建"的方式应分为资金型、技术型和服务型；前者，如信贷投资等，中者，如科研合作等，后者，如志愿服务等。尽管从形式上看，这些"共建"的方式呈现出多样化的特点，但其中部分"共建"的方式具有同质性。例如，认捐和捐赠、救助和援助、认领和认养等。同时，还有一部分较为新颖的"共建"方式，是从个别试点地方的"共建"经验中总结出来并为其他试点地方所借鉴，缺乏统一的定义和规范。

在《国家公园法》中对全民共建进行立法表达时，应当将重复表达的"共建"方式适当地整合，避免出现"形式看似多元，实质然却单一"的现象。而对于那些新颖的"共建"方式，则应通过制定具体的实施办法来给出标准的定义，防止被错误地适用。具体而言，在"共建"方式方面，社会"共建"方式的设计应偏向于选择公益性较强、历时较短的"共建"方式，如认捐、捐赠、志愿服务等。社区"共建"方式的设计应偏向于选择共益性较强、历时较长的"共建"方式，如协议保护、授权管理等。

就"共建"的保障而言，由于社会主体和社区主体与国家公园间的利益关联性和参与国家公园体制建设的便捷性不同，不仅应对社会"共建"和社区"共建"的方式予以区分设计，而且还应对所有主体的"共建"能力进行专门培育。因此，应在《国家公园法》中将"共建"能力培育经费纳入国家公园体制建设年度财政预算、定期组织专业人员针对某一特定领域开展"共建"能

---

[1] 参见潘佳："管制性征收还是保护地役权：国家公园立法的制度选择"，载《行政法学研究》2021 年第 2 期。

力培育活动、运用现代科技手段搭建"共建"能力培育云平台等规定，从经费支持、人才保障、平台建设等方面进行全民共建的具体制度设计。

## 第二节　国家公园公众服务制度

### 一、我国的国家公园公众服务实践现状

党的十八届三中全会以来将建立国家公园体制列为重点改革任务。近年来，党中央和国务院印发的一系列重要规范性政策文件，在充分尊重国际经验的基础上，肯定和重申了中国国家公园在提供社会基本公共服务方面，所具有的自然保护、科学研究、教育和游憩体验功能。《建立国家公园体制总体方案》（2017 年）明确指出"国家公园的首要功能是重要自然生态系统的原真性、完整性保护，同时兼具科研、教育、游憩等综合功能"。《关于建立以国家公园为主体的自然保护地体系的指导意见》（2019 年）进一步指出"建立自然保护地目的是守护自然生态，保育自然资源，保护生物多样性与地质地貌景观多样性，维护自然生态系统健康稳定，提高生态系统服务功能；服务社会，为人民提供优质生态产品，为全社会提供科研、教育、体验、游憩等公共服务；维持人与自然和谐共生并永续发展"。

#### （一）向公众提供科研、教育、游憩服务是国家公园的必要社会功能

《建立国家公园体制总体方案》（2017 年）提出，"国家公园坚持全民共享，着眼于提升生态系统服务功能，开展自然环境教育，为公众提供亲近自然、体验自然、了解自然以及作为国民福利的游憩机会"。国家公园作为一种重要保护地类型在中国的设立，其主要指引和参照是 IUCN 的保护地分类管理体系。在 IUCN 的保护地分类管理体系中，通常认为自然保护、教育和游憩是国家公园的三大主要功能，属于国家公园向社会提供的基本公共服务。IUCN 研究认为，国家公园具有保护自然生物多样性及其所依赖的生态结构和支撑性的环境过程，并促进教育和游憩的功能。[1]同时，由于国家公园作为重要

---

〔1〕 Dudley，N.（ed.）（2013）．*Guidelines for applying protected area management categories*. Gland，Switzerland：IUCN.，available online：https://portals.iucn.org/library/sites/library/files/documents/PAG-021.pdf.，last visited on：2023-08-04.

的动植物栖息地和遗传资源宝库，在理论上是生物多样性体现最为集中和保护最为系统、完整的区域，所以自然而然地，国家公园也是各学科开展科学研究的前沿重地，科研又为国家公园的保护、教育、游憩功能提供支撑和依据。因此，科研功能是国家公园的另一重要基础功能。

（二）我国国家公园向公众提供科研、教育、游憩服务的实践状况

2021年10月，中国正式设立三江源、大熊猫、东北虎豹、海南热带雨林、武夷山五个国家公园。从各国家公园的运行实践状况来看，均在不同程度上向公众开放了科研、教育、游憩服务。此前，自2015年以来，随着各国家公园被纳入建立国家公园体制试点，各地开展了有关国家公园的地方立法工作。在地方立法中均规定了有关国家公园科研、教育和游憩服务的条款。

例如，三江源条例第55条规定："国家公园管理机构应当开发公众教育培训项目，通过参观和生态体验活动，促进公众提升生态环保意识。"大熊猫条例第42条规定："管理机构应当在一般控制区内科学合理划定自然教育、生态科普、森林康养、休闲度假、野生动植物观赏等活动的区域、线路，建设科研科普、自然教育、生态体验等基地，为社会提供生态产品和公共服务。"

又如，根据热带雨林条例第38条规定，海南热带雨林国家公园一般控制区限制人为活动，允许开展包括经国家公园管理机构批准的标本采集，宣传教育、参观、旅游活动在内的八项活动。该条例第41条规定："国家公园管理机构应当在海南热带雨林国家公园一般控制区内建设多元化展示区，设立科研科普、环境教育、生态体验、展览展示等中心或者基地，开展科普、环境和法律法规宣传教育，促进原住居民及其他进入人员了解海南热带雨林国家公园的资源和价值，增强海南热带雨林国家公园理念，提升生态环境保护意识。"第42条第1款规定："国家公园管理机构应当会同旅游文化等相关部门，在保护海南热带雨林国家公园生态环境的前提下，在海南热带雨林国家公园一般控制区内科学合理划定自然教育、森林康养、休闲度假、旅游观光、生态科普和野生动植物观赏等活动的区域、线路。"

再如，武夷山条例第23条规定，武夷山国家公园按照生态系统功能、保护目标和利用价值划分为特别保护区、严格控制区、生态修复区和传统利用区，各功能区实行差别化保护管理。第25条规定，在生态修复区除进行生态

保护修复工程建设和不损害生态系统功能的居民生产生活设施改造，以及自然观光、科研教育、生态体验外，禁止其他开发建设。

在国家公园运行实践中，提供科研、教育和游憩服务也成为各国家公园除自然保护监督监测巡护管理以外的主要工作内容。科研服务方面，以三江源国家公园为例，根据新华社的报道，2012 年以来，长江科学院每年在三江源国家公园开展江源科考，深入长江源区，摸清生态"本底"，研究变化规律，成为对长江源开展次数最多、覆盖最广的科研活动之一。[1] 游憩服务方面，以海南热带雨林国家公园为例，据统计，海南热带雨林国家公园参访人数为 2017 年 26.09 万人次、2018 年 25.95 万人次、2019 年 26.06 万人次。[2] 教育服务方面，除各国家公园管理机构自行打造的自然教育产品外，自我国探索建立国家公园体制以来，自然教育行业已经成为市场上发展最为快速、最具活力的行业之一。据报道，2016 年我国自然教育机构为 286 家，2017 年则超过 2000 家。[3] 另据《中国自然教育行业发展现状及展望报告》对包括自然保护区、国家公园、森林公园、自然学校等目的地机构的抽样调查，其中 80% 以上开展过自然教育活动。大多数目的地机构是近 5 至 10 年开始开展自然教育的。其中最常开展的是科普（讲解）活动和自然观察。单个目的地机构自然教育活动能够服务的人数规模多在每年 1000 人次以内，少数保护地机构达到了 1 万人次以上。[4] 国家公园在发挥科研、教育和游憩等服务功能方面，均呈现蓬勃发展态势。

## 二、当前国家公园开展公众服务实践中存在的问题

根据 2022 年 12 月由国家林业和草原局、财政部、自然资源部、生态环

---

[1] 参见李劲峰、陈杰、李思远："'把脉'江源　守护'中华水塔'——江源科考十年观察"，载三江源国家公园管理局网，http://sjy.qinghai.gov.cn/news/yw/25494.html，最后访问时间：2023 年 1 月 12 日。

[2] 参见海南热带雨林国家公园管理局、国家林业和草原局西南调查规划院：《海南热带雨林国家公园特许经营专项规划（2022—2030 年）（评审稿）》，2022 年 12 月 15 日。

[3] 赵敏燕、董锁成、李宇："自然教育，应该这样教"，载中国科学院网，https://www.cas.cn/zjs/201904/t20190415_ 4688804.shtml，最后访问时间：2023 年 1 月 12 日。

[4] 陈妍凌："《中国自然教育行业发展现状及展望》报告发布 人才、资金、扶持政策是行业所盼"，载《中国环境报》网，http://epaper.cenews.com.cn/html/2019-11/13/content_ 89197.htm，最后访问时间：2023 年 1 月 12 日。

境部联合印发的《国家公园空间布局方案》，我国已遴选出 49 个国家公园候选区（含正式设立的 5 个国家公园），直接涉及 28 个省份，其中，陆域 44 个、陆海统筹 2 个、海域 3 个，总面积约 110 万平方公里。全部建成后，中国国家公园保护面积的总规模将是世界最大的。[1]由于实践中，我国国家公园大多以原有的各级自然保护区作为依托进行整合设立，因此，自然保护区遗留涉及公众服务的各类问题或多或少地也在国家公园中得到反映，主要表现在以下方面。

一是国家公园为科学研究提供基础和平台的功能还没有得到较好地发挥。我国自然保护工作具有悠久历史，但长期以来针对自然保护区等保护地内的科研工作集中于主管部门和部分学科、部分学者，以及少量的民间组织。国家公园面向社会开展科研、科普、教学和人才培养的功能尚未得到充分发挥。

二是国家公园自然教育服务功能还有待进一步精细化。现阶段在国家公园内开展较多的自然教育组织形式，主要由少量青少年教育机构（如绿色营等）实施。另针对青少年的研学游活动也比较火爆。然而，由国家公园自主开展的科普教育活动，尤其是针对不同年龄层次、不同教育背景的全方位、系统化、专业化的自然教育体系还没有形成，有待进一步发展完善。

三是国家公园生态体验和游憩活动类型相对单一，简单复制，千篇一律。目前在游憩服务方面，刚刚起步的国家公园仍处于不断探索阶段。已经开展的游憩项目与传统旅游业区别不大，还没有展现出国家公园的独特优势。在服务业态方面，也存在简单复制、相互雷同的问题。国家公园应有的特色尚未得到全面展现。

### 三、《国家公园法》中公众服务条款的立法定位

由于我国现行法中，没有针对自然保护地的专门法律。《国家公园法》在今后制定通过后，将作为自然保护地领域的专门法、特别法。按照我国法律适用后法优于先法、特别法优于一般法的基本原则，《国家公园法》在制定颁布后将获得法的实施效力上的优先顺位。故，《国家公园法》对于国家公园公众服务条款的规定，就是国家公园公众服务职能领域的专门立法。

---

〔1〕 国家林业和草原局："《国家公园空间布局方案》印发"，载中央人民政府网，http://www.gov.cn/xinwen/2022-12/30/content_ 5734221.htm，最后访问时间：2023 年 1 月 12 日。

（一）公众服务条款应以保护自然生态系统原真性、完整性为前提

从本质上说，国家公园作为以国家公园为主体的自然保护地体系中最重要的自然保护地类型，其主要功能是大面积保护自然生态系统及其环境过程。在此前提下，无论开展科研、教育、游憩还是保护传统知识和传统文化价值，都是国家公园在实现自然保护的基础之上所发挥的附随功能。国家公园的设立、管理与运行，要将自然保护作为底线和条件。将自然保护的要求和义务内化为国家公园公众服务活动参与人的行为义务，无论是管理机构和人员、实施单位和人员，还是进入国家公园的访客、科研人员和世居居民（原住居民）的行为义务，以此作为判断国家公园开展公众服务活动合法性的基本遵循。

（二）公众服务条款应为国家公园向社会提供高质量生态产品和生态服务提供制度保障

为公众提供高质量的生态产品和生态服务是中国国家公园最基础、最重要的社会职能。如前所述，自然保护功能是国家公园的首要功能，而提供高质量的生态系统服务则是国家公园的重要社会职能，二者相辅相成。实现良好自然保护功能（或者至少以此作为设立国家公园的直接目标），是国家公园向社会提供高质量的生态系统服务（生态产品和生态服务）的物质保障和现实基础。世界上绝大多数以"国家公园"命名的自然保护地，都以保护自然生态系统、生态结构及其支撑性环境过程作为最重要的目的。这决定了在排除不同国家和地区总面积限制的因素下，国家公园往往都是规模宏大的自然地域或者海域。

例如《建立国家公园体制总体方案》（2017年）指出，国家公园"以保护具有国家代表性的大面积自然生态系统为主要目的"，国家公园"属于全国主体功能区规划中的禁止开发区域，纳入全国生态保护红线区域管控范围，实行最严格的保护"。《关于建立以国家公园为主体的自然保护地体系的指导意见》（2019年）提出国家公园"是指以保护具有国家代表性的自然生态系统为主要目的，实现自然资源科学保护和合理利用的特定陆域或海域，是我国自然生态系统中最重要、自然景观最独特、自然遗产最精华、生物多样性最富集的部分，保护范围大，生态过程完整，具有全球价值、国家象征，国民认同度高"。大面积的保护范围与严格、系统、完整的保护措施相叠加，使

得向社会和公众提供高质量的生态系统服务成为国家公园基本公共服务的应有之义。

1997 年，Robert Costanza 等在《自然》杂志发表论文《世界生态系统服务和自然资本的价值》（The Value of the World's Ecosystem Services and Natural Capital），将"生态系统服务"定义为"人们从生态系统中获得的惠益，即生态系统提供的对人类可持续福祉的支持"。[1]论文提出生态系统服务和产生它们的自然资本存量对地球生命支持系统的运作至关重要。它们直接或间接地为人类福祉做出了贡献，代表了地球总经济价值的一部分，并大概估算出当时整个生物圈价值（其中大部分在市场之外）在每年 16 万亿至 54 万亿美元，平均每年 33 万亿美元。[2]

学术界一般认为，生态系统服务包括生态产品和生态服务两个层面上的内容。前者是指人们从生态系统中获取的可用于消费和利用的物品，如食物、能源和其他自然资源；后者则是指人们基于生态系统功能所获取的功效或者收益。总的来说，生态系统服务包括供给服务（如提供食物和水）、调节服务（如控制洪水和疾病）、文化服务（如精神、娱乐和文化收益）以及支持服务（如维持地球生命生存环境的养分循环）等。

这一研究结论提出后，迅速受到学术界的大量关注。到 2009 年，Gretchen C. Daily 等提出，在实践中还没有发展出将自然资本大规模纳入资源和土地使用决策的科学基础，也没有政策和财政机制。为保住科学界对于自然资本和生态系统服务的开创性认识和研究成果，必须在两个方面作出努力：一是生态系统服务科学需要迅速发展。在承诺对自然投资的（服务）回报时，科学界需要提供必要的知识和工具来预测和量化这种回报。二是生态系统服务必须被明确和系统地纳入个人、公司和政府的决策。[3]

2021 年 4 月，中共中央办公厅、国务院办公厅印发的《建立健全生态产

---

[1] Costanza, R., d'Arge, R., de Groot, R. et al. The value of the world's ecosystem services and natural capital. *Nature* 387, 253-260 (1997).

[2] 与之相比，中国 2021 年全年 GDP 约为 17.7 万亿美元。参见国家统计局："2021 年四季度和全年国内生产总值（GDP）初步核算结果"，载国家统计局网，http://www.stats.gov.cn/tjsj/zxfb/202201/t20220118_1826497.html，最后访问时间：2022 年 7 月 19 日。

[3] Gretchen C. Daily, Stephen Polasky. et al. Ecosystem services in decision making: time to deliver. *Frontiers in Ecology and the Environment* 7, 21-28 (2009).

品价值实现机制的意见》，从建立生态产品调查监测机制、建立生态产品价值评价机制、健全生态产品经营开发机制、健全生态产品保护补偿机制、健全生态产品价值实现保障机制、建立生态产品价值实现推进机制等六个方面提出，到 2035 年，完善的生态产品价值实现机制全面建立，具有中国特色的生态文明建设新模式全面形成，广泛形成绿色生产生活方式，为基本实现美丽中国建设目标提供有力支撑。国家公园的设立和运行，可以较好地助力探索在全国范围内建立生态产品（以及生态服务）的价值实现机制。

（三）公众服务条款应有利于国家公园综合社会功能的实现

《建立国家公园体制总体方案》（2017 年）提出："国家公园的首要功能是重要自然生态系统的原真性、完整性保护，同时兼具科研、教育、游憩等综合功能。"《关于建立以国家公园为主体的自然保护地体系的指导意见》（2019 年）要求自然保护地"为全社会提供科研、教育、体验、游憩等公共服务"。科研、教育、游憩"三位一体"、相辅相成。开展科学研究是有力推动教育和游憩的基础支撑和前提，而教育和游憩活动反过来又可以为科学研究提供有力的素材和路径。

科学研究是国家公园运行的基础，可为国家公园的保护和管理提供客观依据。目前，我国国家公园的科学研究重点在资源环境监测与调查、珍稀濒危物种和生物多样性保护等方面发力。例如，东北虎豹国家公园于 2020 年建成天地空一体化监测系统，[1]既为国家公园的自然保护工作提供了有力支撑，又为各项科研的开展提供本底数据。今后，随着自然保护地体制改革的不断深化，国家公园必定成为我国开展自然和地球生态系统相关的各项科学研究的前沿阵地。

国家公园的教育功能，主要是指对于公众，尤其是青少年儿童的自然教育，但又不仅仅止于自然教育。国家公园的教育功能，还要为提升我国公共教育服务，让公众感受自然的力量，激发国民的爱国主义情怀和民族自豪感，激励青少年儿童走出教室，探索自然、了解自然、热爱自然、敬畏自然，促

---

〔1〕 国家林业和草原局："东北虎豹国家公园天地空一体化监测系统中试开通"，载国家林业和草原局网，https://www.forestry.gov.cn/main/5497/20200120/161403516491786.html，最后访问时间：2022 年 7 月 19 日。

进青少年儿童身心健康全面发展，有力推进生态文明建设。这要求高质量地建设国家公园教育功能相关设施和服务，从科教中心的规划设计，到解说词的安排，都要为提升公共教育和国民素质服务。

在美国、加拿大、新西兰等国家公园设立较早、系统比较健全的国家，都有常规的自然教育方案和项目。这些项目既可以由国家公园管理机构主动发起，也可以由非营利性社会组织开展，还可以采取管理机构和科研、教育等机构相互合作的方式来推动。例如，在美国，由美国国家公园管理局支持的科罗拉多落基山国家公园"落基山教育和拓展项目"已经连续开展20余年，每年超过1万名在校学生到国家公园进行拓展学习。[1]

自然游憩体验，是公众进入国家公园最容易获得、最普惠的服务。在提供游憩体验服务的过程中，国家公园管理机构应注重生态环境承载力的评估、核算与监测，游憩路线和人流量疏导方案设计，以及突发事件应急预案等。

（四）公众服务条款应为彰显国家公园的国家象征、国家形象提供有效制度抓手

除大面积生态系统保护外，在保护历史长河中沉淀下来，附着于自然生态系统，并有益推动绿色低碳可持续发展的传统文化，也是自然保护地在现代社会中的应有特征之一。我国是多民族国家，民族聚居传统文化源远流长。其中有的文化传统对于推动和发展绿色低碳可持续发展具有重要价值，例如，云南红河州元阳哈尼梯田、纳西族"人与自然是同父异母兄弟"的生态文化观、藏族神山圣湖等，都是我国少数民族传统文化中顺应自然、尊重自然、敬畏自然观念的体现。

我国国家公园内也存在许多世居少数民族（原住居民），如海南热带雨林国家公园内的黎族、三江源国家公园内的藏族等。在国家大力实施乡村振兴和推进农业农村现代化的政策背景下，[2]不断提升各类重要保护地保护管理能力，一方面是推动实现乡村振兴的重要内容，另一方面也可以反哺世居居

---

〔1〕 National Park Services, *Rocky's education and outreach program*, available online: https://www.nps.gov/romo/learn/education/index.htm., last visited on: 2022-11-01.

〔2〕 参见中共中央、国务院：《关于全面推进乡村振兴 加快农业农村现代化的意见》，2021年1月4日。

民的生存发展，[1]是推进乡村生态振兴同时保护国家公园传统文化价值的重要保障。[2]因此，公众服务条款的设置应当通过尊重和保护可持续传统利用，为彰显国家公园的国家象征、国家形象和中华文明提供有效制度抓手。

## 第三节　国家公园社区发展制度*

从国家公园建设的理论研究与实践情况来看，社区发展制度是指社区的生产生活方式、资源利用强度、经济发展方式要与国家公园的保护目标相一致，保障当地社区充分参与国家公园建设、管理并得以分享国家公园建设、发展的利益，实现自然保护与合理利用的科学平衡、人与自然的和谐共生。具体而言，社区发展制度包括社区空间管控机制、社区经济发展协调机制、社区人居特色化与绿色化建设机制、参与式共管机制、社区利益共享机制、生态保护补偿机制、社会保障机制等涉及生态保护、经济社会发展、多元主体参与管理、文化保护传承等多个方面的内容。

### 一、构建国家公园社区发展制度的必要性

国家公园体制建设作为生态文明建设的重要举措，是生态保护和合理利用的有机统一，是人与自然和谐共生的示范区域。国家公园建设与经营的成功与否取决于能否得到当地社区的支持。因此，国家公园社区发展制度既是贯彻人与自然是生命共同体理念的需要，也是协调国家公园建设与社区发展矛盾、实现社区促进国家公园发展的需要。

#### （一）贯彻人与自然是生命共同体理念的需要

生态文明是建立在人类对自然社会深刻认识基础上的新的文化观和文明观，其核心要义是树立尊重自然、顺应自然、人与自然和谐发展的观念。[1]

---

〔1〕 参见中共中央、国务院：《乡村振兴战略规划（2018—2022年）》，2018年9月26日。

〔2〕 参见中共中央、国务院：《关于做好2022年全面推进乡村振兴重点工作的意见》，2022年1月4日。

* 本节内容以"论共生理论视域下国家公园与原住居民共建共享机制的实现"为题发表于《南京工业大学学报（社会科学版）》2022年第2期，本章收录时进行了完善和扩充。

〔1〕 雷光春、曾晴："世界自然保护的发展趋势对我国国家公园体制建设的启示"，载《生物多样性》2014年第4期。

人与自然是生命共同体理念是对人与自然关系在生态文明时代的全新解读，是对中国传统文化中"天人合一"自然伦理思想的继承，也是国家公园建设应当秉持的价值理念。人以自然为基础，因此，必须与自然界其他生物相互依赖、相互作用，在合理限度内相互竞争，如此才能形成地球生态系统的共生共荣、协同进化的和谐共生关系。习近平总书记对此指出："人因自然而生，人与自然是一种共生关系。生态是统一的自然系统，是各种自然要素相互依存而实现循环的自然链条。良好的生态环境是人类生存与健康的基础。"党的十九大报告也将"坚持人与自然和谐共生"作为建设生态文明社会的基本方略。人与自然是生命共同体的理念既强调人对自然的依存关系，也强调人对自然的良性作用，人与自然共生共存、共同繁荣是人与自然是生命共同体理念的逻辑必然。

在人与自然是生命共同体理念的视域下，国家公园与社区不是孤立、对立的存在，而是相互依存、相互作用、合理竞争、互惠共生的共生关系。从世界自然保护地的发展历程来看，过去基于机械性、线性思维的"圈地式"保护，仅强调对自然的单一、严格保护，忽视了生态系统各要素的相互关系以及社会系统与自然生态系统之间的相互关系。随着生态学研究的深入和自然保护地管理经验的累积，这种保护方式已被基于社会—生态的系统性认识而发展起来的适应性、整体性保护逐渐取代，以兼顾自然保护与人类福祉为目标，重视自然保护与资源利用的动态关系以及当地社区的参与与利益分享，维持和促进当地社区在长期的生产生活中与自然生态形成的共生关系。

（二）协调国家公园建设与社区发展之间矛盾的需要

我国国家公园体制建设面临原住居民多、对自然资源依赖度高且人地关系历史悠久、人文资源丰富的特殊国情。国家公园为了严格保护生态系统的原真性和完整性，一些限制性的生态保护措施，如禁止伐木、禁止放牧等方式限制了当地社区的资源利用与经济发展，还会减少社区原有的生产生活空间。从实践来看，当前国家公园建设存在忽视生态保护与合理利用的辩证关系、重自然资源保护轻文化资源保护的情况，原住居民基于资源利用、利益分享和文化传承的生存发展权益与国家公园生态保护、游憩利用的利益冲突凸显。以祁连山国家公园为例，核心区的牧户在签订货币化安置补偿协议后全部搬迁，但农牧民祖辈以牧业为生，政策性搬迁后由于语言不通、文化水平低导致转产就业困难、收入水平下降，而且安置补偿金偏低，难以维系生活，导致很多搬迁牧民重返草原的意愿强烈。类似情况也出现在三江源国家公园。三江源国家公园农牧民整体搬迁率平均达到50%~60%，有的地方搬迁率甚至高达80%，牧民的民生保障与严格的生态保护是三江源国家公园面临的最主要利益冲突。[1]

　　国家公园建设与原住居民和社会发展的矛盾突出表现为利益失衡。原住居民和社区为国家公园付出了保护成本，但国家公园产生的经济收益与生态效益没有充分惠及原住居民，原住居民的保护成本与收益失衡。一是国家公园的经济收益对原住居民的分配不足。国家公园所在地的旅游开发公司均是由政府机构逐渐演化而来，如长城国家公园的旅游总公司是政府部门改革后的国有企业，武夷山旅游公司由地方政府注入股份，导致"特许经营"中"一家独大"的现象十分严重。原住居民的弱势地位不仅很难公平分享国家公园的经济收益，而且还要承担传统文化与社区体系受到严重冲击的后果。例如，普达措国家公园内彝族、傈僳族的建筑、山林对族群具有精神文化意义，但这些在商业化开发中难以被资本接受，导致原住居民无法公平参与利益分享。二是国家公园内的遗传资源利益对原住居民分配不足。国家公园是生物基因宝库，但立法对遗传资源的产权没有明确规定，而且关于遗传资源保护的现行立法主要规定国家对于生物资源与遗传资源的保护与获取的管制权力，对于社区参与遗传资源获取与惠益分享处于立法空白。原住居民及其传统知识对生物遗传资源的保护与提供发挥了重要作用，但无法公平参与惠益分享。三是原住居民承担的生态保护成本没有获得充分的利益补偿。以祁连山国家公园为例，核心区农牧民搬迁的安置补偿金主要依靠中央拨付的山水林田湖草项目资金，核心区禁牧补助由市县自筹解决，由于所在地区政府财政收支困难，搬迁农牧民面临补助资金不稳定、禁牧补助偏低的问题。

　　2016年在夏威夷召开的IUCN世界保护地大会上也提出自然保护策略应当更多地关注原住居民与当地社区的权利及其传统知识，从社会—生态系统的角度寻求可持续的自然保护策略。目前，各试点区制定的国家公园规划方案、社区发展规划等文件虽规定了社区发展支持政策，但是还存在同质化严

---

　　[1]　毕莹竹、李丽娟、张玉钧："三江源国家公园利益相关者利益协调机制构建"，载《中国城市林业》2019年第3期。

重、地区因素考虑不足、方式单一、制度设计系统性不足等问题，需要通过《国家公园法》对国家公园社区发展制度进行整体设计，确定社区在国家公园建设、发展中的权、责、利，最大限度地保障国家公园社区及其原住居民的合法权益，凸显社区及其原住居民在国家公园体制建设中"主人翁"的地位，提升社区居民对国家公园的认同感，最终消解国家公园建设与社区发展之间存在的矛盾，实现国家公园建设与社区发展"双赢"。

（三）发挥社区促进国家公园建设功能的需要

通过建构行之有效的国家公园社区发展制度，保障社区居民的发展利益诉求得以实现，构建良性互动的参与式"公园—社区"关系，在提升社区居民对于国家公园的支持力、强化生态保护重要性认识的同时，社区发展也能对国家公园的建设和管理起到反哺作用，积极推进国家公园的建设以及使国家公园得到高效管理。在我国的国家公园试点中虽然都认识到原住居民是国家公园建设面临的主要问题，作为补偿也将原住居民纳入国家公园管理工作岗位，但原住居民主要从事劳力性工作，在参与国家公园管理中处于被动地位，其利益诉求、意见表达缺乏畅通渠道，矛盾无法有效协调。一方面，国家公园管理规则、规划制定以自上而下的理性设计为主导，忽视了原住居民生态习惯法的自身合理性及其对正式制度的补足功能，规则的统一性与地方差异性、理性建构与经验知识存在一定的冲突。另一方面，对原住居民在参与国家公园管理规则、规划制定等方面的赋权不足，目前仍以原住居民被动接受管理与担任生态管护员等劳力性工作为主，没有形成原住居民的知情同意、利益表达与协商、参与决策讨论机制以及相应的监督保障机制。原住居民仍是国家公园的管理对象，而不是国家公园的共建主体，难以得到他们对国家公园的真正认同与支持。

我国国家公园普遍具有的人地关系紧密且历史悠久、人文资源丰富的特点对国家公园建设是挑战也是机遇，如果能发挥当地社区促进国家公园建设的强大功能，国家公园必将成为一张具有中国特色的"世界名片"。

一方面，在人地关系历史悠久的国家公园，原住居民在长期的生产生活中与自然协同演化，形成了具有适应性的资源利用方式和生活方式，创造了丰富多样的民间传统文化，形成了生态保护习惯法和保护生物多样性的传统知识，原住居民已经成为生态系统的重要一环，"传统生产系统也是生态系统原真性与完整性的组成部分"[1]，而且，当地社区的有效参与可以极大地降低国家公园的管护成本。因此，国家公园建设应充分认识并通过社区发展制度维持当地社区对生态保护的功能。

另一方面，社区居民的首要利益诉求是获取更多的经济利益，这与国家公园建设在严格保护的前提下适度发展，在长远来看具有一致性，但从短期来看具有差异性与冲突性。实际上，国家公园与原住居民之间既相互合作又相互竞争，处于不断博弈的过程中，二者的关系能否持续向互惠共生的理想状态演化，取决于能否促成双方之间的合作关系。而社区发展制度是对双方之间合作关系的制度化表达，通过科学社区发展制度可以有效引导原住居民的资源利用与文化保护需求趋同于国家公园生态保护目标，从而使原住居民与国家公园形成利益与情感共同体。

**二、国家公园社区发展制度的实践考察**

**(一) 国外的国家公园社区发展制度实践**

与国际自然保护地建设理念演变相随，国外在国家公园建设中提出了促进社区发展与国家公园建设"双赢"的发展策略，即国家公园不被视为"孤岛"，而是将社区发展作为国家公园可持续发展的重要组成部分。[2]

基于社区发展的合作共管被许多国家认为是解决社区发展与国家公园建设矛盾的重要途径。加拿大政府建立国家公园伊始，区域内就已经有世代生活的原住民，在处理"人地关系"中，加拿大政府为了避免激化政府和原住民之间的矛盾，逐渐形成了原住民权利保护与利益共享制度，保留原住民的狩猎权并对其进行合理限制，区内居民通过获得特许经营的许可，可以在国家公园内进行商业活动。[3]

日本国立公园内原住民的管理模式基本遵从国立公园设立前的状态，即保持原住民的生产生活方式不变，维护原住民的传统利用权利，如伊势志摩

---

[1] 刘金龙等：《中国国家公园治理体系研究》，中国环境出版社 2018 年版，第 111 页。

[2] 王瑞、齐媛媛、求什吉卓么："民族地区国家公园建设对当地居民的生计影响探究——以祁连山国家公园为例"，载《区域治理》2019 年第 35 期。

[3] 陈莉，Wu Wanli，Wang Guangyu："加拿大国家公园与原住民互动演变历程和经验启示"，载《世界林业研究》2021 年第 6 期。

国立公园的普通地域内有捕鱼、养殖珍珠活动，该产业受到政府的积极引导和相应保护。此外，国家公园对原住民也有一定的限制，如不得擅自扩大产业规模或者新建生产生活设施，新建生产生活设施实行审批制度等。

美国国家公园与原住民的关系经历了从排斥到权利限制到合作管理再到全面认可的发展过程。1872 年，黄石国家公园建立初期的管理模式，是将原住民排除在外，由中央政府主导的集权管理模式。后随着权利运动，印第安人在国家公园内的狩猎、祭祀等活动获得了准许，此时，国家公园与原住民之间形成了开放性的合作关系。1971 年，美国颁布《阿拉斯加土著土地赔偿安置法》，承认了原住民的土地所有权，这成为当时美国历史上最大的解决土著土地赔偿的法案。随着印第安人的传统权利逐渐被法律承认，政府在国家公园内划定了原住民的居住区，并且恢复了他们对自然资源和野生动物的利用。1980 年，美国通过《阿拉斯加国家利益土地保护法》，1981 年，成立了迪纳利国家公园，在公园拓展区域内，原住民的居住和生存方式受到了法律的承认和保护。1994 年美国颁布了《部落自治法》，明确允许部落向国家公园管理局申请让渡国家公园的管理权，将位于印第安保护区内和周边的地区转变为部落公园。国家公园管理局与原住民签订合作管理协议，承认原住民的土地所有权，允许狩猎等传统活动，原住民具有优先特许经营权。

总体来看，国外国家公园建设中保障社区发展的主要途径包括：一是收益共享，如提供就业机会、引入相关的扶贫项目等；二是建立缓冲区，合理利用土地资源，为社区发展提供相应的发展机会；三是建立资金与技术扶持机制，如设立保护基金、债务—自然资源转换、特殊区域生态服务费用等；四是建立合理的生态保护补偿机制，需以中央拨款为主，多元化生态保护补偿资金为补充以及建立合理利益分配机制等途径来帮助国家公园社区发展。可以看出国家公园的建设发展需要同社区发展共同推进，通过构建国家公园社区发展制度，结合各国各地区的实际情况和特点相应地制定促进社区发展的多元化举措和路径，保障国家公园建设进程与社区发展相辅相成，相互促进。

（二）我国的国家公园社区发展制度实践

《建立国家公园体制总体方案》（2017 年）要求国家公园体制试点建设区域要建立社区共管机制、生态保护补偿制度以及社区参与制度，将社区规定为周边社区和区内社区，对于国家公园的周边社区要求合作保护和引导规划建设，以保障周边社区建设与国家公园协调发展。例如，通过签订合作保护协议等方式，推进国家公园周边社区共同保护国家公园周边自然资源，同时引导周边社区合理建设特色小镇，使周边社区在生态保护中谋求发展新路径。

对于国家公园内的社区，规定了社区管理、社区资源集体管理、居民点调控以及社区协调发展制度。具体而言，一是采取差别化保护管理方式，对于重点保护区域的集体土地通过租赁、置换等方式进行规范化流转，实现对国家公园统一管理。其他区域的集体土地可以通过合作协议等方式进行统一有效的管理，明确需要探索协议保护等多元保护模式，在保护生态的同时促进社区发展。二是采取"生态移民搬迁"策略对居民点进行调控，根据国家公园区域内的实际情况实行相对集中居住，科学合理地建立入口社区，促进国家公园社区生态新型城镇化转型。三是建立社区协调发展制度，具体包括健全生态保护补偿制度（如鼓励设立生态管护公益岗位、直接经济补偿）以及完善社区参与机制（在国家公园设立、建设、运行、管理、监督等各环节，以及生态保护、自然教育、科学研究等各领域，引导当地居民积极参与，鼓励当地居民或其举办的企业参与国家公园内特许经营项目）。

1. 各地对国家公园社区发展制度的实践探索

在《建立国家公园体制总体方案》（2017 年）指导下，各试点国家公园也都制定了试点实施方案和总体规划，并将社区发展作为试点工作的重要内容之一，因地制宜开展具体化的探索实践。作为最早开展国家公园体制试点建设的国家公园，三江源国家公园积极探索社区参与生态保护、生态红利转化为经济增收之道，探索建立生态管护公益岗位，2018 年全面实现园区牧户生态管护公益岗位"一户一岗、户户有岗"，共聘用 17 211 名生态管护员持证上岗，年补助资金达 3.72 亿元，户均年收入增加 21 600 元。吸收当地牧民参与开展澜沧江大峡谷揽胜走廊、黄河探源等生态体验特许经营活动，鼓励引导并扶持牧民以社区为单位从事国家公园生态体验、环境教育服务等工作，使牧民在参与生态保护、公园管理中获得稳定的收益。[1]

---

〔1〕 国家发展和改革委员会社会发展司："国家公园体制试点进展情况之一——三江源国家公园"，载国家发展和改革委员会网，https://www.ndrc.gov.cn/fzggw/jgsj/shs/sjdt/202104/t20210421_1276872_ext.html，最后访问时间：2023 年 8 月 4 日。

东北虎豹国家公园选聘区内贫困户 883 人担任生态护林员，吸纳当地社区居民参与国家公园保护，对园区内 11.5 万公顷集体林地、2.1 万公顷集体耕地坚持生态系统原真性、完整性保护，严禁原住居民开展必要生产生活以外的经营活动，同时探索制定《东北虎豹公园经营性项目特许经营管理办法》，按照"政府引导、企业参与"原则，投资建设黄牛养殖场（小区），积极推进当地黄牛养殖绿色转型发展。[1]

大熊猫国家公园编制了《大熊猫国家公园社区建设典型案例汇编》《大熊猫国家公园社区发展指南》，总结和探索了社区发展机制，有力地推动了社区建设，通过生态移民搬迁实现居民点调控，发展生态旅游、休闲度假、生态康养、生态体验等产业推动产业转型与复合式发展。三省管理局分别制定了原生态产品认定的管理办法，鼓励和支持大熊猫国家公园社区走自然资源低消耗、高品质、无污染的绿色农业发展道路。整合设立生态管护公益岗位，共设立了生态公益岗位约 3 万个，为当地社区居民提供了大量的就业机会。[2]

祁连山国家公园初步构建了国家公园与社区共建共治共享机制，甘肃省管理局印发《国家公园甘肃省片区社会参与机制实施方案（试行）》《甘肃省国家公园社区共管共建方案（试行）》，甘肃片区规划建设 12 个特色小镇。青海片区与园区内及周边 17 个村社建立了"村两委+"社区参与机制，设置生态管护公益岗位，优先安排原住居民特别是建档立卡贫困人口。[3]

海南热带雨林国家公园在园区内共设置生态护林员岗位 1325 个，聘请当地脱贫户为护林员；通过场乡共管、签订合作保护协议、生态搬迁土地置换及当地政府统一租赁等模式，实现园区内集体土地统一管理，引导社区生产生活符合生态保护要求；制定《海南热带雨林国家公园特许经营管理办法》，

---

〔1〕 国家发展和改革委员会社会发展司："国家公园体制试点进展情况之二——东北虎豹国家公园"，载国家发展和改革委员会网，https://www.ndrc.gov.cn/fzggw/jgsj/shs/sjdt/202104/t20210421_1276873.html，最后访问时间：2023 年 8 月 4 日。

〔2〕 国家发展和改革委员会社会发展司："国家公园体制试点进展情况之三——大熊猫国家公园"，载国家发展和改革委员会网，https://www.ndrc.gov.cn/fzggw/jgsj/shs/sjdt/202104/t20210422_1276985.html，最后访问时间：2023 年 8 月 4 日。

〔3〕 国家发展和改革委员会社会发展司："国家公园体制试点进展情况之四——祁连山国家公园"，载国家发展和改革委员会网，https://www.ndrc.gov.cn/fzggw/jgsj/shs/sjdt/202104/t20210422_1276987.html，最后访问时间：2023 年 8 月 4 日。

吸收原住居民参与特许经营。[1]

武夷山国家公园开展了多种形式的社区发展措施探索，为国家公园社区协调发展积累了丰富的经验，主要包括：一是吸纳园区内居民137人作为公园生态管护员、哨卡工作人员。二是采取多种形式引导社区、居民、企业等利益相关方参与重要政策制定。三是与有关林权单位签订辖区内生态公益林、天然林和商品林管护协议，实现集体林100%管控。四是出台《武夷山国家公园特许经营管理暂行办法》，将九曲竹筏、观光车、漂流等纳入特许经营范围规范管理，同时引导村民发展森林人家、民宿等乡村旅游，开展丰产毛竹培育，有效拓宽农民增收渠道。五是鼓励引导开展生态茶园改造，提高茶叶品质和茶产业经济效益，促进茶农持续稳定增收。六是通过落实生态效益补偿、开展重点区位商品林赎买、创新森林景观补偿、探索经营管控补偿以及将园内省级以上生态公益林纳入自然灾害保险等，丰富生态保护补偿方式，增加林农收入。[2]

神农架国家公园的社区发展制度措施主要包括：一是积极引导社区生活方式转型，通过在试点区内实施居民以电代柴试点工程（每户居民每年补贴3000元），减少居民生产生活用柴的依赖和砍伐。二是完善生态公益岗位管理，制定了《神农架国家公园生态公益岗位管理规范》，聘请国家公园范围内的600名村民和村干部为生态管护员和生态监管员，并为当地农民购买兽灾补偿商业保险，让当地农民积极主动参与国家公园的保护。三是对生态环境有影响的产业通过"关、停、并、转"的方式进行转型，通过清洁农业、清洁生产补贴的方式，引导社区居民发展生态旅游、生态林业、绿色农业，推进农业产业转型升级，形成"一乡一镇一特点、一村一组一特色"的社区共建和发展模式，实现全民增收。[3]

---

〔1〕　国家发展和改革委员会社会发展司："国家公园体制试点进展情况之五——海南热带雨林国家公园"，载国家发展和改革委员会网，https://www.ndrc.gov.cn/fzggw/jgsj/shs/sjdt/202104/t20210423_1277174.html，最后访问时间：2023年8月4日。

〔2〕　国家发展和改革委员会社会发展司："国家公园体制试点进展情况之六——武夷山国家公园"，载国家发展和改革委员会网，https://www.ndrc.gov.cn/fzggw/jgsj/shs/sjdt/202104/t20210423_1277175.html，最后访问时间：2023年8月4日。

〔3〕　国家发展和改革委员会社会发展司："国家公园体制试点进展情况之七——神农架国家公园"，载国家发展和改革委员会网，https://www.ndrc.gov.cn/fzggw/jgsj/shs/sjdt/202104/t20210425_1277249.html，最后访问时间：2023年8月4日。

钱江源国家公园探索建立国家公园与社区协同保护机制，主要包括以下措施：一是招聘 95 名专（兼）职生态巡护员和 27 名"科研农民"参与日常保护管理。二是开展集体林地和农村承包田保护地役权改革，实现集体自然资源统一管理。三是对社区发展进行特色化的整体规划，先后启动了亚热带之窗、何田乡入口社区和长虹乡高田坑暗夜公园项目。四是开展"钱江源国家公园"集体商标注册和品牌增值体系研究等，提升产业帮扶力。五是对区内 27.5 万亩集体林地、农村承包田实行生态保护补偿。六是出台特许经营项目计划，组建特许经营评标委员会，开展项目招标、星级评定等特许经营与保护管理，对古田山庄开展特许经营试点。[1]

普达措国家公园的社区发展制度包括：一是制定《普达措国家公园旅游反哺社区实施办法》，优先向社区居民提供就业岗位，鼓励其参与园区环卫、巡护、特许经营等活动。二是每年从运营收入中拿出 1500 余万元资金，专项用于近 3700 名社区居民的直接经济补偿和教育资助。三是建立以公司与社区入股分红的洛茸村旅游山庄运营管理模式，在适度保持传统产业的前提下，引导园区内社区逐步向以开展乡村生态旅游服务、林下经济、外出就业等复合型发展方式转变。[2]

南山国家公园的社区发展制度包括：一是开展顶层设计，出台试点区《社区共管实施意见》《社会协调发展管理办法》，与各村（居）签订《生态保护合作协议》。二是设立生态公益岗位，安置建档立卡贫困户护林员等公益管护人员 449 名。三是加强集体林地统一管理，试点区内 25 万亩符合补充区划的集体林地，调整划入生态公益林或天然林保护工程范围，并通过租赁及补偿提标方式流转集体林地 23 万亩，试点区林地统一管理比例达 60% 以上。四是推进特色小镇和入口社区建设，启动试点区南、北两个入口社区提质改造项目。五是出台《特许经营管理办法》，引进省外投资公司参与特许经营，同时与当地龙头企业签订合作协议，构建"企业+基地+农户"奶业特许经营

---

〔1〕 国家发展和改革委员会社会发展司："国家公园体制试点进展情况之八——钱江源国家公园"，载国家发展和改革委员会网，https://www.ndrc.gov.cn/fzggw/jgsj/shs/sjdt/202104/t20210425_1277250.html，最后访问时间：2023 年 8 月 4 日。

〔2〕 国家发展和改革委员会社会发展司："国家公园体制试点进展情况之九——香格里拉普达措国家公园"，载国家发展和改革委员会网，https://www.ndrc.gov.cn/fzggw/jgsj/shs/sjdt/202104/t20210426_1277473.html，最后访问时间：2023 年 8 月 4 日。

模式。[1]

2. 我国国家公园社区发展制度经验总结

从十个国家公园试点情况来看，促进社区协调发展的主要措施包括：

一是设置生态管护公益岗位，吸纳社区居民参与国家公园生态保护，增加居民收入。

二是通过赎买、置换、租赁、场乡共管、签订合作保护协议等方式对集体所有的土地和自然资源进行统一管理，引导社区居民的生产生活方式和资源利用方式符合国家公园的生态保护要求。

三是通过产业扶持、生态产品认证、国家公园品牌授权，引导当地社区开展生态旅游、生态体验、绿色农业、生态林业等复合型绿色产业。

四是通过特许经营机制，引导社区居民参与乡村旅游、访客接待、环境教育等特许经营项目，促进社区居民增收。

五是通过生态保护补偿机制，以直接经济补偿、资源管控补偿、景观补偿等多种形式对当地社区开展生态保护补偿，使得社区得以公平分享国家公园建设红利。

六是通过配套工程、公共服务设施建设，有效改善社区民生环境和生活水平。

七是通过入口社区规划建设，引导周边社区发展符合国家公园的整体保护要求。

此外，还有一些国家公园试点区对社区发展进行了大胆尝试，出台了专门的社区发展政策文件、探索社区协调发展机制，如普达措国家公园制定《普达措国家公园旅游反哺社区实施办法》，海南热带雨林国家公园制定《海南热带雨林国家公园特许经营管理办法》，祁连山国家公园甘肃省管理局印发《国家公园甘肃省片区社会参与机制实施方案（试行）》《甘肃省国家公园社区共管共建方案（试行）》，大熊猫国家公园编制《大熊猫国家公园社区建设典型案例汇编》《大熊猫国家公园社区发展指南》等。

---

[1]　国家发展和改革委员会社会发展司："国家公园体制试点进展情况之十——南山国家公园"，载国家发展和改革委员会网，https://www.ndrc.gov.cn/fzggw/jgsj/shs/sjdt/202104/t20210426_ 1277474.html，最后访问时间：2023 年 8 月 4 日。

### 三、《国家公园法》中社区发展条款的立法构想

国家公园实行核心保护区和一般控制区的分区管理，国家公园分区管理是社区分类调控的基本依据。社区分类调控需要各国家公园在具体实践中根据社区文化资源价值、常住人口规模、居民点性质、土地权属分布、与保护地管控分区的位置关系等进行分类调控，通过分类调控实现对社区的人口规模、利用强度、生产生活方式的有效引导与控制，以使生态保护与社区发展和谐统一。地方实践中往往针对国家公园提出的"两区"范围在总体规划中划分出不同的功能区，对位于不同功能区的社区分别定位，对社区空间、资源利用、发展方式进行分类调控，以符合国家公园建设的整体目标。

#### （一）建立传统资源利用与生态保护的协调机制

国家公园建设中普遍面临人地关系紧密、当地社区资源依赖性强、资源利用方式与生计来源单一、社区经济发展水平落后的现实。因此，我国国家公园建设除了保护、游憩、科研教育的功能，还应当通过国家公园建设促进社区居民生产生活转型发展，实现生态良好、经济发展、民生保障，只有让当地社区在保护中发展，国家公园才能真正实现持续发展。

基于此，国家公园立法应当建立原住居民传统资源利用与生态保护的协调机制，在确认原住居民为基本生产生活、延续文化风俗对传统资源获取与利用权利的前提下，以维持国家公园健康生态系统为目标，基于不同区域生态系统的健康评估与需求设计动态化的分区管控制度，采取精细化的管理与适应性的保护措施。

《关于建立以国家公园为主体的自然保护地体系的指导意见》（2019 年）提出国家公园实行分区管控，"原则上核心保护区内禁止人为活动，一般控制区内限制人为活动"。但分区管控不能机械实行，"即使对具有重大保护价值的核心区，也不必都一刀切地采用所谓的生态移民方式……只要满足基于科研的保护需求即可"。[1]分区管理应科学评估原住居民资源利用对生态保护的影响以及维持健康生态系统的保护需求，根据原住居民与国家公园形成的共

---

〔1〕 苏红巧、苏杨、王宇飞："法国国家公园体制改革镜鉴"，载《中国经济报告》2018 年第1 期。

生关系，对功能分区进行动态化与适应性管理。

在核心保护区内，对原住居民与自然生态形成"寄生关系"、其资源利用严重损害生态环境的，应当在充分补偿的基础上开展生态搬迁。对原住居民与自然生态已经形成互惠共生关系、传统利用有助于维持生态系统健康需求的，应当维持合理的人地关系，将原住居民确定为其承包土地上的生态管护责任人，并进行定期考核，对达到健康生态系统管理目标的予以补偿，反之则严格罚款。在一般控制区内，对原住居民与自然生态形成"互惠共生关系"的，应当引导传统利用适度、规范发展，通过有机产品、地理标志产品等生态标签提高传统生计的利润，给予原住居民保护生态的正向激励。

在一般控制区管理实践中，出现最多、最复杂的情况是原住居民对资源依赖度高但不具备生态搬迁条件或可行性的，应当尊重已有的土地资源产权关系，通过建立传统资源利用的绿色化机制，引导原住居民将资源利用与生态保护结合起来。国家公园内交错复杂的土地资源权属关系有其形成的历史原因，在不改变土地与资源权属的前提下，可以按照保护对象的生态系统健康评估标准，以建立保护地役权或者签订绿色管护协议等方式，明确规定双方的权利义务清单，引导原住居民的资源利用与生态保护目标趋于一致。保护地役权与绿色管护协议的有效实现，关键是要对一般控制区进行更精细的再分区，确定不同分区的健康生态系统保护需求与原住居民资源利用行为之间的关系，形成管理原住居民的正负行为清单，建立原住居民正负行为清单行为的监管机制与奖惩机制。保护地役权既能优化国家公园管理，也能让原住居民从设定保护地役权带来的生态保护补偿与积极实施正面行为带来的"论功行赏"中双重获益，使利益相关方真正形成利益共同体。[1]

从各国家公园试点情况来看，国家公园所在地人民政府会同国家公园管理机构指导和扶持社区居民生产生活转型主要有如下措施：

一是适度保留传统生计，并引导传统生计绿色发展。传统生计蕴含着人们在长期生产实践中积累的生态智慧，也是国家公园的重要文化资源，不具备生态移民条件或可行性的，应当尊重已有的土地与自然资源产权关系，通过建立传统生计的绿色化机制，引导原住居民将传统生计与生态保护结合

---

[1]　苏杨："保护地可以靠地役权来建设'山水林田湖草人'生命共同体——解读《建立国家公园体制总体方案》之七"，载《中国发展观察》2019 年第 Z1 期。

起来。

二是扶持发展替代生计，实现产业融合、绿色、特色发展。从各国家公园的实践来看，第一是通过为社区贫困人口、脱贫人口安置生态管护岗位、社会服务岗位使其参与生态保护，分享保护红利，逐步由自然资源利用者转变为自然生态守护者。第二是通过引导、扶持社区开展生态旅游、生态康养、有机农业、生态体验等推动产业融合发展，减小传统产业对自然资源的压力，促进社区绿色发展。第三是鼓励当地居民或企业参与特许经营项目，从事旅游服务、农特产品和手工产品经营等。

三是通过人居环境与生活方式绿色化转型，实现社区生活与国家公园生态保护目标相协调。国家公园社区人居环境建设应结合乡村振兴，建设美丽宜居的村庄，社区人居特色化与绿色化建设要求社区的构筑物与建筑物建设必须遵循绿色环保和最小干扰原则，社区景观风貌规划与建设既要维持传统村落文化风貌，还要以农村厕所革命、生活垃圾处理、污水治理和村容村貌提升、传统能源替代为主攻方向，建设绿色宜居村庄。

对此，《国家公园法》及配套立法中一方面需要确认传统生计的生态、文化价值，通过地役权或者签订绿色管护协议、草畜平衡政策、资金投入保障、生态品牌授权等方式因地制宜对传统生计进行规范与扶持；另一方面应当对促进社区人居环境与生活方式绿色化转型的责任主体、规划建设、资金来源、补偿补贴进行明确规定。

### （二）多方参与、社区共管实现国家公园共建共治

让原住居民及其社区充分参与国家公园生态保护、规则制定，实现参与式发展，吸纳多方力量参与国家公园建设是现代自然保护地建设具有持续性的成功经验。社区治理是指，在集体权属的土地与资源上，探索原住居民社区内部自我治理、自我服务、矛盾化解、参与能力、文化引领的能力培养与提升，即《关于建立以国家公园为主体的自然保护地体系的指导意见》（2019年）提出的"社区治理"，依托现有村民自治机构就有关资源利用、生态保护、文化传承、利益分配，首先开展内部协商、决策与管理，由公园管理机关予以引导与监督。社区是社会治理的基本单元，社区治理事关国家公园政策、法律、规划和管理措施的贯彻落实，事关原住居民的切身利益和基层和谐稳定。推进社区治理体系和治理能力现代化是推进国家治理体系和治理能

力现代化的基础与必由之路。

健全社区治理体系，首先要发挥基层党组织的领导核心作用，有效发挥基层政府主导作用，并注重发挥基层群众性自治组织的基础作用和社会力量的协同作用。为此，《国家公园法》首先应当明确建立国家公园社区治理体系由国家公园所在地人民政府负主体责任，通过采取多种措施全面提高社区治理能力；其次应当明确国家公园管理机构的配合责任，通过明确责任主体、厘清权责边界，为健全国家公园社区治理提供明确的法律依据。

国家公园建设多方参与、社区共管作为一种体现沟通协商、化解冲突和共享利益的治理方式，是化解冲突、提高国家公园保护成效的最佳途径。《建立国家公园体制总体方案》（2017 年）明确提出构建适合我国国情和地方实际的"社区共管机制"，以协调国家公园生态保护与社区发展诉求间的冲突。为此，《国家公园法》应当明确要求国家公园管理机构积极吸纳国家公园及周边居民、专家学者、企业、社会组织等参与国家公园的保护、管理、建设，并接受社会公众监督。同时，也应当要求国家公园管理机构建立健全生态管护制度，设立生态管护岗位，优先聘用国家公园范围内的居民为生态管护员。

国家公园多方参与是指，专家学者、公益组织、企业单位、新闻媒体等市场、社会力量参与国家公园建设、保护、经营、管理与宣传。社区共管包括共同保护、共同决策、共同规划、共同利用四个方面的内容。共同保护主要是让原住居民担任生态管护员共同参与国家公园生态保护；共同决策是通过成立社区共管委员会，对国家公园设立、建设、管理、运行等涉及社区权益的事项进行共同决策；共同规划是社区对国家公园规划中涉及生产生活边界划定、集体自然资源管理、社区产业发展规划等内容有权知悉规划内容并参与规划制定；共同利用是对社区内集体所有的自然资源，社区与国家公园通过签订绿色管护协议、设定地役权、特许经营、遗传资源惠益分享等方式有权共同利用生态资源，公平分享惠益。

社区共管机制要求各国家公园根据社区不同的区域特征、土地权属、资源条件和管理任务，采用不同的社区参与方式，让原住居民及其社区充分参与国家公园保护与管理。但从目前各国家公园的规定和实践来看，对社区共管的内涵认识不清、规定比较粗糙且差别较大，只有为数不多的几个国家公园对社区共管机制做了制度设计，其他国家公园仅是将社区共管理解为设置生态管护岗位、签订管护协议，原住居民及其社区实际是被动地、低层次地参与国家公园生态保护，缺乏相应的组织、机制规定与原住居民和社区的权利确认以及救济保障的规定。社区共管的核心是"赋权"，而赋权的核心是增强社区在国家公园设立、建设、管理、保护等活动中的发言权与决策权。

《国家公园法》应进一步明确规定国家公园的共管机制，明确共管的主体、权利内容，明确原住居民及其社区参与共管的权利及其保障救济。各国家公园在条例中对此应在不违反上位法的前提下，因地制宜地作出具体规定，在总体规划中对社区共管机制的形式、体系、主体、内容、权利做出细化规定。

(三) 建立国家公园与周边社区的协同保护与发展机制

国家公园内的社区是国家公园与社区共建的关键主体，国家公园周边社区则需要通过合作保护、引导规划建设与监督管理确保社区发展与国家公园保护目标相一致。

国家公园周边社区的发展事关国家公园生态保护系统性目标、游憩功能的实现和国家公园的整体景观协调性。结合乡村振兴战略实施，需在国家公园周边选择一些基础设施较为完善、文化遗产丰富、特色突出的城镇和村落建设一批入口社区。通过保护和保持传统城镇和村落布局、环境和历史风貌，提升和完善服务接待设施，使其成为国家公园访客接待的主体和集散节点，尽可能减少人为活动对公园自然资源和自然生态系统的干扰和影响，并安置生态搬迁人口。

建立国家公园与周边社区的协同保护机制，首先需要在国家公园立法中确立一般规定，并明确规定国家公园周边县级以上地方人民政府可以与国家公园管理机构合作，按照与国家公园保护目标相协调的绿色营建理念，合理规划建设周边社区。在一般规定的基础上，需要国家公园管理机构和地方政府合作，将周边社区的发展、控制纳入地方经济社区发展规划和城乡发展规划，由地方政府进行后续监督管理，通过与周边社区签订合作保护协议的方式，落实与周边社区生态景观合作保护、对周边社区的营建进行统一规划、引导周边社区以符合国家公园生态保护目标的方式发展产业。

(四) 建立公平、可持续的利益分配机制

建立公平、可持续的利益分配机制是实现社区发展的重要内容，让社区始终作为国家公园发展的直接受益者，能够有效提高社区参与国家公园建设的积极性与责任心，这也是现代国家公园建设与发展的通行做法。

《国家公园法》应当对利益分配作出一般性规定，再由各国家公园条例、总体规划作出具体规定。具体而言，《国家公园法》应当规定，原住居民有权公平分享国家公园发展带来的经济收益，国家公园的土地开发、资源利用、生态保护、科学研究以及特许经营收益应当根据土地与资源权属、原住居民生产生活受影响程度等因素，在国家公园、原住居民及利用者之间合理分配。

国家公园是生物物种与基因资源的天然宝库，原住居民在长期的生产生活中积累了丰富的与遗传资源相关的传统知识，而且我国是《生物多样性公约》的缔约国，依据《生物多样性公约》关于遗传资源与传统知识获取的利益相关者原则与公平分享原则，《国家公园法》应当规定：原住居民及其社区提供遗传资源与相关传统知识的，享有事先知情同意权与惠益分享权，利用遗传资源与传统知识所产生的利益应当在获取者、管理者、当地社区与原住居民之间通过协商建立公平的惠益分享机制，以此促进原住居民保护生物多样性的积极性。

因为国家公园的建设，原住居民生产生活、资源利用以及发展权益受到严重限制。从法学的角度，法律上某种权利或利益的受损是产生"补偿"的前提，生态保护补偿正是对生态保护与建设行为所产生的新的利益类型——"生态利益"进行保护与衡平的制度安排。[1]在法学语境下，生态保护补偿的本质属性是实现利益平衡的制度安排，是法的正义价值的体现。[2]寻求不同利益之间的均衡与协调应当是正义的本质要求，生态保护补偿制度是在国家公园空间范围内协调环境权与生存权、发展权之间冲突，平衡受益者与保护者利益，实现空间范围内的生态正义的基本途径。按照利益减损的补偿原则，《国家公园法》应当规定：因国家公园生态保护，原住居民的土地与资源权利受限制或被剥夺的，有权获得充分、有效的补偿。各国家公园在条例和总体规划中明确建立生态保护补偿机制，结合乡村振兴战略，对生态保护补

〔1〕　史玉成："生态补偿制度建设与立法供给——以生态利益保护与衡平为视角"，载《法学评论》2013 年第 4 期。

〔2〕　傅晓华："基于生态正义的流域治理区际补偿理论辩解与实践探索"，载《湖南社会科学》2021 年第 3 期。

偿的形式、内容、标准、主体、资金来源做出明确规定，"使生态保护补偿机制成为平衡经济利益与生态利益、沟通扶贫与环保的卓有成效的利益协调机制"。[1]

国家公园服务项目特许经营作为一种委托经营模式，能推动自然资源和设施管理权与经营权的分离，保证国家公园的全民公益性，实现对资源的优化利用，是现代国家公园管理运营、保障公众服务的通行做法。支持、鼓励原住居民参与国家公园服务项目特许经营，保障原住居民参与特许经营的优先权，既是让原住居民分享国家公园发展利益的有效途径，也是保存国家公园内原住居民的传统文化、建设凸显特色化的国家公园的有效途径。从实践来看，原住居民在特许经营权的竞标中普遍处于弱势地位，难以与实力雄厚的公司企业竞争。为了保障原住居民有效、充分地参与特许经营，公平分享国家公园发展利益，《国家公园法》应当明确规定：国家公园管理机构鼓励、支持国家公园范围内原住居民及其举办的企业参与国家公园服务项目特许经营活动，在同等条件下原住居民及其举办的企业享有特许经营的优先权。国家公园所在地人民政府应当加大对原住居民及其举办的企业参与特许经营的扶持力度。

---

[1] 史玉成："生态扶贫：精准扶贫与生态保护的结合路径"，载《甘肃社会科学》2018 年第6 期。

# 第六章
# 国家公园资金保障与生态保护补偿机制

本章撰稿人：

宋亚容，北京大学法学院环境与资源保护法学专业博士研究生，剑桥大学联合培养博士研究生，负责撰写本章第一节。

舒旻，法学博士，昆明理工大学法学院副教授，负责撰写本章第二节。

国家公园等自然保护地的资金缺口是保护生物多样性的主要障碍。[1]在有限开发的条件下，建立稳定有效的资金保障机制是我国国家公园建设运营的重要保障，也是实现生态保护和公益性[2]的重要支撑。本章主要从两个方面讨论国家公园的资金机制，一是从资金来源的角度，讨论资金的投入与管理、当前面临的主要问题及其发展完善的主要方向；二是建立健全国家公园生态保护补偿制度。

## 第一节　国家公园资金保障机制

### 一、国家公园资金保障机制概况

中共中央办公厅、国务院办公厅《建立国家公园体制总体方案》（2017年）明确提出"建立以财政投入为主的多元化资金保障机制，并构建高效的资金使用管理机制"。本书所称国家公园资金保障机制，是指国家公园资金投入机制（资金来源结构，即"钱从哪儿来"）和资金分配与管理机制（资金运用方向，即"钱用到哪儿"），下文将从这两个方面分析国家公园资金保障机制的现状，并对如何完善国家公园资金保障机制提出立法设想。

2015年以来，中国12个省份设立了10处国家公园体制试点，总面积约22万平方公里，占陆域国土面积的2.3%。[3]2021年10月12日，中国正式

---

〔1〕 Ervin J, Rapid assessment of protected area management effectiveness in four Countries, *BioScience*, 2003, 53 (9): 833-841. Hickey V, Pimm S L, How the World Bank Funds Protected Areas, *Conservation Letters*, 2011, 4 (4): 269-277. Bednar-friedl B, Gebetsroither B, Getzner M, Willingness to pay for species conservation programs: Implications for National Park Funding, *Journal on Protected Mountain Areas Research*, 2009, 1 (1): 9-14.

〔2〕 姚亚奇："到2035年——基本建成世界最大国家公园体系"，载中央人民政府网，https://www.gov.cn/zhengce/2023-01/03/content_5734674.htm，最后访问时间：2023年7月20日。

〔3〕 李慧："我国国家公园试点区面积达22万平方公里"，载中央人民政府网，https://www.gov.cn/xinwen/2019-12/06/content_5458918.htm，最后访问时间：2023年7月23日。

设立三江源、大熊猫、东北虎豹、海南热带雨林和武夷山首批 5 个国家公园。中国国家公园体制的重要法律政策文件总结见表 6-1。值得特别注意的是，2022 年 9 月，财政部、国家林业和草原局联合发布《关于推进国家公园建设若干财政政策意见的通知》，明确到 2025 年，"基本建立以国家公园为主体的自然保护地体系财政保障制度，保障国家公园体系建设积极稳妥推进"。[1]

表 6-1  中国国家公园体制的重要法律政策文件

| 发布时间 | 法律政策文件 | 印发机构 | 主要内容 |
|---|---|---|---|
| 2013 年 11 月 | 《中共中央关于全面深化改革若干重大问题的决定》 | 中共中央 | 首次提出"建立国家公园体制" |
| 2015 年 1 月 | 《建立国家公园体制试点方案》 | 国家发展和改革委员会等 13 个部门 | 提出国家公园试点的 5 项主要内容为"突出生态保护、统一规范管理、明晰资源归属、创新经营管理、促进社区发展"，确定 9 个国家公园试点省（市），提出选择试点区的标准 |
| 2015 年 9 月 | 《生态文明体制改革总体方案》 | 中共中央国务院 | "改革各部门分头设置自然保护区、风景名胜区、文化自然遗产、地质公园、森林公园等的体制，对上述保护地进行功能重组，合理界定国家公园范围"，"国家公园实施更严格保护" |
| 2017 年 9 月 | 《建立国家公园体制总体方案》 | 中共中央国务院 | 明确"国家公园是我国自然保护地最重要类型之一"，"国家公园建立后，在相关区域内一律不再保留或设立其他自然保护地类型"，明确国家公园体制试点的主要内容 |
| 2018 年 3 月 | 《深化党和国家机构改革方案》 | 中共中央 | "组建国家林业和草原局"，"加挂国家公园管理局牌子" |

---

〔1〕 国务院办公厅：《国务院办公厅转发财政部、国家林草局（国家公园局）关于推进国家公园建设若干财政政策意见的通知》（国办函〔2022〕93 号），2022 年 9 月 9 日。

续表

| 发布时间 | 法律政策文件 | 印发机构 | 主要内容 |
|---|---|---|---|
| 2018 年 7 月 | 《国家林业和草原局职能配置、内设机构和人员编制规定》 | 中共中央国务院 | "负责国家公园设计、规划、建设和特许经营等工作，负责中央政府直接行使所有权的国家公园等自然保护地的自然资源资产管理和国土空间用途管制" |
| 2019 年 6 月 | 《关于建立以国家公园为主体的自然保护地体系的指导意见》 | 中共中央国务院 | "确立国家公园在维护国家生态安全关键区域中的首要地位"，"确定国家公园保护价值和生态功能在全国自然保护地体系中的主体地位"，"到 2020 年，提出国家公园及各类自然保护地总体布局和发展规划，完成国家公园体制试点，设立一批国家公园" |
| 2022 年 9 月 | 《关于推进国家公园建设若干财政政策意见的通知》 | 财政部国家林业和草原局（国家公园局） | "到 2025 年，充分发挥财政的支持引导作用，不断丰富完善财政政策工具，创新财政资金运行机制，基本建立以国家公园为主体的自然保护地体系财政保障制度，保障国家公园体系建设积极稳妥推进。到 2035 年，完善健全以国家公园为主体的自然保护地体系财政保障制度，为基本建成全世界最大的国家公园体系提供有力支撑" |

　　国际上关于国家公园资金保障的研究大部分基于某一国家公园案例展开分析，[1]资金主要来源包括国家公园专项资金、特许经营收入、社会捐赠、生

---

　　[1]　See Stephanie Mansourian, Nigel Dudley, *Public funds to protected areas*, WWF, 2008, available online: https://www. researchgate. net/publication/303247112_ Public_ Funds_ to_ Protected_ Areas, last visited on: 2023-08-04; Buultjens J, Ratnayake I, et al, Tourism and its implications for management in Ruhuna National Park, *Tourism Management*, 2005, 26 (5): 733-743; and Gallegos V L, Vaahtera A, Wolfs E, Sustainable financing for Marine Protected Areas: Lessons from Indonesian MPAs case studies: Komodo and Ujung Kulon National Parks, *Forest Trends*, online report at: https://www. forest-trends. org/wp-content/uploads/imported/Gallegos_ Sustainable_ Financing_ of_ MPAs_ Komodo+UjungKulon. pdf, last visited on: 2023-08-04.

态效益补偿和碳汇交易等，少见对于资金机制的综合性研究。[1]国内有研究观点提出，应根据国家公园试点探索和稳定发展的不同发展阶段，采用不同的资金保障机制，稳定发展阶段以中央政府财政拨款为主、地方财政投入为辅，建立完善的法律法规保障资金投入。[2]还有文章从财政事权和支出责任、转移支付制度、预算管理、收支管理、多元化投入机制、收入分成等方面对资金保障机制进行了探讨。[3]有研究梳理了国家公园融资渠道，并以钱江源国家公园体制试点区为例，提出国家公园扩源增效融资策略。[4]还有研究提出应借鉴国际上国家公园管理模式中管理权与经营权分离的思路，[5]确保国家公园建设取得长效成果。

现阶段我国国家公园资金主要来自财政投入，这和世界上大多数国家的自然保护地是一致的。[6]但中国也存在着不同于其他国家的国情，中国的国家公园，在体制上存在着中央直管、中央和省共管、中央委托省管三种模式，[7]在地域上往往跨越多个行政区域。在这种复杂的背景下，要处理好中央和地方的关系、地方和地方的关系、保护和发展的关系实属不易，这些特殊性也

---

[1] 有限的研究包括：Mansourian 等收集了 50 个国家对保护区的公共财政支持情况，并从区域和年际尺度探究其变化规律，说明许多国家需要增加对保护区的公共资金投入。引自 Stephanie Mansourian, Nigel Dudley, *Public funds to protected areas*, WWF, 2008, available online：https://www.researchgate. net/publication/303247112_ Public_ Funds_ to_ Protected_ Areas, last visited on：2023 - 08 - 04. Dlamini 等讨论了自然保护区融资的机遇和挑战。引自 Dlamini C S, Masuku M, Micah M, Towards sustainable financing of protected areas：A brief overview of pertinent issues, *International Journal of Biodiversity and Conservation*, 2013, 5（8）：436-445. Wyman 等分析了 22 个国家公园的旅游特许经营协议。引自 Wyman M, Barborak J R, Inamdar N, "Best practices for tourism concessions in protected areas：A review of the field", *Forests*, 2011, 2：913-928.

[2] 李俊生、朱彦鹏："国家公园资金保障机制探讨"，载《环境保护》2015 年第 14 期。

[3] 邓毅、盛春玲："国家公园资金保障机制研究"，载《中国财政》2021 年第 10 期。

[4] 孙琨、钟林生、马向远："钱江源国家公园体制试点区扩源增效融资策略研究"，载《资源科学》2017 年第 1 期。

[5] 陈君帜、唐小平："中国国家公园保护制度体系构建研究"，载《北京林业大学学报（社会科学版）》2020 年第 1 期。

[6] 研究认为，世界各国国家公园资金模式分为市场主导型和公共财政主导型两类，在经济相对落后、财政能力相对较弱的发展中国家，国家公园大多采取自给自足的市场主导型资金模式；而在高经济发展水平和高社会福利国家，国家公园管理运行所需资金则主要来自公共财政，同时存在以特许经营为代表的市场经营活动。引自王正早等："国家公园资金模式的国际经验及其对中国的启示"，载《生态经济》2019 年第 9 期。

[7] 迟诚："建立统一规范高效的国家公园资金保障机制——专访湖北经济学院教授邓毅"，载国家林业和草原局网，http://www.forestry.gov.cn/search/107949，最后访问时间：2023 年 7 月 10 日。

决定了国家公园资金保障机制的复杂性。

## 二、国家公园资金保障机制实证分析

### （一）资金投入机制

在我国，国家公园资金主要来源于三个方面：第一是中央财政的投入，主要包括：（1）本级财政经常性预算；（2）中央财政一般性转移支付；（3）中央政府的专项资金。例如，中央财政对生态功能区建设划拨的经费、专项经费，其中包括中央财政林业补助资金、保护天然林补助、农业资源及生态保护补助资金、江河湖库水综合整治资金等和本级财政的预算拨款。第二是地方政府的项目投入和配套资金。第三是其他资金来源，包括门票和特许经营收入、其他经济开发收入、捐赠收入等。[1]

1. 中央财政投入

自 2017 年至 2022 年，中央财政已累计下达地方国家公园补助 49.75 亿元，支持国家公园勘界、自然资源调查监测、生态保护补偿与修复、野生动植物保护、自然教育与生态体验、保护设施设备运行维护等。[2]

此外，在林草行业不同类别里的中央财政资金投入都可能涉及国家公园，如"林草生态保护资金""山水林田湖草沙一体化保护"，资金投入分散，统计难度大。但财政部《关于推进国家公园建设若干财政政策的意见》宣传解读十问十答[3]明确指出了财政重点支持的五个方向，指向性很强：一是生态系统保护修复，包括支持推进山水林田湖草沙一体化保护和修复，加强自然资源、生物多样性保护及受损自然生态系统和自然遗迹保护修复，完善森林草原防火、有害生物防治和野生动物疫源疫病防控体系等。二是国家公园创建和运行管理，包括加强自然资源资产管理，支持国家公园开展勘界立标、

---

〔1〕　总结自国务院办公厅：《国务院办公厅转发财政部、国家林草局（国家公园局）关于推进国家公园建设若干财政政策意见的通知》（国办函〔2022〕93 号），2022 年 9 月 9 日。

〔2〕　财政部："《关于推进国家公园建设若干财政政策的意见》宣传解读十问十答"，载中央人民政府网，https://www.gov.cn/zhengce/2022-10/13/content_5718005.htm，最后访问时间：2023 年 7 月 10 日。

〔3〕　财政部："《关于推进国家公园建设若干财政政策的意见》宣传解读十问十答"，载中央人民政府网，https://www.gov.cn/zhengce/2022-10/13/content_5718005.htm，最后访问时间：2023 年 7 月 10 日。

自然资源调查和资产核算、规划编制等，完善基础设施，保障国家公园管理机构人员编制、运行管理等相关支出。三是国家公园协调发展，包括支持开展生态管护和社会服务，平稳有序退出不符合管控要求的人为活动，引导合理规划建设入口社区等。四是保护科研和科普宣教，包括健全天空地一体化综合监测体系，支持碳汇计量监测，推进重大课题研究，加快科技成果转化应用，完善科研宣教设施，培育国家公园文化等。五是国际合作和社会参与，包括支持国际交流与合作，健全社会参与和志愿者服务机制，搭建多方参与合作平台，推进信息公开和宣传引导，完善社会监督机制等。

在第一类"生态系统保护修复"中，以财政科目"自然生态保护"为例进行分析。该项下的资金流动依据的文件是财政部 2001 年 12 月 5 日发布并实施的《自然保护区专项资金使用管理办法》和国务院办公厅 2010 年 12 月 18 日发布的《国务院办公厅关于做好自然保护区管理有关工作的通知》。根据以上文件，自然保护区专项资金是指由中央财政安排的专项用于加强国家级自然保护区（包括特殊生态功能保护区）管理的工作经费。

根据财政部公布的内容，2015 年至 2022 年自然生态保护及自然保护区预算支出决算数据见表 6-2。

表 6-2    自然生态保护及自然保护区预算支出决算          单位：亿元

| 科目 | 2015 年 | 2016 年 | 2017 年 | 2018 年 | 2019 年 | 2020 年 | 2021 年 | 2022 年 |
|---|---|---|---|---|---|---|---|---|
| 自然保护区预算 | — | — | — | — | — | — | — | — |
| 自然保护区决算 | 8.15 | 5.85 | 17.17 | 22.55 | 34.63 | — | — | — |
| 自然生态保护预算总额 | 315.65 | 309.43 | 335.57 | 557.93 | 678.56 | 814.78 | 703.68 | 729.29 |
| 自然生态保护决算总额 | 305.36 | 326.54 | 537.10 | 616.60 | 798.90 | 690.53 | 631.83 | 637.62 |

数据来源：根据财政部 2015—2022 年全国一般公共预算支出决算表整理。

自然生态保护这一款财政科目下共包括五项内容，其中只有"农村环境保护"和"自然保护区"两项是中央本级有支出的项目，生态保护、生物及物种资源保护和其他自然生态保护均为地方政府支出，中央仅提供资金支持，且中央财政并未制定统一的资金管理文件。2020 年"自然生态保护"款下不再设立"自然保护区"一项，国家公园支出被纳入了林业草原生态保护恢复资金。

总体而言，自 2015 年以来，国家公园中央财政资金投入情况基本呈现逐年递增的趋势，但中央财政并未制定统一的资金管理文件，也没有对财政投入的细节进行规范或作出解释。

除中央财政直接投入外，在中国国家公园建设中，中央政府还会通过财政转移支付的方式向国家公园提供资金支持。

一般性转移支付是指中央政府对有财力缺口的地方政府（主要是中西部地区），按照规范的办法给予的补助。[1]自 2017 年至 2022 年，中央财政已累计下达地方国家公园补助 49.75 亿元。财政部 2017 年至 2019 年通过一般性转移支付安排各试点省份共 9.8 亿元，2020 年将国家公园支出纳入了林业草原生态保护恢复资金，并安排预算 10 亿元。

目前，中央对地方的一般性转移支付主要表现为重点生态功能区均衡性转移支付。2011 年中央财政正式设立国家重点生态功能区均衡性转移支付。根据国务院 2015 年发布的《国务院关于改革和完善中央对地方转移支付制度的意见》政策解读，均衡性转移支付是指以促进地区间基本公共服务均等化为目标，选取影响各地财政收支的客观因素，考虑地区间支出成本差异、收入努力程度以及财政困难程度等，按统一公式分配给地方的补助资金。

根据《2012 年中央对地方国家重点生态功能区转移支付办法》规定，补助分配公式为：某省国家重点生态功能区转移支付应补助额 = ∑该省限制开发等国家重点生态功能区所属县标准财政收支缺口×补助系数+禁止开发区域补助+引导性补助+生态文明示范工程试点工作经费补助。财政部会同环境保护部等部门对限制开发等国家重点生态功能区所属县进行生态环境监测与评估，并根据评估结果采取相应的奖惩措施。对生态环境明显改善的县，适当增加转移支付。对非因不可控因素而导致生态环境恶化的县，适当扣减转移支付。采取激励约束措施后，各地实际享受的转移支付用公式表示为：某省国家重点生态功能区转移支付实际补助额=该省国家重点生态功能区转移支付应补助额±奖惩资金。

---

[1]　财政部："《国务院关于改革和完善中央对地方转移支付制度的意见》政策解读"，载中央人民政府网，https://www.gov.cn/xinwen/2015-02/02/content_ 2813376.htm，最后访问时间：2023 年 6 月 20 日。

此外，中央对地方专项转移支付是指中央政府对承担委托事务、共同事务的地方政府，给予的具有指定用途的资金补助，以及对应由下级政府承担的事务，给予的具有指定用途的奖励或补助。[1]其中，由财政部设立的自然保护区专项资金逐步纳入重点生态功能区转移支付（2015—2022 年的预算数据见表 6-3），按照一般性转移支付管理。涉及的财政支出科目有两类：一是"节能环保"，二是"农林水事务"（表 6-4）。

表 6-3　中央对地方重点生态功能区转移支付支出预算　　　单位：亿元

| 科目 | 2016 年 | 2017 年 | 2018 年 | 2019 年 | 2020 年 | 2021 年 | 2022 年 |
|---|---|---|---|---|---|---|---|
| 重点生态功能区转移支付 | 570 | 627 | 721 | 811 | 794.5 | 870.65 | 992.04 |

数据来源：中华人民共和国财政部，载 http://www.mof.gov.cn/zhuantihuigu/cczqzyzf-glbf/ybxzyzf_ 7774/zdstgnqzyzf_ 7776/，最后访问时间：2024 年 1 月 10 日。

根据财政部公布的文件[2]，中央对地方的林业草原生态保护恢复资金（国家公园补助）列入地方一般公共预算收入科目"1100250 节能环保共同财政事权转移支付收入"，支出列入一般公共预算支出功能分类科目"211 节能环保支出"。具体参见 2021 年[3]和 2022 年[4]林业草原生态保护恢复资金（国家公园补助）分配表。

---

〔1〕　财政部："《国务院关于改革和完善中央对地方转移支付制度的意见》政策解读"，载中央人民政府网，https://www.gov.cn/xinwen/2015-02/02/content_ 2813376.htm，最后访问时间：2023 年 6 月 20 日。

〔2〕　财政部：《财政部关于下达 2021 年林业草原生态保护恢复资金（国家公园补助）预算的通知》（财资环〔2021〕101 号），2021 年 10 月 26 日。

〔3〕　财政部：《2021 年林业草原生态保护恢复资金（国家公园补助）分配表》，载财政部自然资源和生态环境司网，http://zyhj.mof.gov.cn/zxzyzf/lybhxf/202201/P020220107581709972216. pdf，最后访问时间：2023 年 7 月 10 日。

〔4〕　财政部：《2022 年林业草原生态保护恢复资金（第一批国家公园补助）分配表》，载财政部自然资源和生态环境司网，http://zyhj.mof.gov.cn/zxzyzf/lybhxf/202206/P020220610560064250811. pdf，最后访问时间：2023 年 7 月 10 日。

表6-4　节能环保和农林水支出决算

单位：亿元

| 科目 | 2016 年 | 2017 年 | 2018 年 | 2019 年 | 2020 年 | 2021 年 | 2022 年 |
|---|---|---|---|---|---|---|---|
| 农林水支出 | 18587.36 | 19088.99 | 21085.59 | 22862.80 | 23948.46 | 22034.50 | 22499.76 |
| 节能环保支出 | 4734.82 | 5617.33 | 6297.61 | 7390.20 | 6333.40 | 5525.14 | 5412.80 |

数据来源：根据财政部 2016—2023 年全国一般公共预算支出决算表整理。

综合来看，中央财政经常性预算、中央财政一般性转移支付和中央政府专项资金构成了国家公园中央财政投入，是国家公园资金机制中主要的资金来源。由于缺乏统一的资金管理文件和规范性解释，当前的资金投入机制虽具有一定的灵活性，但稳定性不足。

2. 地方财政投入

地方层面，三江源国家公园、钱江源国家公园和武夷山国家公园的相关财政数据已在中华人民共和国财政部网站公布，下文以此三个国家公园为例总结说明地方财政投入的基本情况。

2016 年青海省财政投入 966 万元支持三江源国家公园试点工作。[1]划定严格保护区、生态修复区、生态利用区、生态旅游区等功能区，推进生态保护工程项目以及经营利用项目。一是安排 100 万元用于编制三江源国家公园资源保护与游客体验规划；二是安排 150 万元用于编制三江源国家公园建设发展规划及分项实施方案；三是安排 716 万元用于保障生态保护红线划定工作和省生态文明制度建设办公室工作经费。该项资金的下达，进一步实现了对三江源自然资源的统一、高效管理。

2018 年浙江省财政支持钱江源国家公园体制试点。[2]一是设立专项资金支持国家公园体制试点，2018 年安排 1.1 亿元支持钱江源国家公园体制试点。二是继续落实财政专项支持政策，对该公园所在的开化县实施特殊政策，如安排开化县山海协作生态旅游产业园试点资金 1800 万元。2018 年争取中央山

---

〔1〕 "青海省财政投入 966 万元积极支持三江源国家公园试点工作"，载财政部网，http://www. mof. gov. cn/zhengwuxinxi/xinwenlianbo/qinghaicaizhengxinxilianbo/201601/t20160107_ 1645402. htm，最后访问时间：2023 年 7 月 10 日。

〔2〕 "浙江省财政多措并举支持开化钱江源国家公园体制试点"，载财政部网，http://www. mof. gov. cn/zhengwuxinxi/xinwenlianbo/zhejiangcaizhengxinxilianbo/201901/t20190121_ 3126268. htm，最后访问时间：2023 年 6 月 10 日。

水林田湖草生态保护修复试点资金 10 亿元，其中，安排开化县 2.5 亿元，专项用于钱塘江源头区域山水林田湖草生态保护修复试点工程。

2021 年福建省加大以国家公园为主体的自然保护地投入。[1]自武夷山国家公园体制试点以来，福建财政累计下达建设资金 7.63 亿元，支持试点县（市、区）实施一批国家公园自然生态系统保护、环境综合整治提升、绿色产业发展等生态补偿机制创新项目。

武夷山国家公园的资金机制有许多值得借鉴之处。首先，创新资金安排方式。建立项目建设和生态补偿相结合的资金安排方式，下达中央国家生态文明试验区补助资金 2 亿元和省级配套资金 1 亿元，引导市县投入 2 亿元，合计 5 亿元财政资金支持武夷山国家公园的系统建设。其次，调动市县积极性。充分考虑市县财政保障力度，明确"国家公园社区各项民生支出由所属县（市、区）负责承担，省级财政相应调增其体制补助基数，省直相关专项予以倾斜支持"的财政保障方式，确保试点县（市、区）既得利益不因国家公园试点而降低。试点以来，省财政累计下达试点区财政体制补助资金 3.28 亿元。最后，调动村民积极性。建立健全生态移民搬迁安置补偿、生态公益林保护补偿、林权所有者补偿等 11 项国家公园生态补偿机制。特别是在全国首创山林所有权归村民、经营管理权归国家公园的"毛竹林地役权管理"和"景观资源两权分离管理"。试点以来，省财政累计下达各类补偿资金 1.52 亿元，有效调动了当地居民参与生态保护的积极性。

此外，探索生态产品价值实现路径。借鉴商业银行模式，支持搭建市场化运作的资源开发运营平台，将分散零碎的生态资源资产权益集中连片打包，对接绿色产业项目开发运营，初步探索出"建盏生态银行""水生态银行"等资源资产实现模式。支持生态补偿创新性项目。围绕国家公园周边地区的生态保护和绿色产业发展问题，争取省级以上财政补助资金 3.1 亿元，重点用于支持国家公园生态补偿等创新性项目。[2]

[1] "福建持续加大以国家公园为主体的自然保护地投入"，载财政部网，http://www.mof.gov.cn/zhengwuxinxi/xinwenlianbo/fujiancaizhengxinxilianbo/202103/t20210330_3678488.htm，最后访问时间：2023 年 7 月 3 日。

[2] "福建持续加大以国家公园为主体的自然保护地投入"，载财政部网，http://www.mof.gov.cn/zhengwuxinxi/xinwenlianbo/fujiancaizhengxinxilianbo/202103/t20210330_3678488.htm，最后访问时间：2023 年 7 月 3 日。

除各地方财政直接投入外，1994 年分税制改革以来，我国各省级行政区先后建立了地方财政转移支付制度。在省级及其以下的财政转移支付中，多数以县、市作为转移支付的主体，以解决长期以来各省县级财政困难比较突出、公共服务供给不足的问题。[1] 但是，将县、市级地方政府作为地方财政转移支付的主要对象也存在一些矛盾。有研究表明，根据政府竞争理论，如果上级政府按照一定量值对下级政府转移支付，必然导致下级政府之间互相竞争，以实现使本地区获得转移支付资金的最大化。如果上级政府仅以财政缺口作为划拨转移支付资金的依据，那么下级地方政府就可能不努力增加收入，甚至故意制造较大的财政缺口，以求获得更多的转移支付。[2] 因此，有必要建立有效的激励监督机制，把地方政府的转移支付资金使用绩效作为确定转移支付量的一个重要依据。

省级以下（包括省级）地方生态补偿财政转移支付在总体上与中央对地方的转移支付具有相似性，应按照法律法规和中央财政有关转移支付改革的精神分步完善和实施。目前，包括辽宁、河北、河南、江苏、浙江、福建、四川、云南、江西等许多省区都开展了专门性的省级生态补偿转移支付实践。

省级生态补偿转移支付的具体形式主要为生态功能区转移支付。以云南省为例，2013 年云南省财政厅参照财政部《国家重点生态功能区转移支付办法》制定了《云南省生态功能区转移支付办法》，规定了生态功能价值补偿性补助、自身环境保护投入奖励性补助，以及政策性补助等生态补偿转移支付补助事项。

2021 年，多省出台重点生态功能区转移支付办法，[3] 明确资金支持自然保护地的范围和标准，加强自然保护地建设管理。山东省印发《山东省自然保护区生态补偿办法》《山东省省级及以上自然保护区考核指标》，明确提出对省级及以上自然保护区（含国家公园）实施生态补偿，2019 年至 2021 年累计落实自然保护区生态补偿资金 2 亿元。江西省出台《江西省重点生态功能区转移支付办法》，明确对国家级自然保护区所在地按每个 1500 万元进行补

---

〔1〕　苏明等："完善地方财政转移支付制度研究"，载《财政研究》2002 年第 2 期。

〔2〕　薛黎明、王宁："地方政府争取中央财政转移支付的博弈分析"，载《财经科学》2002 年第 3 期。

〔3〕　中国绿色时报："2021 年中国自然保护地十件大事"，载国家林业和草原局网，https://www.forestry.gov.cn/main/60/20210407/195901921746534.html，最后访问时间：2023 年 7 月 5 日。

助，对国家级自然公园所在地按每个 750 万元进行补助。2022 年预计按定额分配补助资金 2.5 亿元。四川省制定《林业国家级自然保护区国家重点生态功能区转移支付禁止开发区补助资金管理办法（暂行）》《国家森林公园国家重点生态功能区转移支付禁止开发区补助资金管理办法（暂行）》，明确对国家级自然保护区、国家级森林公园按每个 360 万元标准进行补助，并规定了使用方向，对推进国家公园高质量发展具有重要意义。

3. 其他资金来源

根据财政部、国家林业和草原局（国家公园管理局）在 2022 年 9 月发布的《关于推进国家公园建设若干财政政策意见的通知》，应当积极创新多元化资金筹措机制，调动企业、社会组织和公众参与国家公园建设的积极性。鼓励在依法界定各类自然资源资产产权主体权利和义务的基础上，依托特许经营权等积极有序地引入社会资本。鼓励金融和社会资本按市场化原则对国家公园建设管理项目提供融资支持。利用多双边开发机构资金，支持国家公园体系、生物多样性保护和可持续发展生态系统相关领域建设。

在我国国家公园发展初期即体制试点时期，本级政府财政拨款和上级政府专项资金是主要的资金来源。在中期发展阶段，国家公园为拓展市场引入了特许经营机制，门票收入也是一项重要资金来源。同时，中国绿化基金会、全球环境基金等社会组织对国家公园保护事业的支持力度逐步加大。例如，2020 年 10 个试点国家公园累计获得捐赠超过 2 亿元。[1]

目前，我国国家公园除财政拨款外的其他资金来源主要包括门票和特许经营收入、其他经济开发收入、捐赠收入等。但相关数据表明，门票和特许经营收入、其他经济开发收入、捐赠收入占比过低，国家公园建设、运营和维护资金过度依赖财政的特征明显。

以三江源国家公园为例，从资金投入数额看，无论是省级财政还是中央财政均逐年增加，且增长率在两位数以上。2016 年至 2019 年，青海省级财政分别向三江源国家公园投入 19 624 万元、51 207 万元、103 895 万元、122 649万元；除 2016 年试点启动时中央财政未安排转移支付外，中央财政各年份的投入额分别为 64 535 万元、72 947 万元、95 034 万元。从资金来源结

---

〔1〕 臧振华等："中国首批国家公园体制试点的经验与成效、问题与建议"，载《生态学报》2020 年第 24 期。

构看，门票和特许经营收入、其他经济开发收入、捐赠收入的平均占比分别为1.03%、2.46%、1.13%。可见，我国国家公园建设在财政方面正逐步实施多元化资金筹措机制，以刺激社会参与，然而，当前特许经营和社会资本的贡献相对有限，应进一步完善激励机制，促进国家公园建设经济可行性和长期可持续性。

（二）资金管理与分配机制

中国国家公园实行的是差异化资金管理模式，主要由三个管理部门分管不同资金分配，即国家公园管理局、地方政府和中央政府。首批国家公园的机构设置和管理模式如表6-5所示。

表6-5　首批国家公园的机构设置和管理模式

| 名称 | 管理机构成立时间 | 机构设置情况 | 管理模式 |
|---|---|---|---|
| 三江源国家公园 | 2016年6月 | 组建三江源国家公园管理局（正厅级省政府派出机构） | 青海省政府垂直管理 |
| 武夷山国家公园 | 2017年3月 | 组建武夷山国家公园管理局（正处级行政机构） | 福建省政府垂直管理 |
| 东北虎豹国家公园 | 2017年8月 | 依托国家林业和草原局长春专员办组建东北虎豹国家公园管理局 | 国家林业和草原局代表中央垂直管理 |
| 大熊猫国家公园 | 2018年10月 | 依托国家林业和草原局成都专员办组建大熊猫国家公园管理局，在四川、陕西、甘肃三省林业和草原局加挂省级管理局牌子 | 国家林业和草原局与省政府双重领导，以省政府为主 |
| 海南热带雨林国家公园 | 2019年4月 | 在海南省林业局加挂海南热带雨林国家公园管理局牌子 | 海南省政府垂直管理 |

资金管理机构负责国家公园项目的资金筹措和拨付工作，同时，还需要对国家公园项目的资金使用情况进行审核和监督，确保资金用于预定的用途。首批国家公园的管理模式有许多值得借鉴之处，如福建省财政厅按照财政体制与管理体制相匹配原则，将拟组建的武夷山国家公园管理局作为省本级一级预算单位管理，整合各类保护地的管理机构和人员，建立"管理局—基层

管理站"二级体系,[1]打造纵向到底的管理架构,解决试点区所存在的政出多门、职能交叉等"九龙治水"的问题。

在中国国家公园的建设过程中,资金分配是至关重要的一环。国家公园的主要运营支出包括以下三个方面:管理及工作人员工资、国家公园建设管理费和生态补偿费。其中,管理及工作人员工资占有较大比重,主要包括编制内和编制外人员的薪资、津贴以及社会福利。国家公园建设管理费主要包括保护国家公园自然和文化资源核心项目费用、日常管理和维护费用、基础设施建设费用和宣传推广费用,另外国家公园自然资源调查巡护、公园内访客容量监测以及环境修复和物种繁育都需要资金去进行维持及保障。基础设施建设是中国国家公园建设的重要组成部分。国家公园需要建设公路、步道、停车场、访客服务中心等基础设施,为访客提供便利的游览条件。在国家公园的资金分配中,基础设施建设是重点之一。最后一部分是生态补偿费,补偿的客体一般是由于丧失发展机会而有直接或间接损失的公园内或周边居民和耕地使用者。

中国国家公园的资金分配需要根据国家公园的实际情况和发展阶段进行合理分配,注重投入的效益和可持续发展,同时要注重公开透明,防止资金的滥用和浪费。只有通过合理的资金分配,才能够更好地推进中国国家公园的建设和管理,实现生态保护和可持续发展的目标。

从资金运用方向看,中央转移支付用于国家级项目的支出,包括林木种质资源保护、生态区建设与保护项目资金等;省级财政拨款用于人员工资、建设管理费(包括资源本底调查、生态监测、环境治理、巡护巡查、野生动植物野外调查、基础设施建设等)和补偿费。

根据财政部公布的文件,以自然保护区专项资金为例,自然保护区专项资金是指由中央财政安排的专项用于加强国家级自然保护区(包括特殊生态功能保护区)管理的工作经费。根据自然保护区各自的特点,自然保护区专项资金可用于以下方面的支出:(1)野外自然综合考察、保护区发展与建设规划编制费用;(2)与保护区的性质、规模及人员能力相适应的,必要的科研及观察监测仪器设备购置费用;(3)能够有效保护珍稀濒危物种、保持保

---

〔1〕 "福建持续加大以国家公园为主体的自然保护地投入",载财政部网,http://www.mof.gov.cn/zhengwuxinxi/xinwenlianbo/fujiancaizhengxinxilianbo/202103/t20210330_ 3678488.htm,最后访问时间:2023 年 6 月 28 日。

护区生物多样性的管护设施建设及科研试验费用；（4）自然生态保护宣传教育费用；（5）经财政部批准的其他支出。但自然保护区专项资金不得用于人员经费支出，日常办公设备购置费用支出及办公用房、职工生活用房等楼堂馆所建设费用支出。

省级财政拨款有明确的运用范围界限，具体的管理对象（人、事、物等），清晰的标准要求，国家公园管理局作为资金运用的实际管理者，属地管理要求明确；中央转移支付源于国务院所属自然资源部、生态环境部、国家林业和草原局、农业农村部和中国气象局等部委的专项资金，它们分别有不同的支出性质、用途、制度和申报规范、监管规定，必须严格遵守，不能随意变更，"条条管理"色彩浓厚。以三江源国家公园为例，自体制试点以来，三江源国家公园管理局整合各保护管理机构之后，就是在这样一种以属地管理和"条条管理"为特征的国家公园资金保障机制下筹资和用资的。

### 三、国家公园资金保障机制存在的主要问题

目前，我国国家公园的建设资金主要来自财政，其中包括本级政府经常性预算，以及中央财政的一般性和专项转移支付等；少部分资金来源于公园自主创收，如特许经营收入等服务性收费；此外，还有生态产品的价值化收益以及社会捐赠等。但是，国家公园的资金缺口仍然较大，主要是财政支出科目划分不合理、多元化资金保障机制缺失等困境所致。

#### （一）财政资金来源分散且透明度低，下拨渠道未理顺

根据对包括森林、草原、湿地、流域、矿产、海洋、自然保护区等领域的中央本级财政支出、一般性转移支付、中央对地方专项转移支付等资金来源梳理情况，可以看出：

目前，国家公园资金来源复杂，散列于"节能环保""农林水事务""国土资源气象等事务"等财政科目类别下，分布零散，财政支出科目之间可能存在大量的重叠，不利于资金监管，也不利于明晰资金的流向及金额数量。

根据可得资料和数据，这些资金共涉及污染防治（水体、排污费安排的支出）、自然生态保护（生态保护、农村环境保护、自然保护区、生物及物种资源保护、其他自然生态保护支出）、天然林保护（森林管护、社会保险补助、政策性社会性支出补助、职工分流安置、职工培训、天然林保护工程建

设、其他天然林保护支出)、农业(草原植被恢复费安排的支出、农业生产资料与技术补贴、农业资源保护与利用)、林业(森林培育、森林生态效益补偿、林业自然保护区、动植物保护、湿地保护、防沙治沙)、水利(水土保持、水资源管理与保护、水资源费安排的支出、砂石资源费支出)、国土资源事务(土地资源利用与保护、地质矿产资源利用与保护、矿产资源专项收入安排的支出)等类别13款50项。

以上所列仅是中央一级进行生态补偿所使用的主要支出科目,并不包括对地方情况的调查。因此,涉及国家公园的科目实际上可能不止以上所列的类别项目。如此多的支出项导致了监管的困难。

国家公园普遍面临管理分散、资金短缺等问题,难以形成有效的资金保障。部分国家公园的建设经费由原渠道投放,包括"天保"工程、森林草原防火、中小河流综合治理、地质灾害综合防控等多个部门管理的资金。部分国家公园尚未设立专用账户和财政科目,中央专项经费主要用于野外监测工程和配套基础设施建设,无法用作企业退出和生态移民的补偿经费。

此外,目前我国政府的政府支出决算表只公开到支出项一级,而在很多情况下,由于对财政支出科目划分的不合理导致支出项并不能反映到某一具体的项目上,如上文提到的农业、林业、水利支出款下。这就导致了我国财税政策的实际运行情况透明度较低,第三方难以参与监督,甚至政府部门相互之间也因缺乏有效信息而难以相互监督。

我国目前并未公开财政资金具体资助了哪些项目,因此,虽然几乎每一个资金管理文件都会规定"对于已安排中央财政其他专项补助资金的项目,专项资金不再安排",但在实践中如何明确哪些项目已经受到专项补助是个很大的问题。我国目前多数项目实行申报制度,而申报后具体哪些项目获得资金却缺乏公示,由于透明度的缺乏,部门之间对于项目审批情况信息交流不畅,也使得重复申请成为可能。中央预算内投资项目申报体系不成熟,地方政府财政能力有限,配套力度偏小,普遍在工矿企业退出、生态搬迁、集体土地流转等方面存在较大的资金缺口。

(二)资金使用考核机制不健全,缺乏有效的资金投入激励机制

中国国家公园资金保障机制建设尽管已取得了一些显著的进展,但不可否认的是,当前的监管机制仍然存在一些不完善之处,这些问题可能会影响

到国家公园的资金使用和管理效率，有必要建立更加有效的监督激励机制，以提高资金使用的绩效和透明度。

一方面，资金使用考核机制不健全。目前对于国家公园的考核主要集中在自然生态保护成效上，对于资金使用的考核相对薄弱。由于缺乏明确的考核指标和制度，一些地方可能过于重视表面上的自然保护数据，忽视了资金使用的效率和合理性，亟须建立完善的资金使用考核机制，将绩效和效率因素纳入考核体系，以促进资金的有效利用。

另一方面，缺乏有效的资金投入激励机制。在当前体制下，一些地方对于国家公园建设的重视程度不够，这可能影响到对于资金的投入。在没有足够激励的情况下，地方政府缺乏积极性，导致国家公园建设资金不足。如果上级政府按照一定量值对下级政府转移支付，必然导致下级政府之间互相竞争，以实现使本地区获得转移支付资金的最大化。如果上级政府仅以财政缺口作为划拨转移支付资金的依据，那么下级地方政府就可能不努力增加收入，甚至故意制造较大的财政缺口，以求获得更多的转移支付。[1]因此，有必要建立有效的激励监督机制，把地方政府的转移支付资金使用绩效作为确定转移支付量的一个重要依据。

建立有效的监督激励机制，有助于国家公园资金的合理、高效使用，从而更好地实现自然生态保护和可持续发展的目标，也有助于提高公众对于国家公园建设的参与感和责任感。

（三）多元化资金保障机制尚未形成，社会投入占比小

目前各国家公园主要还是依赖于中央、地方各级财政资金投入，地方政府和保护地管理机构在形势不明朗的情况下对引入企业资金参与建设存在顾虑，[2]企业由于缺乏相关的法律制度保障且盈利模式不清楚，暂时没有大资金介入，普遍存在社会资本投入不足、资金来源渠道窄等问题，长效的资金保障机制还未建立，未能起到对国家公园资金投入的补充和促进作用。

一方面，在特许经营的有效实施方面，目前面临着若干挑战和问题。首

---

〔1〕 薛黎明、王宁："地方政府争取中央财政转移支付的博弈分析"，载《财经科学》2002年第3期。

〔2〕 黄宝荣等："我国国家公园体制试点的进展、问题与对策建议"，载《中国科学院院刊》2018年第1期。

先，现行法律和政策框架下，经营范围和准入标准往往停留在原则性规定层面，缺乏针对性和操作性。其次，现有的运营监督和惩罚机制存在缺陷，导致权责不清，如东北虎豹国家公园案例中的特许经营项目与公园总体规划冲突，以及钱江源国家公园的经营制度不完善情况，均反映出在权责划分和监管效率方面的不足。[1] 此外，公众参与度低和信息公开不充分，进一步加剧了这些问题。因此，建议在特许经营的法律和政策框架中，明确经营范围和准入标准，强化运营监督和惩罚机制，并提高公众参与度和透明度。

另一方面，虽然民间资本和社会公益资金对参与国家公园经营显示出较强意愿，但受限于自然资源利用的法律保障和政策制度不完善，地方政府在探索社会投入机制时显得过于谨慎。为此，建议加强法律和政策支持，明确社会力量参与国家公园经营的方式和途径，以及相关的权责关系。同时，应着手构建公众资助平台，为财政投入提供有效补充，以充分发掘和激活社会资本的潜力。通过这些措施，可以为国家公园管理机构、地方政府、企业等各方提供更明确的指导和支持，形成对财政投入的有效补充。

(四) 转移支付制度定位不准确，园区关系不协调

转移支付属于政府间财政法律关系的组成部分，故而受到财政体制的影响与制约。在我国，财政分权主要由1994年分税制财政体制改革确立的中央与地方相对分权的分税制立法模式，核心是划分财政权，以实现各级政府财力与事权相匹配，同时建立转移支付法律制度，实现各级政府的事权与其支出责任相适应。[2] 目前，我国国家公园转移支付制度主要存在两方面的问题：

一方面，制度定位不是很清晰。重点生态功能区转移支付的政策初衷既含有"生态保护"的专项转移支付性质，又含有"民生改善"的一般性转移支付性质，意图提高保护区的民众生活质量和公共服务水平，解决生态保护与经济发展的矛盾。但从政策运行的情况来看，重点生态功能区转移支付的效能并没有得到发挥，相关部门只能用这种工具来弥补财政缺口，偏离了制度的功能定位，导致该政策资金在国家公园的用途单一，政策效果不明显。

---

〔1〕 张海霞，苏杨："特许经营：'最严格保护'下的科学发展方式"，载 https://m.gmw.cn/bai-jia/2021-08/07/35061109.html，最后访问时间：2023年7月23日。

〔2〕 刘剑文：《财税法专题研究》，北京大学出版社2007年，第95-103页。

以三江源国家公园为例，主管部门没有对生态保护支出与基本公共服务支出的比例进行约束，以至于出现了三个园区的转移支付资金在基本公共服务领域的使用量远远低于在生态保护领域的使用量的情况。

另一方面，国家公园园区社区关系协调性不强。国家公园所在地区经济发展水平普遍较低，原住居民具有强烈的致富意愿，地方政府也迫切需要得到帮助。但与此同时，当地经济发展对资源的依赖又十分强烈，加之居民生产生活与自然资源的联系非常密切，这就极大地增加了国家公园的管理难度。国家公园社区传统上以自然资源作为生产生活材料的主要来源和途径，转移支付制度定位不清晰导致生态保护和利用资源之间的失衡，一定程度上使国家公园社区的经济发展和生态保护被割裂。

### 四、国家公园资金保障机制的完善建议

由于没有现成的、适宜的做法可供借鉴，如何构建中国国家公园资金保障机制需要通过"自下而上"的方式进行深入探索。目前已正式确立的 5 个国家公园有责任率先探索统一资金保障机制，为其他国家公园试点区提供"素材"，积累可复制的经验做法，并为国家完善相关体制机制提供解决方案。

（一）明确中央与地方的责任边界，规范资金使用投向

国家公园财政事权就是一级政府应承担的、运用财政资金提供国家公园基本公共服务的任务和职责。合理划分中央与地方在国家公园管理上的财政事权和支出责任，是以国家公园为主体的自然保护地财政体制协调运转的基础。通俗地说，就是要明确国家公园投入哪些是中央承担的，哪些需要由地方承担，每一级政府各自要承担多少。[1]

要明确中央与地方的责任边界，立足国家公园的公益属性，合理划分中央与地方在国家公园管理上的财政事权和支出责任，正确处理各级政府间的权、责、利关系，做到既能维护中央在自然保护地管理上的统一领导，又能激发地方参与自然保护地建设和管理的积极性。

财政部、国家林业和草原局（国家公园管理局）发布的《关于推进国家

---

〔1〕　迟诚："建立统一规范高效的国家公园资金保障机制——专访湖北经济学院教授邓毅"，载国家林业和草原局网，http://www.forestry.gov.cn/search/107949，最后访问时间：2023 年 7 月 10 日。

公园建设若干财政政策意见的通知》将国家公园建设与管理的具体事务，细分确定为中央与地方财政事权，中央与地方分别承担相应的支出责任。具体而言：第一，将中央政府直接行使全民所有自然资源资产所有权的国家公园管理机构运行和基本建设，确认为中央财政事权，由中央承担支出责任。第二，将国家公园生态保护修复和中央政府委托省级政府代理行使全民所有自然资源资产所有权的国家公园基本建设，确认为中央与地方共同财政事权，由中央与地方共同承担支出责任。第三，将国家公园内的经济发展、社会管理、公共服务等事项，中央政府委托省级政府代理行使全民所有自然资源资产所有权的国家公园管理机构运行，确认为地方财政事权，由地方承担支出责任。第四，其他事项按照自然资源等领域中央与地方财政事权和支出责任划分改革方案相关规定执行。对中央政府直接行使全民所有自然资源资产所有权国家公园共同财政事权事项，由中央财政承担主要支出责任。对地方财政事权中与国家公园核心价值密切相关的事项，中央财政通过转移支付予以适当补助。

当前，国家公园管理机构在代理行使所有者职责时，缺乏上位法和全国人大的授权，难以履行现行法律法规已经规定由地方部门行权的职责。实际上七大类自然资源[1]都有单行法，单行法规定行权是由省、市县的自然资源主管部门，而不是国家公园管理机构，这是国家公园行权最难的问题之一，缺乏法律依据。

对此，国家公园立法有必要明确国家公园内全民所有自然资源资产所有权由中央政府直接行使或委托省级政府行使，并应尽快完善国家公园内设部门和分级管理机构建设。建议中央和省级政府加快对各管理机构的法律授权，为国家公园资金管理机制提供支撑。

一是遵循外部性范围原则、信息对称原则、激励相容性原则，明确中央与地方的事权划分，中央和省级政府按照事权划分出资保障国家公园的建设与运行。[2]发挥集中力量办大事的体制优势，整合多渠道资金统筹使用，完善项目申报系统。开展生态系统评价，建立保护成效与资金投入挂钩的机制，

---

[1] 土地、矿产、海洋、森林、草原、湿地、水。
[2] 苏利阳等："分级行使全民所有自然资源资产所有权的改革方案研究"，载《环境保护》2017年第17期。

把有限的资金优先安排到真正的短板和亟须解决的问题上。

二是参照中央与地方的事权划分，进一步确定与之相适应的支出责任比例。在国家公园公益属性保持不变的基础上，在持续加大生态保护力度的前提下，为国家公园创建具有较高附加值的品牌建设体系。按照"管经分离"的原则，公园管理机构可将相应资源资产的经营权、使用权赋予符合国家公园建设理念的社会企业，由其负责开展园区内的经营活动，管理机构按照其经营收入的一定比例收取费用并进行指导和监管。同时，加强与国内外 NGO、政府机构的交流合作，并在资金使用上接受社会监督。

三是加大财政信息公开力度，公开各部门审批项目的情况，并公开更为详细的政府财政支出决算表。将国家公园财政事权细分为生态保护和修复、科学研究和自然教育等一级财政事权以及若干项二级财政事权，[1]在考虑外部性、信息复杂性、激励相容等事权划分原则的基础上，以大量的事权划分实践为依据，对每项财政事权进行科学的划分。

（二）形成有效的监督激励机制

立法完善监督激励机制，将更加有效地促进公共资源的合理配置和高效利用。这不仅有助于国家公园资金保障机制的健康发展，也有助于增强公众对国家公园建设的参与度和认可度。

首先，亟须建立完善的资金使用考核机制，将绩效和效率因素纳入考核体系，以促进资金的有效利用。对国家公园的管理机构、地方政府以及相关责任部门进行定期绩效评估，对绩效突出者给予适当奖励和荣誉，对表现不佳者采取相应的问责措施。通过建立激励机制，提升各方对于资金使用绩效的重视，提高公共资源的利用效率。

其次，探索制定一系列激励措施，鼓励地方政府和管理机构积极参与国家公园建设。例如，对国家公园建设有突出贡献的地方给予财政支持奖励，设立专项经费用于奖励优秀公园管理者和保护人员，推动国家公园的可持续经营和发展。

最后，强化社会监督和参与，应明确鼓励公众、社会组织和相关专家参与

---

〔1〕　迟诚："建立统一规范高效的国家公园资金保障机制——专访湖北经济学院教授邓毅"，载国家林业和草原局网，http://www.forestry.gov.cn/search/107949，最后访问时间：2023 年 7 月 10 日。

国家公园资金的监督。可以设立独立的第三方监督机构，接受公众举报和监督，对举报问题进行调查核实。规定国家公园资金使用的透明度标准，要求各级管理机构在条件允许的情况下，在每个财政年度结束后公开完整的资金使用情况。

（三）探索多元化的投融资模式，保障社会投资者收益

目前，我国国家公园社会资本进入的主要方式是特许经营，以及通过招投标承接部分监测和保护修复工程项目。其中，特许经营还处于一个起步阶段，其管理还相对比较粗放，需要进一步改进。鼓励金融资本、社会资本对国家公园的生态保护、基础设施建设等项目提供融资支持。制定相关制度办法，统一接受社会捐赠，激发社会积极性，扩大资金来源渠道。

在引入社会资本的过程中，一个非常重要的问题是坚持生态保护第一的原则，不能为了追求经济利益而踩"红线"，否则不管是对特许经营商还是国家公园管理方都意味着很高的政策风险。国家公园在引入社会资本参与特许经营的过程中，需要特别关注公众利益和社区利益，使公众和社区居民在特许经营过程中同步受益，尤其不能出现社会资本赚钱、社区居民受损的情况。

一方面，要吸引社会资本投入，必须保证社会资本的合理收益。首先，需要国家公园管理机构设计好特许经营项目，对园区的项目进行科学的整合，确保项目能够有足够的盈利能力。推广特许经营模式，适度开发特色入口社区，将优质的生态环境和自然资源转化为市场竞争力，逐步增强"造血"能力。[1] 例如，武夷山国家公园探索生态产品价值实现路径。借鉴商业银行模式，支持搭建市场化运作的资源开发运营平台，将分散零碎的生态资源资产权益集中连片打包，对接绿色产业项目开发运营，初步探索出"建盏生态银行""水生态银行"等资源资产实现模式。[2]

另一方面，为了确保公平性和有效协调，建立一个平等的协调机制至关重要。国家公园的管理者需与特许经营商建立一个平等的对话和协商框架，避免利用管理层的优势地位来损害特许经营商的权益。在遵守国家公园保护

---

〔1〕 苏杨、魏钰："'两山论'的实践关键是生态产品的价值实现——浙江开化的率先探索历程"，载《中国发展观察》2018年第21期。

〔2〕 "福建持续加大以国家公园为主体的自然保护地投入"，载财政部网，http://www.mof.gov.cn/zhengwuxinxi/xinwenlianbo/fujiancaizhengxinxilianbo/202103/t20210330_3678488.htm，最后访问时间：2023年7月3日。

政策的基础上，应探讨建立一种风险分担机制，其中社会资本承担项目运营的风险，而国家公园则负责应对管理层变动等因素带来的项目风险。这种机制旨在平衡各方的利益和责任，从而促进国家公园的可持续发展。

（四）优化财政转移支付制度体系

优化国家公园转移支付制度，在科学划分国家公园财政事权和支出责任的基础上，清理整合与财政事权划分不相匹配的中央对地方的专项转移支付，厘清专项转移支付和一般性转移支付之间的边界。同时，各部门涉及国家公园的项目，如果目标接近、投入方向类同、资金管理方式相近，也应整合由国家公园管理机构统筹安排使用。

首先，厘清专项转移支付和一般性转移支付之间的边界。国家公园专项转移支付是由委托代理关系产生的与上级政府应承担的国家公园管护成本直接相关的经费，而国家公园一般性转移支付是对地方政府履行国家公园地方财政事权、落实支出责任存在的收支缺口，由上级政府给予的资金弥补。按这个原则区分，原由专项转移支付安排的用于弥补落实地方财政事权和支出责任的收支缺口的资金，应划归一般性转移支付。[1]

其次，完善一般性转移支付制度体系。第一，提升对园区所在县级政府基本公共服务能力的转移支付补偿，按标准财政收支缺口并考虑补助系数进行测算，主要解决因国家公园更加严格的生态保护管理措施对地方政府基本功能服务能力产生的影响。第二，改善与居民生产生活等有关的转移支付，主要是为了解决因国家公园更加严格的生态保护管理措施，对当地原住居民基本生产生活带来的影响，包括调整完善居民最低生活保障、生态移民基本生活保障等。第三，实施绩效奖励。要根据各地方生态补偿政策的执行情况，也要重点考虑生态环境考核情况，凡是此项政策得以落地，且生态环境质量得到明显改善，生态环境质量监测与评估工作成效突出的，要适当增加转移支付补助。

再次，整合部门间涉及国家公园专项转移支付项目。由各部门安排的涉及在国家公园国土空间上实施的转移支付项目，如果与国家公园主管部门设置的项目目标接近、资金投入方向类同、资金管理方式相近，原则上应整合

---

〔1〕 邓毅、盛春玲："国家公园资金保障机制研究"，载《中国财政》2021 年第 10 期。

由国家公园统筹使用。[1]

最后，优化财政转移支付结构。以三江源国家公园为例，由于三江源保护区受中央政府委托承担了大量的国家公园保护支出成本，中央对三江源保护区的转移支付中相当大的比重将会用于弥补这部分成本支出，转移支付将呈现以专项转移支付为主的结构。但是这种以专项转移支付为主的结构无法促进转移支付结构的优化，与当前我国所倡导的财政事权改革方向不相匹配，会出现权责划分不合理、不协调现象。要对当前的转移支付结构进行调整，在创建转移支付体系时，仍要突出一般性转移支付的主体地位，增强地方政府的统筹指导能力，降低专项转移支付的使用率，解决涉及部门多、分配使用不够科学的问题。

## 第二节　国家公园生态保护补偿制度

### 一、生态保护补偿制度的建立及其法律依据

生态保护补偿是中国政府独创的一类推进生态文明建设的制度手段，是明确界定生态保护者与受益者权利义务、使生态保护经济外部性内部化的公共制度安排。[2]总体而言，生态保护补偿是指"在综合考虑生态保护成本、发展机会成本和生态服务价值的基础上，采用行政、市场等方式，由生态保护受益者通过向生态保护者以支付金钱、物质或提供其他非物质利益等方式，弥补其成本支出以及其他相关损失的行为"。[3]

（一）生态保护补偿制度在现行法律法规和规范性文件中的规定

2005年，党的十六届五中全会《关于制定国民经济和社会发展第十一个五年规划的建议》首次提出，按照谁开发谁保护、谁受益谁补偿的原则，加快建立生态补偿机制。2012年，《中国共产党第十八次全国代表大会报告》

---

〔1〕邓毅、盛春玲："国家公园资金保障机制研究"，载《中国财政》2021年第10期。

〔2〕参见徐绍史："国务院关于生态补偿机制建设工作情况的报告——2013年4月23日在第十二届全国人民代表大会常务委员会第二次会议上"，载中国人大网，http://www.npc.gov.cn/zgrdw/npc/xinwen/2013-04/26/content_ 1793568. htm，最后访问时间：2021年6月25日。

〔3〕汪劲："论生态补偿的概念——以《生态补偿条例》草案的立法解释为背景"，载《中国地质大学学报（社会科学版）》2014年第1期。

提出"深化资源性产品价格和税费改革，建立反映市场供求和资源稀缺程度、体现生态价值和代际补偿的资源有偿使用制度和生态补偿制度"。2015 年中共中央、国务院印发《生态文明体制改革总体方案》，将资源有偿使用和生态补偿制度作为生态文明八项制度之一，要求"构建反映市场供求和资源稀缺程度、体现自然价值和代际补偿的资源有偿使用和生态补偿制度，着力解决自然资源及其产品价格偏低、生产开发成本低于社会成本、保护生态得不到合理回报等问题"。

2014 年修订的《环境保护法》第 31 条将生态保护补偿制度以法律的形式进行规范，并正式确认"生态保护补偿"作为一个法律术语，修正了原各类规范性政策文件中"生态补偿"的提法。此后修订和修正的有关环境保护和自然资源领域的法律法规中，陆续纳入了生态保护补偿制度。例如，《水污染防治法》第 8 条，《森林法》第 7 条、第 29 条，以及《草原法》第 35 条、第 48 条的规定等。此外，即使是在 2014 年《环境保护法》修订以前，也已经有相关领域的法律对生态保护补偿制度作出了相应规定（虽然这些法律在制定和修改时，生态保护补偿还没有作为一项综合性的国家政策和法律制度被提出来），例如 2010 年修订的《水土保持法》第 31 条的规定等。

迄今，我国已经在森林、草原、流域、海洋、矿山、水土保持、重点生态功能区等领域建立了生态保护补偿制度。自 2001 年以来，中央财政安排的生态保护补偿资金总额累计投入超过数万亿元人民币。在林业草原领域，已经实施的规模化生态保护补偿的具体制度和措施主要包括森林生态效益补偿、天然林保护工程、退耕还林还草工程、风沙源治理和石漠化治理工程，等等。

（二）生态保护补偿的范围

近年来，学界对于生态保护补偿的补偿范围和标准方面进行了比较深入的讨论。有观点认为应当在生态保护成本、发展机会成本或者生态服务价值三者之间据实选择其一进行补偿。有学者建议生态保护补偿至少应等于生态保护成本或者/和发展机会成本。还有学者建议生态保护补偿基于因保护而增加的生态系统服务价值来补偿实施生态保护补偿制度的主要目的，是协调地区之间由于资源环境开发利用程度和效率差异所造成的发展不均衡，促进经济欠发达但自然生态和环境质量较好的地区和贫困人口共享改革发展成果，因此生态保护补偿应当主要通过生态系统服务的公平价值实现机制来完成。

生态保护补偿由政府主导型补偿机制和以市场为基础的补偿机制两种大的类型构成。在政府主导型补偿机制中，又包括中央对地方、省级人民政府对下级人民政府的纵向转移支付补偿，以及同级地方政府之间的横向转移支付补偿。以市场为基础的补偿机制则类似于国际社会中基于私人之间自愿交易[1]的生态系统服务付费（Payments for Ecosystem Services, PES）制度。

(三) 生态保护补偿的对象

生态保护补偿不是专用于某一行业或者某一部门的单一制度，而是由政府主导，或者通过政策的制定和实施引导建立市场规则的，具有均衡地区发展差异、通过补助生态保护者或者向生态保护者付费的方式，来内化环境成本的一系列制度体系的总称。总的来说，生态保护补偿的补偿对象，是在生态保护事业中支出了保护成本，或者牺牲了发展机会的生态保护者和生态保护事业建设者。生态保护补偿的内容，由生态保护成本、发展机会成本和通过保护而增加的生态系统服务价值三个部分构成。

因此，从补偿对象（接受补偿的人）的角度来说，主要包括两大类：第一类是为了维护国有自然资源资产、增加生态系统服务价值，而牺牲了发展机会成本的生态事业建设者；第二类是为了保护自然生态系统而支出了生态保护成本并丧失了发展机会的生态保护者，具体而言，就是因为保护生态而被剥夺了开发利用权的各类非国有自然资源的所有权人和用益物权人，包括集体、个人和其他生产经营者。

## 二、公益林的森林生态效益补偿制度

保护公益林在我国已有数十年历史。早在 20 世纪 70 年代，法律上就已经有了公益林（或者称为生态公益林）概念的雏形。1979 年《森林法（试

---

〔1〕 也有学者认为生态系统服务付费（PES）不仅是指私人之间的直接支付手段，也包括政府机关通过向生态系统服务受益人收取额外费用以补偿生态系统服务提供人的公共支付体系，还包括通过配额、许可证制度和法律授权等方式创建的生态系统服务交易平台/市场。其中前两种称为直接支付机制，而后一种称为贸易机制。参见 T. Stanton et al. 2010. *State of watershed payments：An emerging marketplace*, available online：https://www.forest-trends.org/wp-content/uploads/imported/state_ of_ water_ 2010_ exec. pdf, last viewed on 2021-6-25. 另参见 T. Greiber. ed. 2009. *Payments for ecosystem services：Legal and institutional frameworks*. IUCN, Gland, Switzerland, available online：https://portals. iucn. org/library/sites/library/files/documents/EPLP-078. pdf.

行）》第 2 条第 2 款将森林按照其效益划分为防护林、用材林、经济林、薪炭林和特种用途林五类。其中，防护林是指以防护为主要目的的森林，包括水土保持林、水源涵养林、防风固沙林、农田牧场防护林、护岸林、护路林、国防林。特种用途林是指以保护环境、科学实验等特殊用途为主要目的的森林和林木，包括实验林、母树林、环境保护林、风景林，名胜古迹和革命圣地的林木，自然保护区的森林。同时，根据该法第 30 条规定，防护林和环境保护林、风景林、母树林，只准进行抚育和更新性质的采伐。自然保护区的森林，严禁任何性质的采伐。在此，防护林和特种用途林就是后来公益林的主要类型，而按照用途对森林分类的做法一直延续到现行《森林法》中。

## （一）公益林概念的正式确立

2019 年修订的《森林法》正式纳入了公益林概念，对森林按照公益林和商品林实行分类经营管理。这是本次修法的重大制度创新和改革，也是对我国数十年来森林保护、管理和经营实践经验的重要确认。该法第 47 条规定："国家根据生态保护的需要，将森林生态区位重要或者生态状况脆弱，以发挥生态效益为主要目的的林地和林地上的森林划定为公益林。未划定为公益林的林地和林地上的森林属于商品林。"根据该条规定，公益林的划定标准主要是森林的生态区位和生态效益状况。同时，《森林法》规定公益林只能进行抚育、更新和低质低效林改造性质的采伐。（但是，因科研或者实验、防治林业有害生物、建设护林防火设施、营造生物防火隔离带、遭受自然灾害等需要采伐的除外。）

在 2019 年修订的《森林法》正式纳入公益林概念以前，2000 年国务院发布的《森林法实施条例》（已被修改）第 8 条规定，国家重点防护林和特种用途林，由国务院林业主管部门提出意见，报国务院批准公布；地方重点防护林和特种用途林，由省、自治区、直辖市人民政府林业主管部门提出意见，报本级人民政府批准公布。省、自治区、直辖市行政区域内的重点防护林和特种用途林的面积，不得少于本行政区域森林总面积的百分之三十。

据此，2001 年国家林业局发布的《国家公益林认定办法（暂行）》规定，"公益林是指以发挥生态效益为主的防护林、特种用途林。国家公益林是指依照《森林法实施条例》第 8 条的规定，由国务院林业主管部门提出意见，报国务院批准公布的公益林"。从而，在国家林草主管部门发布的正式文件中，规定了公益林及其概念。

此后，我国公益林相关制度经过不断发展，到 2017 年国家林业局、财政部印发《国家级公益林区划界定办法》和《国家级公益林管理办法》中进一步明确。《国家级公益林区划界定办法》第 2 条规定："国家级公益林是指生态区位极为重要或生态状况极为脆弱，对国土生态安全、生物多样性保护和经济社会可持续发展具有重要作用，以发挥森林生态和社会服务功能为主要经营目的的防护林和特种用途林。"《国家级公益林管理办法》第 2 条规定："本办法所称国家级公益林是指依据《国家级公益林区划界定办法》划定的防护林和特种用途林。"由此，进一步明确了公益林主要是指防护林和特种用途林，公益林的划定主要取决于生态区位、生态脆弱性和重要性，公益林的主要经营目的是发挥森林生态和社会服务功能。

《森林法》中除重申和强调公益林的概念、划定方法等以外，还在法律中明确了应当划定为公益林的八种情形：一是重要江河源头汇水区域；二是重要江河干流及支流两岸、饮用水水源地保护区；三是重要湿地和重要水库周围；四是森林和陆生野生动物类型的自然保护区；五是荒漠化和水土流失严重地区的防风固沙林基干林带；六是沿海防护林基干林带；七是未开发利用的原始林地区；八是需要划定的其他区域的林地和林地上的森林。

（二）森林生态效益补偿制度

关于森林生态效益补偿的早期立法表述，可见于 1998 年修正的《森林法》（已被修改，以下简称 1998 年《森林法》）。根据该法第 8 条第 2 款规定："国家设立森林生态效益补偿基金，用于提供生态效益的防护林和特种用途林的森林资源、林木的营造、抚育、保护和管理。森林生态效益补偿基金必须专款专用，不得挪作他用。具体办法由国务院规定。"1998 年《森林法》被修正后，财政部于 2001 年发布了《森林生态效益补助资金管理办法（暂行）》（已失效），明确由中央财政设立森林生态效益补助资金，用于重点防护林和特种用途林的保护和管理。森林生态效益补助资金属于财政专项资金，按照中央财政补助地方专款有关规定进行管理。

2003 年，中共中央、国务院发布《关于加快林业发展的决定》，提出实行林业分类经营管理体制。在充分发挥森林多方面功能的前提下，按照主要用途的不同，将全国林业区分为公益林业和商品林业两大类。公益林业要按照公益事业进行管理，以政府投资为主，吸引社会力量共同建设；商品林业要按照基础产业进行管理，主要由市场配置资源，政府给予必要扶持。该决定同时要求逐步改变造林投入和管理方式，在进一步完善招投标制、报账制的同时，安排部分造林投资，探索直接收购各种社会主体营造的非国有公益林。凡纳入公益林管理的森林资源，政府将以多种方式对投资者给予合理补偿。公益林建设投资和森林生态效益补偿基金，按照事权划分，分别由中央政府和各级地方政府承担。加快建立公益林业认证体系。

从公开可查阅到的资料来看，2004 年财政部、国家林业局印发了《中央森林生态效益补偿基金管理办法》，由财政部建立了中央森林生态效益补偿基金。该办法后来又于 2007 年和 2009 年进行了修订（均已失效）。中央森林生态效益补偿基金是对重点公益林管护者发生的营造、抚育、保护和管理支出给予一定补助的专项资金，由中央财政预算安排。补偿范围为国家林业局公布的重点公益林林地中的有林地，以及荒漠化和水土流失严重地区的流林地、灌木林地、灌丛地。

2004 年《中央森林生态效益补偿基金管理办法》发布当年，平均补偿标准为每年每亩 5 元，其中 4.5 元用于补偿性支出，0.5 元用于森林防火等公共管护支出。补偿性支出用于重点公益林专职管护人员的劳务费或林农的补偿费，以及管护区内的补植苗木费、整地费和林木抚育费。公共管护支出用于按江河源头、自然保护区、湿地、水库等区域区划的重点公益林的森林火灾预防与扑救、林业病虫害预防与救治、森林资源的定期定点监测支出。

到 2009 年，[1] 国家明确针对非国有公益林开展专门的生态保护补偿。中央森林生态效益补偿标准相应细化修改为国有的国家级公益林平均补助标准为每年每亩 5 元，其中管护补助支出 4.75 元，公共管护支出 0.25 元；集体和个人所有的国家级公益林补偿标准为每年每亩 10 元，其中管护补助支出 9.75 元，公共管护支出 0.25 元。[2] 其中，国有的国家级公益林管护补助支出，用于国有林场、苗圃、自然保护区、森工企业等国有单位管护国家级公益林的

---

〔1〕　2009 年《森林法》沿用了 1998 年《森林法》的规定。该法第 8 条第 2 款规定："国家设立森林生态效益补偿基金，用于提供生态效益的防护林和特种用途林的森林资源、林木的营造、抚育、保护和管理。森林生态效益补偿基金必须专款专用，不得挪作他用。具体办法由国务院规定。"

〔2〕　《财政部、国家林业局关于印发〈中央财政森林生态效益补偿基金管理办法〉的通知》（财农〔2009〕381 号），2009 年 11 月 23 日。

劳务补助等支出。集体和个人所有的国家级公益林管护补助支出，用于集体和个人管护国家级公益林的经济补偿。

2014 年，财政部、国家林业局印发《中央财政林业补助资金管理办法》，扩大了中央财政补贴林业发展的范围。该办法第 2 条规定："中央财政林业补助资金是指中央财政预算安排的用于森林生态效益补偿、林业补贴、森林公安、国有林场改革等方面的补助资金。"其中，森林生态效益补偿用于国家级公益林的保护和管理。补偿标准为国有的国家级公益林平均补偿标准为每年每亩 5 元，其中管护补助支出 4.75 元，公共管护支出 0.25 元，维持原标准不变。集体和个人所有的国家级公益林补偿标准增加为每年每亩 15 元，其中管护补助支出 14.75 元，公共管护支出 0.25 元。

2016 年，财政部、国家林业局印发《林业改革发展资金管理办法》，将由中央财政预算安排的用于森林资源管护、森林资源培育、生态保护体系建设、国有林场改革、林业产业发展等支出方向的专项资金统筹为林业改革发展资金。[1] 在该办法中，将森林生态效益补偿基金改称为森林生态效益补偿补助，用于国家林业局会同财政部界定的国家级公益林保护和管理的支出。补助支出范围和主要内容不变，按照国有的国家级公益林管护补助与集体和个人所有的国家级公益林管护补助分别确定标准支出。

到 2019 年修订的《森林法》中，森林生态效益补偿金的有关规定修订为："国家建立森林生态效益补偿制度，加大公益林保护支持力度，完善重点生态功能区转移支付政策，指导受益地区和森林生态保护地区人民政府通过协商等方式进行生态效益补偿。"（第 7 条）"中央和地方财政分别安排资金，用于公益林的营造、抚育、保护、管理和非国有公益林权利人的经济补偿等，实行专款专用。具体办法由国务院财政部门会同林业主管部门制定。"（第 29 条）

2020 年，财政部、国家林业和草原局印发《林业改革发展资金管理办法》规定，林业改革发展资金是指中央预算安排的用于林业改革发展方面的

---

〔1〕《财政部、国家林业局关于印发〈林业改革发展资金管理办法〉的通知》（财农〔2016〕196 号），2016 年 12 月 6 日。另根据 2019 年 5 月 22 日《财政部、国家林业和草原局关于〈林业生态保护恢复资金管理办法〉〈林业改革发展资金管理办法〉的补充通知》（财农〔2019〕39 号），将林业改革发展资金的概念修改为"中央财政预算安排的用于森林资源管护、森林资源培育、生态保护体系建设、林业产业发展等支出方向的资金"。

共同财政事权转移支付资金，主要用于森林资源管护、国土绿化、国家级自然保护区、湿地等生态保护方面。该办法第 7 条规定："森林资源管护支出用于天然林保护管理和森林生态效益补偿，主要是对国务院批准的《长江上游、黄河上中游地区天然林资源保护工程二期实施方案》和《东北、内蒙古等重点国有林区天然林资源保护工程二期实施方案》（林规发〔2011〕21 号）确定的国有林、非国有的地方公益林，停伐后的天然商品林，国家级公益林和符合国家级公益林区划界定条件、政策到期的上一轮退耕还生态林等森林资源的保护、管理以及非国有的国家级公益林权利人的经济补偿等。"

该办法第 41 条规定："各地应当安排资金，用于公益林的营造、抚育、保护、管理和非国有公益林权利人的经济补偿等，并参照本办法制定本地区的具体管理办法。地方使用各级财政安排的用于上述方面的资金，实行专款专用。"

同年，财政部、国家林业和草原局还共同印发了《林业草原生态保护恢复资金管理办法》，规定中央预算安排的共同财政事权转移支付的林业草原生态保护恢复资金，主要用于天然林资源保护工程（以下简称天保工程）社会保险、天保工程政策性社会性支出、全面停止天然林商业性采伐、完善退耕还林政策、新一轮退耕还林还草、草原生态修复治理、生态护林员、国家公园等方面。实施期限至 2022 年。到期前由财政部会同国家林业和草原局评估确定是否继续实施和延续期限。

2021 年，财政部、国家林业和草原局发布了最新修订的《林业改革发展资金管理办法》。修订后的《林业改革发展资金管理办法》与 2020 年发布的《林业改革发展资金管理办法》在涉及公益林和森林生态效益补偿方面的规定没有变化。

随着中央文件的下达，自 2002 年以来，各省份陆续发布了有关地方（省级）森林生态效益补助（补偿）资金的工作方案。

由此可见，森林生态效益补偿制度自 1998 年以来，虽然在资金名称表述方面发生了一系列变化，但是资金用途始终主要是公益林的生态保护补偿。现行《森林法》第 7 条进一步将这一制度规定为，"国家建立森林生态效益补偿制度，加大公益林保护支持力度，完善重点生态功能区转移支付政策，指导受益地区和森林生态保护地区人民政府通过协商等方式进行生态效益补偿"。

### (三) 森林生态效益补偿属于实施生态保护补偿的一种具体方式

森林生态效益补偿制度，是我国生态保护补偿制度的重要内容之一。学术界也将其称为森林生态 (保护) 补偿。[1]根据《国务院办公厅关于健全生态保护补偿机制的意见》 (2016 年)，在森林生态保护补偿领域，要健全国家和地方公益林补偿标准动态调整机制。完善以政府购买服务为主的公益林管护机制。合理安排停止天然林商业性采伐补助奖励资金。(国家林业局、财政部、国家发展和改革委员会负责)[2]

早在 2000 年《森林法实施条例》第 15 条第 3 款就规定："防护林和特种用途林的经营者，有获得森林生态效益补偿的权利。"《中央森林生态效益补偿基金管理办法》 (2004 年) 的发布标志着我国对公益林的森林生态效益补偿制度进入正式实施阶段。按照"谁保护、谁受益"的原则，森林生态效益补偿制度和相关政策是由政府主导的，以中央财政拨款为主，地方财政按照事权分配安排资金，对于公益林的营造者、保护者 (林农) 进行经济补偿的一种森林保护措施，是以公共财政作为支付手段对森林生态效益的外部性进行的补偿。

通过梳理近年来有关森林生态效益补偿的规范性文件，可以发现，针对非国家所有森林被划分公益林的，其中属于集体和个人所有的国家级公益林一直享受生态保护补偿，即森林生态效益补偿。此外，从各地的森林生态效益补偿金的财政安排来看，各省级人民政府大多也制定省级森林生态效益补偿资金管理办法，由各地方人民政府针对包括集体和个人所有的公益林在内的国家级和地方级公益林开展森林生态效益补偿。

例如，浙江省规定，对因认定为公益林，禁止商业性采伐而造成公益林所有权人或者使用权人收益损失的，采用森林生态效益补偿资金实施经济补偿。对公益林林木所有权和林地使用权归个人的承包山、自留山，补偿对象为农户。公益林林木所有权和林地使用权归村级集体经济组织的集体统管山，补偿对象为相应的村级集体经济组织。依法签订了承包、租赁等流转合同

---

[1] 参见秦玉才、汪劲主编：《中国生态补偿立法：路在前方》，北京大学出版社 2013 年版，第 32 页。

[2] 《国务院办公厅关于健全生态保护补偿机制的意见》 (国办发〔2016〕31 号)，2016 年 4 月 28 日。

（或协议）的公益林，在合同（或协议）有效期内，合同（或协议）中已明确约定补偿受益人的，补偿对象为合同（或协议）约定的受益人；合同（或协议）中没有明确约定补偿受益人的，合同双方应协商确定补偿对象及相应份额，并签订补充合同（或协议）。同时确保公益林建设面积与资金补偿面积保持一致。[1]全国其他省份在不同程度上也制定了与浙江省相类似的省级森林生态效益补偿制度。

### 三、现行林业草原类其他生态保护补偿措施

与森林生态效益补偿制度相似，在我国还有大量由中央和地方各级财政，尤其是中央财政安排和承担的，具有向为了保护生态而支出了管护成本，或者牺牲了发展利益的集体或者个人实施生态保护补偿的制度和资金类型。

#### （一）退耕还林还草补助

退耕还林还草补助专用于对退耕还林还草农户发放现金补助。根据2020年发布的最新标准，[2]对于1999年至2006年退耕还林任务中，粮食和生活费补助期满后的退耕农户的生活困难现金补助标准为：长江流域及南方地区每亩退耕地每年补助125元，黄河流域及北方地区每亩退耕地每年补助90元。其中，还生态林补助期限为8年，还经济林补助期限为5年。对于实施新一轮退耕还林还草农户发放现金补助标准为：退耕还林每亩退耕地补助1200元，5年内分三次下达，第一年500元，第三年300元，第五年400元；退耕还草每亩退耕地补助850元，3年内分两次下达，第一年450元，第三年400元。

#### （二）退牧还草工程

除退耕还林还草以外，2003年，国家在内蒙古、新疆、青海、甘肃、四川、宁夏、云南等7个省级行政区和新疆生产建设兵团实施退牧还草工程，对退牧还草给予必要的草原围栏建设资金补助和饲料粮补助。[3]根据草原类

〔1〕《浙江省财政厅、浙江省林业局关于印发浙江省森林生态效益补偿资金管理办法的通知》（浙财建〔2019〕10号），2019年1月31日。

〔2〕《财政部、国家林业和草原局关于印发〈林业草原生态保护恢复资金管理办法〉的通知》（财资环〔2020〕22号），2020年4月24日。

〔3〕《国务院西部开发办、国家计委、农业部、财政部、国家粮食局关于下达2003年退牧还草任务的通知》（国西办农〔2003〕8号），2003年3月18日。

型和区域范围，蒙甘宁西部荒漠草原、内蒙古东部退化草原、新疆北部退化草原按全年禁牧每亩每年中央补助饲料粮 11 斤，季节性休牧按休牧 3 个月计算，每亩每年中央补助饲料粮 2.75 斤，草原围栏建设按每亩 16.5 元计算，中央补助 70%，地方和个人承担 30%；青藏高原东部江河源草原按全年禁牧每亩每年中央补助饲料粮 5.5 斤，季节性休牧按休牧 3 个月计算，每亩每年中央补助饲料粮 1.38 斤，草原围栏建设按每亩 20 元计算，中央补助 70%，地方和个人承担 30%。饲料粮补助资金实行挂账停息，中央按每斤 0.45 元对省级政府包干，饲料粮调运费用由地方财政负担，纳入地方财政预算。饲料粮连续补助 5 年。在国家补助总量范围内，允许省级政府根据实际情况进行合理调整。

2011 年，国家发展和改革委员会、农业部、财政部联合印发《完善退牧还草政策的意见》，进一步提高了中央投资补助的比例和标准。从 2011 年起，围栏建设中央投资补助比例由 70%提高到 80%，地方配套由 30%调整为 20%，取消县及县以下资金配套。青藏高原地区围栏建设每亩中央投资补助由 17.5 元提高到 20 元，其他地区由 14 元提高到 16 元。补播草种费每亩中央投资补助由 10 元提高到 20 元。人工饲草地建设每亩中央投资补助 160 元，主要用于草种购置、草地整理、机械设备购置及贮草设施建设等。舍饲棚圈建设每户中央投资补助 3000 元，主要用于建筑材料购置等。按照围栏建设、补播草种费、人工饲草地和舍饲棚圈建设中央投资总额的 2%安排退牧还草工程前期工作费。

从 2011 年起，不再安排饲料粮补助，在工程区内全面实施草原生态保护补助奖励机制。对实行禁牧封育的草原，中央财政按照每亩每年补助 6 元的测算标准对牧民给予禁牧补助，5 年为一个补助周期；对禁牧区域以外实行休牧、轮牧的草原，中央财政对未超载的牧民，按照每亩每年 1.5 元的测算标准给予草畜平衡奖励。

(三) 草原生态保护补助奖励

自 2011 年开始，国家在内蒙古、新疆、西藏、青海、四川、甘肃、宁夏和云南 8 个主要草原牧区省（区）及新疆生产建设兵团全面建立草原生态保护补助奖励机制。对承包草原并履行禁牧或草畜平衡义务的牧民，按照已承包到户的禁牧或草畜平衡草原面积发放草原禁牧补助和草畜平衡奖励。对

2009 年年底统计的已承包草原且目前仍在从事草原畜牧业生产的纯牧户发放牧民生产资料综合补贴。[1]

"十二五"期间，草原生态保护补助奖励政策拓展至河北、山西、内蒙古、辽宁、吉林、黑龙江、四川、云南、西藏、甘肃、青海、宁夏、新疆等 13 省（区）以及新疆生产建设兵团和黑龙江省农垦总局。到"十三五"期间，又启动实施新一轮草原生态保护补助奖励政策。在 8 省（区）实施禁牧补助、草畜平衡奖励和绩效评价奖励；在 5 省实施"一揽子"政策和绩效评价奖励。对生存环境恶劣、退化严重、不宜放牧以及位于大江大河水源涵养区的草原实行禁牧封育，中央财政按照每年每亩 7.5 元的测算标准给予禁牧补助。5 年为一个补助周期，禁牧期满后，根据草原生态功能恢复情况，继续实施禁牧或者转入草畜平衡管理。对禁牧区域以外的草原根据承载能力核定合理载畜量，实施草畜平衡管理，中央财政对履行草畜平衡义务的牧民按照每年每亩 2.5 元的测算标准给予草畜平衡奖励。[2]

### （四）林业改革发展资金和林业草原生态保护恢复资金

自 2016 年开始，中央对用于林业草原行业的财政转移支付资金进行了统筹，将原有的森林生态效益补偿、天保工程、国土绿化和自然保护区等方面的各项专项资金整合为林业改革发展资金。根据 2021 年修订的《林业改革发展资金管理办法》规定，林业改革发展资金是指中央预算安排的用于林业改革发展方面的共同财政事权转移支付资金，主要用于森林资源管护、国土绿化、国家级自然保护区、湿地等生态保护方面。

其中，森林资源管护支出用于天然林保护管理和森林生态效益补偿，主要是对国务院批准的天保工程确定的国有林、非国有的地方公益林，停伐后的天然商品林，国家级公益林和符合国家级公益林区划界定条件、政策到期的上一轮退耕还生态林等森林资源的保护、管理以及非国有的国家级公益林权利人的经济补偿等。国土绿化支出用于林木良种培育、造林、森林抚育、防沙治沙、沙化土地封禁保护补偿以及油茶、油用牡丹、文冠果等木本油料

---

[1]《农业部、财政部关于印发〈2011 年草原生态保护补助奖励机制政策实施指导意见〉的通知》（农财发〔2011〕85 号），2011 年 6 月 13 日。

[2]《农业部办公厅、财政部办公厅关于印发〈新一轮草原生态保护补助奖励政策实施指导意见（2016—2020 年）〉的通知》（农办财〔2016〕10 号），2016 年 3 月 1 日。

营造。

国家级自然保护区支出用于国家级自然保护区（不含湿地类型）的生态保护补偿与修复，特种救护、保护设施设备购置维护与相关治理，专项调查和监测，宣传教育等。湿地等生态保护支出用于湿地保护与恢复、退耕还湿、湿地生态效益补偿等湿地保护修复，森林防火、林业有害生物防治、林业生产救灾等林业防灾减灾，珍稀濒危野生动物和极小种群野生植物保护、野生动物疫源疫病监测和保护补偿等国家重点野生动植物保护（不含国家公园内国家重点野生动植物保护），以及林业科技推广示范等。

以上各项支出中，森林生态效益补偿对于符合国家级公益林区划界定条件、政策到期的退耕还生态林和非国有的国家级公益林权利人的经济补偿，国土绿化支出对于防沙治沙、沙化土地封禁保护补偿，国家级自然保护区支出中的生态保护补偿，湿地等生态保护支出中的退耕还湿、湿地生态效益补偿等项目，都具有向非国有自然资源所有人、用益物权人给予生态保护补偿的内容。

从 2020 年开始，中央财政预算又安排了林业草原生态保护恢复资金，用于林业草原生态保护恢复方面的共同财政事权转移支付资金。[1]资金具体使用范围包括：天然林资源保护工程社会保险、天保工程政策性社会性支出、全面停止天然林商业性采伐、完善退耕还林政策、新一轮退耕还林还草、草原生态修复治理、生态护林员、国家公园等方面。

其中，完善退耕还林政策补助用于上一轮退耕还林任务（1999 年至 2006年）粮食和生活费补助期满后，为支持解决退耕农户生活困难发放现金补助；新一轮退耕还林还草补助用于对实施新一轮退耕还林还草农户发放现金补助；草原生态修复治理补助中用于退化草原生态修复治理的项目；国家公园补助中用于生态保护补偿与修复的项目等，都具有向非国有自然资源所有人、用益物权人给予生态保护补偿的内容。

### 四、国家公园地役权制度与生态保护补偿制度的衔接

生态保护补偿是一种公法上的公共政策安排，而地役权则是基于不动产

---

[1] 参见《财政部、国家林业和草原局关于印发〈林业草原生态保护恢复资金管理办法〉的通知》（财资环〔2020〕22 号），2020 年 4 月 24 日。

所有权关系而产生的民法（私法）上的合同关系。二者之间看似没有关联，但是在涉及国家公园有关自然生态系统保护的事项上，则可能发生适用上的交叉与重叠。究其原因，在于两种制度都会针对非国有自然资源的权利人（所有权人、用益物权人）的开发利用行为产生限制，并且都会向因此而对权利人造成的利益减损进行补偿。生态保护补偿在制度实施的效果上，与地役权制度具有很大的相似性，即都是通过限制开发利用行为，来实现生态保护。

这就涉及在国家公园非国有自然资源统筹管理方面的路径选择问题。从法律依据的角度来说，自然保护地役权制度目前在我国现行法律法规中没有明确的法律依据，只有在个别法律中可以看到对于比自然保护地役权更为基础的公共地役权的部分规定（之所以说其是部分规定，是因为在前面已经讨论过，我国法律体系中还没有正式承认公共地役权制度）；而生态保护补偿制度则已经在我国多部环境与资源类法律中做出了比较明确的规定。虽然目前在补偿程序和标准方面规定得还不够详细，但是法律对于生态保护补偿的基本范围、做法的规定是比较清楚的。可以说，生态保护补偿制度已经是一类法定的制度体系，而自然保护地役权还只存在于研究探讨的过程中。因此，作为讨论中的自然保护地役权制度，应当在充分尊重生态保护补偿的制度安排的基础之上，来考虑自身的制度设计问题，尽量避免与现行法律法规发生冲突或者抵触。

以国家公园内的森林为例，对于非国有森林（林地、林木），如果依照《森林法》第48条的规定，应当划定为公益林的，则应当优先将其纳入公益林以及与之配套的森林生态效益补偿制度中进行管理。《森林法》第48条规定了应当划定为公益林的八种情形。所谓"应当"，即法定的义务性规范，既指负责划定公益林的行政机关（国务院和省、自治区、直辖市人民政府）有义务将符合法定情形的林地划定为公益林，也指依法应当被划为公益林的非国有林地权利人有义务配合并接受划定公益林的结果。因此，在这种情况下，应当先履行法定的义务性规范。同时，在划定为公益林后，按照现行法律规定和做法，也会在权利人的《林权证》上注明该森林（林地、林木）为公益林，只能在严格保护公益林的管制性、限制性规范约束条件下，进行经营和利用。只有在没有法律规定的义务的前提下，才能寻求通过其他的方法（如自然保护地役权）来进行解决。

对于国家公园内其他类型的非国有自然资源也是一样，应当在穷尽现行法律法规规定的措施和手段的基础上，再寻求制度的创新和新制度、新措施的运用。例如前面已经讨论过的，退耕还林还草、退牧还草、风沙源治理和石漠化治理等。甚至对于法律中已经规定，但是还没有具体实践案例或者还缺乏配套政策的制度，也应当给予足够的关注和重视，例如《森林法》第21条对于因生态保护而征收林地、林木的规定，《草原法》第42条对于基本草原的规定等。在自然保护地役权的制度设计中，应当避免与这些现行法律中已经规定的制度产生冲突。在国家公园内的同一自然资源（不动产）上，应当注意择其一种制度安排进行适用，而不应当出现两种制度的重叠。

现实中更可能出现的情况是，除个别试点区外，由于我国国家公园（及其体制试点区）大多是以国家级自然保护区为基础筹备设立，因此，在正式设立国家公园之前，如果严格依照《森林法》等法律法规的规定办理的话，其区域内的大部分自然资源就已经通过划定公益林、退耕还林还草，以及退牧还草等生态保护补偿项目完成了统筹管理。在这种情况下，对于已经按照生态保护补偿进行经营管理的自然资源，有明确法律和政策依据的，应当仍按原补偿渠道在既定补偿周期内进行经营管理。此外，还应当结合国家公园分区和差别化管理的总体规范，按照征收、置换或者协议保护等方式，对区域内的非国有自然资源按照其保护级别、必要性和紧迫性进行分别处理。只有在按照资源自身特性不符合纳入生态保护补偿政策，或者在保护级别上没有必要实施征收，但又应当纳入统筹管理（例如在严格保护区与一般控制区过渡带）的情形下；或者其所有权人/用益物权人抵触情绪极大、协商难度过高的情形下，才有必要采用设立自然保护地役权的方式予以迂回解决。

目前部分国家公园体制试点区所实施的自然保护地役权项目，虽然以"设立自然保护地役权"为名，并且在程序上也完成了保护地役权的不动产登记，但是从其本质上来说，仍然是属于生态保护补偿的一种措施。例如在钱江源国家公园体制试点区，虽然由原管委会与村委会签订《钱江源国家公园集体林地地役权设定合同》，并由开化县自然资源与规划局向钱江源国家公园管理局颁发了《林地保护地役权证》，然而从公开资料来看，一方面没有列明在设立了"地役权"的林地中有多少公益林、多少商品林，各自区位分布情况如何；另一方面其"地役权补偿资金"是由省财政从省森林生态效益专项资金中列支。因此，这里的"地役权"在本质上，无论从其管理措施还是资金来源来看，仍然实施的是生态保护补偿。所谓"设立地役权"的方法所解决的问题，实际上是提高了生态保护补偿的补偿标准，更好地激发了权利人参与生态保护的积极性。只不过，通过地役权合同或者《林地保护地役权证》，在形式和程序上使得其生态保护补偿更具"公示公信"的特征，政策更具稳定性。

同理，福建武夷山坳头村村委会与武夷山国家公园管理局签订的《武夷山国家公园毛竹林地役权管理合同》，在实质上也是生态保护补偿合同。从福建省人民政府办公厅 2020 年发布的《关于印发建立武夷山国家公园生态补偿机制实施办法（试行）的通知》来看，也是将设立"地役权"作为生态保护补偿的一种形式和手段。其本质是生态保护补偿制度，是通过公法的制度安排和行为管控措施，而不是私法上的地役权合同。

### 五、《森林法》第 48 条"签订书面协议"的含义

根据现行《森林法》第 48 条第 2 款规定："公益林划定涉及非国有林地的，应当与权利人签订书面协议，并给予合理补偿。"在前面的讨论中，已经提到这项规定与公共地役权制度具有高度的相似性。那么，这里的"书面协议"究竟指的是什么协议？是不是地役权合同呢？

如果认真研读现行《森林法》的各项法律条文，就可以知道，在本次修法工作中，《森林法》最重要的突破之一，就是在立法上对实践中摸索了多年的公益林和商品林的分类经营管理制度予以正式承认与确立。（第 6 条）对于公益林，要依法划定（第 48 条）、严格保护（第 49 条第 1 款、第 2 款）。在符合公益林生态区位保护要求和不影响公益林生态功能的前提下，经科学论证，可以适度开展林下经济、森林旅游等，且应当严格遵守国家有关规定（第 49 条第 3 款）。

对于公益林的营造和管护，由中央和地方财政分别安排资金，用于公益林的营造、抚育、保护、管理和非国有公益林权利人的经济补偿等，实行专款专用，具体办法由国务院财政部门会同林业主管部门制定。（第 29 条）同时，国家建立森林生态效益补偿制度，加大公益林保护支持力度，完善重点生态功能区转移支付政策，指导受益地区和森林生态保护地区人民政府通过

协商等方式进行生态效益补偿。(第7条)

也就是说，公益林在经过依法划定之后，要依法进行严格保护。在符合和遵守法律和国家其他有关规定的前提下，可以开展林下经济、森林旅游作为法律授权唯二合法的经营利用方式。同时，对于非国有公益林，其资金来源的主要渠道：一是依法开展林下经济、森林旅游而取得的合法收入；二是通过中央和地方财政资金安排而取得的经济补偿。同时，综合考察法律规定和现行相关制度可以知道，对于这笔中央和地方财政资金安排而取得的经济补偿，主要是通过森林生态效益补偿的渠道得以实现的。

至此，对于《森林法》第48条第2款所规定的，"公益林划定涉及非国有林地的，应当与权利人签订书面协议，并给予合理补偿"中"书面协议"的性质和内容的理解就非常清晰了，即公益林管理机构与非国有公益林林地权利人所签订的，是森林生态保护补偿协议（森林生态效益补偿协议）。实践中，即指公益林管护合同。

实际上，自2004年开始实施森林生态效益补偿制度以来，有关规范性文件一直要求与受补偿对象签订公益林管护合同。例如，(2004年)《中央森林生态效益补偿基金管理办法》已经规定"林业主管部门应与国有林场、自然保护区、村集体和集体林场等签订重点公益林管护合同。自然保护区内的林农，管护合同与自然保护区签订；村集体与林农个人签订管护合同；其他行业和个人与所在行政区域的县级林业主管部门签订。管护人员必须按照合同规定履行管护义务，承担管护责任，管护责任落实后再安排中央补偿基金"。(第13条)

2007年的管理办法[1]规定，林业主管部门应与承担管护任务的国有林业单位和集体签订重点公益林管护合同，国有林业单位应与管护人员、集体应与个人签订管护合同。林业主管部门与国有林业单位、集体签订合同使用统一格式（附后）。国有林业单位、集体与个人签订合同的内容与格式，由省级林业主管部门商财政部门统一制定。(第11条) 国有林业单位、集体和个人都应按照合同规定履行管护义务，承担管护责任，根据管护合同履行情况领取中央财政补偿基金。(第12条) 重点公益林所有者或经营者为个人的，

---

[1] 财政部、原国家林业局：《财政部、国家林业局关于印发〈中央财政森林生态效益补偿基金管理办法〉的通知》(财农〔2007〕7号)，2007年3月15日。

中央财政补偿基金支付给个人，由个人按照合同规定承担森林防火、林业有害生物防治、补植、抚育等管护责任。（第5条）

2009年的管理办法[1]则规定，林业主管部门应与承担管护任务的国有单位、集体和个人签订国家级公益林管护合同。（第9条）国有单位、集体和个人应按照管护合同规定履行管护义务，承担管护责任，根据管护合同履行情况领取中央财政补偿基金。（第10条）

2014年，财政部、国家林业局印发的《中央财政林业补助资金管理办法》第16条规定："林业主管部门应与承担管护任务的国有单位、集体和个人签订国家级公益林管护合同。国有单位、集体和个人应按照管护合同规定履行管护义务，承担管护责任，根据管护合同履行情况领取森林生态效益补偿。"2016年，财政部、国家林业局印发的《林业改革发展资金管理办法》[2]，（第9条）规定："地方各级财政部门会同林业主管部门测算审核管理成本，合理确定国有单位国家级公益林管护人员数量和具体管护劳务补助标准。林业主管部门应当与承担管护任务的国有单位、集体和个人签订管护合同。国有单位、集体和个人应当按照管护合同规定履行管护义务，承担管护责任，根据管护合同履行情况领取管护补助。"

综上所述，《森林法》第48条第2款的规定，实际上是对公益林管护和依法享受森林生态效益补偿的规定。依照该规定所签订的"书面协议"，是指实践中的公益林管护合同，而非地役权合同。曾经有学者提出应当在法律上正确区分生态效益补偿协议和生态公益林管护协议，在生态公益林建设中引入民法规则，通过立法设计生态保护地役权，将生态效益补偿协议改造为生态保护地役权合同，同时将生态公益林管护纳入政府集中采购目录，向社会购买生态公益林管护服务。[3]这种思路具有一定合理性，2017年《国家级公

---

〔1〕《财政部、国家林业局关于印发〈中央财政森林生态效益补偿基金管理办法〉的通知》（财农〔2009〕381号），2009年11月23日。

〔2〕 另根据2019年5月22日《财政部、国家林业和草原局关于〈林业生态保护恢复资金管理办法〉〈林业改革发展资金管理办法〉的补充通知》（财农〔2019〕39号），将林业改革发展资金的概念修改为"是指中央财政预算安排的用于森林资源管护、森林资源培育、生态保护体系建设、林业产业发展等支出方向的资金"。

〔3〕 参见周训芳："生态公益林补偿与管护制度的法律重构"，载《南京工业大学学报（社会科学版）》2017年第4期。

益林管理办法》也确实规定了"在自愿原则下，鼓励管护责任单位采取购买服务的方式，向社会购买专业管护服务"。2020 年《林业改革发展资金管理办法》第 34 条规定："鼓励各地通过购买服务的方式开展国有林区和国有林场造林、管护、抚育等业务。"可见以政府采购的方式向社会购买公益林管护服务的确是目前探索和发展的方向，但在 2019 年《森林法》中尚未纳入。

# 第七章
# 国家公园服务项目特许经营制度

本章撰稿人：

王克稳，法学博士，苏州大学特聘教授、博士研究生导师，江苏省高校哲学社会科学重点研究基地——苏州大学公法研究中心主任，负责撰写本章第一节。

童光法，法学博士，北京农学院文法与城乡发展学院教授，负责撰写本章第二节。

目前，国家公园内涉及针对访客开展经营服务活动和相关具有社会服务性质项目的特许经营问题，受到社会各界广泛的关注。国家公园实施服务项目的特许经营具有其特殊性，一方面，从现行法来看，在尚未出台《国家公园法》的情况下，现行唯一有效的上位法依据是《行政许可法》，特许经营事项不可回避其与行政许可之间的关系问题；另一方面，从国家公园服务项目特许经营的实质来看，管理机构与经营者之间体现出一种合作关系。加之国家公园内的访客服务活动类型丰富、形式多样，特许内容不一而足，不能简单概括了之。就此，本章主要从法律制度构建的角度讨论两个方面的问题：一是国家公园服务项目特许经营的主要立法问题，二是当前地方立法的经验和探索。

## 第一节　国家公园服务项目特许经营的主要立法问题

特许经营有私法上的特许经营与公法上的特许经营之分。公法上的特许经营又称政府特许经营，是行政机关以特许的方式授予相对人经营权的活动。政府特许经营具有以下基本特征：第一，政府特许经营的特许人是政府，被特许人是私人或私人企业；第二，政府特许经营的授权形式是特许许可，特许人与被特许人之间的关系是行政法律关系；第三，政府特许经营的授权内容是政府拥有的公产资源的使用权、经营权或知识产权。根据特许经营内容的不同，政府特许经营大致可以分为基础设施和公用事业特许经营、国家公园服务项目特许经营以及其他公共产品与公共服务的特许经营。

### 一、国家公园服务项目特许经营的概念

国家公园服务项目特许经营是指国家公园管理机构以特许人的身份授予公民、法人或者其他组织在国家公园内经营住宿、餐饮、交通、商品销售等特定服务项目的行为。国家公园服务项目及其特许经营具有以下特征：第一，

所涉服务项目不在国家公园游览门票所涵盖的服务范围内。第二，所涉服务项目与国家公园访客的基本游憩或消费需求相关，属于国家公园生态体验、观光、游憩的配套服务或延伸服务，且具有经营性，经营者可以通过提供这些服务向访客收取服务费用，其范围一般包括住宿、餐饮、交通、商品销售、索道、缆车、园内交通等。第三，所涉服务项目均属对国家公园内土地或其他自然资源的排他和独占使用。由于国家公园内的土地及其他自然资源都属于公产，因而服务项目对国家公园土地等自然资源的使用是利用国有自然公产所进行的经营活动，属于对国有公产的独占使用。第四，所涉服务项目的经营以国家公园管理机构授予特许经营权为前提。第五，所涉经营服务项目具有一定的垄断性。受制于国家公园的封闭性和访客数量的有限性，为防止重复投资和资源浪费，保证经营者的经营效益，经营者在政府授予的特许经营区域和范围内，对经营服务项目享有垄断经营权。第六，所涉服务项目的经营具有一定的期限性，经营者只在有效的特许经营期限内享有特许经营服务项目的经营权。

就国家公园服务项目的经营而言，特许经营只是其中的一种经营模式而非唯一模式，每一个国家公园的资源条件不同，可以经营的服务项目各异，因此，国家公园服务项目没有也不可能有统一的经营模式，各个国家公园需要选择与其资源条件和基础设施条件相适应的经营模式。一般而言，国家公园服务项目的经营模式主要有以下几种：

第一种是政府直接经营。即由国家公园管理机构或者通过其投资设立的经营性企业从事相关项目的经营服务。

第二种是政府与社会资本合作经营（PPP）。政府与社会资本合作经营，是指通过政府与社会资本共同投资设立经营企业、政府参与民营企业的部分投资或社会资本参与政府的投资等形式共同经营公权力事项之外具有经营性质的服务项目的情形，除采用政府特许经营外，政府与社会资本的合作经营也是国家公园服务项目一种重要经营模式。

第三种是租赁经营。租赁经营是指承租人通过向出租人租赁房屋及其他设施、设备的方式从事经营活动，广泛适用于国有资源、资产经营领域。租赁经营有两种模式，一是特许的租赁经营，二是普通的租赁经营。特许的租赁经营是指经营者通过向政府租赁基础设施所实施的经营活动，如经营者在政府授予特许经营权的情形下租赁经营政府的供水、供电管网等基础设施，从事供水供电特许经营。在特许的经营模式下，经营者按特许经营协议的约定向政府支付特许经营费，而非租赁费；在普通的租赁经营模式下，经营者按租赁协议的约定向政府支付土地、房屋、场地或其他的设施、设备的租赁费而非特许经营费。在国家公园土地、房屋、场地或其他的设施、设备的租赁经营中，既有特许的租赁经营，也有普通的租赁经营，实践中应当将两种同时存在的经营模式清晰地区分开来。

第四种是普通的许可经营。因涉及国家公园内公产的使用，在国家公园从事相关的经营活动一般都需要得到公园管理机构的许可，但并非所有的许可都属于特许，在特许经营之外还存在着普通的许可经营，普通的许可经营包括临时性许可经营和一般许可经营。

第五种是特许经营。特许是一种赋权性行政许可，一般适用于具有一定的垄断性、排他性以及较长经营期限的项目的经营活动，特许经营即指以授予特许经营权为前提的经营。

与国家公园试点建设相适应，国家公园服务项目特许经营也相继在部分国家公园展开试点，但配套的立法和制度建设还不足。在《国家公园法》中规定服务项目特许经营制度，既是为国家公园服务项目特许经营提供法律依据，也是依法规范国家公园服务项目特许经营的需要。由于我国还缺少在国家公园开展服务项目特许经营的成熟制度经验，在《国家公园法》立法中涉及的问题和争议比较多，以下我们聚焦国家公园服务项目特许经营立法涉及的主要问题与争议进行分析。

### 二、服务项目特许经营与普通的许可经营、租赁经营的界分

国家公园服务项目特许经营只是国家公园服务项目经营的模式之一，在特许经营之外还存在其他的经营模式，其中最主要的是普通的许可经营和租赁经营。因此，如何界分国家公园服务项目特许经营与普通的许可经营、租赁经营是国家公园特许经营立法中涉及的第一个问题。

国家公园服务项目的许可经营有普通的许可经营与特许经营两种情形。两者的共同特征在于，它们都属于许可经营，都必须取得国家公园管理机构的准入许可后方可从事经营活动，但两者之间存在极大的区别。对于国家公

园管理机构来说，如果将普通的许可经营纳入特许经营的范围，就有扩大特许经营范围、利用特许经营乱收费之嫌；若将属于特许经营的服务项目作为普通的许可经营项目，又会导致国家特许经营收益的流失。因此，从法律上将特许经营项目与普通的许可经营项目区分开来十分必要。

国家公园服务项目特许经营与普通的许可经营的区别具体体现在以下方面：

首先，许可性质不同。特许经营是授予特许经营权的许可行为，特许本身就是一种赋权性行政许可，经营者依特许许可取得的特许经营权是一项法定权利，而且具有明确的财产权属性，可以适用或准用私法予以保护。普通的经营许可则是一种解禁性行政许可，不具有赋权性质，经营者依普通的经营许可所取得的经营权不是一项法定权利。传统理论认为，使用人依普通许可所取得的使用权或经营权仅是一种反射利益，并非赋予权利人法定权利以使其得以对抗行政机关或对第三人主张侵权行为。由于反射利益说不能为权利人提供救济之道，不利于稳定社会秩序，故近来有学者主张当事人依普通许可所获得的使用权或经营权不仅是一种反射利益，而且是一种法律上值得保护的利益即信赖利益，可适用公法规则予以保护。我国《行政许可法》也承认当事人依一般许可所获得的利益为信赖利益，并在第8条和第69条之中规定了信赖利益的保护规则。这表明，当事人依普通许可使用所获得的权益为公法上值得保护的信赖利益而非法定权利，只能适用《行政许可法》等公法规则予以保护。

其次，是否缴费以及缴费的性质不同。特许经营者取得特许经营权必须向特许权人缴纳特许经营费，特许经营费是经营者取得特许经营权的对价。对于必须通过公平竞争方式出让的特许经营权，其特许经营费为公开竞价的结果；对于协议出让的特许经营权，其特许经营费为经评估确定的价格。而在普通的许可经营中，经营者取得经营许可是无偿的，例外是使用国家公园的场地、设备、设施或其他资产进行经营时，原则上需要支付一定的资源或资产的使用费（摊位费），即"许可经营无偿，资源使用有偿"。

再次，经营期限不同。特许经营的经营期限一般都比较长，且具有稳定性。在特许经营期间，非基于法定原因或公共利益的需要，特许权人一般不得随意解除特许经营协议，收回特许经营权。而普通的许可经营期限一般都比较短，且不具有稳定性，许可机关可以根据管理需要或者资源状况随时撤回经营许可。

最后，经营属性不同。特许经营是垄断性的经营，特别是需要进行投资建设和运营的特许经营项目，对于经营者来说，需要排他的垄断经营权，因为投资规模大，收回投资的期限比较长，放开准入限制会导致经营企业无法正常收回投资，获得收益，因而，放开经营可能就没有企业愿意投资；对于特许权人来说，在需要进行投资建设和运营的特许经营项目中，投资建设会涉及国家公园内土地及其他自然资源的使用，放开经营会导致重复投资及资源浪费，也会导致经营者之间的恶性竞争。因此，对于某一特定的特许经营服务项目而言，维持服务项目在一定区域和范围内经营的垄断性是必需的；而对于普通的经营许可来说，一般不涉及垄断经营问题。

除了许可经营，国家公园服务项目的经营还有私法上的租赁经营。特许经营与普通的许可经营以及租赁经营的区分主要集中在"租赁国家公园内的场地或者设施设备从事商品销售"方面。在国家公园内"销售商品"分为两种情形：一是国家公园内的原住居民设立流动摊位销售产品，二是单位或者个人通过租赁场地或者设施设备在固定的场所销售产品或提供服务。

对于当地居民设立流动摊位销售产品，从公园管理的角度考虑，可以设立经营许可，但这种许可应是一种临时性的或者普通的经营许可，不是一种特许经营。经营者除缴纳一定的卫生保洁等费用或者一定的场地（摊位）费之外，不应缴纳特许经营费。

对于单位或者个人通过租赁国家所有的场地或者设施设备销售产品的，又应分为两种类型：一是通过与国家公园管理机构签订租赁合同，租赁国有的场地、设施、设备进行产品销售。这种情形下的经营为普通的租赁经营，经营者向作为出租人的公园管理机构支付租赁合同约定的租金，双方的关系为私法上的租赁合同关系，与公法上的许可经营无涉。二是国家公园管理机构以特许经营的方式授权租赁经营者特许经营权。这种情形下经营者支付的是特许经营费而非场地、设备、设施的租赁费，双方的关系是公法上的特许经营关系，与私法无涉。至于两种经营模式如何选择，我们的建议是：

首先，对于需要进行投资建设的经营活动，通常以授予特许经营权为宜；不需要进行投资建设，只需要租赁现有的场地、设备、设施所进行的经营活动，以普通的租赁经营为宜。其次，对于较长时间的固定经营特别是超过20年的经营活动，通常以特许经营为宜；对于期限比较短的经营活动，以租赁经营为佳。最后，需要在国家公园一定区域内赋予排他的商品销售权的，应当赋予特许经营权；不需要赋予排他销售权的，可实行租赁经营。

在国家公园内"提供科普游憩导览、解说或者经营户外运动项目"，实践中也应分为两种情形：一是普通的许可经营，二是特许经营。立法上也应当将两种不同的经营情形区分开来。

### 三、可以实施特许经营的服务项目范围

国家公园内服务项目特许经营是建立国家公园制度的国家普遍采用的一种经营模式，但对国家公园内可以实施特许经营的服务项目的范围并没有完全一致的规定。美国国家公园的特许经营项目主要是餐饮、住宿、零售等，新西兰国家公园特许经营项目主要是住宿、餐饮消费和园内交通等，阿根廷国家公园经营服务项目包括酒店、客栈、庇护所、酒吧、卫生设施、露营地、服务站及其他访客设施。那么，我国国家公园可以实施特许经营的服务项目范围是国家公园服务项目特许经营立法中涉及的第二个问题。

每个国家公园的资源类型与资源条件不同，可以提供经营服务的项目与访客的需求亦不尽一致，因此，不同国家公园可以实施特许经营的项目范围是无法统一规定的。但为防止不当扩大特许经营的项目范围，利用特许经营营利，破坏国家公园的自然资源和生态环境，立法上必须对可以实施特许经营的项目范围进行必要的限制。我们认为，特许经营的国家公园服务项目必须具备以下几个条件：

第一，关联性。特许经营服务项目应当是消费者（访客）自然教育和科普游憩等游园活动的关联服务，或称游园服务的延伸服务。这包括两个方面的含义：一是特许经营项目并非自然教育和科普游憩活动项目本身，而是与自然教育和科普游憩活动相关的服务项目。二是特许经营服务项目应当是与访客必要的消费需求相关的项目，包括住宿、餐饮、园内交通以及相关的商品销售服务。

第二，必要性。国家公园特许经营项目，应当以满足访客的基本游园需求、基本生活需求和基本消费需求为限，基本游园需求包括必要的交通服务、

适当的探险服务以及水（海）上游憩服务等；基本生活需求包括住宿、餐饮、露营、泊车等服务需求；基本消费需求包括购买自己感兴趣的游憩物品、纪念品等。

第三，经营性。实施特许经营的服务项目，必须具有可经营性，经营者可以通过提供相关的商品或服务获得收益和回报，不具有可经营性的服务项目难以实施特许经营。国家公园的保洁、垃圾处理、设施维护、公共卫生服务、安全服务等都属于公共服务项目，但不具有或不应具有经营性，不属于国家公园服务项目的范围，不适用服务项目特许经营。需要委外处理的，通常以公共服务合同外包的方式进行。

同时，为有效控制国家公园特许经营的项目范围，建议对国家公园特许经营项目实行正面清单管理，由立法授权国务院国家公园主管部门制定可以实施特许经营的服务项目清单。鉴于国家公园服务项目特许经营还处在探索阶段，因此，特许经营的项目范围不宜放得过宽，只有实践验证确有必要实施特许经营的服务项目，才可以逐步增列到清单之中。为此建议将可实施特许经营的服务项目的范围界定为下列五个方面：（1）住宿、餐饮、露营、泊车等服务；（2）园内交通服务；（3）适宜的探险服务以及水（海）上游憩服务；（4）游憩物品、纪念品销售服务；（5）法律、行政法规规定可以实施特许经营的其他服务项目。

### 四、国家公园服务项目特许经营的授权主体与实施主体

特许经营的授权主体是指有权授予国家公园服务项目特许经营权的主体，特许经营的实施主体是指受特许经营授权主体的委托具体实施国家公园服务项目特许经营的主体。特许经营的授权主体和实施主体是国家公园服务项目特许经营制度的核心内容，也是国家公园立法中争议比较大的一个问题。

在现行有关国家公园的地方立法中，有关特许经营的实施主体较为明确，一般都是各地方国家公园管理机构，但授权主体的规定都比较模糊，或为地方国家公园管理机构，或为国家公园所在地的省级人民政府。这样的规定总体上不符合国家公园特许经营授权主体的基本要求。

按现行设立国家公园的改革方案，国家公园内全民所有自然资源资产所有权为中央政府直接行使的所有权，国家公园管理权为中央事权，国家公园

服务项目特许经营的授权属于国家公园管理权的内容，因此，特许经营的授权主体应当是代表中央人民政府履行国家公园管理与保护职能的国务院国家公园主管部门。同时，考虑到国家公园服务项目的特许经营应当以满足消费者基本游园与消费需求为目的，而不应以营利作为目标，将特许经营的授权主体下放给地方政府，难以真正解决国家公园保护与当地经济发展之间的矛盾，容易造成特许经营范围的扩大化，不利于国家公园的完整保护。基于国家公园管理与保护的需要，国家公园特许经营的授权主体也不应当下放或委托给地方政府。综上所述，国家公园服务项目特许经营的授权主体应当是代表中央人民政府履行国家公园管理与保护职责的国务院国家公园主管部门。

对于特许经营的实施主体，原则上建议确定为国务院国家公园管理局或依法设立的各国家公园管理分局。需要说明的是，目前国家公园管理体制还没有完全理顺，现行各国家公园管理机构都是由省级人民政府设立的派出机构，个别国家公园管理机构甚至隶属设区的市或州，或委托公园所在地的地方政府进行管理，这样的管理体制不符合国家公园管理体制的基本要求和改革方向。按照改革方向，各国家公园管理分局应当是国务院国家公园主管部门依法设立的派出机构，与地方政府之间不存在隶属关系。

### 五、国家公园服务项目特许经营权的授予方式

国家公园服务项目特许经营权的授予方式也是国家公园立法中争议比较大的事项，争议焦点集中在服务项目特许经营权的竞争性授予与非竞争性的协议授予方面。

#### （一）国家公园服务项目特许经营权的竞争性授予

国家公园服务项目特许经营权的授予属于《行政许可法》第12条第（2）项规定的资源配置类行政许可。《行政许可法》第53条规定，"实施本法第12条第（2）项所列事项的行政许可的，行政机关应当通过招标、拍卖等公平竞争的方式作出决定。但是，法律、行政法规另有规定的，依照其规定"。依据上述规定，包括政府特许经营权授予许可在内的赋权性行政许可，如果单行法律、行政法规没有单独规定授予方式的，都应当采用招标、拍卖等公平竞争的方式；如果单行法律、行政法规另行规定了其他方式的，适用法律、行政法规规定的其他方式。拍卖主要以特许经营费的报价作为中标的评价标

准，采价高者得的竞争规则。但对于国家公园服务项目来说，生态环境的保护、资源的节约使用、对国家公园内原住居民的优先招录等都是授予特许经营权需要考量与评价的因素，因此，国家公园服务项目特许经营权宜采招标方式授予。

我国《招标投标法》将招标分为公开招标和邀请招标。该法第 10 条规定，招标分为公开招标和邀请招标。公开招标是指招标人以招标公告的方式邀请不特定的法人或者其他组织投标。邀请招标是指招标人以投标邀请书的方式邀请特定的法人或者其他组织投标。第 16 条规定，招标人采用公开招标方式的，应当发布招标公告。依法必须进行招标的项目的招标公告，应当通过国家指定的报刊、信息网络或者其他媒介发布。第 17 条规定，招标人采用邀请招标方式的，应当向三个以上具备承担招标项目的能力、资信良好的特定的法人或者其他组织发出投标邀请书。国家公园服务项目的特许经营，除了公开招标外，是否适用邀请招标，争议较大。笔者认为，对于一些专业性强、技术要求高的服务项目，保留邀请招标有其必要性。

国家公园服务项目特许经营的招标要素是项目招标的核心问题。结合国家公园服务项目的特点，国家公园特许经营项目招标竞争的核心要素包括以下几个方面：

一是，特许经营费的报价。特许经营费的报价是指投标人愿意付出什么样的对价取得国家公园服务项目特许经营权，特许经营费的报价构成特许经营权竞争的重要内容，对于营利性强的项目，特许经营费的报价是竞争特许经营权的核心内容。

二是，项目产品或服务的定价。项目产品或服务的定价是指投标人在标书中设计的若获得特许经营权，其项目产品或服务的定价标准。由于国家公园服务项目的经营具有一定的甚至完全的垄断性，因而，其产品或服务的价格难以由市场的竞争决定。为防止经营者定价过高损害访客的合法权益，特许经营招标方案中一般都要求投标人在标书中明确其获得特许经营权后的项目产品或服务的定价或定价标准，项目产品或服务的定价既是签订特许经营协议的依据，也是政府对经营者产品或服务价格实施监管的依据。

三是，产品或服务的质量。同样基于国家公园经营服务项目的垄断性，在缺少竞争或竞争不充分的情形下，为防止经营者通过降低产品或服务的质量压缩经营成本、损害访客的合法权益，特许经营招标方案中一般应要求投标人在标书中对项目产品或服务所应达到的质量标准做出明确的说明。

四是，生态环境保护标准。基于对国家公园内生态环境的保护要求，生态环境保护标准应当成为国家公园服务项目特许经营招标的重要因素之一。投标人必须按照招标人提出的环保标准和规范在项目设计方案、建设方案和运营方案中提出环境保护的具体标准和要求，此外还应当指出特许经营项目的实施可能对生态环境造成的其他任何不利影响或可能造成的环境损害，以及消除这种不利影响或损害的措施和对策。

以上四个方面的内容是国家公园服务项目特许经营权招标竞争最核心的要素，但四个方面的要素对于不同的招标项目有不同的要求和组合，并因此构成不同特许经营服务项目招标竞争的具体条件。

按特许经营费、产品定价、产品质量以及环境保护标准组合起来的竞争模式主要有下列四种：一是招标人规定产品的价格、质量标准和环境保护标准，以特许经营费作为竞争特许经营权的唯一条件，特许经营费出价最高者胜出；二是招标人规定产品的质量标准、环境保护标准并对产品的价格规定最高限价，以特许经营费和产品价格的报价作为竞争条件，特许经营费出价最高、产品价格报价最低者胜出或者两者组合最优者胜出；三是招标人规定特许经营费的收费标准、产品或服务质量和环境保护标准，以产品或服务价格的报价作为竞争条件，产品或服务价格的报价最低者胜出；四是招标人规定产品或服务的质量、价格和特许经营费的收费标准，以环境保护标准作为竞争特许经营权的唯一条件，环境保护标准最高或最优者胜出。

上面第一种模式适合那些访客量比较大、经营效益比较好的特许经营项目；第二种模式兼顾了国家的利益和访客的利益保护，适用于访客量和经营效益比较稳定的特许经营项目；第三种模式适合那些微利性的特许经营项目；第四种模式特别适合对生态环境保护有很高要求或者有特别要求的那些服务项目的特许经营。

以上是国家公园服务项目特许经营招标竞争的基本要素。为扶持、帮助国家公园内集体经济组织和居民的生存与发展，提高集体经济组织和居民收入，增加国家公园内居民的就业机会，缓解国家公园内原住居民的就业压力，应当鼓励特许经营者通过向国家公园内居民集体分配股权或者一定比例的特许经营收益等方式增加居民收入，鼓励特许经营者在劳动用工方面优先录用国家公园内居民，招标人还可以将特许经营者关于通过向国家公园内居民集体分配股权或者一定比例的特许经营收益等方面的承诺和优先录用国家公园内居民的承诺嵌入招标竞争的要素之中，并将之作为同等条件下优先获取特许经营权的标准。

（二）国家公园服务项目特许经营权的非竞争性授予问题

对于国家公园服务项目中那些不需要投资建设固定资产运营的"微利性经营服务项目"，是否应当采用非竞争性的方式授予，实践中争议较大。国家公园服务项目的营利是一个比较复杂的问题，不仅不同的服务项目其营利状况存在差异，同一服务项目在不同国家公园的营利状况也存在差异。因此，对于不需要投资建设固定资产运营的那些微利性服务项目，是否一律采用协议方式授予特许经营权，是一个需要充分论证的问题。

在理论上，凡是具有财产价值的权利，都是可以通过竞争配置的权利。特许经营权是具有财产价值的权利，如果允许特许权授予人不经竞争选择直接出让特许经营权，在存在多个意向申请人的情形下，以非竞争方式出让无法保证特许经营权出让的公平公正，相反，竞争出让是最公平的出让方式。而且，在非竞争出让的情形下，特许经营权授予人不仅有选择经营者的裁量权，还享有特许经营费的自主定价权，这不仅容易导致特许经营权配置中的寻租等腐败现象的发生，也导致了国家利益的损失。但在竞争出让的情形下，即使竞争失败，仍可以组织新的竞争出让。

实践中，导致竞争出让失败的原因主要有两个：一是出让人设定的竞争条件不合理，譬如招标条件过于苛刻或对投标人的资格条件限制过严，市场竞争不充分；二是出让标的存在瑕疵。但无论是哪一原因，除非该权利不具有真正的财产价值，否则都可以通过降低出让条件、放宽准入资格等方式重新组织新的竞争出让，当出让条件低到一定程度时自然会吸引到意向竞买人。因此，即使竞争出让失败，仍可通过降低出让条件组织新的竞争出让。如果容许行政机关在竞争出让失败的情形下自行选择非竞争方式出让，实践中会不可避免地出现出让人与意向出让对象合谋、通过抬高出让条件导致竞争出让失败，再以非竞争方式出让给意向出让对象的情形。

因此，对于访客量比较大、经营性比较强、经济效益比较好的服务项目，当出现两个以上的申请人时，应当以公平竞争的方式授予特许经营权。由于这类服务项目不涉及固定资产投资建设，因而，采用拍卖方式，以特许经营费的报价作为授权依据，出价高者取得特许经营权是最为公平合理的方式。因此，建议原则上取消特许经营权的非竞争授予方式，对不需要投资建设固定资产运营的一般服务项目，其特许经营权的授予，一律采用拍卖等公平竞争的方式；对于例外保留协议授予方式，应当严格限制协议授予方式适用的范围和情形；如果两个以上申请人同时针对同一服务项目提出申请，应当转向竞争授予方式。

### 六、国家公园服务项目特许经营的模式

国家公园服务项目特许经营的模式，也是需要通过立法予以明确的基本问题。

需要投资建设并运营基础设施从事经营的特许经营项目中存在各种不同的经营模式。理论上通常根据特许经营建设方式、回报方式、运营方式、项目产权归属等因素的不同和差异，将基础设施特许经营主要模式归纳为下列两大类型、六种模式。

（一）第一大类型是通过新建基础设施实施的特许经营

这一类型又包括了以下四种主要的特许经营模式。

（1）建设—经营—转让（Build-Operate-Transfer，BOT）。这种经营模式是指由特许经营者投资建设基础设施，在特许经营期内运营并向用户收取费用，特许经营期满后将基础设施等项目资产全部移交给政府。在BOT模式下，特许经营者在特许经营期间对基础设施只有占有权、使用权、运营权和收益权，而不享有所有权。特许经营期限届满后，特许经营者必须将基础设施无偿移交给政府。

（2）建设—转让—经营（Build-Transfer-Operate，BTO）。这种经营模式又细分为两种情形：一是特许经营者投资建设基础设施，完工后将基础设施的所有权无偿移交政府，政府再通过授予特许经营权的方式授权特许经营者在一定期限内占有、使用基础设施进行经营，特许经营期限届满后，政府收回基础设施使用权和特许经营权；二是特许经营者投资建设基础设施，完工后政府一次或分期支付建设费用并取得基础设施所有权，再通过授予特许经

营权的方式授权特许经营者在一定期限内占有、使用基础设施进行经营，特许经营期限届满后，政府收回基础设施使用权和特许经营权。

（3）建设—拥有—经营（Build-Own-Operate，BOO）。这种经营模式是指特许经营者依据政府授予的特许经营权进行投资建设并拥有基础设施的所有权，同时负责基础设施的运营并向用户收取费用。

（4）建设—拥有—经营—转让（Build-Own-Operate-Transfer，BOOT）。这种经营模式是指特许经营者依据政府授予的特许经营权进行投资建设，拥有基础设施所有权和运营权，在特许经营期限届满后将基础设施所有权和运营权移交给政府。

（二）第二大类型是通过改建、扩建现有基础设施实施的特许经营

这一类型的特许经营又有以下两种主要的经营模式。

（1）租赁—建设—经营（Lease-Build-Operate，LBO）。这种经营模式是指特许经营者租赁政府所有的基础设施，并实施改建、扩建后运营，特许经营期限届满后向政府归还基础设施及其特许经营权。

（2）购买—建设—经营（Buy-Build-Operate，BBO）。这种经营模式是指特许经营者在政府授予特许经营权的前提下通过购买现有基础设施所有权对其进行改建、扩建，并永久地经营这些基础设施。

上述两大类六种特许经营模式中，租赁—建设—经营（LBO）模式适用于服务项目已经建成，特许经营者通过部分的改建、扩建即可以进行经营的情形。这类经营模式不涉及项目资产所有权的转移问题，在特许经营期间，项目资产的所有权人始终是国家，经营者对项目资产只有使用权、经营权，没有所有权，项目资产的产权归属比较清晰。特许经营期限届满后，特许经营者应当将项目资产移交给国家。特许经营者移交项目资产中对特许经营者的建设是否进行补偿的问题，由双方在特许经营协议中约定。因此，这种模式适用于服务项目设施已经建成但需要进行改建或扩建的情形。

建设—拥有—经营（BOO）和购买—建设—经营（BBO）两种特许经营模式赋予特许经营者永久性的特许经营权，与设立政府特许经营的初衷与目的相悖。将特许经营权永久授予特许经营者，实际上使特许经营权脱离政府的控制而变成特许经营者私人所有的经营资源。此外，基于对国家公园内自然资源的保护需要，在国家公园内实施特许经营也不宜赋予特许经营者永久

性的特许经营权。因此，国家公园服务项目特许经营应当慎用这两种经营模式。

对于需要投资建设的特许经营项目，建设—经营—转让（BOT）和建设—拥有—经营—转让（BOOT）是两种主要的特许经营模式。BOT 模式是基础设施和公用事业特许经营中使用最为广泛的一种特许经营模式，也是在其他基础设施建设领域广泛使用的一种经营模式。这种特许经营模式的特点是，政府或其他授权主体以特许经营协议的方式将基础设施项目建设及在特许经营期限内经营基础设施的特许经营权授予特许经营者，由特许经营者设立项目公司筹资建设、运营该项目，并通过向消费者收取使用费或服务费的方式收回投资、获得回报。特许经营期限届满后，特许经营者将项目资产无偿移交给政府或其他的授权主体。BOOT 模式也是基础设施建设运营领域广泛采用一种经营模式，在这种模式下，特许经营者不仅拥有基础设施的使用权，而且拥有基础设施的所有权。

BOOT 与 BOT 的区别集中体现在以下两方面：一方面，在 BOT 模式下，特许经营者对投资建设的项目资产只享有使用权和经营权，不享有所有权；而在 BOOT 模式下，特许经营者对投资建设的项目资产不仅拥有使用权和经营权，而且拥有所有权。另一方面，在经营期限届满后，BOT 模式中的特许经营者向政府或其他的授权主体移交的是项目资产而非项目资产的所有权，因为项目资产的所有权本来就属于国家，且移交一般都是无偿的；而在 BOOT 模式中，特许经营者向政府转移的是项目资产的所有权，由于项目资产所有权的特殊性质，政府一般需向特许经营者付费购买。

对于需要通过投资建设运营的国家公园特许经营服务项目，其投资建设分为两大类型：一是固定资产类经营设施建设投资，二是非固定资产类经营设施投资。固定资产类经营设施建设又分为两种情形：一是酒店、宾馆、商场、停车场所等经营建筑物建设，二是索道、缆车、栈桥等经营设施建设。非固定资产类经营设施投资主要是用于购买服务项目经营所需的设备、设施，譬如摆渡车、观光车、游船、漂流船、渡轮、竹筏、独木舟等经营设施。

国家公园服务项目特许经营也具有一定的垄断性，但不同类型的服务项目差异极大。酒店、宾馆、客栈、商场、停车场所等服务项目属于为国家公园访客提供的配套服务，不具有自然垄断性，虽然为了保证经营者的营利水平和土地等自然资源的节约使用，对项目建设的数量和规模会有严格的控制，但这些服务项目以经营性为主，公益性程度不高，在特许经营模式上，BOOT与BOT都是可以适用的模式，具体选择哪种模式可以由各国家公园根据项目建设情况自主决定；索道、缆车、栈桥等服务项目具有垄断性，且项目建设对公园内生态环境影响较大，项目运营关系访客的人身安全，这类项目采用BOT经营模式是较为合适的；对于非固定资产类服务项目，这类项目资产属于消耗性资产，特许经营期限届满，这些设施设备基本也就没有使用价值了，因此，这类特许经营类似城市公交特许经营，特许经营的内容是政府给定的运营线路，特许经营权的内容是线路运营权，因为不涉及固定资产投资建设，因而，一般不涉及经营模式的选择。

## 七、国家公园服务项目特许经营的最长期限

特许经营期限是特许经营制度中的一个重要内容，同样是需要通过立法加以明确的问题。

凡实行特许经营的领域或行业，立法上对特许经营的最长期限一般都有明确规定，特许经营协议约定的经营期限不得超过法律法规规定的特许经营的最长期限。在法律法规规定的最长期限之内，双方可根据项目特点、项目运营周期、投资成本的回收、合理的经营收益等因素综合分析和测算后确定具体的特许经营期限。

尽管理论和实践中，对于《国家公园法》及其相关法规范是否应当对特许经营期限作出规定有不同认识，但从国家公园保护的实际需要看，《国家公园法》应当对特许经营的最长期限作出规定，而且，规定的特许经营期限不宜过长，理由有三：

第一，国家公园服务项目特许经营是利用国家公园内的自然公产所进行的经营活动，经营权归政府所有，如果给予特许经营者过长的特许经营期限，就实质性改变了经营权的性质，特许经营权一旦授出即成为不受政府控制的私人所有的经营权，这与设立特许经营权的初衷相悖。

第二，限定经营者的特许经营期限可以增加特许经营者的竞争压力，一方面，虽然在特许经营期间经营者享有垄断经营的权利，但受制于经营期限，经营者只有不断提高产品或服务的质量，努力降低经营成本，提高管理能力

和服务水平，才能在有限的经营期间收回投资，获得收益；另一方面，特许经营期限届满后，经营者需要通过竞争重新获得经营权，如果经过第一个周期的经营证明项目经营是有利可图的，那么，经营者会希望特许经营期限届满后能够再次获得特许经营权，其在第一个经营周期中的经营表现会成为能否再次获得特许经营权的关键，这也会迫使特许经营者不断提高产品或服务的质量，努力降低经营成本。

第三，国家公园内的自然资源都是生态型资源，当其保护与利用发生矛盾与冲突时，应当将保护放在首位。在特许经营者拥有过长经营期限的情形下，收回特许经营权会面临着诸多困难和问题，特别是提前收回特许经营权的补偿问题规定特许经营期限也是给国家公园管理机构基于生态保护需要收回特许经营权时留下余地和空间。

因此，建议《国家公园法》根据服务项目的不同对特许经营的最长期限分别作出规定：对于需要投资建设和运营基础设施的经营服务项目，经营期限最长不得超过30年，对于一般特许经营项目，经营期限最长不得超过10年。

## 八、国家公园标识的许可使用问题

国家公园标识的经营性使用是国家公园重要的经营服务项目之一，经营者生产、销售载有国家公园标识的产品，应当从国家公园管理机构取得国家公园标识使用权。经营者如何从国家公园管理机构取得国家公园标识使用权，也是国家公园服务项目特许经营立法的争议所在。

在法律上，国家公园标识使用权的许可有私法上的特许与公法上的特许之分。私法上的特许即商业特许经营，是指拥有注册商标、标志、标识、专利、专有技术等经营资源的权利人（特许人），以合同形式将其拥有的经营资源许可其他经营者（被特许人）使用，被特许人按照合同约定开展经营，并向特许人支付特许经营费用的经营活动；公法上的特许，是指国家公园标识的权利人以特许许可或特许经营协议的方式授予经营者国家公园标识使用权。国家公园标识的权利人授予经营者国家公园标识使用权，是采私法上的特许还是公法上的特许模式，也是国家公园特许经营立法需要明确的一个问题。笔者认为，国家公园标识属于国有公共资源，国有公共资源使用权的出让宜采公法上的特许出让方式。

### 九、国家公园特许经营争议解决机制

国家公园特许经营争议解决机制是国家公园服务项目特许经营立法不可或缺的事项。

无论是招标授予特许经营权，还是协议授予特许经营权，双方的权利义务关系最终都需要通过特许经营协议加以落实，特许经营协议既是特许权人授予特许经营权的法律方式，也是对双方特许经营权利义务关系的证明。关于特许经营协议的法律性质，2014 年《行政诉讼法》修正之前司法实践中一直将之作为民事协议，且多将仲裁作为解决特许经营争议纠纷的方式。2014 年修正后的《行政诉讼法》改变了政府特许经营协议的民事法律性质，将政府特许协议的性质明确为行政协议。该法第 12 条第 1 款第（11）项规定认为，行政机关不依法履行、未按照约定履行或者违法变更、解除政府特许经营协议、土地房屋征收补偿协议等协议的，当事人可以提起行政诉讼。在该项规定中，政府特许经营协议是明确列举的行政性质的协议之一，这也意味着政府特许经营协议争议都应当通过行政诉讼方式解决。

在行政协议中，双方都有可能存在违约情形，但只有协议相对人对行政机关的违约行为和违法行为可以提起诉讼，行政机关不享有对相对人的违约行为提起诉讼的权利。在协议相对人违反协议约定时，行政机关只能针对相对人的违约行为作出相应的行政决定或处理决定。为了为行政机关处理相对人的违约行为提供法律依据，建议《国家公园法》作出以下规定：（1）国家公园派出机构对国家公园服务项目特许经营享有监督特许经营协议履行的职权。（2）特许经营者不履行特许经营协议约定的义务，有下列行为之一，经催告后仍不履行的，国家公园派出机构可以责令纠正违约行为、责令履行协议、责令停止经营、变更或解除协议，并处以××千元以上××万元以下的罚款：第一，未按照特许经营协议的规定按时足额缴纳特许经营费的；第二，特许经营项目绩效评价不合格的；第三，未依法或依约定履行生态保护义务和环境整治义务的；第四，未经批准，擅自停业、歇业的；第五，其他违反特许经营协议约定的行为。

此外，立法还应当明确，特许经营者在特许经营期间未履行协议约定的生态保护义务和环境整治义务，或者违反特许经营协议造成国家公园重要生

态系统、自然文化资源或者价值减损的，应当依法采取措施恢复生态环境原状。逾期未恢复生态环境原状的，由国家公园派出机构指定有能力的单位或个人代为恢复生态环境原状，所需费用由特许经营者承担。造成生态环境无法恢复原状的，特许经营者应当依法承担赔偿责任。

## 第二节　我国国家公园服务项目特许经营制度的地方实践

作为规范多层级政府特许经营行为，影响国家公园内经营管理主体资质及水平，提升政府生态保护效率，缓解财政资金不足的压力，促进资源配置利用与环境产业升级，促进区域经济发展，为生态保护增加资金保障，推动国家公园经营管理服务高效运营的重要制度手段，国家公园服务项目特许经营制度在国家公园立法中具有十分重要的地位。

### 一、制度概况

#### （一）"一园一法"立法模式下国家公园条例中的特许经营

受"一园一法"立法模式的影响，[1]我国国家公园大都颁行了相关的保护条例或办法，[2]其中也原则性地规定了特许经营制度。例如，（2013年制定）《云南省迪庆藏族自治州香格里拉普达措国家公园保护管理条例》第30条规定了国家公园特许经营原则，第31条规定了特许经营划定的区域和特许经营费；（2020年修正）《三江源国家公园条例》第49条规定了国家公园特许经营及其管理机构，第50条规定禁止特许经营的情形，第52条就鼓励当地居民参与特许经营予以规定；（2017年制定）《武夷山国家公园条例（试行）》第46条规定了特许经营项目类型，包括限制经营类型；（2019年修正）《神农架国家公园保护条例》第42条规定了特许经营项目类型，第44条规定了特许经营收支两条线管理和保护原住居民发展；（2020年制定）《海南热带

---

〔1〕　参见秦天宝、刘彤彤："国家公园立法中'一园一法'模式之迷思与化解"，载《中国地质大学学报（社会科学版）》2019年第6期。

〔2〕　例如，《云南省迪庆藏族自治州香格里拉普达措国家公园保护管理条例》2014年1月1日起施行；《三江源国家公园条例（试行）》2017年8月1日起施行；《武夷山国家公园条例》2017年8月1日起施行；《神农架国家公园条例》2018年5月1日起施行；《海南热带雨林国家公园条例（试行）》2020年10月1日起施行；《大熊猫国家公园管理办法》2022年5月1日起施行等。

雨林国家公园条例（试行）》第 40 条规定特许经营区域控制的一般规定，具体管理办法另行制定等。我国各个国家公园保护管理条例或办法均对特许经营进行了一般性、原则性规定，包括特许经营项目类型，尤其是禁止或限制的经营项目、原住居民参与特许经营、特许经营费及其收支管理规定等。

国家林业和草原局出台的《国家公园管理暂行办法》（2022 年）包括总则、规划建设、保护管理、公众服务、监督执法和附则六章内容，共计 41 条。该暂行办法没有明确或直接规定国家公园特许经营制度。但是，该暂行办法第 32 条第 1 款"国家公园管理机构应当按照总体规划确定的区域、访客容量和路线，建设必要的公共服务设施，完善生态旅游服务体系，探索建立预约制度，严格控制开发利用强度，最大限度地减少对生态环境的干扰"和第 34 条第 1 款"国家公园管理机构应当引导和规范原住居民从事环境友好型经营活动，践行公民生态环境行为规范，支持和传承传统文化及人地和谐的生态产业模式。完善生态管护岗位选聘机制，优先安排国家公园内及其周边社区原住居民参与生态管护、生态监测等工作"为设立国家公园特许经营制度和原住居民参与特许经营预留了制度空间。

（二）各个国家公园特许经营管理办法概况

由于特许经营属于国家公园运营管理中最为重要的事项之一，所以，各个国家公园除颁行国家公园条例或办法外，还出台了具体的特许经营管理办法（含试行）。例如，《神农架林区特许经营权管理办法》（2013 年）、《三江源国家公园经营性项目特许经营管理办法（试行）》（2017 年）和《三江源国家公园产业发展与特许经营专项规划》（2020 年）、《大熊猫国家公园特许经营管理办法（试行）》（2020 年）、《武夷山国家公园特许经营管理办法》（2020 年）、《普达措国家公园特许经营项目管理办法（试行）》（2020 年）、《祁连山国家公园特许经营管理暂行办法》（2020 年）、《钱江源国家公园特许经营管理办法（试行）》（2020 年）、《海南热带雨林国家公园特许经营管理办法》（2020 年）、《湖南南山国家公园特许经营管理办法》（2020 年）、《东北虎豹公园经营性项目特许经营管理办法》（2021 年）等。[1]各个国家公园

---

〔1〕　由于东北虎豹国家公园和南山国家公园体制试点区特许经营管理办法没有从现有的网络渠道获取，所以下文制度分析部分将缺失这两个国家公园（体制试点区）的内容。

特许经营管理办法（含试行）就特许经营内涵进行了界定，并分别从特许经营管理机构（公园管理局）、经营范围（主要是许可经营项目）、经营期限、合同机制、特许经营费、日常监管、法律责任等方面进行了规制。

## 二、部分国家公园（含体制试点区）特许经营制度建设比较

### （一）关于特许经营内涵界定

从各个国家公园特许经营管理办法得知，特许经营大体上是指在生态保护优先下，政府将某些服务项目（实践中主要是非资源消耗性项目）的经营权按照法律法规规定和竞争性程序，授权给国家公园政府管理部门之外的主体开展商业经营的行为，这些被授权的主体需上交特许经营费，并依照合同约定的期间、地点、范围、权利义务等进行经营活动（表7-1）。

表7-1　部分国家公园及体制试点区有关特许经营内涵的规定

| 国家公园 | 特许经营内涵 |
|---|---|
| 三江源 | 指在三江源国家公园管理局的统一规划和规范管理下，按照有关法律法规，通过竞争性的准入机制，依法授权公民、法人或者其他组织，通过签订特许经营合同，在一定期限、范围内，投资建设运营并取得合理收益的行为 |
| 大熊猫 | 指在大熊猫国家公园管理机构统一规划和规范管理下，按照有关法律、法规和国土空间用途管制的要求，通过竞争性准入等方式，依法优选受许人，授权公民、法人或者其他组织，在特定期限、地点开展规定范围的经营活动 |
| 武夷山 | 无明确规定 |
| 海南热带雨林 | 指海南热带雨林国家公园管理机构依法授权公民、法人或者其他组织在一定期限和范围内开展经营活动，特许经营者依照特许经营协议和有关规定履行相关义务的行为 |
| 普达措 | 无明确规定 |
| 钱江源 | 指钱江源国家公园管理局依法授权管理局以外的法人、其他组织或个人在该公园范围内从事一定期限的经营性活动。双方通过协议明确权利义务和风险分担，特许经营者接受管理局和主管部门的监督与管理 |
| 祁连山 | 指管理机构按照有关法律法规，通过竞争性的准入机制，签订特许经营协议方式，选择祁连山国家公园基础设施和公用事业投资者和经营 |

续表

| 国家公园 | 特许经营内涵 |
|---|---|
| | 者，明确其在一定期限和范围内，经营某项公园公用事业产品或者提供某项服务，并有偿取得收益的行为 |
| 神农架 | 将其界定为政府特许经营权（经特定程序而获得的对有限自然资源开发利用、公共资源配置以及直接关系公共利益的特定行业的市场准入权）出让行为（政府将特许经营权在一定期限内授予经营者的行为） |

通常来说，特许经营涉及授权和经营两方主体：授权主体即政府（通常为国家公园管理机构），特许经营主体即民事主体（自然人、法人与其他组织）。经营主体主要是通过竞争性机制获得某些项目的特许经营，进而获得特许经营权（《神农架特许经营管理办法》明确规定特许经营权）。该特许经营权具有财产权属性，即能够通过占有使用国家公园内某些资源、从事经营活动并取得一定的收益（《三江源和祁连山特许经营管理办法》明确规定取得收益）。同时，该特许经营权具有一定的期限性（除《大熊猫特许经营管理办法》规定"特定期限"，其他均规定"一定期限"）。从权利属性来看，特许经营权具有明显的用益物权属性。[1]由此可以推论：通过国家公园特许经营立法从而授权特许经营者一种类似于用益物权的特许经营权，但行使该权利时不得擅自转让、出租或者设立担保物权等。当然，根据物权法定原则要求，国家公园特许经营权需要通过国家公园法来予以确认。所以，目前的各个国家公园特许经营管理办法只是规定了类似于用益物权性质的财产权益而已，从立法主体及效力层面而论尚达不到赋予国家公园特许经营者特许经营权这一高度。

（二）关于特许经营范围厘定

各个国家公园的特许经营项目范围有很大的差异，但基本上都涉及交通、住宿、餐饮、休闲游憩等必要的经营活动和公园标识品牌特许经营。涉及自然资源直接开发、利用特许经营项目的公园有三江源、武夷山、钱江源、祁连山和神农架；其他国家公园也或多或少存在间接开发、利用生态环境资源的情形。有些公园，如三江源国家公园将草原经营权作为特许经营项目范围，

[1]　《民法典》第323条规定："用益物权人对他人所有的不动产或者动产，依法享有占有、使用和收益的权利。"

这必然涉及特许经营权与作为典型用益物权的土地承包经营权（包括草原经营权）之间的关系；虽然国家公园特许经营权类似于用益物权，但是其与草原经营权存在较大差异，因此笔者认为不宜将草原经营权纳入特许经营范畴。大熊猫国家公园明确将"原住民利用现有农房开展餐饮、住宿、商品销售等经营活动"作为特许经营项目。该规定既尊重了现实的社会生活情况，又在一定程度上对原住居民的权益做了倾向性保护。将商品销售和/或广告纳入特许经营项目的有大熊猫国家公园、海南热带雨林国家公园、钱江源国家公园和神农架国家公园。普达措国家公园将医疗、环卫等服务纳入特许经营项目似乎有些不太合适，因为这会让作为商业经营活动的特许经营负担不应当承担的社会公共服务，后者通常应由政府或者国家公园管理机构来负担（表7-2）。

表7-2　部分国家公园及体制试点区有关特许经营范围的规定

| 国家公园 | 特许经营范围 |
|---|---|
| 三江源 | 经营性项目特许经营（有机畜产品及其加工+生态体验和环境教育+中藏药开发利用+文化产业）；草原经营权特许经营；公园品牌特许经营；非营利性社会事业活动特许经营 |
| 大熊猫 | 分为五类项目：Ⅰ类指大熊猫国家公园内原住民利用现有农房开展餐饮、住宿、商品销售等经营活动；Ⅱ类指投资建设经营性服务设施，引入社会资本开展生态旅游、生态体验、自然教育、低碳交通、文化体育、森林康养、固定的商业演艺等特许经营活动，该类活动纳入建设项目管理；Ⅲ类指租赁大熊猫国家公园管理机构的设施设备用于餐饮、住宿、商品销售等特许经营活动，或在大熊猫国家公园管理机构指定地点开展商品销售或服务；Ⅳ类指使用大熊猫国家公园品牌及标识开展生产的经营活动；Ⅴ类指在大熊猫国家公园范围内设立大型的商业广告设施 |
| 武夷山 | 九曲溪竹筏游览、环保观光车、漂流等项目 |
| 海南热带雨林 | 建设、运营经营服务设施；销售商品；租赁设备或者场地；提供住宿、餐饮、游憩导览、解说；经营户外运动项目或者商业拍摄、商业演艺活动等文化体育服务；提供生态旅游和体验、森林康养、休闲度假服务；提供生态科普、自然教育服务；提供旅游运输服务；生产、销售载有海南热带雨林国家公园标识的产品；其他实行特许经营的项目 |

续表

| 国家公园 | 特许经营范围 |
|---|---|
| 普达措 | 投资、建设、运营经营服务设施或者运营、维护已建成的经营服务设施；提供社会资本参与的自然教育、交通、医疗、环卫等服务；销售生态产品、租赁设备；提供自然观光导览、解说或者经营户外运动项目；生产、销售载有国家公园标识商品；其他利用国家公园资源从事经营服务活动 |
| 钱江源 | 包括餐饮、住宿、交通服务、特色商品和纪念品销售、自然教育、研学旅游、游憩、漂流、节庆活动、体育赛事、商业拍摄等特许经营活动及其他可能的资源合理利用活动（如特色农产品开发、水产养殖、中蜂养殖、生物基因产业等） |
| 祁连山 | 生态体验、旅游以及相关的餐饮交通服务业、文化产业、环境教育基础设施以及其他涉及利用自然资源资产从事的营利性活动等 |
| 神农架 | 水能、风能、特种动植物等资源的开发利用；风景名胜区内的项目经营和旅游资源的开发利用；城市供水、供气、供热、公共交通、污水处理、垃圾处理、户外广告设置等市政公用事业；其他 |

值得一提的是，（2020年）《大熊猫国家公园特许经营管理办法（试行）》第3条第2款还列出禁止特许经营的项目，即"大熊猫国家公园范围内的宗教活动、原住民自发开展的非商业性节庆祭祀活动、由国家公园管理机构或中小学校等举办的公益性自然教育、科学研究、生态保护和治理、环境卫生整治、基础设施维修养护及改扩建、公共医疗服务、原住民开展传统的生产经营活动（除利用现有房屋开展餐饮、住宿、商品销售等经营活动外），不列为大熊猫国家公园特许经营项目"。这种反向禁止性规定为国家公园特许经营提供了负面项目清单，可以作为特许经营项目目录的一种反向排除性规定，更有助于理清国家公园特许经营项目范围。

由上观之，国家公园特许经营项目范围通常是为访客进行休闲观光游憩提供一定的经营服务活动，包括必要的交通、住宿、餐饮、特许商品销售等。通常的自然资源开发利用（包括风电、水电、太阳能等）项目不宜放到特许经营项目之中，尤其是其他法律明确规定的，如草原承包经营权或草原经营权更不适合放在特许经营之列。那些需要由政府承担的社会公共服务项目，如环卫、消防、安全与医疗、自然教育等，也不宜纳入国家公园特许经营项目。因此，国家公园法在规制特许经营范围时，应当在坚持生态保护优先的框架下将其限定为一些必要的经营服务活动，不宜盲目扩大特许经营项目范围，以免背离国家公园设立之目的。

（三）关于特许经营期限设定

各个国家公园通常按照特许经营项目的类别分别确定不同的特许经营期限。通常情况下为 5 年或者 10 年，最长不超过 20 年（表 7-3）。

表 7-3 部分国家公园及体制试点区有关特许经营期限的规定

| 国家公园 | 特许经营期限 |
| --- | --- |
| 三江源 | 以特许经营协议约定为准 |
| 大熊猫 | 根据不同类别确定不同期限，一般不超过 5 年或 10 年 |
| 武夷山 | 一般为 5 年，最长不超过 10 年 |
| 海南热带雨林 | 授予特许经营者建设、运营涉及固定资产投资的经营服务设施的，特许经营期限一般为 10 年，原则上不超过 20 年；其他特许经营项目按照特许经营协议确定特许经营期限，最长不超过 10 年 |
| 普达措 | 授予特许经营者投资、建设并且运营具有固定资产性质的经营服务设施的，特许经营期限最长不超过 10 年；其他特许经营项目按照特许经营协议的约定确定特许经营期限，最长不超过 5 年 |
| 钱江源 | 以特许经营协议约定为准，一般不超过 10 年；对于投资规模大、回报周期长以及涉及公共服务的特许经营项目，最长不超过 20 年 |
| 祁连山 | 整体项目最长期限为 10 年；服务类项目或者单个项目最长不超过 5 年 |
| 神农架 | 以特许经营合同的约定为准，但不得超越法律、法规、规章规定的期限 |

有的国家公园（如三江源、神农架）直接规定特许经营期限以协议或合同的约定为准，遵循合同自治原则。大熊猫国家公园特许经营期限很有代表性，其具体规定如下："Ⅰ类特许经营项目一般不超过十年；Ⅱ类特许经营项目按投资额度、投资回报周期以及国家有关法律规定期限确定特许经营期限，遵循一事一议的原则；Ⅲ类特许经营项目特许经营期限原则上不超过五年，个别投资额度较大的项目可适当放宽特许经营期限，但不得超过十年；Ⅳ类特许经营项目一般不超过五年；Ⅴ类特许经营项目一般不超过两年，个别投

资额度较大的项目可适当放宽特许经营期限，但不得超过五年。"[1]该规定十分明确地宣称不同类别的特许经营项目应当适用不同的特许经营期限。此外，在Ⅱ类中规定了"按投资额度、投资回报周期以及国家有关法律规定期限确定特许经营期限，遵循一事一议的原则"，表明此类特许经营项目不适用2年、5年或10年的期限要求，可以依照协议安排较长的期限，不排除15年或者20年的期限约定。总之，国家公园服务项目的特许经营期限可长可短，可以根据不同类别项目需要确定不同的期限，但通常会规定最长期限不超过10年或者20年。

（四）关于特许经营合同机制

各个国家公园服务项目的特许经营主体与管理机构之间的权利义务关系大多通过特许经营合同予以安排。在特许经营协议或合同订立之前，通常会规定含有经营者准入条件等内容的准入机制，包括公开竞争性遴选经营者及其公示等。特许经营合同的内容，经营者的法定义务，违反义务（包括法定义务、约定义务）时合同的解除和退出机制，合同履行、变更与终止以及合同解除或终止后相关材料与设施设备移交等，均是各个国家公园特许经营合同机制所包括的内容（表7-4）。

表7-4 部分国家公园及体制试点区有关特许经营合同机制的规定

| 国家公园 | 特许经营合同机制 |
| --- | --- |
| 三江源 | 1. 特许经营项目遴选与特许经营者条件等准入机制；<br>2. 合同内容；<br>3. 特许经营费及其调整机制；<br>4. 后续手续办理；<br>5. 原居民参与和配套资金、政策 |
| 大熊猫 | 1. 格式化合同文本及签订前7天公示，签订时发放《特许经营许可证》；<br>2. 特许经营许可人不得从事的行为；<br>3. 合同变更与解除规定；<br>4. 退出机制；<br>5. 合同终止时移交资料和设施设备等 |

---

[1]《大熊猫国家公园特许经营管理办法（试行）》第9条之规定。

| 国家公园 | 特许经营合同机制 |
|---|---|
| 武夷山 | 1. 公开公平公正选择特许经营者；<br>2. 合同内容（应载明特许经营活动影响资源环境所承责任）；<br>3. 特许经营者的义务、违反义务提前终止协议；<br>4. 终止时移交资料和设施设备等 |
| 海南热带雨林 | 1. 确定特许经营者；<br>2. 合同内容；<br>3. 特许经营者义务；<br>4. 提前终止等 |
| 普达措 | 1. 特许经营项目的确立、公开和招标；<br>2. 合同订立及内容；<br>3. 合同解除情形及后果；<br>4. 合同履行与经营费缴纳与使用等 |
| 钱江源 | 1. 公开招标、竞争性谈判优选特许经营者；<br>2. 合同的签订、内容、履行、变更与终止等 |
| 祁连山 | 1. 准入机制、分类分级管理；<br>2. 合同的签订、内容、履行、变更与终止；<br>3. 经营者的义务等 |
| 神农架 | 1. 招标、拍卖等公开竞价遴选经营者；<br>2. 合同的签订、内容、备案、解除与终止、期满后处理与退出机制、救济等 |

在经营者条件等准入机制方面，《三江源国家公园特许经营管理办法（试行）》第 15 条要求由公园管理局制定《特许经营项目计划》，并提出特许经营项目实施方案，该方案经过论证、评估和进一步完善后提交管理局批复；然后通过招标或竞争性谈判、竞争性磋商等多种方式选择特许经营者；特许经营者除了需要符合法律法规规定的准入条件外，还需要具备"依法注册的法人或者其他组织，有相应的注册资本金和设施设备，有良好的银行资信、财务状况及相应的偿债能力，有相应的从业经历和良好的业绩，有相应数量的技术、财务、经营等关键岗位人员，有切实可行的经营方案"等条件。（2020 年）《大熊猫国家公园特许经营管理办法（试行）》第 4 条规定了特许经营活动应当遵循的原则和要求："（1）遵循自愿、公平、诚实守信的原则；（2）符合大熊猫国家公园定位和资源保护目标，兼顾民生改善和社区发展，

确保大熊猫国家公园的公益性；（3）坚持生态保护优先，合理控制利用强度和产业规模；（4）符合优质服务的要求，发挥社会资本、专业、技术和运营优势，提高经营水平和服务质量；（5）自觉接受大熊猫国家公园管理机构、有关职能部门监管和社会公众监督。"

此外，大熊猫国家公园还设立共管理事会，负责审议特许经营项目规划和实施方案并报管理局进行分类审批，监督特许经营全过程和协调处理特许经营所发生的问题。《武夷山国家公园特许经营管理办法》规定采取公开招标来确定特许经营者并授予其特许经营权。《海南热带雨林国家公园特许经营管理办法》规定通过招标、竞争性谈判或者竞争性磋商等方式确定特许经营者，并应当向社会公示。《香格里拉普达措国家公园特许经营项目管理办法（试行）》（已废止）规定根据公园总体规划确定拟实施特许的经营服务项目，经报备公示后编制特许经营权出让方案，方案经过管理局审定后经过公开招标[1]确定经营者。《钱江源国家公园特许经营管理办法》规定经营项目实施方案的编制审核公示后，采取公开招标、竞争性谈判优选特许经营者。《祁连山国家公园特许经营管理办法》规定应编制特许经营项目实施方案并经论证和审定通过，通过招标、竞争性谈判等方式选择特许经营者，规定特许经营者的条件和不同项目（整体、单一和服务类项目）分类分级管理。《神农架国家公园特许经营管理办法》规定编制出让方案和审批，通过招标、拍卖等公开竞价遴选特许经营者。由此可知，国家公园主要采取招投标或者竞争性谈判等特许经营准入机制。这不仅能够维护公平公正的市场竞争秩序，而且能够保障最优资源企业参与国家公园特许经营项目的经营管理，进而有利于国

---

〔1〕《香格里拉普达措国家公园特许经营项目管理办法（试行）》（已废止）第13条规定："国家公园特许经营项目招标，除依照有关招标投标法律、法规、规章的规定对投标文件进行评审以外，还应当考虑下列因素：（一）投标人按合理价格向公众提供必要和适当的国家公园特许经营设施或者服务的可能性；（二）投标人在从事国家公园特许经营活动方面的经验和有关背景，包括该投标人过去提供相同或者相似设施或者服务的业绩和专业性；（三）投标人的财务能力；（四）投标人以往的社会责任履行情况；（五）投标文件中的特许经营项目实施方案对国家公园的重要生态系统、自然文化资源和价值可能造成的影响，以及带动国家公园所在地原住居民社区发展的有利条件；（六）其他应当考虑的相关因素。"此外，第14条还规定了否标情形："国家公园特许经营项目的投标人有下列情形之一的，应当否决其投标：（一）投标文件不能满足项目的生态保护或者环境治理要求，或者不能满足有关利用国家公园自然文化资源的限制性条件的；（二）投标人以往从事相同或者类似业务过程中曾发生重大安全责任事故、环境污染事故或者造成生态环境损害被依法追究责任的；（三）投标人被列入经营异常名录或者具有违法失信记录的；（四）招标投标法律、法规、规章规定的其他情形。"

家公园生态环境资源可持续利用和保护。

在特许经营合同签订、履行方面，各个国家公园特许经营管理办法一般规定，经过依法选定的特许经营者应当与管理局签订特许经营合同或协议，如，（2020年）《大熊猫国家公园特许经营管理办法（试行）》第15条规定，管理机构应当向特许经营者发放由大熊猫国家公园管理局统一印制的《大熊猫国家公园特许经营许可证》。特许经营合同通常为格式合同文本，通常包括以下主要条款：特许经营项目情况；特许经营方式、内容、区域、范围（含资源环境利用限制）及期限；特许经营产品或者服务的价格、数量、质量和标准；特许经营使用费的支付标准及调价机制、金额和支付方式；特许人和特许经营者各自的权利和义务[1]与禁止事项；特许经营设施的权属与处置、维护保养计划；特许经营状况的监测评估内容（包括特许经营商的财务状况、经营情况、资产及设施设备、特许经营项目质量及服务水平、特许经营项目环境影响评价等）、期限、方式；退出机制；期限届满后，该项目资料资产移交方式、程序和要求等。特许经营合同双方当事人应当诚信，依法和依照约定忠实全面地履行合同。经营者应当按照合同约定、技术规范行业标准要求和法律法规的规定履行特许经营协议，不得擅自变更特许经营内容、停业、歇业或超特许约定范围从事经营服务活动，提供产品和服务不得损害公众利益，不得非法处置特许经营权或者处置提供其使用的资源资产与设施设备，严禁破坏国家公园资源、环境、景观或者使其失去原有科学、观赏价值；国

---

[1]《祁连山国家公园特许经营管理办法（暂行）》第23条、第24条分别规定了特许经营者的权利和义务。第23条规定："特许经营者依据特许经营协议自主经营、自担风险，任何单位或者个人不得干涉特许经营者合法经营活动。特许经营者享有下列权利：（一）依法自主经营；（二）获取合法收益；（三）依法向有关部门请求制止和排除侵害特许经营权的行为；（四）申请有关部门调整服务收费标准；（五）因法律法规变动导致特许经营权被变更、撤销、终止，造成利益受损的，依法获得补偿；（六）对没有法规、规章依据的收费、集资和摊派有权予以拒绝；（七）法律、法规规定和特许经营权协议约定的其他权利。"第24条规定："特许经营者应当履行下列义务：（一）落实生态保护管控措施，不得破坏祁连山国家公园生态环境与资源，或者使其失去原有生态、科学、观赏价值；（二）严禁损害公众利益，提供的产品和服务符合国家、行业标准；（三）履行特许经营权协议，不得擅自变更特许经营内容，或擅自停业歇业，接受相关部门对经营服务质量的监督检查，发现问题及时整改；（四）按照技术规范，定期对特许经营项目生产设施、设备进行运行维护和更新改造，确保设施、设备完好运转，经营期限届满后，按协议约定移交相关设施、设备、技术资料和其他相关档案资料；（五）严禁以转让、出租、质押等方式处理特许经营权以及国家公园资源；（六）制定安全管理措施和突发事件的应急处置方案；（七）法律、法规规定和特许经营权协议约定的其他义务。"

家公园管理局为特许经营项目提供必要的安全服务、公共服务和配套设施，其他任何单位和个人不得干涉特许经营者合法经营活动。

在特许经营合同变更、解除与终止方面，特许经营项目在经营期间确需变更的，应当在当事人协商一致基础上签订补充协议；若变更产生重要债权债务关系或者重大影响的，还需要征得相关权利方的同意。发现特许经营者有违反合同约定、违反公园管理规定、违反有关法律法规、服务低劣、欺诈访客等行为的，管理机构应当责令其整改；如不愿整改或屡次整改不达标的，应按合同约定和有关法律法规依法解除特许经营合同。[1]特许经营期限届满、因未履行保护资源环境相关义务危及或可能危及资源环境安全提前终止的，应当终止特许经营合同并确定资料与设施设备的归属和相应的责任承担。期限届满后，若原特许经营者申请续签合同的，只要经营者不存在违法违约行为，在同等条件下，应当优先取得该特许经营项目新的特许经营权。

（五）关于原住居民保护机制

国家公园原住居民权益保护机制是我国国家公园建设不可或缺的制度安排。关于原住居民的范围，各个公园特许经营管理办法通常包括社区居民、集体经济组织、当地企业、对原住民就业有贡献的企业或创新型生态小微企业等。考虑到"对原住居民就业有贡献的企业或创新型生态小微企业"可能不属于当地企业，因此原住居民解释上应当包括当地居民、当地企业、当地集体经济组织等（表7-5）。

表7-5　部分国家公园及体制试点区有关原住居民保护机制的规定

| 国家公园 | 原住居民保护机制 |
| --- | --- |
| 三江源 | 同等条件下，国家公园内社区居民享有特许经营优先权 |

---

　　[1]《香格里拉普达措国家公园特许经营项目管理办法（试行）》（已废止）第20条规定："特许经营者在履行特许经营协议期间有下列行为之一的，香格里拉普达措国家公园管理局应当责令特许经营者在合理时间内改正，同时特许经营者应当承担违约责任；特许经营者拒不改正的，香格里拉普达措国家公园管理局有权解除特许经营协议。（一）擅自转让、出租特许经营权；（二）以特许经营权设立担保物权；（三）擅自处分特许经营设施或者资产；（四）超越特许经营协议约定范围在国家公园内从事经营服务活动；（五）特许经营年度绩效评价不合格或者连续两年绩效评价为基本合格的；（六）其他违反法律、法规、规章及特许经营协议约定的情形。"

续表

| 国家公园 | 原住居民保护机制 |
|---|---|
| 大熊猫 | 同等条件下，大熊猫国家公园内原住民、集体经济组织、对原住民就业有贡献的企业享有特许经营竞争优先权；受许人投资、建设或者运营特许经营项目，同等条件下应当优先雇用原住民，并确保原住民与其他雇员同工同酬 |
| 武夷山 | 鼓励和引导符合条件的国家公园范围内和毗邻社区的原住居民、生态移民参与特许经营权竞标 |
| 海南热带雨林 | 原住居民利用自有或本集体经济组织及其成员的房屋开展餐饮、住宿、商品销售等经营服务活动，或者从事公园内游憩览等微利项目的，可以免收或者减收特许经营使用费；鼓励特许经营者通过向原住居民分享特许经营收益、聘用原住居民等方式，促进居民增收 |
| 普达措 | 拟实施销售生态产品或者提供自然观光导览、解说等不具有固定资产性质的特许经营服务项目，国家公园所在地原住居民在同等条件下可以依法优先取得特许经营权；特许经营者投资、建设或者运营特许经营项目，同等条件下应当优先雇用国家公园所在地原住居民，并确保居民与其他雇员同工同酬 |
| 钱江源 | 同等条件下，公园原住民、当地企业、创新型生态小微企业享有优先权 |
| 祁连山 | 应当引导与规范符合条件的社区居民参与特许经营项目，鼓励和支持特许经营者优先录用社区居民和生态移民；选择特许经营者，同等条件下，优先考虑祁连山国家公园内原住民及对原住民就业有贡献的企业 |

各个国家公园特许经营管理办法大多规定：同等条件下，优先考虑原住居民获得项目特许经营权。同时，为了保障原住居民就业，一般也会规定"特许经营企业同等条件下应当优先雇用原住居民"或者"特许经营项目优先考虑对原住居民就业有贡献的企业"。在原住居民优先获取特许经营权方面，《香格里拉普达措国家公园特许经营项目管理办法（试行）》第15条规定，"拟实施销售生态产品或者提供自然观光导览、解说等不具有固定资产性质的特许经营服务项目，国家公园所在地原住居民在同等条件下可以依法优先取得特许经营权"。也就是说，原住居民优先获取特许经营权是有限定的，仅限于不具有固定资产性质的特许经营项目。究其法理，可能在于固定资产类项目投资规模大、风险大、周期长，不赋予原住居民优先获取特许经营权也是对原住居民权益的保护。同时，也能够吸引更多的富有竞争优势的企业前来

参与特许经营项目竞争性投标。当然，为了保护原住居民的权益，该办法第
31条同时规定："特许经营者投资、建设或者运营特许经营项目，同等条件下
应当优先雇用国家公园所在地原住居民，并确保居民与其他雇员同工同酬"。

（六）关于监督保障机制

各个国家公园特许经营管理办法在监管保障机制方面，通常规定监管部
门的监管责任和公众的社会监督两大层面。关于监管部门，有的规定监管机
构和当地政府及其有关部门一起履行监管责任。随着国家公园管理体制的进
一步完善，国家公园监管机构主要是国家公园管理局。关于公众的社会监督，
首先要将国家公园特许经营项目及经营者等信息进行公开，让公众获得相关
信息，从而对特许经营活动提出有关意见建议并进行监督。不论社会公众监
督还是监管部门的监督，都应当将生态环境保护作为国家公园特许经营活动
的首要考量因素，然后才是对特许经营活动服务品质进行监督（表7-6）。

表7-6　部分国家公园及体制试点区有关特许经营监督保障机制的规定

| 国家公园 | 特许经营监督保障机制 |
| --- | --- |
| 三江源 | 管理部门对特许经营者执行法律法规、行业标准、产品或服务技术规范，以及其他有关监管要求情况进行监督管理；社会公众有权对特许经营活动进行监督，向有关监管部门投诉，或者向管委会和特许经营者提出意见建议 |
| 大熊猫 | 管理机构应加强对特许经营活动的监督和管理，督促特许经营者在经营活动中自觉遵守国家有关法律法规、公园管理规定、合同明确的义务和限制性要求，诚信经营、优质服务，提升访客满意度；建立特许经营监督、实施绩效评价机制 |
| 武夷山 | 管理局依法对特许经营者实行业态监管，应当对特许经营者运营计划进行评估，监管计划执行情况；综合运用成本监督审查等手段，推动特许经营者合法合规经营；督促特许经营者健全安全保障制度，加强安全监督检查，及时排除安全隐患；其他部门落实属地指导与监督责任；建立举报监督机制，运用媒体、网络和聘请具有广泛代表性的人士作为社会监督员等方式，让公众参与特许经营活动监督 |
| 海南热带雨林 | 管理机构应当加强对特许经营者履行特许经营协议和相关义务、利用自然资源、保护生态环境等情况的监督；建立健全特许经营活动的社会监督机制，发挥媒体、社会监督员作用 |

| 国家公园 | 特许经营监督保障机制 |
|---|---|
| 普达措 | 主管部门会同有关部门对特许经营项目实施的规范性、特许经营费的缴纳和使用成效等工作进行监督，并将公众投诉率等作为项目实施绩效评价内容 |
| 钱江源 | 管理局应当对特许经营项目实施方案、特许经营协议、特许经营项目建设运营情况、环境监测评估等进行监管并将有关信息按规定向社会公开 |
| 祁连山 | 管理机构及所在地方人民政府有关部门应当根据各自职责对特许经营活动实施监督管理；社会公众有权对特许经营活动进行监督，向有关监管部门投诉，或者向管理机构和特许经营者提出意见建议 |
| 神农架 | 公众享有知情权，对侵害公众利益的行为有权进行投诉、举报；行业主管部门和特许经营者应当建立公众参与机制，提供咨询服务，保障公众能对特许经营情况进行监督 |

## 三、地方实践中存在的主要问题及其对策

### (一) 实践问题

各个国家公园的特许经营项目多数处于拟实施或者试行阶段，实践运行状况存在较大的差异。各个国家公园正在积极探索颇具特色的特许经营项目，如三江源国家公园中的黄河源园区将公众享受到的专业特许经营服务与深度的自然文化体验相结合，让访客实地体验原住居民文化生活以及让牧民参与相关服务与共享红利等；三江源国家公园中的澜沧江园区昂赛自然体验项目，被许可的公众在牧民向导的带领下寻找珍稀野生动物、观赏雪豹和自然文化景观、体验牧区生活、进行漂流等。这些已开展的特许经营项目[1]在生态环境保护优先原则下，让原住民或牧民积极参与其中，并分享特许经营所带来的经济效益或收益。但是，由于我国国家公园建立时间不长，特许经营项目尚处于摸索试验阶段，所以特许经营实践难免会存在一些问题，大体可归纳为如下几个方面。

---

[1]　三江源国家公园特许经营项目规定包括有机养殖基地、畜产品加工、汉藏药材种植及加工、生态体验、生态体验服务设施运营、牧家乐庭院经济、国家公园品牌等，但落地实施的特许经营项目并不多。

1. 特许经营管理体制机制方面

实践中我国国家公园服务项目的特许经营体制机制存在差异，主要有：（1）采用国际上通用的市场竞争特许经营模式，但尚处在探索阶段，如三江源国家公园。（2）尚未采用国际上通用的特许经营模式，沿用以往的经营管理模式，如普达措国家公园，其管理权由普达措国家公园管理局负责，经营权仍由迪庆州旅游集团有限公司普达措旅业分公司负责，现实中存在以经营权取代管理权现象。[1]因此，我国国家公园服务项目特许经营存在管理主体、经营主体权利与责任不清晰，职能上交叉重叠，管理主体、经营主体之间存在博弈，经营主体越位等问题。（3）尽管已经颁布了特许经营管理办法，但是尚未开展特许经营实践。

2. 特许经营运营机制方面

我国国家公园在摸索特许经营项目过程中存在如下问题：一是初期参与特许经营项目的企业数量不多，还达不到招标机制充分落实的程度；二是合同管理处于摸索阶段，特许经营合同签订事前对保护管理的重视程度有待加强，特许经营申请程序中需设立环境评估的相关环节，对于特许经营项目是否对环境产生不良影响及应采取何种应对措施要做出明确的规定；[2]三是事中有效淘汰和奖惩机制需要完善；四是事后有效监管机制还有提升的空间。同时，国家公园服务项目特许经营的范围、类型、内容以及授权主体等需要进一步明晰；特许经营制度创新也需要规范跟进，尤其要规范过度开发、盲目开发特许经营项目，以及协调特许经营项目企业与当地社区、原住民之间的利益关系。

3. 特许经营费及其管理方面

对于特许经营费，三江源国家公园、普达措国家公园、钱江源国家公园、祁连山国家公园、海南热带雨林国家公园都明确规定特许经营费收支两条线管理，神农架国家公园、武夷山国家公园对此没有作出规定。只有三江源国家公园明确了特许经营费的分成机制，设置了访客容量限制。因此，在国家

---

〔1〕　这种模式主要是那些在成立国家公园之前已经是风景名胜区的，如普达措、武夷山、钱江源、南山等。

〔2〕　陈真亮、诸瑞琦："钱江源国家公园体制试点现状、问题与对策建议"，载《时代法学》2019年第 4 期。

层面上尚需建立特许经营费征收标准、中央与地方以及政府与企业对特许经营收入的分成比例、特许经营资金使用方向等制度机制,并对特许经营费的收支使用进行有效监管。

4. 原住民参与特许经营方面

各个国家公园地处偏远,交通不便,社会经济发展水平低且发展比较缓慢,当地居民和农牧民对自然资源利用的依赖程度高,因生态保护的需要导致发展机会受限或丧失。尽管当地居民、农牧民目前多以国家补助、畜牧业等当地产业收入为主,但改善民生的任务依然艰巨。因此,我国国家公园服务项目特许经营不可避免地要与扶贫、原住民的民生改善进行有效结合。在国家公园特许经营领域,如何在建立有效的市场经营体系的同时保障和改善原住民的福祉,是一个持续的话题。

(二) 对策建议

1. 建立高效合理的特许经营管理体制机制

要理顺国家公园服务项目特许经营管理体制,首先,需要清晰划分国家公园管理局与地方政府、国家公园管理局与各个园区管委会对国家公园的管理事权,尤其是对特许经营分配的管理事权,要明确其权力与责任,从而为特许经营营造良好的外部环境。国家公园管理局应设专门的特许经营管理部门,并明确其在特许经营准入、招标、合同签订审查、监管、环境评价等方面的权力与职责,理清经营权和管理权的关系。然后,明确特许经营项目实行分类管理制度,根据开展授权、租赁、活动许可等不同特许经营类型采取不同的管理措施。[1]其次,关于特许经营模式,若之前为已经将经营权委托或转让给他方的风景名胜区,按照特许经营项目由竞争机制引入新的经营主体时,要做好新旧交接替换过渡和安置方案;若过去的经营主体依然继续经营的,则应当依法并依照与之签订的特许经营合同进行规范管理。最后,需要建立规范的特许经营管理制度,包括严格界定国家公园服务项目特许经营的含义、目标、范围、授权主体,明确经营、非经营项目的界限等。设立严

---

〔1〕 三江源国家公园管理局负责总管理,其管辖各个园区管委会具体负责特许经营管理,拥有特许经营授予权、监督管理权;各个园区管委会与特许经营者签订特许经营合同,特许经营的被授予方要让当地牧民参股入股,并为他们提供培训及就业岗位。

格的市场准入机制，对项目进行规范化管理，明确特许经营项目的类别和禁止、限制经营行为，并建立相应的激励机制。为避免项目泛化，国家公园服务项目特许经营要坚持生态保护优先、全民公益性原则，以绿色管理理念为基础，确保政府购买公益性项目，加强服务监管，严格控制特许经营项目类型及其规模。

2. 建立科学规范的特许经营运营机制

公司企业负责经营国家公园内非消耗性资源项目，首先，需要推行公开透明的招标机制，建立官方招标信息发布平台。国家公园管理局在特许经营招投标过程中处于主导地位，应当严格审核特许经营权主体资格。应由专门机构组织投标、环境评估、评标、与中标方签订特许经营合同，以确保那些能兼顾自然保护且竞争力强的企业中标，进而提升国家公园总体服务质量。其次，强化特许经营合同管理。凡是准入特许经营项目，都要进行环境评估及签订环境保护协议；在确保生态保护优先的前提下，要求特许经营者提交实施方案及可行性研究报告，合同签订流程、执行情况、违约及处罚为一体的合同机制及公开机制等法律保障机制。再次，建立具有可信度的淘汰和奖惩机制，以实施环境与资源的定期审查制度，定期考核，做得好的给予奖励，不好的予以惩罚、淘汰。最后，建立有效的监管机制：设立专门监督机构，监督企业特许经营是否存在损害环境和违约违规行为发生的现象；通过引入第三方监管及公众监督平台，对项目实施进行追踪评估，加强建设资金的使用监督。

3. 加强特许经营资金收支监管

针对特许经营费的监管措施主要包含以下方面：一是出台特许经营费用使用与管理办法，健全特许经营资金收支两条线管理制度，杜绝坐收坐支。二是明确资金管理责任主体，建立统一部门预算管理机制，将特许经营收入纳入一般公共预算专项管理、上缴财政，由中央地方在政府财政部门按照规定统筹使用，确保其用于公园管理运营及政府购买公共产品和服务的支出。三是明确特许经营政府财政资金收支科学管理原则，公益性项目不纳入特许经营范围。遵循保护优先、公平性原则，充分考虑经营者利润和政府管理部门管理成本，制定合理的特许经营费缴费标准，规范收入分配，确保分配公平。四是在特许经营收支流程中融入特许经营项目实施规范性过程管理、经费使用绩效的监管，按年度组织专家对已实施的特许经营项目进行绩效评价，公示评审结果，实现特许经营资金安全可控，进一步明确业务管理及财务管理职责。

4. 加强特许经营原住民参与，改善其民生

首先，在遵守"保护优先"原则下，逐年增加中央财政对国家公园的投入，尤其是增加对受国家公园影响其发展机会的原住民财政资金的投入，以提高其生活水准和改善民生。其次，在奖励机制、费用优惠、税收减免、扶持社区发展等方面给予政策扶持，以促进国家公园服务项目特许经营持续健康发展。再次，积极创新特许经营与管理机制，尽可能让原住民参与国家公园服务项目特许经营、作为经营方或者工作人员，逐步实现政府、企业、社区、牧民共享国家公园红利。最后，鼓励社会各界捐赠，同时发挥市场机制的积极作用，形成多方参与共促国家公园发展的新局面。

# 第八章
# 中国海洋海岛国家公园立法重点问题

本章撰稿人：

樊威，法学博士，大连海事大学法学院副教授。

海洋海岛国家公园的设立与运营虽然已经纳入我国国家公园体制建设和改革范畴，但从实践来看，目前在体制机制及其相关制度建设方面，更多考虑的还是陆地类型的国家公园。因此，有必要对海洋海岛国家公园进行专门讨论。

## 一、海洋海岛国家公园概述

### （一）海洋海岛国家公园历史发展

海洋海岛资源是我国宝贵的自然资源，它们不仅具有生物多样性价值，也有巨大的经济潜力。海洋海岛国家公园作为海洋自然环境保护的重要组成部分，对于维护海洋生态平衡、保护生物多样性以及实现可持续发展目标起着重要作用。在国家公园的发展历程中，海洋海岛国家公园这一类型的出现相对较晚。世界上最早建立的海洋海岛国家公园出现在美国。特拉斯角国家海岸公园可被视为海洋海岛国家公园的雏形，这是美国建立海洋海岛国家公园的第一次尝试。此后，海洋海岛国家公园体系不仅在美国发展起来，加拿大、澳大利亚、新西兰、芬兰、英国、韩国、日本等国也相继建立海洋海岛国家公园。其传播路径从最初的北美逐渐向大洋洲、欧洲、亚洲、南美洲以及非洲延伸。在全球不同国家的发展和演化过程中，海洋海岛国家公园具体类型和名称有较大差异，如海洋国家公园（Marine National Park）、国家海洋公园（National Marine Park）、国家海岸公园（National Coast Park）、国家海滨公园（National Seashore Park）、国家海洋保护区（National Marine Sanctuary）等。[1]

### （二）海洋海岛国家公园的特点

海洋海岛国家公园可分为岛屿景观型国家公园和海滨海湾型国家公园。

---

[1] 王辉等："全球海洋海岛国家公园特征梳理与借鉴"，载《北京林业大学学报（社会科学版）》2019年第1期。

海洋海岛国家公园与陆地国家公园的差异性主要体现在：一是海洋和陆地生态系统差别巨大，海洋生物群落与森林、草地等陆地生物群落显著不同，海洋海岛国家公园保护和管理的对象与陆地国家公园不同；二是地域景观特征不同，海洋海岛国家公园一般包括海岛海湾独特景观，还包括大面积的海域范围，提供海岛休憩娱乐和海洋环境教育；三是社会参与度存在差异，多数海洋海岛国家公园位置偏远，域内人口稀少或无居民，而陆地国家公园多包含特色小镇和社区，社会参与也更加广泛；四是管理机构不同，多数国家的海洋海岛国家公园有专门的管理运营机制，区别于本国的陆地国家公园。[1]

### (三) 我国建立海洋海岛国家公园的必要性

海岛作为陆地与海洋之间的存在，对陆地和海洋都起着举足轻重的作用。建立海洋海岛国家公园与陆地区域的国家公园试点是不同的，不同的地域系统、不同的生态系统、不同的社会文化，使得海洋海岛国家公园体制建设区别于陆地国家公园，需要从实际出发、结合海洋海岛独特的自然、人文特点，创建一套新的管理体系。

海洋海岛国家公园的建立，将会对生态环境产生积极的影响，可以使遭受破坏的栖息地得到逐步恢复，维持生物多样性，保护海洋生物。国家海洋公园通过保护自然资源和生物多样性，维护了生态环境的自然平衡。通过在选定区域明文禁止各种形式的猎捕活动，有效保护了海洋生物的多样性，降低了渔猎强度，实现了对海洋的有效保护。

我国海域地跨温带、亚热带和热带，气候差异性较大，拥有丰富的海洋海岛资源和各具特色的海洋景观。目前，我国已经建立了 250 多个国家级、省级和市县级海洋类保护区，分属于海洋、农业、环保、林业和国土等主管部门，存在着管理混乱、低效等问题。通过整合各类海洋保护区，建立统一规范的海洋国家公园管理体制是十分必要的

同时我国是海洋大国，包括渤海、黄海、东海和南海四大海域，领海面积 38 万平方公里，管辖海域面积约 300 万平方公里。岸线总长度 3.2 万公里，其中大陆岸线 1.8 万公里。面积达 500 平方米以上的岛屿 6536 个，岛屿总面

---

〔1〕 王辉等：“全球海洋海岛国家公园特征梳理与借鉴”，载《北京林业大学学报（社会科学版）》2019 年第 1 期。

积约 8 万平方公里。[1] 部分海洋海岛国家公园位于边缘地带，对所属国家的
主权和领土完整有深远的地缘政治意义。我国建立海洋海岛国家公园，不仅
可以丰富我国国家公园体系建设，增强对我国海洋海岛资源的保护，也可以
增加国际相关议题的话语权。

海洋海岛国家公园的建立与陆域国家公园相呼应，将进一步实现陆海地
域系统和谐发展的有效载体，是地理科学学科属性与价值的体现。然而在具
体的海洋海岛保护过程中，相关的立法和执法问题一直是一个不容忽视的痛
点。海洋和海岛的复杂性与独特性使得在保护过程中的这些问题尤为突出，
包括领土范围的划分、开发与保护的权衡、环境影响的评估等，所有这些都
亟须清晰的法律规定来引导。由于法律制度的缺失和不完善，我国的海洋海
岛资源保护工作面临着诸多问题和挑战。在深入研究欧、美、大洋三大洲主
要国家的相关立法经验和教训后，应与中国的情况进行比较，从中寻找到适
合我国国情的立法路径和解决问题的策略，以期为中国在这一领域的立法工
作提供有力的支持和参考。

## 二、欧、美、大洋三大洲海洋海岛国家公园立法经验

海洋海岛国家公园是人海和谐观和陆海统筹理念有益结合的具化形式，
全球各大洲多数沿海国家建立了海洋海岛国家公园。其作为当今海洋保护区
设立与发展的重要模式已成为国际共识。大多数海洋保护区生态较脆弱，不
适宜开展大规模公众娱乐游憩活动，多以海洋生态系统保护为主，如非洲的
海洋海岛国家公园；也有部分海洋保护区面向公众开展娱乐游憩活动，海洋生
态系统保护与管理通常在可控范围内，如北美洲、欧洲的海洋海岛国家公园
等。虽特点不尽相同，但全球各地区海洋海岛国家公园建立初衷相对一致，
即在一些具有独特价值和自然景观的涉海区域建立海洋海岛国家公园，保护
海洋海岛特有的自然景观和历史文化，提供大众公共娱乐和游憩场所，实现
海洋资源的可持续发展。[2]

---

〔1〕　夏涛等：“海洋国家公园建设优先区研究”，载《环境保护》2017 年第 14 期。
〔2〕　江海旭、李悦铮：“舟山群岛旅游发展现状及对策研究”，载《国土与自然资源研究》2009
年第 4 期。

## （一）欧洲中等半乡村型海洋海岛国家公园立法

欧洲大陆国家众多，海岸线曲折，沿海地区经济发达，人口密度较大，海洋海岛国家公园具有传统文化与自然景观和谐统一的景观特色。欧洲沿海各国沿海经济较为发达，海岸带受人类活动影响较大，海洋海岛国家公园发展与公众游憩紧密结合。英国和法国是欧洲两个最具影响力的国家，它们的海洋海岛国家公园立法经验非常丰富。这些国家对于保护海洋和海岛环境有着长期规划，其相关法律各有特点。

### 1. 关注公众和社区的英国海洋海岛国家公园立法

英国，作为一个由众多海岛组成的国家，对海洋和海岛保护的立法工作起始于 20 世纪 50 年代。1951 年英国政府设立了首个国家公园，开启了对自然环境进行保护的新篇章。这一举措反映出英国对自然环境保护的高度重视，也奠定了后续立法工作的基础。2009 年《海洋和沿海准入法》（MCAA）为建立海洋保护区网络、海洋规划和改善沿海通道提供了一个框架。该法没有使用"海洋国家公园"或"岛屿国家公园"的术语，而是称其为"海洋保护区"。这是英国海洋保护立法历史上的一个里程碑法案，因为它为创建英国海洋保护区网络提供了主要的法律机制。

英国的海洋保护区由各种类型的保护区组成，包括海洋保护区（MCZs）、特殊保留区（SACs）、特殊保护区（SPAs）和特殊科学兴趣区（SSSIs）。这些分区的具体目标各不相同，但都旨在保护海洋生境和物种。英国的海洋保护区覆盖近海海域，包括从海岸线延伸到英国专属经济区（EEZ）的界线。英国的海洋保护区由不同的政府机构管理，取决于保护区的位置和名称。例如，海洋管理局（MMO）与近海渔业和养护局（IFCAs）管理英格兰水域的海洋保护区，而苏格兰海洋管理局管理苏格兰水域的海洋保护区。法规的强制执行由几个组织负责，包括 MMO、IFCAs 等。这些组织有权进行检查，开出罚单，并起诉被发现违反相关条例的个人或组织。他们还与其他机构合作，如警察和海岸警卫队，以确保遵守海洋保护条例。英国的海洋保护区受到持续的监测和评估，各种组织负责跟踪保护区的健康和状态。这些信息用于管理决策和评估保护区在实现保护目标方面的有效性。

英国的海洋保护区立法框架因全面而受到称赞。它涵盖了广泛的生境和物种，并整合了国内法和国际公约。英国的海洋保护区具有广泛的地理覆盖范围，覆盖了英国大部分水域，为重要的栖息地提供了一定程度的保护。英国使用不同类型的海洋保护区（MCZs、SACs、SPAs 和 SSSIs），为海洋保护提供了更加灵活和细致的方法，可以根据不同生境和物种的具体需求进行调整。同时英国立法也存在一些问题。一些人认为，监测和执法不足导致海洋保护区内不断发生破坏性活动。同时虽然英国有大量单独的海洋保护区，但人们对海洋保护区网络的"生态一致性"存在担忧，如保护区是否有效地保护了英国海洋生物多样性的代表性领域。一些环保组织批评英国的"禁捕区"相对较少，在那里所有的采掘活动都被禁止。他们认为这些是最有效的方法，英国应该指定更多的禁区。随着英国退出欧盟，人们担心以前由欧盟指令支撑的海洋保护可能会被削弱。一些人认为这是海洋保护的倒退。

2. 全面平衡的法国海洋海岛国家公园立法

法国是一个包含大量海岛的国家，其海洋海岛保护立法历史可以追溯到20 世纪 60 年代。1960 年法国设立了第一个海洋保护区，这标志着法国正式开始对海洋生态环境进行保护。此后，法国在海洋海岛保护立法方面的工作就一直没有停止。2006 年法国国会通过了《创建海洋公园法令》。这是法国首部专门针对海洋和海岛保护的法律，显著提高了法国海洋海岛保护的立法水平。这项法律是一个重要的里程碑，因为它具体规定了法国海洋公园的建立、管理和保护。它概述了治理结构、指定新公园的程序，并为这些公园内的活动制定了指导方针，以确保这些活动不会对海洋生态系统产生不利影响。该法与海岸公园的设立和管理有直接关系。它授权政府指定特定的海洋区域进行保护，因为它们具有重要的生态意义。它为后来所有海洋公园的建立奠定了法律基础，并为法国国家海洋保护区体系的未来发展奠定了基础。

法国生物多样性署（AFB）负责管理这些保护区。AFB 成立于 2017 年 1月 1 日，由国家水和水生环境署（Onema）、法国国家公园、海洋保护区和国家狩猎和野生动物署（ONCFS）组成。2020 年 AFB 与法国发展和促进可持续农业署合并，成立了一个新机构，称为法国生物多样性办公室（OFB），接管了前 AFB 的职责和责任，包括保护区的管理和生物多样性保护。

法国的国家海洋保护区系统被称为海洋自然公园（Parcs Nationaux Marins），是保护和管理海洋生物多样性和生态系统的广泛框架。该系统覆盖广泛的海洋环境，从沿海水域到公海，包括地表水和海底，也包括大西洋、地中海和海外领土。每个海洋公园都是独一无二的，拥有丰富多样的物种和栖息地。法国海洋公园不仅保护生物多样性，还旨在促进可持续渔业，维护文化遗产，增加科学知识，发展环境教育和公众意识。海洋公园的管理涉及广泛的利益相关者，包括各级政府当局、当地社区、行业代表、科学家和非政府组织。负责监管海洋公园的法国生物多样性办公室（OFB）也鼓励公众参与决策过程。法国的海洋公园受到健全的法律框架的保护，包括几十年来通过的一系列法律。这些法律规定了公园的建立、管理和保护，并规定了对损害公园或违反公园条例的行为的处罚。管理海洋公园的法律和条例由不同机构执行，包括 OFB、海事警察和海关当局。这些公园还受到定期监测，以评估其生态状况和管理措施的有效性。

法国是与海洋保护有关的各种国际协定的缔约国，海洋公园是法国根据这些协定所作承诺的一部分。法国还与其他国家合作管理跨越国界的海洋公园。总之，法国的国家海洋保护区系统反映了一种全面和平衡的海洋养护方法，其目的是保护海洋生物多样性和生态系统，同时确保其可持续利用和发展。法国建立和管理海洋公园的法律框架被普遍认为是积极的。几十年来通过的一系列法律显示了对保护海洋生物多样性和生态系统的承诺。法国体系的目标是平衡保护与可持续利用和发展，这一点也得到普遍认可。这种方法证明人类活动和环境保护不一定是相互排斥的。

像世界上许多海洋保护区一样，法国海洋公园可能面临执法方面的挑战。监测大片海域在后勤上很困难，而且需要大量资源，非法活动很难被发现和阻止。人们可能会担心保护措施的实际有效性。即使有法律保护，海洋生态系统仍面临污染、气候变化和某些捕捞方式的威胁。虽然利益相关者的参与是法国海洋公园的一个关键原则，但仍可能与当地社区发生冲突，特别是在限制捕鱼和其他活动方面。

3. 综合多样的欧盟海洋环境立法

欧盟保护海洋环境的立法措施和制度多种多样，各具特色。欧盟海洋保护立法范围广泛，涉及海洋环境保护的许多方面。包括保护特定物种和栖息地、管理渔业、解决污染和入侵物种等。例如，《关于保护野生鸟类的理事会指令 79/409/EEC（鸟类指令）》虽然没有直接建立"海洋海岛国家公园"，但该指令要求成员国指定特别保护区，以保护鸟类物种及其栖息地，包括重要的海洋栖息地和生活在岛屿或沿海地区的鸟类。又如,《关于保护自然生境和野生动植物的指令 92/43/EEC(生境指令)》。根据该指令,成员国必须指定特别保护区,其中可包括对保护某些生境和物种具有重要意义的海域和岛屿。

此外,《建立海洋环境政策领域共同体行动框架的第 2008/56/EC 号指令(MSFD 海洋战略框架指令)》,旨在更有效地保护整个欧洲的海洋环境。虽然它没有直接建立"海洋海岛国家公园",但它为建立和管理海洋海岛国家公园提供了一个框架,作为实现良好环境状况战略的一部分。特别是《保护东北大西洋海洋环境公约》(简称《奥斯巴公约》)旨在指导保护东北大西洋海洋环境的国际合作。缔约方可以合作在东北大西洋建立海洋保护区,其中可以包括"海洋国家公园"或"岛屿国家公园"。它为海洋养护区域合作创造了条件,是欧盟国家海洋环境保护立法的重要补充。

欧盟立法的一个主要特点是根据上述有关鸟类和生境指令建立了 Natura 2000 自然保护区网络。这一保护区网络覆盖了整个欧盟的重要陆地和海洋区域,保护了关键的栖息地和物种。欧盟立法经常寻求将环境考虑纳入其他部门政策。例如,共同渔业政策包括保护海洋生态系统的措施,海洋战略框架指令要求成员国制定将环境保护纳入一系列海洋活动的战略。欧盟立法要求定期报告、监控和更新战略和措施。例如,《海洋战略框架指令》要求成员国定期更新其海洋战略,以反映新的信息或环境变化。执行欧盟立法主要是成员国的责任。这包括指定保护区、制订和实施管理计划以及执行法规。欧洲委员会在监督成员国执行欧盟立法方面发挥作用。这包括审查和批准成员国的保护区名单及其海洋战略,并对未能正确执行欧盟立法的成员国采取法律行动。欧盟环境立法通常包括公众参与条款,允许公民和组织参与决策过程,并在某些情况下采取法律行动。保护区的确定和管理措施的制定是以科学证据为基础的。欧盟立法经常要求成员国监测环境,并根据现有的最佳科学知识采取行动。同样,重要的是要注意,欧盟各国的具体情况可能会有很大差异,而且由于许多海洋生态系统和资源的共享性质,执法可能具有挑战性。

欧盟的海洋保护努力,特别是通过 Natura 2000 自然保护区网络,经常因其全面和整体的方法而受到称赞。欧盟框架涵盖广泛的海洋环境和物种,并将环境关切纳入各个部门,包括渔业和航运。欧盟的方法强调利用现有的最佳科学知识，这被视为一种优势。保护区的指定和管理计划的制订是以科学研究和证据为基础的。欧盟体系促进成员国之间的合作，共同承担海洋保护的责任。这被视为管理共有海洋资源和生态系统的一个积极方面。气候变化对海洋生态系统的影响日益受到关注。虽然欧盟框架包括解决污染和对海洋环境的其他直接影响的措施，但解决气候变化的更广泛影响是一项复杂的挑战。

（二）大洋洲的海洋海岛国家公园立法经验

澳大利亚和新西兰作为地处南半球，且拥有丰富海洋海岛资源的两个国家，其在海洋海岛国家公园方面立法经验非常丰富且独特。这两个国家在保护其海洋和海岛资源方面的法律历史可以追溯到 20 世纪 70 年代，具有显著的立法发展路径。澳大利亚和新西兰四面环海，海洋保护力度大，具备成熟的海洋保护区体系，在此基础上发展和建设了海洋海岛国家公园。

1. 全面综合的澳大利亚海洋海岛国家公园立法

作为一个大陆岛国，澳大利亚的海洋和海岛生态系统非常丰富，其环境立法始于 1975 年。在这一年，澳大利亚政府设立了首个海洋保护区，标志着澳大利亚开始正式对海洋生态环境进行保护。这一举措的实施对于保护澳大利亚的海洋生态环境起到了至关重要的作用，使其成为全球海洋生态保护的引领者。根据《1975 年大堡礁海洋公园法》（GBRMPA），澳大利亚联邦建立大堡礁海洋公园，并为其管理和保护提供框架。整个法案致力于保护和管理大堡礁，这是一个巨大的海洋公园。该法在澳大利亚海洋保护立法史上举足轻重，因为它建立了世界上最大和最具标志性的海洋保护区之一。《1982 年海洋公园法——北领地》（MPA）规定在北部地区建立、管理和保护海洋公园。该法侧重于海洋公园的创建和管理，对建立北领地海洋公园框架具有重要意义。1998 年，澳大利亚政府又通过了《环境保护和生物多样性保护法》。这项法律进一步强化了对海洋和海岛生态环境的保护，明确了澳大利亚国家对于海洋和海岛生态环境的保护责任和义务。

澳大利亚海洋公园和保护区网络的特点是州和联邦管辖区相结合，由不同的立法和执法机制来管理这些区域。澳大利亚海洋公园系统采用双重管辖制度：澳大利亚的海洋保护区由州政府和联邦政府共同管理；州政府对各自州水域内的海洋公园和保护区拥有管辖权（通常从海岸延伸至 3 海里），而联邦政府负责联邦水域内的海洋公园和保护区（离岸 3 至 200 海里）。澳大利亚各州和联邦法律对海洋公园和保护区的建立、管理和保护做出了规定。这些法律涉及海洋保护的不同方面，包括建立海洋公园、管理海洋保护区以及保护鱼类和其他水生资源。各州的立法各不相同，但通常都包括分区和管理计划的规定，以平衡生态保护、娱乐和商业用途。澳大利亚的海洋公园通常有分区计划，指定不同类型活动的特定区域，如保护、娱乐和商业用途。

分区计划有助于平衡保护和可持续利用海洋资源的关系，而管理计划则为海洋公园内的持续管理、监测和执行规定提供指导方针。澳大利亚海洋公园和保护区的管理通常涉及政府机构、土著社区和其他利益相关者之间的合作。这可以包括共同管理安排，即土著社区与政府机构一起管理海洋公园，或者与当地社区和行业建立伙伴关系，支持海洋资源的可持续利用。负责渔业、环境和海上安全的各种政府机构执行海洋公园和保护区内的法规。这些机构合作监测海洋公园内的活动，确保遵守分区和管理计划，并对违规行为实施处罚。在某些情况下，州和联邦机构在执法方面需要进行合作，特别是在管辖范围重叠的地区或需要协调处理非法活动的地区。持续的监测和研究是澳大利亚海洋公园系统的重要组成部分，有助于为适应性管理提供信息，并提高保护工作的有效性。这可以包括对物种和生境的监测，以及对海洋公园和保护区的社会和经济影响的研究。

澳大利亚被公认为拥有世界上最大的海洋自然保护区网络的国家之一，其中包括大堡礁等标志性景点。澳大利亚管理海洋保护区的各种州和联邦立法展示了海洋保护的综合方法。该框架规定了海洋公园和保护区的建立、管理和保护，涉及保护的各个方面，如栖息地保护、物种保护和渔业管理。澳大利亚让土著社区、当地利益攸关方和行业伙伴参与海洋保护区管理的努力因促进合作和培养海洋保护的共同责任感而受到赞扬。同时一些批评者认为，一些海洋公园的分区和管理计划可能将商业和娱乐活动置于生态保护之上，导致保护不足和海洋生态系统的潜在退化。澳大利亚海洋保护区立法的多样性也可能导致不同管辖区的管理和执法不一致。这可能会给利益相关者造成困惑，并可能破坏保护工作。

2. 繁杂庞大的新西兰海洋海岛国家公园立法

新西兰是由北岛和南岛以及许多小岛组成的国家，拥有丰富的海洋和海岛生态系统。新西兰在海洋和海岛保护立法方面的进程始于 1970 年，当时新西兰设立了首个海洋保护区。《海洋保护区法案》（1971 年）允许建立海洋保护区，目的是保护海洋和前滨地区的固有价值以及公共利益。整部法律专门关注海洋保护区的建立和管理，这相当于"海洋海岛国家公园"。《海洋保护区法案》是正式保护新西兰海洋环境的重要一步。《豪拉基湾海洋公园法案》（2000 年）建立了豪拉基湾海洋公园，旨在综合管理和保护豪拉基湾及其岛屿和集水区的自然、历史和自然资源。该法直接建立了一个大型海洋海岛公园，为该地区提供了高度保护，标志着新西兰海洋保护工作的重大进展。

新西兰有一个保护区系统，包括国家公园、森林公园、海洋保护区和其他类别的保护地和水域。新西兰的海洋保护区是指具有保护价值的海洋和海岸区域，类似于国家海洋保护区的概念。为了保护海洋生物，这些保护区通常禁止捕鱼和收获海带等活动。除了海洋保护区，新西兰还有更广泛的海洋保留区。这些保留区可以涵盖各种保护级别和用途，包括一些允许可持续捕鱼或其他活动的保护级别和用途。

新西兰海洋立法和执法保护工作的主要特点可归纳如下：一是立法多样性。新西兰的海洋保护受各种法律管辖，一系列不同的立法反映了海洋保护的多重目标和复杂性。二是融合毛利人权利和利益。新西兰承认毛利人在管理和保护海洋资源方面的权利和利益。一些立法，如《海洋和沿海地区法》（2011 年），专门处理毛利人的权利和利益，而其他法律将与毛利人的协商和伙伴关系作为其程序的一部分。三是协作管理。新西兰的海洋保护通常涉及不同政府机构之间的合作，如保护部、初级产业部和地区议会。这种协作方法有助于确保在决策过程中考虑不同的观点和目标。四是科学决策。新西兰的海洋保护方法是以科学研究和证据为基础的。现有最佳科学信息为建立新的海洋保护区和对现有保护区的持续管理提供了信息。五是适应性管理。管理新西兰海洋保护的立法旨在适应和响应新的信息和不断变化的情况。这种灵活性使得海洋保护工作持续改进。六是执法和合规。在新西兰，海洋保护法是由不同的机构执行的，包括保护部、初级产业部和地区委员会。这些机构有权监督和强制执行相关法律法规的遵守情况，并可对不遵守行为处以罚款、处罚或其他制裁。七是公众参与和教育。公众参与是新西兰海洋保护的一个重要方面。建立新的海洋保护区往往涉及公共协商进程，持续的管理工作包括公共教育和提高认识运动。

新西兰因较早通过海洋保护立法而闻名，将毛利人的权利和利益纳入海洋保护，被视为承认和尊重土著权利和知识的一个积极步骤。总的来说，新西兰海洋保护方法是一套合作管理、毛利人权利和利益的一体化、基于科学的决策、适应性管理、执法和公众参与的多样化的立法。

（三）美国大体量荒野型海洋海岛国家公园立法

北美洲陆地四面环海，拥有大量海洋海岛资源，作为海洋海岛国家公园的起源地，发展历史悠久，管理经验丰富，海洋海岛国家公园体系完善，堪称世界海洋海岛国家公园体系建设的典范。美国海洋海岛国家公园以小面积的轻度开发，争取大面积的荒野保护为主要功能，如美国海峡群岛国家公园力求保持岛内动植物的原生之美，公园内游览也只有徒步或乘小船通行，沿海尽显海岛荒野风光。

美国的海洋海岛国家公园立法经验涵盖了许多方面，从早期的保护行动到现代的立法改革。美国拥有丰富的海洋和海岛资源，因此对其进行保护和管理显得尤为重要。其立法可以追溯到 19 世纪后期的国家公园制度的建立。国家公园理念起源于 19 世纪中叶。1872 年设立的黄石国家公园是第一座国家公园，目的是"防止不适当的占有和利用"。起初，国家公园主要保护陆地上的独特地质特征和野生动物。直到一个世纪后，国家公园理念才扩展到海洋和沿海地区。20 世纪 70 年代，由于石油危机和对海洋污染日益担忧，国会通过了一系列海洋保护法案。1972 年的《海洋保护、研究和保护区法案》授权商务部长指定海洋保护区以保护海洋、五大湖区水域及相关海床免受环境威胁。《海洋保护、研究和保护区法案》通过具体条款确立和加强了美国海洋保护区制度，使其成为法治轨道上重要的环境保护措施与工具。该法案对海洋和海岛国家公园体系的影响体现在为其提供了制度框架、扩充了保护范围、加大了法律保护力度、提高了科学参与度等方面。《国家海洋保护区法》于 1980 年重新授权海洋保护区计划，并规定综合与协调管理海洋区域的保护措施，将海洋保护引入更广泛的国家公园保护体系，为其在法制与实践上提供重要保障，奠定更加坚实的基础。

1996 年，美国国会批准了《海洋法案》，帮助在太平洋建立国家海洋保护区和国家海洋保护区。该法案宣布"某些海洋环境区域具有特殊的国家或生态重要性，应在国家海洋保护区和国家河口湿地保护区计划下加以保护"。

《海洋法案》的通过促进了美国海洋保护区制度的完善与发展，使其范围扩大至太平洋地区和海岸区域，理念更加进步，管理更加科学，法律保障更加完备。该法案对海洋和海岛国家公园产生的影响主要体现在促进了保护区在太平洋地区的设立，提高了其管理水平与法律地位，拓宽了其在空间范围与理念方面的涵盖面。该法案的历史意义在于促进环境保护理念在海洋保护实践方面的深化，使美国的海洋保护工作更加全面和系统化。

美国海洋海岛公园立法采取比较严格的保护方针，除少数岛屿外，大部分岛屿对公众关闭，以最严格方式保护自然资源。它的管理机构是美国国家公园管理局，1976 年的管理计划为其管理提供了规范。它的管理体制比较完善，除国家公园管理局外，还设有包括科学家和公众代表在内的咨询委员会，体现社会参与管理理念。它的管理经验对其他国家产生重要影响，特别是其较严格的保护理念、较为专业的管理机构与较完善的管理体制，成为世界海洋公园管理的典范。它也面临管理困境，包括有限的管理资金与缺乏对当地居民利益的兼顾等，需要不断改进与发展。

综合来看，各地区海洋海岛国家公园大都以生态环境为核心，小面积建设游憩区，既强调保护脆弱的海洋生态环境和生物多样性，也积极拓展海洋科研、教育和服务公众游憩等合理资源利用模式，海洋海岛国家公园内部无大面积人工建设。在全球不同国家和地区，海洋海岛国家公园可以侧重于景观资源的保存与保护，可开展海洋资源环境的考察与研究，也可促进海洋旅游观光业的可持续发展。但这些海洋海岛国家公园的根本目的一致，即保护海洋生态。

### 三、中国海洋海岛国家公园立法难点与困境

中国海洋海岛国家公园有关的立法规定，主要体现在《环境保护法》（2014 年修订）、《海洋环境保护法》（2017 年修正）、《海岛保护法》（2009 年制定）等有关建立自然保护区和海洋自然保护区的规定，以及《自然保护区条例》（2017 年修订）有关海洋自然保护区管理体制的原则性规定。这些法律法规为中国的海洋海岛国家公园构建了基本的法律框架，涵盖了海洋保护、生态系统保护、自然资源保护等多个领域。然而，虽然这些法律在一定程度上规范了海洋海岛的建设和管理，但由于制定时尚未考量海洋海岛国家

公园的建设，对海洋海岛的特殊性未能充分重视，因此在具体条款的设计上存在不足，如海洋海岛生态保护的特殊要求、管理机制的设计等尚未得到足够的明确和细化，这些不足都需要在今后的立法中得到改进和完善。

保护海洋海岛国家公园充满挑战，需要考虑国际合作和原住居民权利。位置的偏远和面积的广袤增加了管理的困难。在遥远的岛屿和开阔的海域实施规定也需要大量资源和人手。但是，这些独特的生态系统在环境和文化上都具有无价的意义。它们包含了稀有的动植物种和地质特征以及古老的遗产。

（一）有关专门立法的缺失

中国海洋海岛国家公园的立法面临着一些显而易见的短板。首先，目前中国的相关法律在内容上缺乏全面性和专门性。虽然现有的《环境保护法》（2014 年修订）、《海洋环境保护法》（2017 年修正）、《海岛保护法》（2009年制定）以及《自然保护区条例》（2017 年修订）都涵盖了海洋海岛保护的某些方面，但针对海洋海岛国家公园这一特殊类型的自然保护地，这些法律没有提供充足的指引。例如，针对海洋生态系统的复杂性和脆弱性，以及海岛的独特性，现有法律未能充分体现。

当前的法律规定在保护措施、管理制度等方面细节不够充实。如未来设立海洋海岛国家公园内部的生态保护、公众教育、科研活动、旅游开发等活动的规范，现行法律的规定不够详尽。尤其在面临海洋污染、气候变化等严峻挑战的背景下，如何制定适应性强、有针对性的保护措施，现有法律未能给出明确答案。

对于非法行为的处罚力度及其执行问题，现有法律也存在明显短板。虽然有相关的处罚规定，但对于一些严重违法行为，如非法占用海岛、过度开发海洋资源、破坏海洋生态环境等，现行法律的处罚力度显然无法形成有效的威慑，致使一些违法行为屡禁不止。

（二）管理模式存在的挑战

管理模式是中国海洋海岛国家公园立法的一个重要挑战。现行的自然保护区管理模式多以行政管理为主，且以部门为单位，这往往导致管理责任分散，执法力度弱，而且易产生职责重叠、管理效率低下等问题。特别是跨区域、跨行业的问题，如海岛保护、海洋污染等，现行的部门化管理模式往往难以有效应对。

另外，海洋海岛国家公园的管理模式也需要更好地与当地的社区和公众相结合。目前，这种参与式管理在实践中还相对较少，尤其是对于公众的参与权和利益保障，现行的法律规定还不完备。这在一定程度上限制了公众的参与度，影响了管理的效率和公信力。

### （三）法律实施存在困境

中国海洋海岛国家公园立法的另一个挑战是法律执行的问题。由于海洋海岛国家公园的管理会涉及多个部门，如环保、海洋、旅游、渔业等，这使得法律执行过程中容易出现重复办事、责任不清等问题。尽管有些部门之间有协作机制，但由于各部门的职责不同，各自的目标、策略和手段也不同，因此在实际执行中往往会出现混乱，影响法律执行的效果。

对于法律的执行力度也存在问题。尽管《海岛保护法》等相关法律对违法行为作出了规定，但在实际执行中，由于种种原因，包括资源不足、人员配备不足、法律知识培训不足等，导致执法效率不高，违法行为得不到有效制止。在资源配置方面，对海洋海岛保护的投入相对不足。海洋海岛保护需要大量的人力、物力和财力，但在实际运行中，这些资源的投入往往不能满足需要，导致一些保护工作无法顺利进行。

最后，公众参与程度低也是制约法律执行的一个重要因素。尽管海洋海岛国家公园的保护是所有人的责任，但公众对相关法律知识的了解程度普遍不高，对保护行动的参与度也不高。这对法律的执行形成了一定的阻力。

## 四、中国海洋海岛国家公园法律制度设计

建立完善的法律制度是中国海洋海岛公园立法的关键，包括制定基本法律框架和具体规定，确保公园内生物多样性保护、生态环境保护和公众利用等方面得到合理规制。通过尊重生态多样性原则、推行公众参与原则和科学管理原则，以及设立独立的管理机构、制订详尽的管理计划和建立完善的法律制度等举措，我们可以建立一个有效的法律框架来保护和管理中国的海洋海岛国家公园。

### （一）海洋海岛国家公园管理制度的设计

管理制度是海洋海岛国家公园立法体系中的重要组成部分，它涉及国家

公园的组织架构、职责划分、决策机制、管理流程等方面。在海洋海岛国家公园的法律制度设计中，需要充分考虑公园管理的专业性、科学性和效率性，以确保公园能够有效运行和管理。

管理制度的设计应明确海洋海岛国家公园的组织架构和职责划分。公园应设立专门的管理机构，明确其职责和权责，确保公园的管理工作能够专业、有序进行。同时，要建立与其他相关部门的合作机制，实现协同作业，避免职责重叠和冲突，确保公园管理的高效性和协调性。设立独立的管理机构是一种有效且已被广泛采纳的管理手段。通过设立专门负责公园管理的机构，能够集中管理力量，提高工作效率，避免由于职责分散、权责不明等问题导致的管理无效。同时，独立的管理机构还可以更好地协调和整合各种资源，更好地推动和实施公园的各项政策。

管理制度的设计应建立科学的决策机制。公园的决策应该充分考虑科学研究、公众意见、利益相关者的参与等因素，确保决策的科学性、公正性和合法性。可以建立专门的决策机构或专家咨询机构，提供专业的意见和建议，帮助公园作出科学决策。此外还应制订详尽的管理计划。管理计划是公园管理的重要工具，其应明确公园的保护目标、管理策略以及实施步骤，为公园管理提供明确的指南。同时，管理计划还应包含对公园资源状态的监测和评估，以便及时调整和完善管理措施。

管理制度的设计还应考虑管理流程的规范和透明化。公园的管理流程应明确、规范，包括规划编制、执法检查、资源管理、环境监测等各个环节的工作流程。同时，要加强信息公开和公众参与，通过透明的管理流程让公众了解和参与公园管理的决策和行动。建立完善的法律制度不仅包括公园管理的基本法律框架，还包括对公园内生物多样性保护、生态环境保护以及公众利用等方面的具体规定。在此基础上，还需要建立一套完整的法律责任制度，对公园内的各种活动进行合理的法律规制。

（二）提高监管制度的效果

监管是确保海洋海岛国家公园立法体系有效运行和管理的重要手段。提高监管效果可以促进公园的规范管理和可持续发展。提高监管效果需要加强监管机构的建设和能力建设。监管机构应具备专业的监管团队和人员，能够熟悉公园的管理规定和标准，进行监管工作。同时，要建立健全监管体制和机制，明确监管机构的职责和权限，确保监管工作的有序进行。

提高监管效果需要加强监管手段和技术支持。利用先进的监测技术和信息化手段，加强对公园内活动、资源利用、环境质量等方面的监测和评估。同时，要加强对违法行为的发现和处理，及时采取相应的监管措施，确保公园管理的规范和合法性。

另外，提高监管效果需要加强社会监督和公众参与。通过建立监督机制，鼓励公众、社会组织、媒体等多方参与监管工作，发现问题、提出建议和意见。同时，要加强对监管工作的信息公开，提供公开透明的监管数据和信息，增加监管的公信力和可信度。公众参与原则也是非常重要的，通过公众的参与和监督，可以提升公园管理的效果，并增强社会对公园的保护意识。

总的来说，加强法律执行和监管是保障海洋海岛国家公园立法体系有效运行和管理的关键。通过加大执法力度，提高执法效果和威慑力，提高监管效果，可以促进公园的规范管理和可持续发展。同时，加强社会监督和公众参与，形成全社会共同参与保护海洋的良好氛围，实现法律执行和监管的有效性和公正性。

### (三) 进一步加大执法力度

加大执法力度是保障海洋海岛国家公园立法体系有效运行和管理的重要环节。在海洋海岛国家公园的法律执行中，需要加大执法力度，提高执法的效果和威慑力，确保对公园内的违法行为进行及时、有效的执法。

加大执法力度需要加强执法机构的内部能力建设。执法机构应该具备专业化的执法团队和人员，并通过加强培训和教育提升执法人员的专业素养和能力。同时，要完善执法设备和技术手段，提高执法的科技化水平，提高执法效率和准确性。加大执法力度还需要加强执法资源的配置和保障。确保执法机构具备足够的人力、物力和财力支持，能够顺利开展执法工作。此外，要建立和完善执法协作机制，加强与其他相关部门的配合和合作，形成合力，提高执法效果。

加大执法力度需要加大对违法行为的打击和处罚力度。要建立健全违法行为监测和举报机制，加强对违法行为的监测和取证工作，及时发现和打击违法行为。同时，要加大对违法行为的处罚力度，通过加大罚款额度、加重刑事处罚等手段，提高违法成本，加大违法行为的惩戒力度。

执法制度的设计应明确执法机构的设置和职责划分。可以设立专门的公园执法机构，负责对公园内的违法行为进行监督、检查和处罚。同时，要设置执法机构与其他相关部门的配合机制，确保执法工作的协调性和高效性。执法制度的设计应明确执法权限的划分。明确执法机构的执法权限范围，确保执法人员有足够的权力和资源开展执法工作。同时，要建立和完善违法行为的认定标准以及证据收集程序，确保执法的公正和合法性。此外，执法制度的设计还应包括规范执法程序。建立执法的程序和流程，包括对违法行为的立案、调查、处罚等各个环节的规定。同时，要确保执法程序的透明和公正，加强对执法行为的监督和评估，避免执法的滥用和不当行为。

总的来说，管理制度和执法制度是海洋海岛国家公园立法体系中重要的组成部分。在法律制度设计中，应充分考虑公园管理的专业性、科学性和效率性，建立健全的管理制度和执法制度。这将有助于保障公园的有效运行和管理，推动海洋海岛国家公园的可持续发展。

### （四）建立公正公平的争端解决机制

#### 1. 争议解决路径的设计

建立公正公平的争议解决机制是海洋海岛国家公园立法体系中至关重要的一环。在处理涉及公园管理的争议时，需要设计合理的争议解决路径，确保各方的合法权益得到公正、平等的保护。争议解决路径应该充分考虑争议的性质和规模。对于规模较小和性质简单的争议，可以通过行政协商、调解等非诉讼方式进行解决。对于较为复杂和重大的争议，可以通过行政诉讼、仲裁、公益诉讼等方式进行解决。不同性质和规模的争议应有不同的解决路径，以确保争议的快速解决和公正裁决。争议解决路径应充分考虑公众的参与和意见表达。公众在争议解决过程中应有合理的参与权利，可以通过公众听证、社会团体参与等形式表达意见和提出建议。这样可以确保解决争议的决策过程公开透明、广泛参与，增强决策的合法性和公正性。

#### 2. 争议解决机制的执行

争议解决机制的执行是确保公正公平的争议解决的关键环节。在执行争议解决机制时，需要保证程序的公正和决策的合法性。执行争议解决机制需要确保公正的程序。对于涉及争议解决的程序，应明确程序的规范和流程，确保程序的公开、公正和透明。相关决策和裁决应基于充分的事实和证据，遵循法律法规的规定，确保决策的合法性和公正性。执行争议解决机制需要确保决策的合法性。决策应基于法律法规的规定，遵循法律的原则和要求，确保决策的合法性和合理性。相关决策应明确权责界限和法律责任，确保决策的执行和实施。执行争议解决机制还需要加强监督和评估。建立监督机制，对争议解决机制的执行进行监督，确保决策的合法性和公正性。同时，加强对争议解决机制的评估，评估其效果和成效，及时进行改进和调整。

　　总的来说，建立公正公平的争议解决机制是海洋海岛国家公园立法体系中至关重要的一环。通过设计合理的争议解决路径，充分考虑争议的性质和规模，并确保公众的参与和意见表达，可以实现公正公平的争议解决。同时，应加强争议解决机制的执行，保证程序的公正和决策的合法性，加强监督和评估，推动争议解决机制的不断完善和提高。这样可以有效维护各方利益，促进海洋海岛国家公园的和谐发展。